经济心理学

俞文钊　陈晓云　主编

中国财经出版传媒集团
经济科学出版社
Economic Science Press

图书在版编目（CIP）数据

经济心理学/俞文钊，陈晓云主编．—北京：经济科学出版社，2018.2
ISBN 978－7－5141－8863－9

Ⅰ.①经…　Ⅱ.①俞…②陈…　Ⅲ.①经济心理学
Ⅳ.①F069.9

中国版本图书馆CIP数据核字（2017）第320381号

责任编辑：周国强
责任校对：王肖楠
版式设计：齐　杰
责任印制：邱　天

经济心理学
俞文钊　陈晓云　主编
经济科学出版社出版、发行　新华书店经销
社址：北京市海淀区阜成路甲28号　邮编：100142
总编部电话：010－88191217　发行部电话：010－88191522
网址：www.esp.com.cn
电子邮件：esp@esp.com.cn
天猫网店：经济科学出版社旗舰店
网址：http：//jjkxcbs.tmall.com
固安华明印业有限公司印装
787×1092　16开　17.25印张　380000字
2018年2月第1版　2018年2月第1次印刷
ISBN 978－7－5141－8863－9　定价：49.00元
（图书出现印装问题，本社负责调换。电话：010－88191510）

前 言

近十多年来，随着心理学家将心理与行为分析纳入经济理论研究框架，经济心理学家屡获诺贝尔经济学奖：2002 年瑞典皇家科学院把诺贝尔经济学奖授予美国普林斯顿大学的经济心理学、行为经济学家丹尼尔·卡尼曼（Daniel Kahneman）和美国乔治·梅森大学的实验经济学家弗农·史密斯（Vernon L. Smith），以表彰他们在心理和实验经济学研究方面所做的开创性工作。2017 年芝加哥大学布斯商学院的经济心理学、行为经济学教授理查德·塞勒（Richard Thaler）再次获得诺贝尔经济学奖。消息传来，学界一片欢腾。心理学分析法与经济学研究的结合，正在为创立一个新的经济学研究领域奠定基础，经济心理学的价值和潜力重新被发现，经济心理学被列入 21 世纪心理学中重要的发展学科之一，学术界开展经济学与心理学跨学科交叉研究的热情更加高涨，大众也迫切希望把经济心理学理论应用于现实生活中。

事实上，自 20 世纪 90 年代起，本书作者就带领研究生们开拓了经济心理学这一跨学科领域，并已先后出版了有关这方面的四本书：《市场经济中人的经济心理与行为》《经济心理学》《市场经济中人的投资心理与行为》《投资心理学》。

经过多年的探索与实证研究，这门学科的理论基础、方法论和研究方法已日趋成熟。我指导的博士、硕士生们在这一领域中的成果丰硕，也逐渐形成了具有中国特色的经济心理学理论框架。本人以为，中国经济体制改革的成败取决于三个层面：经济、社会与人的心理。因此，本书主要探讨市场经济条件下，金融、产品、劳动力、家庭等不同领域中的经济心理与行为。

全书共分 10 章。第 1 ~3 章为概论部分。第 1 章比较全面地介绍了经济心理学产生的理论背景、学科性质、研究对象。第 2 章就经济心理学的研究方法与分析模式做出了分析与解释，这对从事经济心理学的研究者是必须掌握的。第 3 章关于经济心理学的理论架构，本书提出了“效用理论”“预期理论”“不确定性与风险理论”“博弈论”“福利理论”这五大理论是经济心理学的理论基础。

第4~7章介绍了上至宏观社会、产品、金融市场中的经济心理与行为，下至企业、个人、家庭中的经济心理与行为。

第8~10章，分别介绍了产品市场、金融市场、劳动力市场中人的经济心理与行为。其中，第8章对消费者价格知觉、情绪和态度等心理与行为进行了深入分析；第9章阐述了金融投资中的认知与行为偏差的各类现象，以及人们如何克服这些偏差，提高个人投资素质的方法。第10章着重介绍了下岗职工的心态与对策，希望对从事社会保障的实际工作者有指导和帮助作用。

总之，本书具有两个明显的特色：

一、体例新。全书从不同经济领域和经济行为的宏观、中观、微观等三个不同层面，分析和阐释金融、产品、劳动力、家庭等不同市场中人的经济心理与行为，体系完整，体例新颖。

二、专业性。本书将重点放在对描述、分析、解释、预测经济行为做出了较多贡献的人、观念和事件上；为了帮助读者更深刻地理解心理学知识理论化、模型化的形成过程，每个章节还对经济心理学的主要理论观点加以评介，内容具有很强的科学性、专业性。

值得欣慰的是，目前，本人指导的研究生们大都已成长为高等院校的教学科研骨干和国内知名企业的领导者。本书作者之一陈晓云教授现在复旦大学心理学系任教，她是心理学博士，理论经济学博士后，联合国儿童基金会项目技术支持专家，在经济心理学相关领域主持多项国家、省部级课题，出版、发表了不少科研成果。相信该书的再版必将会作为一种文化积累、一门新兴的交叉学科在经济心理学研究领域和读者中呈现出新的面貌。

本书的出版得到经济科学出版社的大力支持。复旦大学心理学系研究生荣丽为书稿的录入、打印、校对付出了辛勤劳动；复旦大学2015级、2016级经济心理学学习小组的同学为本书的出版提供了宝贵的阅读体验和建议；在编写过程中，华东师范大学出版社姜汉椿编审对书稿逐字逐句进行了审读，并提出了修改建议，在此一并致谢。

俞文钊

2018年1月6日

目录

contents

1

人类经济心理与行为研究概述

1.1 经济学与心理学的相互关系

1.1.1 经济学的性质

经济学是社会科学中的物理学，着重定量分析和计量分析，用数学方法研究物理变量（将经济变量当作物理变量）之间的相互关系。经济变量有：价格水平（P）、通货膨胀率（π）、失业率（u）、利率（R）、货币兑换率（E）、国民生产值（Y）等等。

经济学主要研究以下两个问题：

1. 资源的稀缺性

资源的稀缺性是指资源（如人力资本、资金、土地、森林、矿产等）是有限的，而人的需要是无限的，怎样利用有限资源满足人们现在和将来的需要，怎样做出选择取舍，这就是资源的有效配置问题。

2. 人的积极性

人的积极性是指通过某种制度的安排来促使人们努力工作。不同的经济制度会产生不同的人。在计划经济模式中会出现闲人和懒人，不干事也能吃“大锅饭”。而在现代经济制度（承包、租赁、股份制）下会产生努力工作的人。检验经济制度的成败要看该制度是否有激励作用，能否提供激励是检验一个经济机制成功与否的基本标准。激励是调动积极性的行之有效的方法，实质是持续激发动机的心理过程。

现在要问，心理变量、心理因素能否引入经济领域，并对经济现象作心理分析？回答是肯定的，因而引出经济学与心理学的相互关系，才会产生边缘学科——经济心理学。

1.1.2 经济学家对经济现象中心理因素的论述

1. 亚当·斯密的论述

亚当·斯密（Adam Smith，1723~1790）在1759年的《道德情操论》一书中寻求经济过程的内在原因。他探讨人类行为的规范，人与人，人与社会、政府间的关系，对支配人类行为的利己心、同情心的作用关系及其协调机理对社会所起作用效果进行分析。斯密认为，世界的物质性和激发人类行为的利己心是经济行为的动力。以追求利润为中心的经济活动将推动经济发展，导致财富增长，为社会带来公益。

亚当·斯密在1776年出版的《国富论》中提出“理性经济人”的假设、“经济人”的概念和利益机制。“经济人”概念最初为约翰·穆勒提出，之后斯密将人类欲望、动机等心理因素引入经济领域，为经济人概念的形成奠定了理论基础。关于理性经济人假设斯密有如下观点：

（1）人是理性的，要为自己打算，并受利益驱使，每个人是他自己利益的最好判断者，自然应有按自己方式行动的自由。人的自利行为不仅会达到自身最高目标，而且有助于推进公共利益。

《国富论》经济学说是依据“经济人”概念演绎阐述的。

（2）利己是人的本性，人们从事经济活动，无不以追求自己最大经济利益为动机，一切经济范畴和经济规律都由此产生。

经济运行的起点，正是出于“自利的打算”，自由而安全地向前进取的社会，各人改善自己境遇的自然努力，是一种强大的力量，足以克服无数顽固保守的“人为的愚蠢法律”所造成的障碍，使社会富裕繁荣。

（3）资本主义社会经济进程应看作符合个人利己本性的自然秩序。交换是“经济人”的本性驱使下自然而然地发生，人类的交换倾向是利己本性的外在形式和作用方式，由此产生分工。利己的目的要成为现实，必须畅通交换过程和要素的流通过程。

斯密以自然规律为依据，从物质利益角度探讨经济问题，在人类多种动机中抽象出“利己性”，并以此为出发点，来研究人的经济活动的动因和动力在经济运行过程中的地位和作用。

亚当·斯密的贡献和理论可总结为：

①探索经济过程的内在原因；

②激发人类行为的利己心是经济行为的动力，追求利润为中心的经济活动推动经济发展，导致财富增长，为社会带来公益；

③“理性经济人假设”是现代市场经济学的基本前提假设。

2. 门格尔的论述

1871年，奥地利学者门格尔（C. Mender，1840~1921）在《国民经济学原理》一书中指出要认识经济机制中需求、价值和判断等，只有通过内省的心理分析，因而第一次把心理学的内省法引入经济学研究。门格尔还提出主观价值论，以及用心理物理学定律来解释边际效用价值论。

3. 凯恩斯的论述

英国经济学家凯恩斯（Keynes）认为人是最活跃的经济活动力，因为他具有“多血质和要在事业中占一席之地的建设精神”。

1936 年，凯恩斯在其成名作《就业、利息和货币通论》中，大量运用了心理分析，并提出经济现象的三大心理规律来解释资本主义经济危机（供需不平衡矛盾），即：“心理上的边际消费倾向递减规律”“心理上的灵活偏好”“心理上的资本边际效率递减规律”。

由此可见，从未有过完全脱离心理学的经济学。

4. 经济学假设的心理学基础

最初的经济原则是建立在行为主义理论观点基础上的。如理性经济人假设依据“人的行为是本能驱使的”，经济规律服从“刺激—反应”模式，如“消费支出是收入的函数”“商业投资是利润的函数”“需求量与价格成反比”这些规律。

现代人本主义心理学发展起来后，也在经济学中广泛应用，如需要、动机、预期、偏好等理论很有力地说服了一些其他理论不能解释清楚的经济现象。从“应该发生什么”到“实际发生什么”“为什么会那样”，以现实为起点，立足于现实之中。如激励机制在现代经济体制中的重要作用。

加州大学的教授大卫·阿尔哈德夫（David Alhadeff）指出：“一直被经济学拒之门外的心理学，早就由后门偷偷进入经济学之中了。”

1.1.3 经济学面临来自心理学的挑战

1. 关于经济学中各种解释的非理性

经济学中有许多理性假设，而事实上“人不完全是理性的”，许多现象受自己的“灵活偏好”及个性心理特征、价值观、信念所支配。例如我们经常可以看到人类的一些非理性行为：H 先生想割自己田里的草，如果叫邻居的孩子来割，只要付 8 美元，但如果让 H 先生割邻居家同样大小田地的草，付给他 20 美元他也不干。

“理性经济人”假设人的行为是自利的，而实际生活中有许多“利他行为”。如人们发现 40% ~60% 的人自愿为公众谋福利，具体表现为无偿献血、为陌生人提供信息、帮助老人等。

消费经济行为有两个重要的假设：①消费者具有稳定不变的偏好；②在不确定条件下，消费者能了解各种行为发生的可能性。当代一些心理学研究发现表明：消费者偏好情况常常因人而异；在不确定条件下人的风险预测是不定的；根据阿莱悖论（Allais paradox），人在不确定条件下的选择是不一致的，不稳定甚至是混乱的。在这种情况下，经济理论无法解释清楚，便需要心理学的积极参与了。

2. 经济选择公理的非理性

这主要表现在如下三个方面：

（1）“偏好函数不稳定”有悖于完全性公理。

完全性公理：存在二种消费品 A 和 B，消费者偏好 $A>B$，或 $B>A$，或 $A=B$。

事实上偏好因各种心理因素影响而不稳定。例如，心境不同，今天是 $A>B$，明天会变成 $B>A$ 或 $A=B$，还会发生系统性变动。

（2）“利他主义”有悖于贪婪公理。

贪婪公理为：如果 A 比 B 多一个好处，至少在其他方面一样好，则 A 将比 B 更多地得到偏好。

贪婪公理无法说明利他主义的行为，利他主义不仅满足个人效用，还有利他人的效用。

（3）认知的非传递性有悖于认知一贯性原则（传递性公理）。

传递性公理：个体喜爱 A 胜于 B，喜爱 B 胜于 C，则喜爱 A 胜于 C。

实际上生活中存在着偏好的非传递性。若某人喜欢手表大于喜欢钱包，则可用手表换钱包，进而喜欢钱包大于喜欢领带和别针，则可用钱包换领带、别针等，再进一步喜欢别针胜于手表，则可用别针换手表。这就是偏好的非传递性，说明了偏好的随机性。

1.1.4 经济学与经济心理学研究对象的侧重点不同

1. 研究过程与结果的区分及联系

经济学家重视人类经济行为的结果，而经济心理学则重视人类经济行为的心理过程。经济心理学家描述经济行为的心理过程并做出解释。卡托纳说：“经济研究之所以需要心理学，是因为心理学揭示和分析了经济过程背后的力量，即关于经济活动、决策和选择等。经济学没有心理学就不能成功地解释重要的经济过程；而心理学没有经济学就没有机会解释最一般的人类行为。”

2. 经济心理学着重研究人类经济行为的社会化过程

从儿童开始到成人的早期经验对经济行为的影响，这方面的知识有利于解释经济行为的结果。心理预期对经济结果的影响很重要。准确预期和预测比预测过程更显重要。

3. 心理学与经济学对同一对象研究的角度不同

对“理性经济人”假设，经济学强调“个人利益”，而心理学强调人性本质，分为经济人、社会人、自我实现人和复杂人。对“需要”来说，经济学研究“需求”与“供给”，而心理学研究需要、诱因产生动机，导致行为。

4. 心理学与经济学的研究方法不同

经济学研究的方法一般有：系统分析法、定性与定量分析法、静态与动态分析法、规范研究与实证研究、统计方法、数学推理法以及经济模型等。

而心理学常用的方法是观察法、实验法、内省法、心理测量法等。

经济学与心理学相互渗透、相互联系，“就像两个苦苦维持绅士态度的英国人，傲慢与偏见阻隔了他们的交流，经济心理学不过充当了谦和的中间人角色，它的存在是合理的，是有内在根据的。”

1.2 人类经济心理与行为研究的历史渊源

在西方国家，研究人类经济心理与行为的学科称为经济心理学。经济心理学是一门研究经济行为的科学，从它的诞生到引起人们兴趣才短短几十年的事情。作为一门新兴的学科，很难说它的发展经过了几个阶段，而只能通过一些具有代表性的经济心理学家卓有成效的研究来探求经济心理学的发展轨迹。

1.2.1 加布里埃尔·塔尔德和《经济心理学》

标志着经济心理学真诞生的是塔尔德（Tanrde，1843～1904）在1902年出版《经济心理学》。塔尔德是法国一位法学家和社会学家，长期对社会现实的经济问题感兴趣，他于1902年把上年在法兰西学院授课用的教程分两卷出版，该书的书名就叫《经济心理学》。因此，一般认为经济心理学起源于法国。虽然在此之前，人们称之为“奥地利心理学派”的卡尔·门格尔、冯·维塞尔的边际效用主义的著作已很多，但说到底，至多不过是借用了边沁对行为的动机所作的考察。所以姑且认为，经济心理学于1902年诞生。

塔尔德在这本书中以冷静、更为公正的科学态度，突出了经济现象的主观方面。并证明这真正能对经济现象作出解释。他认为经济学家根本不了解各门社会科学里有十足的心理特性，而政治经济学只是社会科学的一个门类。塔尔德的观点可归结为：

（1）强调经济现象的主观方面，并提出了主观价值论的观点。他认为，货币在经济学家眼中是价值的标志，但是货币是与人的信仰、希望、思想、意志等主观方面相联系的，不同的人对货币的主观价值是不同的。

（2）作者提出了心理预期的观点。例如，股票市场中证券价格的起落不同于气压计指数的上下波动，而是受股民心理预期的影响（公众认为大有希望或灰心丧气，任何一个引起轰动的好消息或坏消息都影响股民的心理预期）。

这些观点，在今天看来，仍具现实意义，例如在股票交易方面的心理分析确实很重要。在理论方面，塔尔德的有些看法也带点主观任意性。尽管如此，塔尔德为研究经济现象所作的努力、为经济心理学诞生所作的贡献，是功不可没的，他所提到的很多建议在今天仍然有着特殊的影响。

1.2.2 皮埃尔·路易·雷诺和《政治经济学和实验心理学》

塔尔德出版了《经济心理学》一书不久，就于1904年去世。在以后一段时间里，经济心理学依然难以为人们所了解，几乎濒临销声匿迹的境地，但还是有人作了一些具体的研究，表明人们对公理学仍有某种兴趣。后来，凯恩斯在英国把心理学作为自己爱谈的话题，虽然，凯恩斯的心理学好像纯粹是为装饰门面，很大程度上只是对心理学作表面上的理解。

第二次世界大战后，经济心理学又悄然兴起，其标志是1941年法国著名经济学家皮埃尔·路易·雷诺（1908～1981）撰写的“第一部将经济学与心理学有机结合的系统性著作”《政治经济学和实验心理学》一书。

雷诺是法国斯特拉斯堡的罗·巴斯德大学的政治经济学教授，很早就对心理学产生了兴趣，试图用实验心理学来理解客观经济现象。他发现“人的行为并不是严格合乎逻辑的，而往往是一半合乎理性的或非理性的”，他希望制订出一种有关这种“非理性的人”的经济理论，认为这种“非理性的人”是由“外部刺激”或自己的“内部冲动”决定的。1964年他撰写《经济心理学》一书，在此书中，强调了“整合”概念对心理学和经济学的重要性，着重指出“心态层次”“阈限”和“动力”想象这三个基本概念。在其他著作中，他又试图把“企业家的活力”、紧张心理和多种愿望的主要作用所作的考察扩大到“人类社会”。1944年，他发表了《简明经济心理学》。此书着重考虑了“建立参数模型”的问题，他主要关心的是确立“水平参数”。并用三个主观因素：兴趣、智慧和认识来估测这些参数。

最后雷诺认为，经济心理学的最终目的就在于说明“关键阈限”的位置和性质（他认为“关键问题”是无可争议的），以便能够用心理力量（心理力量远比物质力量重要得多）来超越这些“关键阈限”，以便能建立一种“概括经济学”——把人类的进步同个人的首创精神结合起来。

1.2.3 乔治·卡托纳和《经济行为的心理分析》

被称为美国经济心理学之父的卡托纳（G. Katona，1901～1981）原籍匈牙利，曾是一位教育心理学家，热衷于格式塔心理学，后来在芝加哥的雅各布·马尔克教授的影响下，转而研究经济学。他担任过美国财政顾问，在1950～1972年，他在密执安大学同时主持心理学和经济学讲座，努力把两个知识领域完整地结合起来，赋予经济心理学以事实基础，还划定了经济与心理学的界限，提出了他的研究方法，认为民意抽样测验是对经济行为的心理分析的首要工具。在此基础上，于1951年出版了他的第一本著作《经济行为的心理分析》，使经济心理学作为一门独立的科学，在卡托纳的推动下获得了第二次发展。

接着，卡托纳于1960年发表了《强大的消费者》，1964年出版了《大众消费社会》，对消费心理学进行了进一步的研究，提出“消费者主权”的概念，认为消费需求不再受制于唯一的财政因素：需求是有“自由决定权”，受到消费者购买倾向的影响，如顾客的动机、倾向和期望。

卡托纳的研究兴趣主要是消费行为，也包括适当的行政管理行为，特别对20世纪50年代美国富裕社会所带来的消费行为的变化进行了系统的研究。他认为贫困时代，消费是收入的函数；但在富裕社会，人们的生活消费方面发生了五种变化：①收入增加；②储蓄中资产增加；③赊销的普及；④非必需耐用品的比重增多；⑤经济信息迅速传播。因此消费者行为发生如下三种趋势的变化：①契约性的、习惯性的、必需的消费减少；②自由酌量处理的支出增加；③自由酌量处理的储蓄和投资增加。

另一方面，卡托纳在1952~1954年间制定了消费者感情指标来衡量一个特定社会中消费者的态度和期望，乐观和悲观限度，表明有一定效度。

总之，经济心理学在卡托纳的推动下，得到了不断地发展，才得以首先在欧洲，继而在世界各地找到了自己的位置。

1.2.4 佩尔斯特·迪希特和《动机研究》

迪希特1907年生于维也纳，他像弗洛伊德一样，对人们的消费生活感兴趣，当然其目的并不是要研究日常生活的病态为面，而是要理解其“唯利是图”的一面。在他看来，行为是一种假象，各种购买动机一般是无意识的。它们是一些与“自我”冲动有关的错综复杂的机制，而“自我”又是从孩子开始的，所以只有依靠临床治疗和精神分析才能理解购买动机。

一般认为，购买行为既然是经济行为，那消费者的行为是合乎逻辑的、理性的。但实际上，人多数时间，消费者的“达标”往往是由偶然性或当时的环境所决定的。迪希特认为，人的动机中有意识的和无意识的两方面，或称为理性与非理性两种。而“我们最后往往是以特殊的、非理性的和荒谬的方式行动的，而且往往事先并不知道自己会采取这样的行动”。他认为“产品中有着个人的投射”，“当个人继续忠于产品的牌子时，忠于的自然是他本人”。各种物品“并不是超然于个人之外的、原始的和不带个性的，它们是人的物品”，因此必须进行人类学的研究。

迪希特开创了经济心理学的一些新的领域，特别对现在了解消费的动机和潜在需求有重要意义。

1.2.5 拉扎尔斯费尔德的经济社会学研究

拉扎尔斯费尔德（P. F. Lazarsfeld）在大量宣传行为、政治行为和消费者行为的社会学以及社会心理学的研究领域中作出了巨大的贡献。其中，他对消费行为研究的方法和卡托纳的方法有很大不同。因为卡托纳是经济学家，所以主要对一国的宏观消费水平、市场趋势和各个消费者在微观水平的消费行为进行综合研究，研究的焦点最终还是经济现象。

与此相反，在拉扎尔斯费尔德看来，消费行为只不过是人类社会行为中的一种形态。他对消费行为的研究模式，往往把它转用到政治行为研究的模式中去。他关于政治行为研究的第一本名著《人民的选择》（*The People's Choice*），就是在转用了关于购买行为的研究模式的基础上诞生的。

此后，他在《个人影响》（*Personal Influence*）一书中更加明确地、有意识地揭示了这种意图，即打算作这样的尝试：对政治行为、购买行为和流行行为进行直接比较。

在拉扎尔斯费尔德看来，研究政治行为并非是政治学家的工作。研究经济行为并非是经济学家的工作，两者没有严格的区别，事实上，其本来的研究目标就是人类社会行为的一般理论结构。因此，评论和研究经济行为的论文（拉扎尔斯费尔德，1959）并不限于对消费者行为进行研究，同时还采取了将消费者行为和经营行为作对比来进行论述的方法。由此可见，与其领域相比，他更重视把握人类的社会行为。

1.2.6 户川行男的深层心理研究

日本心理学家户川行男在商品购买行为的深层心理学研究上是卓有成效的，在市场调查中，掺进了一些深层心理学测试（如投射法、精神分析法）和深度访谈方法来探求购买动机。

户川行男等人采用的方法是，对于一个研究课题，一般由几位临床心理学家和社会学家组成一个研究小组，每人以 2 ~ 3 名被测试者为对象，进行深入交谈，然后归纳成事例研究，从而以 10 ~ 20 名测试者的事例为基础，研究其一般理论。一次交谈所需要的时间为两小时，包括被测试者的生活经历等，详细记录其购买某种商品的过程、购买情况等，并加以分析。

户川行男等人在购买行为的研究中，根据购买行为发生的过程，阐明了在各个不同阶段，什么样的动机发挥重要作用，举出如下六种动机：①需求；②喜好；③态度；④推测（对今后生活的预期）；⑤社会承认；⑥偶然因素（广告、推销）。通过这六种动机的综合，彻底了解某一购买行为是怎样得以实现的，进一步加深对消费行为的理解，并使之理论化、一般化，这就是户川行男的主要研究成果。

1.2.7 IAREP 的成立

国际经济心理学研究会（International Assotiation for Research in Economic Psychology, IAREP），于 20 世纪 80 年代成立，并于 1981 年在荷兰创办《经济心理学》杂志（*Journal of Economic Psychology*）。该会重新认定经济心理学是一门与经济学和心理学相关的交叉性学科，又是一门独立的学科，并且是一门产生于心理学、经济学、管理理论结合处的新学科，既有理论的一面，又有应用的一面。

当前经济心理学两大主流是：

（1）实验经济心理学。用实验方法研究经济学中的现象，并验证经济学中的假设，建立经济心理学理论，如预期、选择、决策和博弈论。

（2）对经济现象进行心理学分析，解释经济行为背后的心理动因。如失业问题、通货膨胀问题等。

1.3 市场经济不同领域中的经济心理与行为

1.3.1 金融市场中人的经济心理与行为

1. 投资与行为

投资行为是一种风险性行为。经济心理学家发现，无论是企业还是个人都有回避风险、追求稳定的心理偏好。只有在两种情况下企业家或个人才可能冒险，一是选择的货币期望值大到足以弥补所冒风险时；二是结局呈负性，直接威胁或损害企业家和个人利益时，冒险行为才可能发生。在我国近期掀起的“投资热”“股票热”“房地产热”“期货热”，我们已在另一本专著《市场经济中的投资心理与行为》中详细论述，在此不再赘述。

2. 税收和逃税行为

传统经济学认为，增税 x 美元就会减少等量的消费，减税 x 美元则会增加等量的消费。但这并不是客观情况的准确表达。事实是，人们在增税时可能减少消费，也可能增加储蓄量而减少消费。消费量的增减取决于人们对经济状况的理解，以及对新经济政策积极或消极的期望，“理性预期”已成为经济学家包括经济心理学家关注的焦点之一。刘易斯在 1982 年研究个体纳税心理时还发现，只有在纳税人感到就他的收入而言税收政策是公平合理的，才可能自觉地缴纳税款，否则就逃税。公平是纳税的心理前提。那么在我国这样一个税收大国，又是一个逃税大国，情况又如何，后面将具体讨论。

3. 通货膨胀中的经济心理与行为

通货膨胀和生产停滞不前是西方社会经济的通病，即所谓“滞胀”。一些社会主义国家改革中出现的严重通货膨胀，例如我国 1988 年的通货膨胀，同样是几代经济学家苦苦思索，以期发现良方诊治的问题。个体对通货膨胀的知觉，通货膨胀与消费、储蓄、投资之间的关系，是经济心理学研究的又一重点。经济心理学对通货膨胀的研究开始于这样一个现实观察，即第二次世界大战后，多数美国人视通货膨胀为恶魔，认为它制造不稳定，暗中降低了自己的收入。但是，他们面临通货膨胀时，其行为不是超需要的购买，而是采取观望等待的态度。经济心理学家研究发现，当价格上涨并且人们预计价格还要年复一年小幅度继续上涨时，人们往往不是增加消费，而是增加储蓄，只有在预期物价将会大幅度上涨或通货膨胀初期，人们才会用囤积和储蓄来保护自己，以对付通货膨胀。

1.3.2 产品市场中人的经济心理与行为

1. 企业家的经济心理与行为

这方面研究重点是决策行为。另外对经济学家熊彼特研究的企业家创新行为也颇感兴趣。传统经济学把企业家的行为抽象为经济人的行为，以此作为经济分析的前提，认为经济人的行为有着完全的理性，决策时所追求的是“以最小的耗费获得最大的价值”的“最大化”满足。经济心理学家采纳了西蒙（H. Simon）“有限合理性”的思想，认为企业家活动的现实行为环境特点为不确定性和不完全竞争性，往往无法获得关于最大价值或最小耗费的信息，只能在有限信息的基础上寻求价值与耗费的最大差距，即寻求令人满意的决策。

2. 消费者的经济心理与行为

传统经济学认为，“消费支出是收入的函数”，同一收入条件下，人们将支出相同比例的收入，收入一旦确立，就可以对消费支出的总量做出精确的预测。而经济学家们认为，问题并非如此简单，人们的消费支出不但受收入总量的制约，同时也受消费动机、消费态度的影响，而且还是消费意愿的函数。如 1970 年，美国在收入总量基本不变的情况下，由于消费者消费意愿的改变，汽车等耐用消费品严重停滞，造成社会失业增加。同样，卡托纳认为，贫困时代，消费支出是收入的函数。在中国，现在不处于贫困也不属于富裕的时代，消费有何特点，是我们感兴趣的问题。再如，用恩格尔定律的恩格尔系数来描述中国现阶段的消费结构和消费层次是否恰当的问题，也引起广泛重视。所以，经济心理学所要研究的不是消费者花多少钱，而是花费的方式、去向以及消费的具体原因。

广告研究是市场研究的一部分，广告的作用在于改变消费者的消费态度，以牵动消费行为，控制消费意向。经济心理学的研究兴趣在于情感因素与认知因素在改变消费态度时的相互作用问题。

经济心理学家认为，消费者的满意是相对的，依然要一定的参照系，正像人们所熟知的，个人在工资增加后比在期望工资增加而未增加时满意感更小的情形一样，人们某个方面获得满足之后，由于新的参照系的闯入，生活期望值提高了，满意感下降。同时，满意感是一种心理体验，富有不等于满意，因为“财富不会带来幸福”。满意感是可以测量的。从满意到不满意，心理演化序列中有一个零级度，人们在零级度上既没有满意，也不产生不满意，零级度情绪反应最弱，动机水平最低，即所谓的一个“满意的心理连续带模式”。当实际消费与心理期望相符时，满意指数从零级度向正级度变化，满意感随符合度而提高，当实际消费与心理期望不相符时，满意指数从零级度向负级度变化，负级度越高，越不满意。正如传统经济学假设的“边际消费倾向”即人们获得商品和服务越多，就越有可能达到心理饱和而减少消费。另一方面就是当达到饱和时，再增加很大量的消费并不会引起满意感的增加。因此，经济心理学家认为满意感是一个可变化的量。然而勒温场理论早就揭示并证明人们的期望水平不是一成不变的，它由于成就和成功感而提高；由于失败和失意感而降低，成就和成功感并影响今后的行为。从这个意义上说，满意感是个体对自己是否成功的一种心理感觉。

3. 地下经济心理与行为

地下经济行为成了一个全球性的问题，并为此产生了一门新的学科，即地下经济学。地下经济的主要特点是隐蔽性。经济法规、市场原则可以遵守也可以不遵守，一切取决于经营的需要。在结构上，具有帮会和现代企业集团的双重特征，既可以是合法的又可以是非法的，不一而足。地下经济是伪劣产品、假冒产品的主要产地，并引起各国政府的注意，经济心理学也开始涉及这些问题，近年的中国“质量万里行”，可以给我们提供这方面的思考。

1.3.3　劳动力市场中人的经济心理与行为

此问题的中心是就业与失业者的经济心理与行为。

经济心理学对失业的研究侧重于个人失业后的心理体验、工作期望、消费行为特点、失业者心理健康、失业与离婚率、失业与犯罪等。失业问题是西方社会的一个顽症。同样在中国的“隐性失业”以及劳动用工制度的改革将带来的失业与社会保障制度是一个重要的研究课题。经济心理学家认为，工作的价值不仅体现在工资上，而且是个人多方面的自我实现。失业后，个人的经济状况和社会地位都发生了很大的变化，特别在自由资本主义社会，雇主按能力标准挑选职工时，职业状况往往成为个人能力的无形测验。因此，失业者更可能出现心理失调，家庭生活兴趣减退，成就期望值降低，对社会的满足感、对国家的信任感、对前途的自信心下降，长期失业者尤为严重。研究还发现，个人失业后的心理反应存在着个别差异。内向型的人往往把失业原因归因于社会经济因素和社会政治因素，心理准备相对少些，尤其在全社会高失业率的情况下。失业者寻找工作的特点是饥不择食，随之而来极易出现对新工作缺乏热情，动机水平不高。

1.3.4　家庭中的经济心理与行为

美国经济学家贝克尔（G. S. Becker）所著的《家庭论》（中译本《家庭经济分析》），给我们的研究提供了新的思路。贝克尔从经济学观点研究了婚姻、生育率、家庭中的利他行为等，但是家务劳动是经济心理学研究的薄弱环节。人们只是认识到家务劳动是一种非正式的经济活动形式，在社会经济总体运转中有着重要作用，尤其在经济萧条时期，家务劳动常常缓解了劳动力对社会的巨大压力。

家庭中经济心理与行为中有一项重要内容就是储蓄者心理。

传统经济学认为，人们在经济繁荣和收入增加的情况下，把更多的钱送进银行；会在经济萧条时，收入减少时则减少储蓄。但卡托纳 1975 年调查了消费者的储蓄偏好，得出了与之截然相反的结论。卡托纳发现，人们储蓄动机在低收入、经济不景气时期更强，这时，储蓄量增加，消费量减少。因为萧条的经济具有紧迫感和威胁性，人们感到前途未卜，迫切需要一个能够暂时抵挡威胁的经济缓冲器——一笔能保障今后一个时期基本生活需要的储蓄。而在经济繁荣时期，人们倾向于购买耐用消费品、旅游、度假和满足其他享乐性需要，必然带来储蓄量减少。当然影响储蓄行为的还有其他因素，我们将会在后面详细展开。

除此之外，经济心理学涉及的问题还有：人们对国家财政政策的反应特征，耐用消费品周期性波动的心理规律，国民生产总值的经济指数和生活质量的社会心理指数的统一性，储蓄与借贷的关系及工资和价格的变化率等。当然，经济心理学家目前并没有就经济心理学的研究范围取得一致意见，他们似乎较多地通过“研究什么”去发现和思考“应该研究什么”，这种状况反映了这门新生科学的不成熟。

在本书中我们将系统地就这些经济心理与行为进行研究和探讨。

本章提要

在经济心理学的发展过程中塔尔德、雷诺、卡托纳、迪希特等经济心理学家作出了贡献。在国际上已建立了国际经济心理学研究会（IAREP）。

经济心理学是一门独立的跨学科科学，也是一门应用科学。经济心理学是一门发展中的学科，其定义尚不完备，也不统一。

经济心理学当前的研究对象可限定在市场经济的以下领域中：金融市场、产品市场、劳动力市场、家庭中的经济心理与行为。

经济心理学的研究有重要的理论与现实意义。

思考与探索

1. 试述经济心理学的发展沿革。

2. 如何正确理解经济心理学产生的理论背景——心理变量在经济行为中的重要作用？

3. 试述经济心理学的理论与应用意义（联系金融、产品、劳动力市场中的实例说明）。

2

人类经济心理与行为的研究方法与分析模式

2.1 人类经济心理与行为的研究方法

学科的进步，尤其是经济心理学的进步，很大程度取决于其研究的方法和手段的进步。事实上，对经济和社会问题的认识根本不是来自经验产生的模糊直觉，更不是因为某些人的嗅觉特别灵敏，有着特殊的职业敏感性，恰恰相反，这种认识并不是直接获得的，它要求人们利用多种不同的研究手段、不同的技术和方法来寻求对问题的合理解答。这一点对经济心理学尤其如此，因为这是一门年轻的科学，极富探索性，经济心理学还远没有竣工，仍处于建设阶段，它的学科基础更多是一些概念和理论，而不是一些没有争议的材料和结论。然而，理论的有效性又完全取决于它所使用的研究方法的科学性、有效性、独创性。

这里，我们首先介绍心理学研究中广泛应用的实验法和观察法。当然这些方法在经济心理学的研究应用已有所突破，或者更适合经济学研究的口味。然后在这个基础上介绍几种经济心理学家独创的研究方法，如抽样民意测验、行情测验、动力指标等。

通常的研究方法即自然观察法和实验法。在自然观察中，实验者记录实验条件和事件，并由个体报告进行补充。实验条件的记录一般用来进行统计分析，许多统计工作是经常性的，这样便形成了一个观察的时间序列，比如 GNP（国民生产总值）统计、价格指数等。在另一些研究中，需要个体进行报告或用其他方法，比如购买行为的记录可以通过个人收入和态度来进行解释。这里值得一提的是，严格讲在观察法这种研究中，一般的解释不能作为对事件的预测，而变量之间的统计结果，不能解释为因果关系，很大程度上是一种参考价值，需要补充其他材料一道进行解释和预测。

在实验法研究中，这是人为地控制条件来推断行为变化，对于未控制变量与行为不一致的现象，不同的结果可以归因于不同的控制条件，这种归因是对实验行为结果的因果解释。实验方法在实验经济学研究中独树一帜，并成为经济心理学中最具活力的研究方法。经济心理学研究方法可作如下的分类，见表 2－1。

表 2－1　　　　实验研究与自然观察法的比较

实验研究	自然观察
微观：动物研究 （N＝1 研究）生理选择研究 中观：市场模拟 测验市场 宏观：政府政策 改革	面晤（谈） 调查 市场研究 组织研究、参与 时间序列研究 比较研究（原始社会研究）

2.1.1　实验法

1. 微观水平的实验

动物实验主要是用来研究强化的规律，因为效用函数是经济理论的基础，与强化规律密切相关，这种类型的研究花费不大，数据可以很容易得到，控制也比较有效，这是因为条件、动机状态和强化可以非常准确地进行控制。进一步讲，它提供了一个机会来研究大范围的外界条件和行为的相关。生理学实验主要是研究情感的生理测量，这也是非常可靠的，因为仪器不会说谎。许多实验者倾向，比如实验者偏好、社会愿望、反应倾向等可以通过生理测量来了解，在高度主观的反应研究中，客观测量是很有帮助的。

选择实验中，要求个体进行实验或假设的选择。在这些研究中，条件是有目的地变化的，因此不同被试组面对不同的条件进行比较。在一个观察实验中，通过使用生理技术可以测量唤起的即时水平。

对于经济心理学，关于选择的实验方法已应用于知觉、信息加工、态度、情感、理性、不确定性和社会情境问题的研究中。

2. 中观水平的实验

市场模拟研究包括在控制条件下进行一个真实生活的游戏，比如，一个房地产市场的模拟包括买者和卖者，双方根据一些规定协商获得目标结果，另一个模拟例子是有限奖励的分配。

测验市场被认为是一个中观水平的实验，因为公司介绍一个新产品或新改革的效果能够与群体的状态效应相比较，由于在这里实验控制很少，其结果与现实高度相关。然而，测验市场的选择与测验的时间很有关系，因为很小的事件或变化也会影响到结果。

3. 宏观水平实验

宏观的政策措施可以被认为是实验，这是因为它们是在管理的控制之下运作的。经常地，经济政策受到经济理论的影响。因此，措施的结果可以看作是经济理论的检验。

2.1.2 观察法

1. 微观水平的观察

拓展人们知识的最好方法是提问。在面谈中，可以问一些关于他们行为、态度、预期和情感等的原因，这称作“内省”。比如考察个人的思想和感情来发掘行为的动机和起因，实际上，这是心理学所运用的最古老的方法，冯特在 1879 年就经常用它。开始时，被试进行内省训练，进行至少 10000 次实际观察。随着时间的推移，内省法暴露一些缺点。除了主试倾向（即实验者倾向）外，内省法还被批评为它改变了人们的思想和情感的本质。情感的认知理论和认知一致性理论支持了这样的观点。但是，个体面谈仍是当前在市场研究中使用的方法。它最大的价值在于探索性研究和处理歧义需求问题，通过有训练的判断可以正确记录和解释个人访谈的结果。

调查是大样本的关于人们行为、条件和意见的群体研究。问题一般较简单，研究者已经知道该问什么，并预期其回答。这样，被试的回答（反应）就转换成数值，贮存在计算机里，这提供了使用统计技术研究不同变量之间关系的可能。在调查量表中，也包含很强的有关动机和人格的测验题。

调查有许多不同的类型，比如：结构性的个人访谈中，主试问许多问题并作记录反应。电话结构化面谈和邮寄调查有时需要被访者填量表。有时也要用计算机辅助，让被访者根据呈现在计算机屏幕上的问题进行回答。调查的类型各有其优缺点。其中，尤其是要注意样本的选择和未反应项目的处理。

观察通常是在个体非常特殊的情况下做出的。自传是非常丰富的科学分析的材料，脑损伤或其他功能障碍的个体常作为观察的对象，因为他们样本极少，非常宝贵。一个个案研究有时也能否定一个科学假设，尽管它从来不作为支持某一假设的事实。

2. 中观水平的观察

市场研究是对一个指定的市场进行观察性的调查。它把市场作为一个整体进行研究，比如，市场交换、市场结构、交流、失业等。市场的类型根据商品的变化而变化，如拍卖、二手市场、百货商店等。经济心理研究包括市场信息活动、经济市场预期指标等。这种研究使用的方法是数据样本、专家访谈及意见研究。

一个参与性观察通常包括对群体的观察。华拉夫（Wallraff，1985）做过一个著名的实验，他参加了一个土耳其移民的团体并进行具体的观察研究。这些研究显示了一个特定的状态或过程。一般地，这些研究不作为支持一定假设的事实而是为了否定某些既成的概念。

3. 宏观水平观察

宏观水平经济研究是对不同的国家统计资料进行考察。除了经济统计外，许多社会现象也存在指标，例如，生命预期是健康的指标。许多这样的研究是以年或季度为基础的，这导致了时间序列分析，在时间序列分析中，在不同时间点上用综合数据来进行观察和研究。

综合分析也在跨文化比较研究中使用。比如，国民生产总值（GNP）基础上的税收效应可以看作为以国家为观察单位进行的统计分析。有关福利和1953年麦克利兰（Maclelland）的研究可以作为该方法使用的样例。

发展中国家的研究可以认为是观察实验的个案研究。这些国家中的条件与西方社会可能完全不同，但它提供了一个机会来检验经济心理学理论。

看起来，经济心理学已包括宏观、中观水平的研究和观察。我们在这里要指出的是，微观水平的研究与宏观、中观研究一样，都提供检验科学假设的机会。

除了观察法、实验法，经济心理学研究方法还包括抽样民意测验法、消费者的感情指标、行情测验法、动力指标法、心理学动机研究方法等。这些方法有的是从观察法和实验法中引申出来的，有的直接来自心理学；有的是经济学和心理学两种方法的耦合；有的是经济心理学家的独创，它们构成了一个独特的经济心理学研究方法群。下面将分类考察经济心理学采用的这几种重要方法。

2.1.3 抽样民意测验

抽样民意测验的大规模使用是1944年在美国开始的。当时美国农业部调查处中成立了一个社会研究专家小组，这些研究人员希望通过抽样民意测验更好地了解美国消费者拥有的财政手段、经济行为，以便解释和预测消费者的态度。这个研究小组后来在“经济行为研究纲领”的负责者乔治·卡托纳的推动下，进行了长期的“消费资金调查”。从此开始，经济心理学由于使用了民意测验方法，取得了巨大的进步，一改哲学味很重的状况，变成了一门更加严谨的学科。

调查有两个目的，首先是制订一整套可供以后重复利用的量表，其次是加深对消费者行为并进而对美国经济的理解。例如，他们就“家务活动演变”这个专题收集两方面的资料，一是人口和财务方面（收入和就业、耐用物品的购买、住房、现金、人寿保险、储蓄、最初确定的借款、资金的分配），二是心理方面（消费者的态度、购买意向、期望和决定），然后把这两类可变因素联系起来，进行解释。

事实上，经济行为不仅受形势和环境的影响，而且受其他一些心理因素（经验、感觉、动机、群体属性、期望等）的影响，这就使得卡托纳及其继承者注重经济行为的这些心理方面，这从他们的大量调查问卷可以看出来，而不是一些数值。它们是没有数字的量表，这些趋势是用算术符号或图表符号，而不是用数据来表示的：

算术符号：分别用加号、等号和减号（+、=、-）来表达预测的（或看别的）消费增加、持平或减少。

图表符号：用一些表示方向的符号来表达这些趋势。如消费呈增加趋势时，就用上升箭头表示，呈稳定趋势时用水平向的向右箭头表示，呈下降趋势时，就用下降箭头来表示。

然后，只要统计出每种符号的总数，如加号、等号和减号的总数，和调查表上三种方向箭头的总数，把所得结果变为百分率就可以了。

例如，调查结果得出的百分率如下：$\overset{+}{15\%}$、$\overset{=}{30\%}$、$\overset{-}{55\%}$，那就很容易得出结论；被调查的负责人认为行情是糟糕的，经济政策远没有令人满意。

这种调查体系巧妙又简单，它一方面能保证被调查者能更直率地回答问题，（他们再也不用担心税收检查和一时失言可能为自己的竞争者所利用），另一方面又保证了调查结果的更大精确性。因为它排除了次要方面，即只注重行情的深层演变，那些由调查对象的个性（有的“生性”乐观，有的“生性”悲观）而带来的偏差。通过少数服从多数的法则，至少是部分得到纠正。因为他们很容易回答提出的问题，回答问题也不会带来损失，所以就用不着持回避态度，这样，他们的回答就满足了调查者在技术方面的期望。

抽样民意测验调查法能使我们直接观察到自然环境中的经济行为，阐明经济心理学的各种问题，同时又保留了像量表法那样的完整资料的代表性，如该方法研究消费习惯、价格的社会心理方面、预算决策、生活水平的观念和生活费用的心理估计等，均取得了较好的效果。

2.1.4 消费者的感情指标

通过利用行情测验法，询问企业领导人对经济活动现状和前景的意见，能使我们了解到他们对经济状况的想法，但是并不能据此准确推论未来经济将发生的变化。

为了克服这个缺点，卡托纳于 1952 ~ 1954 年间研制了一种新估测工具——消费者的感情指标，他的着眼点与皮亚蒂埃的着眼点不无关系，消费者感情指标与前面所提到的民意调查法，构成了卡托纳对经济心理学的发展所作的贡献之一。

卡托纳主要致力于对消费行为的研究，尤其是对耐用消费品购买的研究。他受到格式塔心理学，尤其是勒温的行为模式的影响。行为（B）作为生活空间的动能，它是由人格（P）和环境（E）的相互作用决定的：$B = f(P \cdot E)$。因此购买行为不仅取决于经济形势、可使用资金和购买者的财力，而且还取决于购买者的心理情绪、对形势的感情，即取决于购买者的态度、动机、期望和渴望水平。总之，取决于购买者的意向，这些都构成了他们经济人格的一部分。这种感情（乐观主义或悲观主义）是大部分人都有的，它影响着人们的购物、储蓄或投资的决策。

为了了解消费者的期望和对未来事物带有情感色彩的主观概念，卡托纳制定了消费者调查表，该表共设 8 个不会导致回答者可能泄露私人秘密的项目，每个项目后面都有一个问题，要回答“为什么您这样认为”，调查要求被询问者指出：他是否认为一年来自己的情况已有所改善，是否认为现在购买某物是适时的。这样，调查询问的是一般印象，而不是被调查者的收入和支出的详细情况。卡托纳在后来近 10 年中所做的统计似乎得出这样一个结论：这些主观的评价支配着具体的行为，只要在时间上调在 6 个月至 1 年，就能做出较准确预测。如在 1973 ~ 1974 年和 1978 ~ 1980 年，早在汽车销售量下跌以前，消费者的感情指标就已出现了下跌。后来为研究美国社会和西方世界所处的危机局面（尤其是研究失业、通货膨胀），这些问卷也相应有所改变。

美国1954～1980年的调查结果表明：消费者的感情指标的变化是和美国这30年来出现的经济周期变化一致的。因此，这个工具可以作为表示商业周期中出现变化的报警器。

近年来，理论界对其创造的消费者感情指标提出一些批评，其中理论争论焦点主要集中在卡托纳的消费的相对独立性这一假设上。另一些研究者力图用一些客观的可变因素，如可支配的收入、库存货物的平均价格、零售价格来代替心理方面的可变因素，但没取得什么大成功。尽管如此，这仍然不失为一种简易的工具，这一方法对预测我国经济形势具有借鉴意义。

2.1.5 行情测验

行情测验这一方法，是1949～1950年间由法国国立统计与经济研究所安德烈·皮亚蒂埃制订的，后来在其他很多国家中使用。

这些测验主要向经济活动中的负责人（工商企业的领导人、不动产建造的牵头人和房屋设计建造人）发放调查表，进行定期调查，收集企业领导人的意见和计划。调查的问题既涉及当前的现状，也涉及投资，即公司、企业的发展前景和整个经济形势。同时，每年还要向家庭进行多项调查，以便确定他们的态度和购买意向（特别是耐用消费品的购买意向），其中也有一般性的调查项目，以了解调查对象的生活现状和消费水平。

这类调查的特点是所记录到的首先是一些“趋势”。

调查每年分4次进行，为了计算调查的结果，卡托纳用了类似于皮亚蒂埃使用过的算术符号（+、=、-），对这些符号进行了有意义的组合后，就能表示消费者的乐观态度（++；或=+；或-+）、谨慎态度（+=；==）或悲观态度（+-；=-；甚至--），百分率是根据答案的总数计算的，因此有助于更好地从调查对象所处的情形中来了解他的个性。

当然，行情测验的原则只能作一般的应用，正如P. L. 雷诺指出的：“对每个部门在一个规定的时期中预测的各种变化作精确的统计，能给我们带来更大的帮助”；另一方面，雷诺也承认，这样的统计工作的费用、困难和进一步收集相同的数据所花的时间是很大的。

2.1.6 动力指标法

动力指标是法国经济心理学家皮埃尔·路易·雷诺于1961年研制的。他认为这一方法“特别适用于经济心理学的研究对象”，他说：“既然静态机制和动力机制中的基本因素是‘精神力量的数量’，那就应该把这种因素引入利用的模式中，接下来的问题是要估计出这种‘动力’的大小。”

雷诺提出考虑下列因素：

（1）潜在的精神力量，他把这种力量归结为判断和一般的能力，即可教育性。

（2）可调动的精神力量，也就是已有的认识。这种认识，如果人们有愿望的话，就可以利用。

（3）实际上已调动的精神力量，其调动的程度按个人本身所固有的动力而定。

动力指标就是这三种因素经过权衡后的综合。有的动力指标反映的是生产情况，企业家的情况；有些则用于消费研究。在雷诺看来，在个人的行为、生产的动力和消费的动力之间也许存在一种平行元素。

雷诺的这种方法是为把定时的因素数量化进行的一次有趣的尝试，整个方法都是建立在对不同类型的经济行为人进行不同调查的基础上的。

（1）对于可教育性的因素，雷诺是通过调查“一些表明智力水平和思想开放程度的问题”来把握的。对企业家，则这些问题将涉及企业的历史、解决困难的方法，和同一行业其他企业相比的本企业的生产增长率，打算采取的应付当前问题的办法。对消费者，则向他们了解“个人预算的平衡及构成”情况。

（2）为了说明第二点（有效的教育），对生产者“不仅要问企业的技术问题和商业问题，而且还要问各种创新情况，如自动化、计件制、公共关系等”；对消费者，则向他们了解产品知识和价格知识的掌握情况。

（3）第三点反映的是“企业的领导对自己工作的关心程度”或消费者对福利的态度，当企业的领导人可以把自己的活动看成是“一种苦差事、老一套，或是一种真正的天赋的体现，甚至一种确定的热情的体验”时。消费者对“自己福利的减少或增加”作出积极反应时，则可以从“比较冷淡到极其强烈”，程度各不相同。

前两点的调查结果和答案可用数字0～2打分（程度分为4级），第三点特别重要，用0～2.5来打分（分为5种不同的水平），然后把这些数字标到一张图表上，就能画出一些典型的图形。这三个方面的系数相乘就得一个总数，但这个总数不可能超过10（2×2×2.5），4或5是一个有意义的边界数字，超过这个界限（大于5），调查对象被认为是“新派的”“有活力的”，不到4就被认为是“相对守旧的”，在这种情况下，有必要制定“一种刺激政策”。

为了说明这种方法，我们引用一个企业家情况的图（见图2－1），该企业家的“判断能力相当不错（1.5），情况也很熟悉（2），才干也令人满意”。

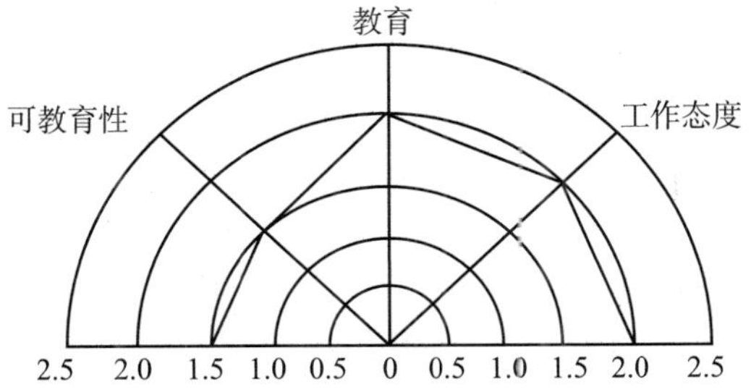

图2－1　动力指标（1.5×2×2）

这位企业家的总分为6(1.5×2×2)，这仅仅意味着他比那些评分较低的企业家更有动力。

雷诺想出的这种技术比较简明，也许能成为一种合适的工具。其实，这种研究程度的特点首先是它的不明确性，比如“精神力量”这一概念未作任何说明，只代之以一些定性的东西。其次是它的主观臆断性：为什么只考察三类因素？为什么潜在的力量就等同于判断，可调动的力量就等于态度，等等。

事实上，使用动力指标从未得到过令人信服的结果，并且也只有发明者本人才试过，但是把心理学的方法引入经济增长模式的研究，毫无疑问是一种可贵的探索，它为经济心理学的发展与成熟开拓了道路。

2.1.7 心理学的方法与技术

运用现代心理学的理论与方法，从心理学的角度探索人的经济行为发生、发展变化的内在原因和规律，是经济心理学最鲜明、最突出的研究特色。经济学与心理学的结合也就体现在这一点上，可以说经济心理学家在论述经济行为时几乎运用了现代心理学的重要理论，如斯金纳的强化理论、勒温的场理论、弗洛伊德的潜意识理论、现代认知心理学理论、社会交换理论、社会学习理论、需要层次理论等。这些我们都将在有关内容中介绍。而对经济学家来说，把现代心理学理论引进经济学领域比运用其研究方法要容易得多，因为心理学理论是心理活动的科学揭示，经济学家只要有承认真理的科学态度就足够了。这里介绍几种最近流行的方法，在这些方法的研究和应用方面，瑞典经济心理学家K. E. 韦尔纳利德等的工作是具有代表性的。

他们的研究都是利用一些间接的手段和在量表法的基础上进行的，这些手段和方法比常用的深入交谈法和一些其他的间接技术（罗夏测验、默里主题统觉测验、罗森茨韦克的挫折测验、文字联想测验，“配套”或配对测验）更趋完备。

下面我们来介绍几种他们的研究手段：

1. 确定产品“社会地位”的间接方法

这种方法把不同的企业集团和不同产品挂钩，向调查对象讲解这种产品或这种牌子属哪个集团。这样，调查对象就说明了自己对该产品的印象，表明他对该品的“社会地位”的看法。他们应用这种方法在瑞典为各种日报、私营部门、商业部门、汽车牌子所作的市场调查中，这种测验已表明有着良好的辨别能力。

2. 消费者首选商品的恒定法测定

被调查对象接到的指示如下：“请您按照自己的爱好来评价某些牌子的汽车，你按自己的尺度给每两辆汽车打分的总分为100分，举例来说，如果每两辆一组的汽车中有一组是一辆凯迪拉克牌和一辆雪佛兰牌，您可以给凯迪拉克牌打70分，给雪佛兰牌打30分，或者给予您认为合适的其他分数，但总分必须是100分。”

由此看出，这种方法接近于成对比较法，但与后者相比，有如下好处：它使用方便，并且对调查对象来说有一定的意义（又如：您有100法郎可用来购买商品A和商品B，您会用多少来购买商品A，用多少来购买商品B）。

它提供的信息更多，并且在制表时不像成对比较法那样要很多先决条件，最后这种方法很敏感，能反映出各种刺激之间的细小差别。

3. 句子填充法

在一般情况下，由于在进行客观分析时会遇到一些困难，人们并不注重这类方法的研究价值，但是韦尔纳利德等人却致力于把句子填充法和各种选择法结合起来。

这种方法有以下三个优点：能降低调查对象的“不回答率”；能从不同的调查对象处获得类似的答案，使用方便，调查者只要有一点业务能力就能使用。这类方法主要是在对烈性酒消费的态度研究中进行了试验。

4. 情绪测验

在对消费行为进行研究中，研究者希望获得有关研究对象的消费结构和个性特点的情绪，例如他们对新经验或新产品的感情和态度、社会的相互作用。

情绪测验就是用来描述不同类型的个体：“地位低下的人，工作有成效的人，有思考能力的人，沉默寡言的人，乐于讨论一切的人。”调查者向调查对象了解他是否觉得这些人非常讨厌，不讨厌，一点都不讨厌，或者他是否喜爱这些人。调查对象喜欢的人越多，他所喜欢的人出现的次数就越多，因此这个调查对象在这个测验中获得的分数就越高，他在社会中就越容易和别人相处。

这些测验可以用在民意调查中，它有着令人满意的内部紧密性，能和心理学的其他工具保持着有意义的协调。

2.2 人类经济心理与行为的分析模式

凯恩斯认为“经济学是一门用模式来思维的科学”，与经济学家舒尔茨的主张相反，它不是一门“假的自然科学”，而是“逻辑的一个分支，一种思维方法。”在经济学领域里所取得的进步“几乎全部可概括为逐步改善对模式的选择”，从而使它们更加符合真实世界。在这种理论思维下，凯恩斯建立了他的宏观经济学模型，并缔造了宏观经济学大厦。

这种思维方式在经济心理学的研究上同样有效，并发挥着巨大作用，为构架经济心理学理论体系作出了贡献。这里我们将介绍三位经济心理学家：卡托纳、范拉伊、阿尔布创建的经济心理学模型。在此之前，有必要对模式这个概念有一个了解。

这里引用控制论创始人诺伯特·维纳对模式概念的说明：“模式从本质上说是一种排列组合，它的主要特点是构成该模式的诸因素的排列次序，而不是这些因素的内在本质。如果两个模式的结构关系是彼此一致的，即此模式中的每一项和项与项之间的每种关系都与彼模式的某一项或某种相似的次序关系相对应，那么，这两个模式就是类似的”。

2.2.1 一个基本的经济心理学模型

卡托纳于1960年参照勒温的场心理学理论，提出一个经济心理学模型，如图2-2所示。

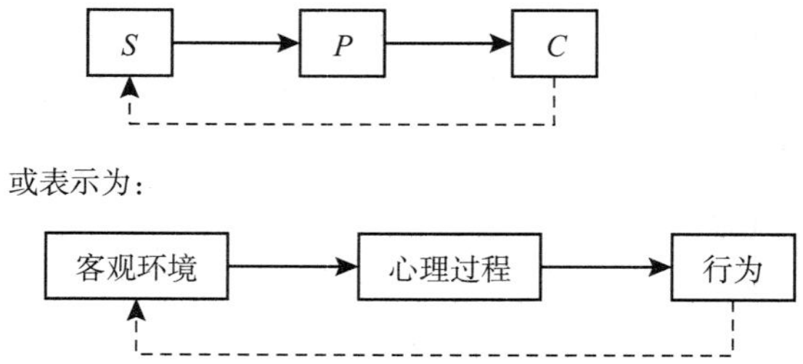

图2-2 经济心理学模型

*S*代表客观经济环境，诸如经济衰退、失业率、通货膨胀率、利润率、收入、财产、生活水平、就业机会等。

*P*代表经济行为人的个人特点与心理过程，如愿望、态度、预期、生活习惯等。

*C*指行为，包括购买、利用和支配财产及服务设施、投资、储蓄等。

如果把客观环境看作刺激（*S*），心理过程看作生物体内部发生的（*O*），把行为看作生物体的反应（*R*），这个模型与著名的心理学*S*—*O*—*R*模型十分类似。范拉伊（1981年）在这个模型上加了一个反馈环节（虚线表示），认为经济行为也会影响到客观环境。

卡托纳和他的合作者在1965年使用这个模型，通过经济收入和经济态度的市场调查信息进行了对消费者需求的解释和预测，他认为在这点上*S*—*O*—*R*模型比一般经济模型更加成功。

2.2.2 弗雷德·范拉伊结构模式

1. 范拉伊的基本模式

范拉伊在1981年开发出了一个适用范围更广的经济心理学模型。该模式试图把经济可变因素与心理可变因素互相结合起来，强调经济行为和环境条件之间的反馈关系。同时，为了追求模型简化，把类似功能的可变因素归为同一类，我们称之为结构模式，图2-3就是该模式图。

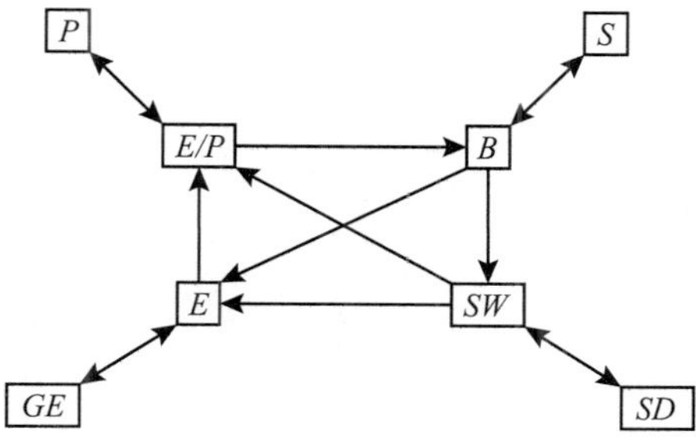

图 2－3　范拉伊的经济心理学模式

注：GE＝普遍的经济状况；E＝经济环境；P＝人的因素；E/P＝对经济状况的感觉；B＝行为；S＝情境（环境中的事件）；SW＝主观满意度；SD＝社会（系统）的不满。

经济环境（E）包括个人可用资金、市场情况、就业类型、收入来源等，它受总的经济背景（GE），如经济衰退或经济扩张的影响，而这两个变量同样取决于政府的经济政策、污染水平、不安全和国际关系。

在这种经济环境中，消费者和企业领导人是以不同的方式知觉的，这种对环境的知觉（E/P）包括诸如商业气氛、物价预期、收入分配、集团的地位等。正是这种知觉到的环境（E/P），而不是经济环境（E），决定着人们的经济行为（B），E 和 E/P 之间的关系取决于个人的经验和人与人之间的交流，尤其是大众交流工具。同时，个人因素（P）也参与其中。个人因素包括个人目标、价值、愿望、预期、认知方式，收集信息的能力，对经济和政治问题的兴趣等。另外。社会人口因素（如家庭的规模和构成、年龄、教育水平、职业）也会影响经济行为。

经济行为的计划导致经济行为的实现。例如，消费者选择购买的物品是根据自己的打算买的，如买一辆汽车是打算用于运输、旅游、上班、出风头、比排场等。但可能某种意外情况的出现（S）使这个打算（购买汽车）夭折（如遇到偶然事故、生病、失业、结婚、生孩子等）。

经济行为会给消费者带来主观享受（SW），这种享受包括由购买物品带来的满足（或不满），对零售商或生产者提的要求，开始体验并进而减少认知的失调。但另一方面，消费也带来一些外部后果，如污染、噪声、别人的嫉妒等。这样可能导致经济决定的预期好处和实际后果之间的差距，继而产生社会不满（SD）。这种不满情绪影响到对环境的知觉与经济环境本身。

最后，值得一提的是，经济行为（B）可以直接影响经济环境（E），如卡托纳曾指出：购买行为或储蓄行为都能增加（减少）经济动态；购买某种型号或某种品牌的产品，决定了该产品的市场占有率。

范拉伊的这个模式是一个描述性的、定性的研究，它的好处是对各个环节进行了动力研究，把各个环节彼此联系起来进行考察。但对各种情况的列举和关系联结上并未摆脱主观任意性。不过总的来说这个模式是具有启发性的。因此，下面我们将对这个模型进行分解剖析，深入探讨经济心理学的范式。图 2－4 就是一个拓展的经济心理学模型

（范拉伊，1981）。

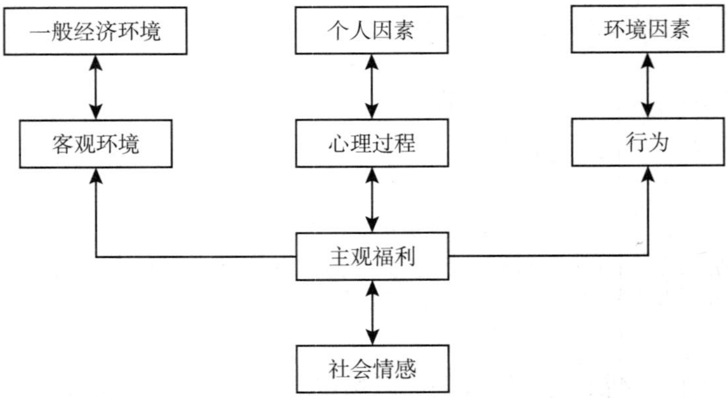

图 2-4　范拉伊模式

这个模型的基本关系是：行为可影响主观福利，包括消费满足感、工作、收入、婚姻、生活水平、机会知觉。主观福利反过来会影响到经济环境，比如导入新产品的设计和开发。进一步地，主观福利会影响到个体对经济环境的知觉。

进一步还可作以下的假设：

一般经济环境和个体经济环境（客观经济环境）的关系，前者包括经济衰退和繁荣、政策、污染、战争与和平、犯罪等。

个人因素和知觉的心理过程之间的关系以及对经济环境的解释和决策。个人因素包括目标、价值、抱负、期望社会民主变量和人格特征等。

社会情感和主观福利的关系。前者包括个人的一般满足和幸福感。其对象是政治和文化结构以及经济制度（资本主义、社会主义和共产主义）。

环境因素和经济行为的关系，前者包括非期待事件，如疾病、事故。

2. 客观层次上的经济行为结构

扩展的模型为解释行为的经济模型提供了更多的可能性，这种方法叫作结构范式，包括一个主观部分和一个客观部分，客观部分可以被观察到，或被独立测量和用传统数字解释。主观部分可以通过量表或其他心理学方法从个体身上获得直接证据。一般地，经济学关心的是客观的信息和行为，其结构如图 2-5 所示。

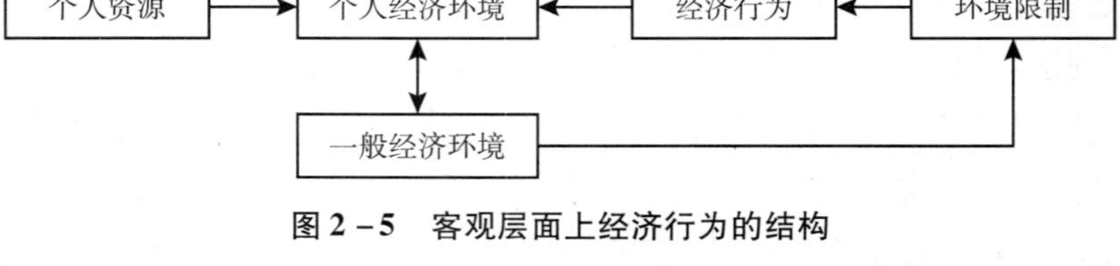

图 2-5　客观层面上经济行为的结构

在客观层面上，环境限制包括通常讲的经济约束。比如预算约束、时间和地点约束等。假设这些约束可以影响（限制）经济行为。其中的关系可以通过需求方程进行估计（从价格和收入解释商品和劳务的需求），也可用恩格尔（Engel）曲线进行说明（恩格尔曲线描述的是特定的项目上的投入与收入之间的关系）。

假设经济行为能够影响到个人的经济环境，比如，有酬雇佣产生一定数量的收入，购买商品将会提高股票数量，这种关系与范拉伊1981年提出的反馈模型相似。

群体的个人经济环境构成了一般的经济环境，比如一个国家性的统计量，如GNP（国民生产总值）。从另一个方面讲，一般经济环境又会影响到个人的经济环境，比如，税收制度可以不同程度地影响到每一个人。这种关系与图中表示的一般与客观经济环境的关系相似。

个人资源包括个体的历史、教育、婚姻状况、年龄、遗传等。这些组成了在市场和消费者行为研究中起重要作用的社会群体因素。人们假设这些因素对个人的经济状况有直接的影响。

3. 主观层次上的经济行为结构

在图2－6中，结构模型的主观部分是指影响决策的心理因素，箭头之间的关系如其所指。

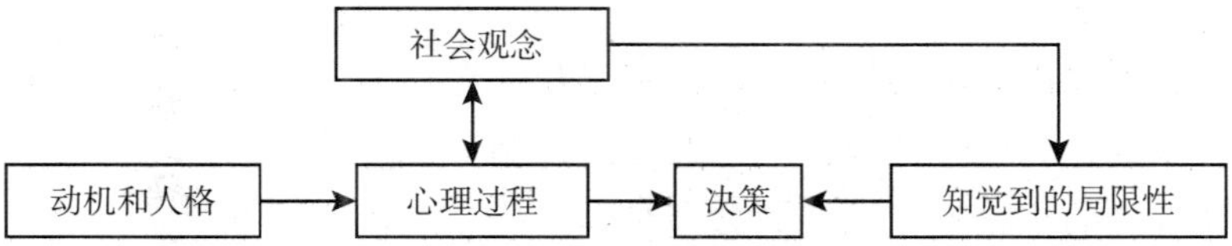

图2－6 主观层面上经济行为的结构

动机和人格在儿童早期就已经形成，这可能是由遗传因素决定的。这些因素被认为能不同程度的影响心理过程。

社会观念包括关于社会、政治、经济和文化的社会道德观念。比如，习惯、传统、伦理、预期和公共形象。社会观念形成了模型中特殊的一部分，构成了群体综合的个人观念、交流过程和媒介。这些被用于社会观念形成过程的研究中。比如，纽约股票交易市场的指数和消费者情感指数，在心理过程中，人们认为这些社会观念是可以与个体目标、动机和态度相提并论的。

心理过程可以导致决策的形成。尽管这不是充分必要的。比如，当你读这章内容的时候，发生了许多心理活动，但通常不包含决策。

知觉到的局限性是与影响决策的因素有关的。一些知觉到的限制来自社会观念，比如社会规范，人们认为主观限制和心理过程可以影响决策。决策时，人们对存在的信息进行组合而对独立的行为进行比较和评价。

4. 混合模型

主观上的假设通过知觉、社会解释以及行为决策的执行与客观层面相联系。这可以明显由从个人经济环境到主观心理过程和从决策到经济行为的箭头看出来，如图 2 –7 所示。

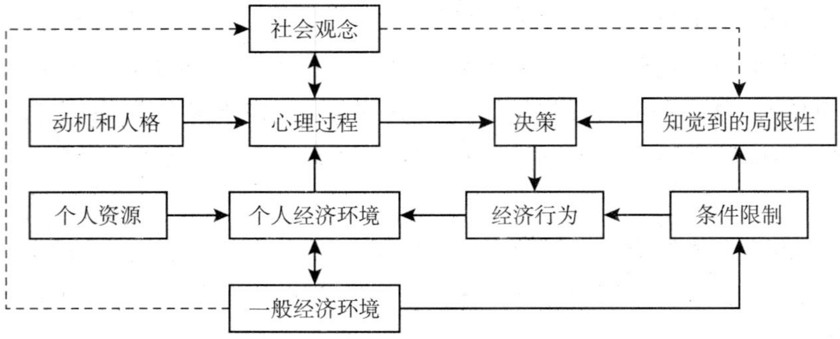

图 2 –7　主观和客观层次上经济行为的结构

最后，模型中还存在另外一种关系：

一方面，社会经济环境（个体资源）影响到人格，比如，遗传和人格在许多情况下是相关的。另一方面，动机和人格影响学校成绩以及工作和职业的类型（社会经济环境）。

客观的限制可以由主观的局限性进行知觉和补充。主观局限性包括：心理努力、身体能量和社会规范，这些受到社会现实的广泛影响。

除了个体观念的积累外，社会观念会受到一般经济环境的影响，比如，社会中高水平的失业可能会导致有关生活标准的不利观念。

上面提出的结构方法不需要在现实世界或人类心理中有一个完全的表征，它只作为一个研究方法来综合不同的研究类别。

我们可以看到，上面介绍的两个经济心理学模型除了保持传统经济学研究的客观关系，还加上了主观关系，毫无疑问一个包括两类关系的结构模型提供了研究经济学和心理学相互作用的方法。

2.2.3　保罗·阿尔布的三元模式

保罗·阿尔布在第三届经济心理学欧洲年会上（1978 年在奥格斯堡召开）提出了一个三元模式。该模式强调心理因素在经济行为中的意义和作用。他自 1972 年起就在勒内·笛卡尔大学的经济心理学实验室对这个模式进行了研究，其结构可用图 2 –8 表示。

这是一个五面体，其中斜面表示心理学领域，其他四面分别是：经济方面（E）包括生产关系、物质文化、生态和实践；文化方面（C）包括精神生产、物质文化和历史；社会学方面（S）包括人口、历史、集体关系和生态；政治方面（P），内容为制度、集体关系和实践。阿尔布指出，在传统的分析中，人们常忽视心理的因素，只对后面的四个方面进行了区分和研究。这个模式要强调个人的心理行为方面在整个经济行为分析中的作用，因此，他着重分析描述了心理方面的内容（见图2－9）。

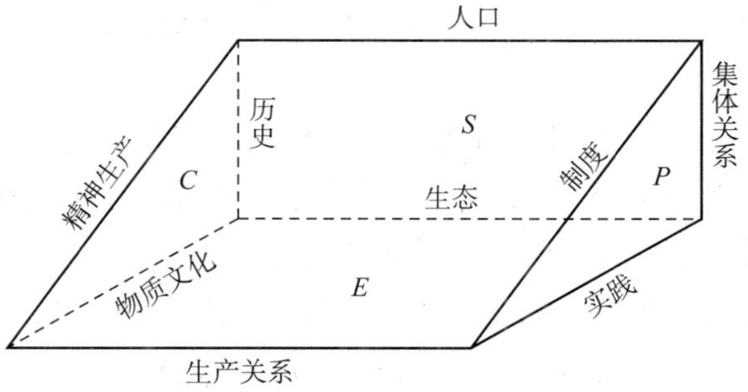

图2－8 阿尔布的三元模式

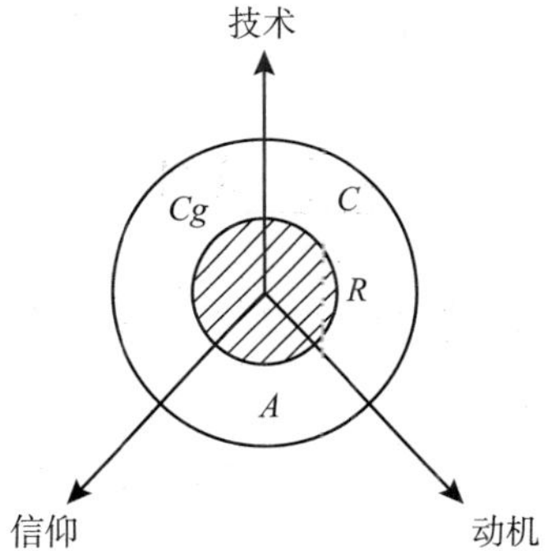

图2－9 阿尔布模式的心理内涵

在心理方面，画一个圆来表示，这个圆分为大小相等的三个部分：认知部分（*Cg*）、意动部分（*C*）和情感部分（*A*）。

意动部分（*C*）指的全部人类活动，尤其是经济活动。意动（Conatus）这个词是从心理学家斯宾诺莎处借用过来的，特指努力的思想，既可以作意志方面的解释，又可以作智力方面的解释，对一直为生存而斗争的人类来说，意动就是指对外部世界和生活空间的安排。

情感部分（*A*），包括感情和激情，它在人类的行为中起着决定性的作用，使我们的全部行为都带有感情色彩，意动或情感之间有个既把它们分开，又把它们重新联系在一起的接触面，这个接触面就是动机，动机就是推动我们采取行动的东西，它显然是带有情感色彩的。

认知部分（*Cg*）包括认识和知识，对客观事物的知觉，然后运用有关概念和知识对这一事实作出解释，包括对事物的结构与属性的理解。这两者对行为起着重要的决定作用。虽然精神分析学派强调冲动的作用，而现在更多的人认为，认知对于行为的作用更重要。

认知划定了两个接触面：一个是把认知和情感分开的接触面，即信仰；另一个是把认知和意动重新联系起来的接触面，即技术。信仰由于在很大程度上带有情感的特点。所以能转化、甚至制度化，组成神话或意识形态。技术则是行动所必需的，它在把理论和实践联系起来的过程中不断得到改善和提高。至于动机，它的形成是和价值体系联系在一起的。

居于这个模式中心，也即居于行为中心的是表象（R），表象既可以是一种理念，也可以是一种形象，既可以是模糊的，也可以是明确的，它总是作为所代表的对象出现，并把这个对象投射到符号世界中。雷诺把其称为“形象动力”。

总的来说，这还是一个定性的模式图。它相对来说比较简单，看上去一目了然，它能告诉我们在刺激出现时经济行为人如何作出反应，这种刺激一方面来自经济行为人所处的社会文化环境，另一方面来自经济行为人本身的生物学特征（如果我们不把这个模式看成一个平面图，而设想是一个圆柱体，那么，这个圆柱体的高度就等于生物学的维度），从而使得整个模式带有动力特征。

本章提要

经济心理学的研究方法包括实验法、观察法、抽样民意测验法、消费者的感情指标法、行情测验法、动力指标法等。

经济心理与行为的分析模式有卡托纳分析模式、范拉伊结构模式、阿尔布三元模式等。

思考与探索

1. 试述经济心理学研究方法的特点，并举例说明。
2. 自行设计一项经济心理学课题研究的方法，并预测可能的结果。
3. 试举例说明卡托纳、范拉伊、阿尔布分析模式的实际意义。

3

人类经济心理与行为研究的理论基础

研究人类经济心理与行为涉及许多学科知识。其中有经济学、经济心理学、行为经济学、心理学、数学等。研究这些问题时要吸收当今这些学科中最前沿的研究成果，并把它们作为自己的理论基础。在此，我们首先把效用理论、预期理论、不确定性与风险理论，博弈论与福利理论作为发展这一学科的理论基础，并逐一进行介绍。

3.1 效用理论及其在经济心理与行为中的应用

3.1.1 效用理论的历史沿革

1. 伯努里的效用观

1738年伯努里（D. Bernooli，1700～1782）在其发表的《测定风险新理论之解说》一文中曾指出，一物的价值的决定不以该物的价格为基础，而以其带来的效用为基础。一物的价格只取决于该物本身，而且对任何人都是一样的。然而一物的效用则取决于估价该物的人的特殊情况。一千元的收益对一个穷人比对一个富人无疑具有更大的意义。

伯努里的观点可归结为两点：

第一，商品的价值取决于商品的效用，而不是商品的价格；

第二，商品的效用大小是因人而异的，1000元对富人与穷人的效用是不同的。

2. 加里阿尼的效用观

加里阿尼（F. Galiani，1728～1787）在其著作《货币论》中提出，效用是一物带来福利的能力。人是由各种情欲构成的，这些情欲以一种合力推动着他。情欲的满足是享乐，享乐的获得便是福利。

加里阿尼的观点是功利主义的观点，强调效用与福利、享乐的联系，能带来享乐与福利的商品才有效用，不能带来福利与享乐的商品就没有效用。

但是，伯努里与加里阿尼都没有提出边际效用的概念。

3. 边沁的效用观

著名的功利主义哲学家边沁（J. Bentham，1748～1832）认为，经济学应该是研究效用的科学，所谓效用是物品能使人获得幸福和避免痛苦的能力。一切物品的价值都在于它的效用。

为此，边沁认为，经济学应以最大幸福原理和效用原理为基础。

边沁的重要观念是他提出的效用递减法则。他认为，一个人占有的财产越多，他从增加的财产上所获得的幸福越少。尽管边沁还未从其最大幸福原理和幸福递减法则中引出边际效用概念，但已为后者的出现奠定了哲学基础。

4. 杰文斯的效用观

英国的杰文斯（W. S. Jevons，1835～1882）在其代表作《政治经济学理论》（1871）一书中提出了《边际革命》的理论。

他在论述中原封不动地接受了边沁的快乐与痛苦观之后，接下来考察了效用及其变化法则。他完全从主观感受的角度解释效用。他认为，凡是能引起快乐或避免痛苦的东西都可能有效用。效用是物品以某种方式服务于人类的能力。

进一步，他认为，效用虽是物的一种性质，但不是物的内在性质，它最好被看作是物的一种情况，即物同人的需求关系引起的情况，为此，效用的有无或变化皆以物与当事人的欲望与需求之间的关系而转移的。

5. 庞巴维克的效用观

奥地利经济学家庞巴维克（E. V. Bohm－Bawerk，1851～1914）是提出边际效用价值论的有影响的代表人物。

庞巴维克的观点为：

①人的欲望及其满足是一切经济活动的出发点，因而也是价值论的出发点。

②物品能满足人的欲望的这种性质就是物品的效用。效用即欲望的满足，它是主观的，物品的价值的来源在于效用。

③庞巴维克区分了效用与价值概念的联系与区别。

价值的定义是一种商品或各种商品对物主福利所具有的重要性。一种物品要具有价值，必须既具有有用性，也要具有稀缺性。稀缺并非绝对的稀缺性，而是比较于特定需求而言的相对稀缺性。例如，一个人坐在泉水旁，一杯水对他说来虽然有效用，但却没有价值，因为此时并不缺水。但是，一个人在沙漠中旅行，一杯水对他说来不仅有效用而且有价值。

④庞巴维克还指出，欲望及其满足遵循着一定的规律，即欲望递减和边际欲望相等规律。

3.1.2 效用概念的含义

效用概念的含义是指商品与服务有使人的欲望与需要得到满足的能力。它表示在特定时期内消费一定数量商品时所获得的满足程度。

这是一个将经济现象与心理现象联系、融合在一起的心理物理概念，也是将心理分析引入经济现象的结果。

效用有时被广泛地理解为福利，经济福利，满足，甚至是幸福的同义语。效用又可分为确定情况下的效用和不确定情况下的效用。前者只能与确定因素有关而不考虑随机因素，即在确定情况下的消费行为产生事先知道的肯定后果。

后者不仅同确定性因素而且同随机因素有关，即在风险情况下的消费行为所产生的其有特定概率的随机后果。

3.1.3 效用的单位

效用的单位称为 Util。效用单位表示某物品对消费者效用的大小。例如，苹果对人的效用为 20 个 Util，而毛衣对人的效用为 100 个 Util，这说明，与苹果相比，毛衣对人的效用大。

效用单位 Util（简称 U）是一个心理量，此量与消费者对物品的消费量（物理量）之间存在一定的相关性。

例如，汽水的消费量（物理量）与效用（心理量）之间存在以下的关系：

汽水（消费量）	效用（Util）
0	0
1	30
2	55
3	75
4	90
5	100

3.1.4 效用函数的概念

我们用 U 表示效用。

$$U = U(X,\ Y,\ Z,\ \cdots)$$

其中 X、Y、Z 为所消费的商品（产品）和所获得服务的数量。

为此，效用函数可定义为个人的效用依赖于他所消费的产品和获得服务的数量的函数。

3.1.5 总效用的概念

总效用是指在消费者偏好不变的一段事件内，消费 x 种商品及 n 种服务所得到效用满足的总数。它也可定义为，人们从给定数量商品和服务的消费中得到的总满足量。用公式表示：

$$T_U = U_1(X_1) + U_2(X_2) + \cdots + U_n(X_n)$$

其中 u 为效用，X_1，X_2，…，X_n 为历次消费某种商品或服务的数量。

消费者从一定量的某种物品或服务中获得的效用单位的总和，即为总效用，可以用总效用曲线或总效用函数的积分公式来表示。

总效用的曲线表示如图 3－1 所示。

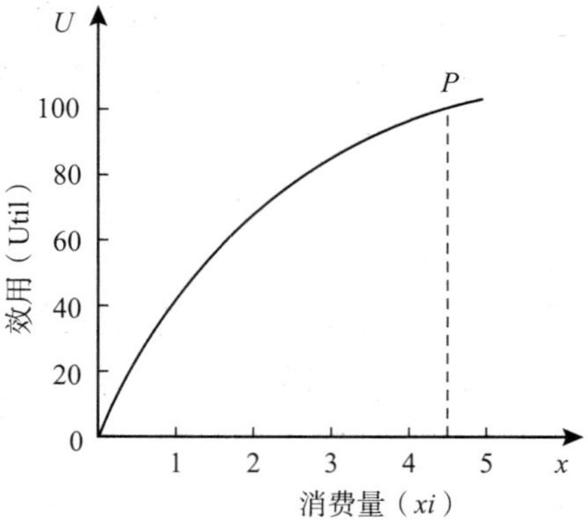

图 3－1　消费量和总效用的关系

总效用函数的积分公式为

$$U(x_i) = \int_0^{x_i} \frac{\partial f}{\partial x_i} \mathrm{d}x_i$$

其中$\frac{\partial f}{\partial x_i}$为某一消费单位的边际效用。

3.1.6　效用变化法则

德国经济学家戈森（H. Gossen，1810～1858）在其《人类关系法则及人类行为规范》一文中提出效用变化法则，又称为戈森第一定律。

戈森从功利主义观点出发，提出人追求最高程度的享乐为普遍法则，这是上帝的意志与安排；经济学的目的是发现享乐规律及其条件，帮助人们获得人生最大之享乐。在此享乐与效用为同义词。

戈森进一步提出享乐量递减的如下法则：

（1）假定连续不断满足一种相同的享乐，那么，享乐的强度会连续递减，直至最终达到饱和；

（2）反复满足人的已有享乐，出现享乐的强度减弱与持续时间缩短，饱和很快到来；

（3）这一法则适用于物质、精神享乐的所有领域。

杰文斯在19世纪70年代首先发现和肯定了戈森学说的价值和地位。他本人和门格尔、瓦尔塞斯完整地论述了导致“边际革命”的效用变化法则。

3.1.7 边际效用的概念

设 ΔT_U 为总效用变动量，ΔQ 为消费变动量，边际效用 $M_u = \Delta Tu/\Delta Q$。

为此，可定义边际效用为，在消费者偏好不变的一段时间内，额外增加一单位商品或服务的消费，使总效用数额相应增加。

边际效用递减法则的概念是指，当连续不断消费某种商品或劳务时，开始时总效用增加速度递增，在达到某一消费量时，继续增加消费某商品、劳务时，则总效用递减。这说明，随着一个人消费的某物品的增加，增加的边际效用却在逐渐减少。

边际效用递减规律，可用总效用函数的三个特征来表示：

（1）$U(0)=0$，在没有消费时，所得效用为0；

（2）$\frac{\partial f}{\partial x_i}>0$，边际效用总是正的；

（3）$\frac{\partial f}{\partial x_i}<0$，总效用函数是一个凹形曲线，边际效用递减。

在图3－1中 P 点处切线的斜率为 X_i 的边际效用。

3.1.8 边际效用价值理论符合心理物理定律

心理物理定律又称为韦伯－费希纳定律（Weber－Fechner's Law），用公式表示为 $S=alogI$，其中 S 为感觉量，I 为刺激量，a 为常数。公式表示：刺激量呈对数变化时，感觉量才会发生变化。

S 又称为最小可觉差（JND），JND是一个心理物理量，也是一个测量单位，JND与物理量（刺激量I）的关系可用图3－2表示。

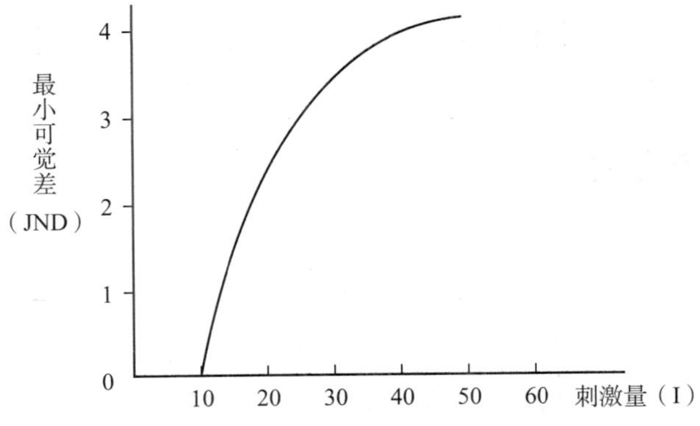

图3－2 费希纳定律的图示

仔细分析边际效用价值理论，不难发现边际效用理论中的确隐含着心理物理学，隐含着心理量到物理量的转换。

这表现为边际效用理论中揭示的符合心理量和物理量之间关系的总效用曲线和心理物理学中的费希纳的对数定律有较好的吻合，并反映在以下几个方面：

首先，边际效用理论究其实质而言，它要探讨的是消费者或购买者在消费商品时所引起的心理上的变化。它和心理物理学研究的目的是一致的，都是试图揭示物理和心理量之间的对应关系。总效用函数中的自变量 x_i，即消费者所消费的物品，可对应于对数函数中的 I——物理刺激；总效用函数中的因变量 U，即消费者对某一物品的满足程度，主观心理评价，可对应于对数函数中的 S——心理感受大小。这就是说，边际效用函数要研究的两个维度和心理物理学探讨的两个维度是对应的。

其次，总效用函数的推导和对数函数的推导是基于同样的假定基础上的。如同心理物理学对心理量的大小可用 j、n、d 作为测量单位一样，在效用理论中也相应地用了一个测量单位 util 来衡量效用这一心理量的大小。费希纳在推导对数函数时提出了两个假定：①一定感觉维度上所有的 ΔS 在大小和强度上都是相等的。②一个较强或较大的感觉是零以上的某些感觉的总和。因而一切 ΔS 都可分为更小的增量，可以应用积分表示。相对应地，边际效用理论者们认为某件物品对于消费者的效用大小可以用效用单位来计量，并且，消费者从一定量的某物品中获得的总效用是各边际效用的总和，它可以用较小的效用单位来计算，因而也可应用积分表示。由此可见对数函数与总效用函数具有相同的理论基础。

最后，对照总效用函数和对数函数，不难发现这二者所揭示的心理量和物理量之间的关系也是较为一致的。两者都呈现为一条凹型的曲线。这都表明，随物理刺激的变化，人们知觉到的心理量也会发生变化。物理量和心理量之间的确存在着一定的函数关系，并且都揭示了随物理刺激强度的增加，人们知觉到的心理量也在增加，但心理量增加是呈负加速度的，即增加一定量的物理量，心理量的增加呈减小的趋势。

从以上几方面的分析，我们看到效用价值论中的确隐含了心理物理关系，效用函数和对数函数是相一致的。这就意味着如果我们从心理物理学角度出发，将更有利于我们去理解边际效用价值论，去分析和完善边际效用，去应用和推广边际效用理论，从而更深入地了解人们的经济行为。

3.1.9 态度与效用

1. 态度的概念

态度是对待任何人、观念或事物的一种心理倾向。它包括认知、情感和行为三个成分。认知成分指物或人被知觉到的方式，即在大脑中形成的心理映象，它包括人对于对象的所有思想、信念及知识在内。情感成分是个人对某个对象持有的好恶情感，也就是个人对态度对象的一种内心体验。行为成分则是个人对态度对象的反应倾向，即行为准备状态，准备对态度对象作出某种反应。

一般说来，以上三个心理因素是相互协调一致的。一个典型的例子是了解到一个姑娘品貌兼优之后，小伙子开始爱上她并不久开始向她求爱。但有时三个因素之间也会发生不一致的情况，其中感情因素往往起主要作用。

2. 态度与效用的区别

态度与效用之间的区别如表 3－1 所示。

表 3－1　　态度与效用之间的区别

	效用	态度
差异的基础	偏好	价值
测量方法	间接测量	直接测量
特征	非线性多重特征	权数总和
功能	指导性	工具性、认知性、价值表示性、自我防御性

3. 态度在经济行为中的功能

态度是和需要紧密相连的。积极的态度来源于需要的满足，相反不被满足的需要则引起消极的态度。因此对于态度的功能，卡兹（Katz，1960）提出了以下四点：

（1）工具性、调整性和功利性功能。这是态度在经济行为中最重要的功能。在这里态度是个体为了达到某一目的的手段。调节功能也可以理解为个体为了争取获得外界环境的最大利益或尽可能减少损失，因此常常选择与“客体”态度效能相一致的态度。例如好的服务态度有助于商品的销售。

（2）自我防御功能。该功能是指每个人都力求使自己的“自我”认知与现实环境保持协调。当人们的“自我”受到内、外因素的威胁时，他便会采纳一种保护“自我”的态度，如一个正遭受“自身价值感”冲击的人，常常会购买一些时髦的消费品，从而达到抵御“自我价值”所受到的危机。

（3）价值表现功能。一种态度可能是一种中心价值体系的表现或是一种说话方式。比如他会说：“我是那种人，所以购买那种商品。”在这里，态度是在购买行为之后发展起来的，而在态度的调节功能中，行为则是紧随其后出现的。

（4）认知功能。认知功能是指个体通过态度来了解自身的需要并建立一种和谐的认知环境。如认知失调理论认为减少失调的方法之一就是转变一个人的态度，以适应新的环境。认知功能的另一个表现是，态度是关于个体和环境中诸多因素的组合信息（组块），在信息加工过程中，可以省掉不少步骤。因此，认知功能可以加速作决定或行动。

4. 态度理论的新模式

由于态度的复杂性和多样性，许多心理学家有不同的理解。奥尔波特（Allport，

1967）认为个体对某一客体的态度，就是该客体所具有的积极或消极的价值。这个价值是可以通过一个单维度量表来表示的。奥尔波特的这种观点强调态度是产生于对客体总的价值评定而未考虑客体的个别属性对个体产生的特殊影响。

勒温（Lewin，1938）用场动力论来解释态度的模式。个体行为是由内驱力引起的，内驱力是由个体生活空间中的诱发及个体与诱发力之间的心理距离共同决定的。诱发力是指某一客体所具有的吸引力或拒绝个体的力。心理距离则指环境对个体来说所具有的吸引力。在超级市场的货架上，有各种不同品牌的饮料，每个饮料对消费者来说都具有一定诱发力，而可选的目标就构成了心理距离。尽管有些品牌不在消费者考虑之列，但这些品牌仍在消费者的心理距离之内。各种不同品牌的饮料对消费者产生不同的心理力（内驱力），经比较，最终形成决定购买行为的结果驱力。因此，勒温认为在个人生活空间中，存在无数的诱发力，这些诱发力的大小及人们的认识，决定了产生结果驱力的态度的方向和程度。

托曼（Tolman，1959）则提出态度的信念——价值模式。托曼认为决定行为的是一个信念——价值的心理构建。个体是根据客体能否满足其需要来决定其价值的。它和场动力模式不一样，关心的不是整个客体，而是客体的某些与个体需要相联系的特殊方面。如个体在选择餐馆吃饭问题上，考虑的不是整个餐馆，而是餐馆里的食品、服务及价格。这些才是影响决定的关键因素。

应该说环境中许多方面是能够满足个体需要的，但价值量各不相同，有的重要一些，有的稍差。因此我们可以用权数来确定环境不同方面的价值是有必要的。但具体的每一方面的权数大小则与个体当时需要状况、个体的个性特征等是密不可分的。如与刚吃过饭的人相比，饥饿的人在评价食品的味道方面会持更积极的态度，而一个重视将来的人更可能购买保健品、养老保险。

罗逊伯格（Rosenberg，1956）提出态度是主体对客体的认知和评价的综合。认知指主体根据需要而对客体的特征所持有的思想、信念和知识。如一个主体在估计一块巧克力（客体）含有 x 克糖，那么他就可以根据自己的需要状态决定摄入巧克力的量。所以，态度也可以定义为关于某一客体所有特征的信念的总和。

若客体某一方面的信念表示为 b，其重要性权数表示为 e，相关联的特征数目是 I 时，那么态度 A 就可以表示为：

$$A = \sum_{i=1}^{I} b_i e_i$$

这一态度的概念是费希宾（Fishbein）在1966年正式提出来的。他把信念定义为对客体客观属性的主观评价或感觉。因此，信念是有赖于客体的客观组成的。如巧克力中所含的糖是可以用克来计量的。而前面提到主体对物理刺激的知觉是符合心理物理规律的，因此某一信念也就是关于某一物理量的心理感觉。

态度的价值——信念模式的提出，对解决现实问题有很大的帮助。在某些情况下，即使某些物理量的测量是不可能的（如核武器的破坏力），但主体对此的主观感觉即信念却可以通过一定的方式获得，因此仍能预测可能的行为。

罗逊伯格关于信念的总和构成态度的观点，仅仅是一种最简便的形式。而在现实生活中，主体在考虑某一客体时，不可能是对单一物理量的评价，而是对多个物理刺激的评估，这就必须用“多重幂定律”来表示对多个物理刺激产生的感觉。如对社会地位 Ψ 的知觉，就与 n 个刺激 Φ，如收入、职业及教育程度等有关。

$$\Psi = b \prod_{i=1}^{I} \Phi_i^{ci}$$

其中 b 和 c 是常数，研究发现，在这里对多重刺激的感觉（信念）是组成合力来发挥作用的。在知觉心理学中，幂定律的共同效力可以通过测定刺激和感觉之间的关系来得到。而在经济学中，测定共同效力的方法是探求收入、价格和对商品需求量的关系。

在经济学中，效用表示一种不可能或没有必要进行进一步分析而产生的感觉。偏好是效用的基础，从上面的分析可以看出，效用在很多方面是与态度相关的。

与态度相似，早期人们对效用的认识也是模糊的，人们在面对某一客体考察其效用时，常常感到束手无策，认为效用同态度一样是影响人们决策行为的无法观察的因素。

5. 兰卡斯特特征模式与效用偏好

兰卡斯特（Lancaster，1966）提出特征模式之后，人们才把偏好从整个客体中分离出来进行考查。兰卡斯特认为效用更多地取决于商品的特征，是商品的特征而非商品的数量满足了人们的特殊需要。因此，我们现在比较容易地解释：为什么消费者偏爱具有某种特征的品牌的商品；为什么新商品会出现而有些商品会消失。

效用概念的这一变化，也很类似于托曼把信念——价值模型引入态度概念中：不是整个环境中的客体或整个商品在起作用，而是对个体有特殊价值的客体的某些方面或商品的某些特征在发挥影响。

特征模式常被用来评定耐用商品的特征，如电视机、电冰箱等。因为这些商品的特征比较容易定义，而且每个人都能看得见。如带遥控的电视机、有自动除霜功能的电冰箱。然而许多商品的特征是模糊的、不容易定义或不可测量的，如“时髦”“风格”等。在这种情况下，就必须使用“被觉察特征”或“信念”等心理学的测量方法。

在经济学中，特征模式中的特征或产品服务的权数，是通过消费者的行为来评估的。在心理学多重特征模式中，特征的权数是直接通过消费者来测定的。如通过对某类商品的态度测定，就可以了解消费者更倾向于哪种特征。心理学的优点在于可以直接用消费者的信息材料来解释“偏好”问题，不能直接了解的特征也可以评定，消费者的不同意见也能被考查，当然，要达到这一目的是需要大量的消费者信息。

3.1.10 情绪与效用

从前面对效用概念的论述中我们可以看到情绪和效用有着非常密切的关系。因为情绪既有积极的也有消极的，而人们总是追求积极的情绪而躲避消极的情绪。但是由于性情和心境的不同，人们对同样的刺激会产生不同的情绪。这就使得产生这些刺激的商品（或劳务）的效用函数不是同质的。而且，由于心境的变化，效用函数也会变得不稳定。

情绪的这种不稳定性使我们在考虑效用函数时不再只是在“消费者偏好不变”这一前提下进行讨论，而应将情绪状态包括进去。当人处于应激状态时，应激的数量也应包含在效用函数里。所谓应激是指人类经受和体验的一种心理生理状态，又称紧张状态。由于心理意识的复杂作用，应激成为一种紧张而带有不愉快色调的情绪状态。例如，某人其居住地和工作地相距较远，而他既不想辞去那份工作，因为他已经在那里工作了好几年，而又难以一时决定重新购买住房。这样他形成了一种冲突，从而处于应激状态。他继续在原地工作包含效用 $u(c)$，c 为一个向量，包括时间和体力上的支出，但不包含应激。如改为在工作地附近居住则包括另一种效用 $u(c')$。但是重购住房会增加应激的数量 S，从而减少效用 $u(c')$。所以把这两者考虑进去之后，我们就可以发现解决这一冲突的方法有赖于效用 $u(c, s)$ 的最大化，而 $u(c, s)$ 的最大值又取决于他收入和时间的分配。这一点使我们能够理解劳务市场上人们的某些行为。人们在找工作时，工作地离居住地较远的工作，所能接受的最低收入要比离居住地近的工作相对高一些。

有人研究了不确定性情景产生的应激中的效应问题。人们都有这样一个倾向，当他不知道将要发生什么或知道将要发生什么但不知道什么时候发生时，总会产生一种不愉快的心情，也就是处于应激状态。从而想办法减少这种状态，哪怕做出一定的额外的牺牲也在所不惜。研究表明：对于消极事件，人们愿意冒 30 倍于未来风险的当时风险来避免该事件在未来出现。所以在危险的工作中就会存在效用函数的应激问题。假设在一项有危险性的工作中，应激水平 S 随危险出现的概率 P 增大而增高：$S=f(p)$。工作的结果有两种状态：安全状态（1 状态）和受伤状态（2 状态）。那么该工作的薪水自然也由危险事故出现的可能性决定，用 $W(P)$ 表示。雇员的最优决策取决于从如下工资表中选择一个最满意的 P 值：

$$\text{Max}(1-P)u_1(s, x)+Pu_2(s, x)$$

$$s \cdot t \cdot s=f(P), \quad x \leqslant A+W(P)$$

其中，u_1，u_2 是状态的效用，x 是消费量，A 是最初的基金。通过选择最满意的 P（也就是选择职业），雇员同时接受跟职业相连的应激水平。工资函数和 P 呈正相关，而且如果应激包括在效用函数里，工资要求会更高。如果在车间里安装一些安全设施从而降低危险程度，那么就会部分提高工人的满意感。

实际上，任何工作中都包含一定程度的应激，有时候来源于管理制度的严格性，更多与工作本身的难易程度有关。约克和道德逊（Yerker & Dodson，1908）发现工作效率与应激水平之间存在着一定的关系。他们通过动物和人作为被试均得到了验证。实验中，动机或应激水平是通过不同程度的电击控制的，被试的任务是进行一种视觉辨别。视觉辨别的复杂程度有三个水平。实验结果表明，最容易的任务在较高水平的激起状态下完成得最好，中等难度的任务在中等水平的激起状态下完成得最好。这一规律称为约克—道德逊规律（见图3－3）。所以，对于容易的工作，监视工厂的控制台，应该保持较高的激起水平以防止倦怠。相反，设计新汽车这样的工作就宜在低激起状态下进行。这就是说，在较高的应激状态下，人们应该从事一些简单的工作，而在低的应激状态下才适宜从事复杂的工作。

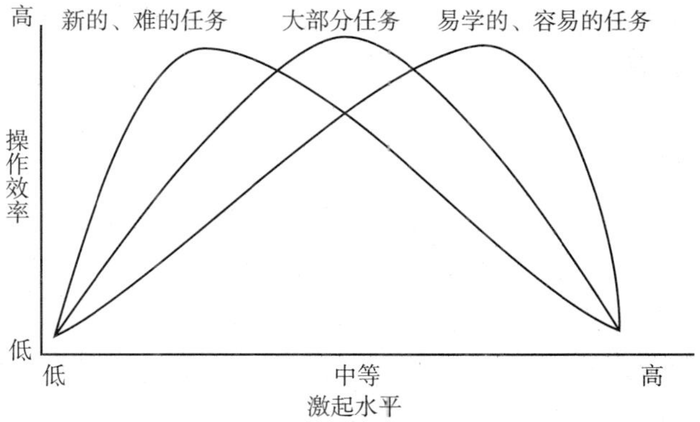

图3－3 视觉辨别中的约克—道德逊定律

根据约克—道德逊定律，企业主为了使他的货币（工人工资）效用函数达到最大值，往往根据工作的性质来调节工人的应激水平，也就是上面提到的工作容易，则使工人处于高应激状态，工作较难，则尽可能地使工人处于低应激状态。

3.2 预期理论及其在经济心理与行为中的应用

3.2.1 预期理论的一般概念

1. 预期概念的内涵

“预期”是一种心理现象和心理范畴，它几乎影响到人类行为的一切领域。经济学和经济心理学中的预期概念是指，经济当事人或经济行为人对经济变量（如价格、利率、利润或收入等）在未来的变动方向和变动幅度的一种事前估计。在某种意义上，经济过程即人的经济行为过程，而预期作为经济当事人活动的特征与前提，无疑支配着他们的现实经济行为。例如，正是依据预期，政府才制定其经济对策，厂商才作出其生产决策，居民用户才确定其资源供给与消费，等等。而经济当事人的经济行为又反过来影响着国民经济的活动水平，决定各经济变量的变动方向和幅度乃至决定整个经济走势。换言之，预期与现实经济间的作用及影响是相互的，它不仅联结着经济的现在与未来，而且也联结着经济的微观领域与宏观领域。

正是由于预期的上述特性，决定了它在经济学理论中的重要地位。不过，虽然经济学家对预期的关注由来已久，但真正形成一种预期理论，并将其容纳到经济学理论体系的有机整体之中，还是较晚才出现的事。而随着预期分析的深化，特别是随着较为完备的预期形成理论的产生，经济科学在其演进和发展的过程之中，才取得了长足的进步，经济分析水平才日益走向成熟化。这一点尤其是在半个多世纪以来宏观经济学的产生与发展历程中得到体现。因此。从一定意义上说，现代预期理论的产生与发展，在很大程度上决定了现代经济理论的发展格局，以至于不了解现代预期理论，就无从理解现代经济学，尤其是宏观经济学。

2. 预期研究的概况

在经济学中，对预期的关注实际上由来已久，或者说，预期作为一种心理现象以及经济当事人的行为特征之一，从未脱离过经济学家的视野。从史密斯（Smith）到马歇尔（A. Marshall）再到维克塞尔（J. G. K. Wicksell），从尤格拉（C. Juglar）到庞巴维克（Böhm－Bawerk）再到熊彼特（J. A. Schumpeter）等，都在不同角度和不同层次上关注和探讨过预期问题。然而，直到20世纪30年代，人们才真正开始重视预期范畴对经济理论以及经济学科的重要意义。在这一方面，作出历史性贡献的是《就业、利息和货币通论》（下称《通论》）这一划时代经济学名著的作者——约翰·梅纳法·凯恩斯（J. M. Keynes）。

众所周知，凯恩斯于1936年出版的《通论》，是宏观经济学诞生的标志。在《通论》中，凯恩斯首次明确地提出了预期理论，并把它作为他所建立的宏观经济理论的主导思想，认为预期是影响总供给和总需求的重要因素，甚至是导致经济被动的决定性因素。熟悉《通论》的读者不难发现，凯恩斯对就业水平的分析，对货币需求、投资水平以及经济周期的探讨，都是基于对预期范畴的考察而展开的。事实上，凯恩斯抛弃马歇尔的新古典主义微观经济学而创立的宏观经济学体系的微观基础即在于微观主体的经济预期；换言之，作为心理因素的预期范畴，是凯恩斯宏观经济理论大厦奠立的基石。对此，有不少学者认为，凯恩斯经济理论的意义并不在其结论本身，而是在于将不确定性预期置于经济分析中的重要地位。

3. 不确定性与预期

凯恩斯十分强调现实经济世界中的不确定性问题。用他本人的话来说，即“未来的不确定性”（凯恩斯理论的宣扬者和传播者罗宾逊等将这一点概括为“时间是不可逆的、未来是不能未卜先知的”）。虽然有关未来的信息不完全这一事实是人所公认的，也是传统经济理论所肯定的，但有别于传统理论（新古典主义经济学），凯恩斯的“不确定性”概念的特征在于：一方面，对于未来事件，人们不可能像新古典理论假定的那样计算出一个确定的风险概率；另一方面，人们对未来的预期也不与现在的任何事件之间存在任何确定的相互联系。换言之，在动态的不确定的社会环境中，不能把各种经济活动的未来损益视为目前的损益；否则，即会断送现在与未来的联系，断送经济理论与现实世界的联系。虽然未来与现在的联系维系于预期，但任何预期都包含着人的任意猜测、一时冲动、投机心理以及其他种种心理因素，亦即预期本身是不确定的和不稳定的。新古典主义假定事实和预期是在确定和可靠的形式下给定的，认为概率计算法能使不确定性像确定性本身一样成为可计算状态，然后用这样构造的理论所推导出的结论来描述市场经济的现实。在凯恩斯看来，这种理论和方法，无论如何是错误的。

4. 预期对市场经济的影响

凯恩斯认为，在一个现实的充满不确定性的市场经济运转体系中，生产者与投资者的生产决策和投资决策，除了以预期为依据外，别无他法。随着社会分工和生产迂回程度的发展和市场的空前壮大，银行体系和有组织的证券交易市场的业务活动向经济生活各个领域的渗透不断扩展和加强，人们当前的经济决策对他们的预期程度也就不断增加，以至于人们所拥有的各种资产，不论是机器、设备或其他耐用品等物质资产，还是货币、债券和股票等金融资产，都成了现在与未来的联结物。这就是说，人们在得到一笔收入之后，首先要考虑如何在它的各种用途之间作出安排，以何种形式来持有他们的资产，以及各种资产之间的配合比例怎样等，然后才可避免将来招致各种可能有的损失，和获得可能有的最大总效用或总收益。由此，预期就不能不闯入每个经济活动者的心里，形成他们的各种心理活动，成为他们作出当前经济决策的决定性因素。因此，凯恩斯指出，货币经济的特征即在于，人们对未来的看法的改变，不仅可以影响就业的方向，还可以改变就业的数量，亦即，预期不但可以影响产业和劳动力的结构，而且能够决定当前国民经济的活动水平——是经济繁荣，还是衰退；是充分就业，还是大量失业，等等。因此，正是在预期这一心理范畴的基础上，凯恩斯才构筑出其著名的“三大心理规律”，进而创立了宏观经济学的理论体系。对于这一点，我们将在下文进行分析。这里，还是首先考察凯恩斯关于预期与不确定性问题的观点。

5. 预期的种类

凯恩斯把预期分为两类，即短期预期与长期预期。关于短期预期，凯恩斯认为，它实际上是一种短期的价格预期，决定着厂商的日常产量。而当前产量的预期售价，大致就是最近的过去产量的实得售价；生产者往往根据的是实得结果，而不是根据主观臆断，来逐步改变其预测。因此，厂商修改其短期预期的过程，一般是逐渐的和连续性的。并且，如果所生产的商品具有持久性，那么厂商的短期预期，根据的就是投资者的长期预期。所以，在凯恩斯看来，短期预期是可以略而不论的。

所谓长期预期，是指在增加资本设备（即资本品）时，对于未来收益的预期。它涉及未来资本品的类型和数量、消费者的时尚、有效需求的强度、工资单位（以货币计算）的大小，以及在目前所考虑的资本品的寿命期内一切可能发生的变化。因此，长期预期有一特性，即不能每隔一段时间，就根据实得结果加以修正；并且，长期预期往往会骤然发生修改。这就是说，长期预期充满着不确定性，它不仅不能略而不论，也不能以实得结果来替代。凯恩斯认为，在发达的货币经济系统中，未来的消费心理与时尚、工资率等因素是高度不确定的，故而人们据以推测未来收益的一点知识，其基础异常脆弱。在人们心目中，对于若干年以后，到底是哪一种因素决定投资的收益，实在是知道得很少，以至“少到不足道”。看来，根据真正意义上的长期预期进行投资，实在是太难了，难到“几乎不可能”。因此，凯恩斯断言，长期预期缺乏一种合乎理性的基础。

既然人们对投资的未来收益的预期缺乏可靠的合乎理性的基础，而投资决策又必须在当前作出，那么投资者进行投资都必须具备一种“血气之勇”。在凯恩斯看来投资决策据以作出的长期预期，不仅要包括哪一种预测的或然性最大，而且要包括作出这项预测时的信心和冒险精神。这样，凯恩斯就在其“缺乏合理基础”的预期概念中，掺进了浓厚的心理成分，以至于把预期范畴与决策主体“神经是否健全”，甚至“消化是否良好”，以及“对于气候之反应如何”等方面联系在一起。

由此，我们不难看出，在凯恩斯理论中具有特别重要意义的并不在于一般的未来不确定性，而是在于预期本身的不确定性或者说是“无理性”。当然，这种预期的不确定和“无理性”，在根本上源于经济世界本身的不确定性。同时，基于不确定预期的经济行为亦带有不确定色彩，并且进一步导致了总需求水平以及国民收入决定的不确定性，导致了宏观经济的周期性波动。

6. 预期与凯恩斯的“三大心理规律”

凯恩斯的目标是要建立“一个关于货币经济之全盘理论”——也就是我们今天所知道的宏观经济学。而他借以构筑这一理论大厦的每一块重要的基石，都在于人们对某一变量的预期值，而不是它们已经实现的数值。譬如，在凯恩斯理论体系中处于核心地位的“有效需求”范畴，即与预期范畴分不开，有效需求本身是一预期量值。由于他假定预期的总供给价格函数是既定的，故他认为有效需求相当于预期的所得（决定生产活动的所得），而非真正实现的所得。按照凯恩斯的理解，“非自愿失业”（古典经济学只承认“自愿失业”）的存在是由于有效需求的不足，而有效需求分为投资需求与消费需求两大部分，社会上对这两大部分需求的不足则是有效需求不足的根源。那么，为什么会发生这两部分需求不足的现象呢？凯恩斯力求从心理预期上寻求答案，并将其归结成为著名的“三大心理规律”，即心理上的边际消费倾向递减规律、心理上的灵活偏好（亦称流动偏好）规律以及心理上的资本边际效率递减规律。

首先，心理上的边际消费倾向递减规律的作用结果是消费需求的不足。凯恩斯认为，随着人们收入的增加，其消费也在增加，但由于人们对未来收入不确定性以及生活的不确定性的预期，使得消费增加的幅度不及收入增加的幅度。换言之，不确定预期形成了边际消费倾向小于平均消费倾向的情况。这一情况直接导致了消费需求的不足，即不足以实现充分就业。这也就是凯恩斯所谓的“富裕中的贫困”问题。

其次，心理上的灵活偏好以及资本边际效率递减规律作用的结果是投资需求的不足。凯恩斯认为，决定投资水平的两大经济变量分别是资本边际效率和利息率。所谓资本边际效率，即心理上对资产未来收益率的预期。具体而言，指若用贴现率来把某一资本资产的未来收益折算成现值时，该值恰好等于此资本资产在目前的重置成本（供给价格）。用公式来表示，即为

$$P_s = R_1/(1-r_m) + R_2/(1-r_m)^2 + \cdots + R_n/(1-r_m)^n$$

式中，P_s 为某资本资产的重置成本；R_1、R_2、…、R_n 分别为该资本资产在未来几年的收益；n 为该资本资产的运行寿命期；r_m 为贴现率，满足公式的 r_m 即凯恩斯所指的资本边际效率。一般说来，它应大于几年中的流行利率水平 r_0；否则，投资者不会进行投资。凯恩斯认为，随着投资的增加，资本边际效率即投资者对于资本资产的未来收益率的预期水平是下降的。这是由于：①随着投资的增加，投资者预期将来资本品的重置成本会逐步趋高，从而导致预期利润率或资本边际效率下降；②随着投资的不断增加，投资者预期产品的未来供给将增加而价格却要下降，从而资本边际效率下降；③厂商对资本品进行投资时，不仅要考虑现有资本品的数量与价格，同时更多的是要考虑将来的需求、竞争、技术、政治环境以及天灾人祸等不确定性因素，因此，也可能是由于对未来预期的悲观而使资本边际效率较低且不稳定。不过，仅资本边际效率下降尚不足以导致投资需求的不足；因为，投资取决于预期利润率与利息率的差额，若预期利息率也在下降，使得这一差额为正数，则投资引诱依然存在。然而凯恩斯指出，问题恰恰相反，因为利息率取决于人们在心理上对货币的灵活偏好。

所谓灵活偏好，即指人们想以货币形式保持其一部分财产的愿望。按照凯恩斯的理解，这种灵活偏好出于三种动机，它们是：为应付日常支出的交易动机；为应付意外事件支出的预防动机；为了进行投机而获利的投机动机。这三种动机的产生，皆由于人们对未来的不确定性预期。在这方面，前两种动机不难理解，最后一种动机即投机动机实际上是基于人们对未来债券价格的不确定性预期而产生的。在凯恩斯看来，所谓利息就是对人们在一特定时期内放弃这种流动偏好的报酬，其大小决定于货币的供求，流动偏好代表了货币需求，而货币数量则代表了货币供给。货币数量的多少由中央银行的金融政策而定，它是一外生变量，其增加虽在一定程度上可以降低利率，但由于流动偏好的作用，利率的降低总有一个最低限度，低于这一限度人们即将货币保留在手中。这一最低限度即凯恩斯所称的“流动性陷阱”（又称“凯恩斯陷阱”）。正是由于“流动性陷阱”的存在，使得利率下降到一定程度即不再下降；而另一方面，基于上述分析的资本边际效率却不断下降。当资本边际效率下降到这一不再下降的利率水平之时以及之后，投资者即失去了投资的动机，于是投资需求必然不足。

不过，在凯恩斯的预期分析中，似乎消费决策并不十分重要，他比较注重投资决策对于宏观经济的影响。因为在他看来，他的消费函数虽然把个人对其未来收入的预期视为影响个人现期消费的一个因素，但又认为这种对未来的预期就社会全体来说，大概是互相抵消的，因而不会有多大影响。因此，凯恩斯实际是把消费视为现期收入的稳定函数，从而把注意力置于厂商的获利预期与投资决策方面。其中，上述资本边际效率这一

预期变量居于支配地位，它直接导致了宏观经济的不稳定性和周期性波动。

7. 预期与商业循环

凯恩斯认为，基于不确定预期或非理性预期的资本边际效率是一个十分不稳定的不可靠的变量，其大小变动的循环往复，决定了商业循环的周期性波动。

商业繁荣时期，一般人对于资本未来收益的预期过于乐观，投资情绪十分高涨。随着投资的增加，生产成本和利率虽已上升，但都不足以阻止投资的增加，而这时投资市场上的投机热也达到了顶点。因此，当失望来临时，来势骤然猛烈，资本边际效率突然崩溃，灵活偏好增强，银根紧缺，利率猛升，投资大幅度削减，经济危机爆发。

商业循环是宏观经济活动水平的周期性波动。但凯恩斯特别强调的是向下波动的危机现象，他认为这是商业循环即经济周期性运动中不容忽略的“一个特征”。因为这一危机现象是在经济由向上发展转而下滑时骤然发生的，变动得非常剧烈。而当经济由下滑转而向上发展时却转变得较为平稳，不存在尖锐的转折点。如前所述，凯恩斯将其归结为资本边际效率的“突然崩溃”。但问题的关键在于，资本边际效率为什么会突然崩溃？答案即在于凯恩斯的不确定预期或非理性预期的假定。不仅预期是一很不确定的因素，而且投资者的情绪亦对预期存在重要影响。对此，凯恩斯甚至说，投资“大部分决定于油然自发的情绪”。正如上面所描述的，在繁荣后期，投资者因对未来收益的预期十分乐观而情绪甚佳，以致不顾一切地增加投资；投机者也不对资本资产的未来收益作出合理的估计，以致乐观过度，购买过多；而一旦失望情绪来临时，悲观情绪顿生，相互感染，资本边际效率即在瞬间崩溃。与此同时。由于人们对未来的预期悲观，不放心去投资或购买债券，于是灵活偏好大增，利率猛涨。这样进一步使投资下降加剧，总危机突然爆发。实际上，在危机阶段，即便利率下降，经济也不会立即复苏，因为包含在极不稳定的资本边际效率之中的悲观情绪是很难立即消失的。所以，在《通论》中，凯恩斯一般把经济危机或经济萧条称为“恐慌”。该词形象地表达了不确定预期与商业循环的联系。

3.2.2 非理性预期理论

1. 非理性预期理论的一般概念

凯恩斯首次明确提出了不确定性预期理论，并以此作为基石奠立了宏观经济学体系，进而提出了一系列政府干预经济的政策主张。由此，预期范畴开始真正受到了经济学家的重视，并成为现代宏观经济理论及政策体系探讨中的一个基本出发点。后凯恩斯主义者又基于凯恩斯的预期理论及国民收入决定模型，提出了菲利普斯曲线，用以说明失业与通货膨胀的反方向交替关系，并以此作为“逆经济风向而行事”的“相机抉择”经济政策的理论基础。但 20 世纪 50 年代中期以后，伴随着“适应性预期”范畴的出现，以现代货币主义的创始人弗里德曼（M. Friendman）为首的一批经济学家对凯恩斯的预期理论展开了批判，并把适应性预期理论用于对菲利普斯曲线的讨论，进而形成了一种新的宏观经济见解及政策主张。

然而，不论是不确定预期理论还是适应性预期理论，即使其对于宏观经济学理论十分重要，但到60年代初期以前，经济学界还未形成一种比较成熟的预期形成理论，预期这一既是经济学的又是心理学的范畴还未具备可操作性。从另一角度来看，也正是预期形成的理论的缺乏，导致了战后宏观经济学日益脱离微观经济学的倾向。因此，为塑造现代宏观经济学的微观基础，迫切需要一种关于预期本身形成机制的理论产生。唯有如此，预期分析才能真正有机统一于宏观经济分析体系，宏观经济理论本身也才能成熟化。

不过，对预期形成机理的揭示毕竟是困难的。因为预期是一种心理现象，它不可能像商品的价格和数量那样可被直接观察到。用欧茨格（S. A. Ozga）的话来说，预期是决定至少可以说是伴随着我们行为的态度、意向和思维状态的。实际上，可以用两种方法来分析预测：其一是内省的，亦即一个人靠什么把自己的主观经验投射到其他经济人的身上；其二是代理公式，亦即一个人是靠什么在未能观察到的预期和可观察并体验到的现实数量之间建立一种关系。对于经济学者来说，一般选择的是第二种方法。

2. 希克斯的预期弹性概念

在传统理论中，最具操作性的预期概念恐怕要算希克斯（J. Hicks）的“预期弹性”概念了。希克斯在其1946年出版的名著《价值与资本》中，从国民经济一般均衡分析的角度，探讨了预期问题。他认为，一个均衡点是否稳定将取决于预期的变化，而这种变化则是导致体系偏离均衡突变的结果。这样，一个关键性的问题就被提出来了：即人们怎样才能在预期的变化和均衡的偏离之间建立一种关系公式。为此，希克斯采用了“预期弹性”的概念。所谓预期弹性，即一个变量的预期价值变化率与这一变量的实际价值变化率之间的关系。若以P^*代表未来预计价格，以P表示目前可观察到的一定量X商品的价格，则我们可以把希克斯的预期弹性ε_P^*写成：

$$\varepsilon_P^* = d_P^*/P^*/dP/P$$

若$\varepsilon_P^* = 1$，则现实价格上升10%，将导致未来预期价格也上升10%；若$\varepsilon_P^* = 0$，则现实价格的变动对于未来预期价格没有任何作用，亦即，人们认为将来价格还会恢复原样。若$\varepsilon_P^* > 1$，则现实价格的上升将导致未来预期价格更大程度的上升，人们将普遍认为价格的上升将有一个正的趋势。

希克斯由此认为，预期弹性概念可用以分析国民经济的稳定和均衡问题。若预期弹性小于1，经济的均衡将是稳定的；若预期弹性大于1，则经济的均衡将是不稳定的；若预期弹性等于1，则它是经济稳定与不稳定的分界线。这样，希克斯的预期弹性概念也就有了一定的可操作性。不过，它仅限于对国民经济一般均衡问题的分析；而且，希克斯也没有解释预期是怎样形成的以及它是怎样变化的。

3. 非理性预期形成机制

在对预期形成机制的探讨方面，作出最重要贡献的是卡内基——梅隆大学的穆斯

（J. F. Muth，曾任印第安纳工商学院教授）。1961 年，穆斯发表了一篇题为《理性预期与价格变动理论》的著名论文。在该文中，他首次将过去经济学者在经济分析中所暗含的预期形成机制分为静态的预期形成、外插型预期形成以及适应性预期形成三种类型，并将它们统称为非理性预期形成理论；此外，他还在该文中最先提出了现在广为使用的预期范畴。

就上述三种形式的非理性预期，穆斯分别对其形成机制作出了比较系统和完备的表述，从而赋予了它们在经济分析上的可操作性。现以价格预期形成为例，分别说明这三种非理性预期的形成机制。设 P_t 为第 t 期的实际价格，P_t^* 为在（$t-1$）期所预期的第 t 期的价格，则有：

（1）静态的预期形成：

$$P_t^* = P_{t-1}$$

（2）外插型预期形成：

$$P_t^* = P_{t-1} + \alpha(P_{t-1} - P_{t-2})$$

（3）适应性预期形成：

$$P_t^* = P_{t-1} + \beta(P_{t-1} - P_{t-1}^*)$$

或

$$P_t^* = \beta P_{t-1} + (1-\beta)P_{t-1}^*$$

式中，P_{t-1}^* 为在第 $t-2$ 期所预期的第 $t-1$ 期的价格；α、β 均为常数。由上述三个等式来看，静态的预期形成最为简单，它仅仅是把前期的实际价格视为现期的预期价格。以往人们对蛛网模型的分析即是基于这种预期范畴而进行的。

与静态的预期形成相比，外插型价格预期有所前进。对于这种预期形成机制，可用图 3－4 来说明。在图中，我们假定实际价格从 $t-2$ 期的 P_{t-2} 上涨到 $t-1$ 期的 P_{t-1}。在这种情况下，预期形成机制的结果是：乐观的人们预期此上涨趋势将继续下去，从而令 $\alpha=1$；而悲观的人们则认为这种上涨只是暂时的，下期的结果可能是恢复到 $t-2$ 的水平，从而令 $\alpha=-1$；如此等等。由于人们情绪中的乐观与悲观的程度不同，从而会得到极不相同的预期价格值。不过，他们有一共同点，亦即它们都考虑了过去的价格变化方向。正是由于这一点，外插型预期形成机制同静态的预期形成机制相比有其现实性。

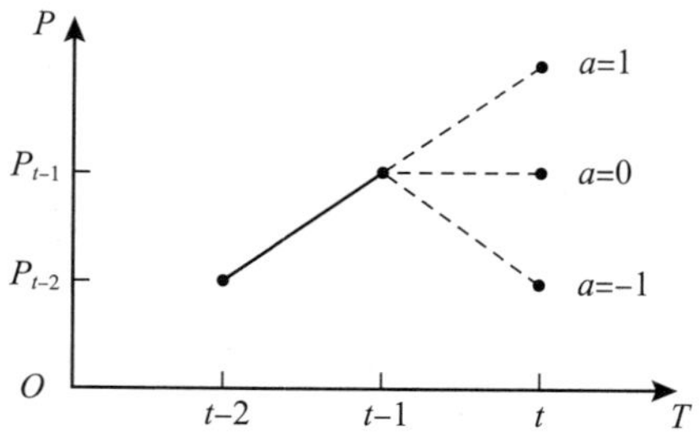

图 3－4　外插型预期形成机制

适应性预期是基于其前期的预期误差（$P_{t-1}^* - P_{t-1}$）而对前期（$t-1$）预期的修正来形成现期、（t 期）预期的。这是一种反馈型预期形成机制。对此，可用图 3－5 来说明。

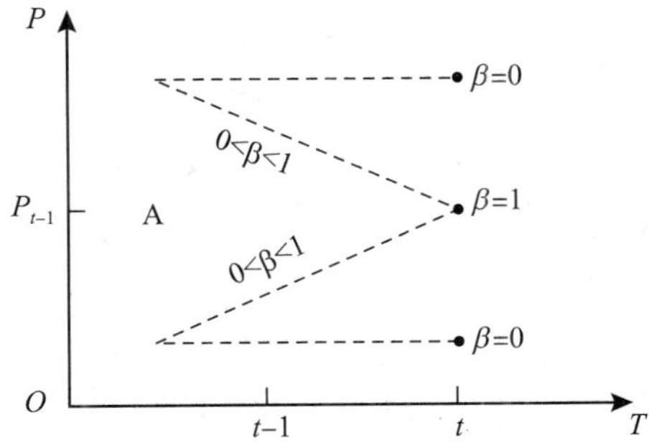

图 3－5　适应性预期形成机制

从图中可以看出，如果 $t-1$ 期的价格预期高于实际价格，则 t 期的价格预期便基于对 $t-1$ 期预期价格的削减来进行；而若 $t-1$ 期的预期价格低于该期的实际价格，则 t 期的预期价格便基于对 $t-1$ 期预期价格的提升来进行；如此等等。需要注意的是，在这种预期形成中也有乐观与悲观之分；而乐观的人是不修改预期价格的，他们视 $\beta=1$。显然，相对于前两种预期形成机制来说，适应性预期更为现实些。

然而，适应性预期的形成，由于受到过去预期误差的严格限制，使得预期价格总难于接近实际价格。如图 3－6 所示，适应性预期的形成机制，实际上是通过对前期（$t-1$）的预期价格 P_{t-1}^* 与其实际价格 P_{t-1} 的加权平均来形成本期的预期价格 P_t^* 的；因而，现期的预期价格总是处于前期的预期价格与前期的实际价格之间。这样一来，预期价格也就无法接近实际价格了。应当说，这是适应性预期范畴的致命缺陷。

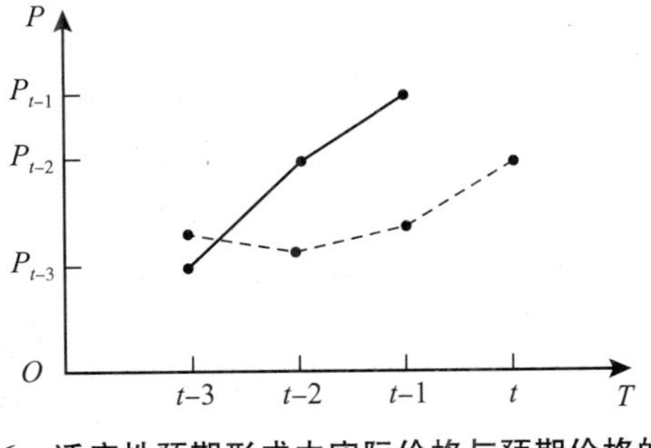

图 3－6　适应性预期形成中实际价格与预期价格的偏差

4. 蜘蛛网模型与静态的预期形成机制

读者可能对蛛网模型并不陌生，它是微观经济学中动态市场均衡问题的范例。蛛网模型的最显著特征在于商品供给者的生产计划的形成与实际进行间发生的延迟，它往往被用于描述农产品市场的供给情况。在农产品市场中，农场主一般提前一个周期计划下一周期的产量（计划种植量），而到收获期，收获量（对市场的产品供给量）与当时的流行价格相结合即使农场主得以收回其预付。问题在于农场主如何决定其种植计划？为做出这一决策，他必须对农产品投放市场时（下一期）的市场价格进行预期。对此，蛛网模型通常假定：农场主要以其种植时的市场价格作为他对下一期的价格预期。由于所有的农场主都按这同一规则作出其预期，因而模型预测：当某年农产品市场供过于求时，次年必定供不应求，而第三年又供过于求……以此类推。当所对应的供给与需求曲线的弹性满足特定条件时，这种摆动将最终趋于稳定，否则将不稳定。

对于上述蛛网模型，我们可用函数来描述：t 时期的需求决定于 t 时期的市场价格，若用 Q_t^d 和 P_t 分别表示 t 时期的需求量和市场价格水平，则需求函数可写成

$$Q_t^d = \alpha - \beta \cdot P_t$$

式中，α、β 均为常数。以 P_t和 Q_t^s 分别表示农场主对 t 时期的价格预期和 t 时期的供给量，又有供给函数：

$$Q_t^s = \gamma + \delta \cdot P_t^*$$

式中，γ、δ 均为常数。由于市场的流行价格取决于“市场结清”，亦即需求量与供给量的相等，故又有市场均衡方程式：

$$Q_t^d = Q_t^s = Q_t$$

求解上述三个方程式，得到

$$P_t = (\alpha - \gamma)/\beta - (\delta/\beta)P_t^*$$

该式表明，市场的实际价格为农场主的预期价格的函数。但由于我们不能直接观察到 P_t^*，故此模型还是不可操作的；换言之，还含有未知变量，不封闭。为使其可操作，常需把 P_t^* 表示成已知变量的函数。如上所述，假定农场主的预期价格为上期的实际价格，即有

$$P_t^* = P_{t-1}$$

这就是穆斯所指的静态预期形成。将它代入上式，便得到传统理论所描述的递推方程：

$$P_t = (\alpha - \gamma)/\beta - (\delta - \beta)P_{t-1}$$

许多学者指出，这种蛛网模型之所以未能得到经验证实，是因为它假定农场主采用最为“天真的”方式进行推断。首先，模型忽视了农场主可能意识到所有农场主行为一致而产生的影响。例如，若某年的市场状况是供给短缺和价格偏高，则按照模型，次年市场状况是供给量大增和价格暴跌。但实际上，农场主们可能都在不同程度上预见到了所有农场主行为一致将导致这种局面的产生。其次，即便农场主们不能比较充分地意识到这一影响，但他们也会从其历次预期的经验中得到知识并用于种植计划的决策。上述蛛网模型排斥了农场主的任何学习可能性。因此，作为一种预期模型，蛛网模型忽视了经济主体的心理因素的影响。不过，它还是强调了预期的重要性，从而使人们有可能

寻求到更好的预期模型。

5. 外插型预期形成机制

为消除蛛网模型中预期过于“天真”以至脱离心理规律的不足，1941 年迈茨勒（L. Metzler）引入了“外插型预期”概念。他认为，对未来的预期并不仅基于经济变量的过去水平，也应与其变化方向相关。换言之，若用 P_j 表示第 j 期的价格水平（$j=t$，$t-1$，…），则第 t 期的外插型预期可定义为

$$P_t^* = P_{t-1} + \varepsilon(P_{t-1} - P_{t-2})$$

式中，ε 称为预期系数。该式说明，任一时期的外插预期等于前期价格水平加上（或减去）前两期的价格之差。若 $\varepsilon>0$，则过去的变化趋势预期将继续保持；若 $\varepsilon<0$，则反之；若 $\varepsilon=0$，则依此外插预期而构造的蛛网模型成为“天真的”蛛网模型。

外插预期模型的行为受制于预期系数 ε。如前所述，ε 值的大小取决于人们的情绪。若 $\varepsilon=1$，则意味着人们极度乐观；若 $\varepsilon=-1$，则意味着人们极度悲观。而 ε 值的具体大小的选择决定于人们对于模型经济结构的理解状况。因此，我们不难看出，凯恩斯的不确定预期理论实际上就属于外插型预期理论。若我们将具有可操作性的外插型预期模型，运用到凯恩斯的国民收入决定理论中，势必得出与凯恩斯见解基本一致的宏观经济波动（商业循环）模型。

为简化起见，这里我们仍然就蛛网模型展开讨论。把外插型预期理论置于蛛网模型中时，可能 ε 取负值更为合适。此时，蛛网模型说明：更高的价格刺激种植量上升，从而使下一期的供给量增加，价格再一次下降；亦即，此模型中的价格是逐期翻转（上下波动）的，而不是按同一趋势变化。这一原理说明，合适的预期机理取决于模型结构，而对合适的预期机理的选择，则取决于人们对模型经济结构的理解情况——合乎理性的情况。与静态的预期形成理论相比，这种外插型预期形成理论有所前进，稍接近客观现实。不过，它还是过于单纯而不太符合心理规律。于是，人们又在它的基础上提出了适应性预期形成理论。

6. 适应性预期形成机制

“适应性预期”概念系由卡甘（P Cagan）于 1956 年提出。它一经提出，便被广泛运用尤其是被货币主义者所采用。

适应性预期理论认为，经济主体根据其前期预期的误差（$P_{t-1} - P_{t-1}^*$）来矫正其当期预期值，是一种反馈型预期形成机制：当前期的预期价格高于实际价格时，现期的预期价格则加以削减，否则加以提高。当然，由于预期受心理因素影响，它有乐观与悲观之分。

若用公式表示，则 t 期的适应性预期定义为

$$P_t^* = P_{t-1}^* + \eta(P_{t-1} - P_{t-1}^*)$$

式中，η 称为适应系数，它决定了预期校正其过去误差的速度。由于下文即将提到

的收敛性原因，η 为 0 到 1 之间的一个常数。此式说明，根据适应性预期，下期预期值等于当期预期值加上（或减去）当期预期误差的若干倍。显然，当 $\eta=1$ 时，适应性预期变为静态预期。

而对于适应性预期与外插预期之间的关系，通过改写上式并进行适当的技术处理后即能明显看出，改写上式得

$$P_t^* = \eta P_{t-1} + (1-\eta) P_{t-1}^*$$

类似地展开 P_{t-1}^* 并代入该式，有

$$P_t^* = \eta P_{t-1} + \eta(1-\eta) P_{t-2} + (1-\eta)^2 P_{t-2}^*$$

以此类推，则有

$$P_t^* = \eta P_{t-1} + \eta(1-\eta) P_{t-2} + \eta(1-\eta)^2 P_{t-3}^* + \cdots$$
$$+ \eta(1-\eta)^{n-1} P_{t-n} + (1-\eta)^n P_{t-n}^*$$

由于 n 趋于无穷，由此可改写成：

$$P_t^* = \eta \sum_{i=1}^{\infty} (1-\eta)^{i-1} P_{t-i}$$

该式说明，t 期的适应性预期为其过去价格的加权加总，相应地，该式被称为“分布延迟”。其中，这一系列的权数可以称之为“记忆”。它表示若 η 接近于0，则权数缓减，经济主体将有一个“长的”记忆；若 η 接近于1，则权数速减，经济主体将只有一个“短的”记忆。由于此级数的权数由一几何衰退级数构成，即

$$\sum_{t=1}^{\infty} (1-\eta)^{i-1} = 1/[1-(1-\eta)] = 1/\eta$$

故它可被写成

$$P_t^* = \eta \sum_{i=1}^{\infty} W_{i-1} - P_{t-i} = \sum_{i=1}^{\infty} W_i P_{t-i}$$

式中，W_{i-1} 为任意的能保证序列 $\{W_{i-1}\}$ 收敛的权数。权数总计：

$$\sum_{i=1}^{\infty} W_i = 1$$

表 3－2 列出了两种不同的权数系列：长记忆（$\eta=0.1$）和短记忆（$\eta=0.9$）。这些权数体现了过去价格对现期预期价格形成的影响。从表中我们可以看到，在“长记忆”情况下，过去的影响是逐步缓慢减弱的；换言之，相当长时间以前可观察到的价格明显地影响着预期价格的形成。相反，在“短记忆”情况下，仅仅前期的信息才有效，而相当久以前的信息影响是微不足道的。

表 3－2　　按“长”“短”期记忆所计算的过去价格权数

时期 t	长记忆（$\eta=0.1$）	短记忆（$\eta=0.9$）
1	0.1	0.9
2	0.09	0.09

续表

时期 t	长记忆（$\eta=0.1$）	短记忆（$\eta=0.9$）
3	0.081	0.009
4	0.0729	0.0009
5	0.0656	0.00009
6	0.05390	0.000009

在理性预期概念提出之前，适应性预期分析之所以能在经济学界广为使用，主要在于它比前两种非理性预期形式更为优越。从适应性预期的形成机制来看，优点包括：①更加符合心理规律，经济主体能够根据过去的经验修正和调整其行为。这实际上是一种“学习”的过程。为此，有学者将上述适应性预期模型称之为“学习心理学模型”。②同前两种非理性预期的形成相比，适应性预期包涵了对全部历史信息的考虑，而非过去一两期的实际值的信息。③它在理论上具有简洁性，对于预期系数 η 的统计性估计亦容易进行。

然而，随着经济分析的深入，人们逐步发现适应性预期形成理论并非十分完美，而是存在着一系列不可克服的缺陷乃至错误。其一，它仅仅是合并了预测变量的过去值，似乎认为只要考虑变量的过去值即可使决策者作出较好的预测。这仅仅在相当严格的决策环境条件下才正确；其二，它忽视了现期信息的重要性，尤其是与现期预测变量相关的一些重要信息根本无法考虑（如某一政党竞选成功）；其三，如前所述，它使预期价格与实际价格总难以接近；此外，其形式上分布延迟的权重选择（几何下降级数）是否合理，也缺乏可行的实际判断标准。总之，同静态的和外插的预期一样，适应性预期也是非理性的——“不合理的”。

7. 适应性预期分析与货币学派宏观经济理论

这里，我们介绍以弗里德曼为首的现代货币学派基于适应性预期范畴而提出的宏观经济思想。货币派所采用的适应性预期分析是以“自然率”假说为前提的。弗里德曼从维克塞尔的“自然利息率”的启示中提出“自然失业率”的假说。所谓自然失业率（就业率），即指国民经济实现一般均衡时的失业（就业）水平。弗里德曼、费尔普斯等人认为，实际就业率是否偏离自然率水平，要视实际通货膨胀率与预期通货膨胀率之间是否存在差距而定（对本期预期值要考虑前期的预期误差或差距，正是适应性预期形成的特点）。若实际通货膨胀率大于预期通货膨胀率，实际就业率就大于自然就业率。因为在短期内，当物价上涨超出预期的程度时，由于“货币幻觉”的作用，工人并不要求提高工资，借贷资本家也不要求提高市场利率，于是实际工资下降，实际市场利率也降到“自然利率”以下，从而企业家的利润率上升。这就会刺激企业家扩大生产，增雇工人，从而使实际就业率高于自然就业率。在技术不变的条件下，这也就意味着实际产量大于自然率的产量。相反，若实际通货膨胀率小于预期通货膨胀率，由于相反的原因，实际就业率则会低于自然就业率，这意味着失业率上升和产量下降。若实际通货膨胀率与预期通货膨胀率相等，则实际就业率与自然就业率相一致，经济处于稳定状态。

不过，货币学派上述运用适应性预期分析所得到的结果是以短期为限的。从长期来看，若实际通货膨胀率大于预期通货膨胀率，由于“货币幻觉”消失，工人和借贷资本家即要求相应提高货币工资和市场利率，企业家因感到无利可图则缩小生产，解雇工人，就业与产量重新恢复到原先自然率水平。结果，陡然使通货膨胀率不断上升，而就业和产量保持不变，即形成一条垂直的菲利普斯曲线，如图 3－7 所示。换言之，在货币学派看来，由于人们运用适应性预期的方法，不断根据过去经验调整自己的预期，以适应物价变动的形势，结果是，通货膨胀在短期内虽对就业和产量有一定影响，但在长期内却是无效的。因此，政府试图以通货膨胀来减少失业或增加产量是不可行的。

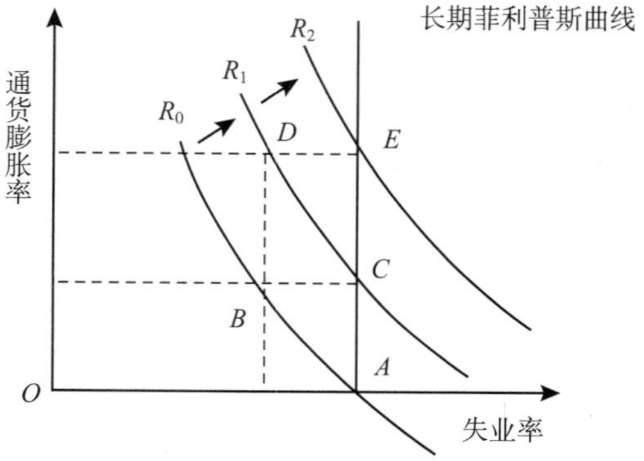

图 3－7　长期菲利普斯曲线呈一垂线

由此可见，正是基于适应性预期分析，货币学派才向凯恩斯主义宏观经济理论提出了挑战。然而，这一挑战并不十分彻底。因为从其结论来看，货币主义者仍然相信相机抉择的宏观经济政策在短期内是有效的；而从微观机制来看，虽然适应性预期比不确定性预期更符合于微观经济学的“理性人”假设，但它仍然是“不合理”的。因此，如何寻求一种预期形成机制，使宏观经济分析真正立足于经济学的理性行为假定，进而实现宏观经济理论的新古典化，促成经济学理论大厦在宏观分析与微观分析上的高度统一，是摆在经济学者面前的重要课题。

穆斯于 1961 年在那篇《理性预期与价格变动理论》的著名论文中最早提出了这一概念，该文不久即成为研究理性预期问题的经典性文献。他写道：“预期由于是对未来事件有根据的预测，因而它们与有关经济理论的预测本质上是一致的，我们将这种预期称为‘理性’预期。”对此，他进一步解释道：“上述假说用更准确的语言来表达，就是：在具备相同的信息条件下，厂商的期望分布（或在更一般的意义上，主观的后果的概率分布），趋向于接近理论的预测（或客观的后果的概率分布）。”针对人们对之可能发生的疑态，即认为这种纯粹是描述性的假设，实际上是与那种关于厂商应该做什么的见解相混同的。穆斯强调说，人们有时争论，认为经济学有关合理性的假设使经济理论与观察到的现象不相一致，或不能充分解释观察到的现象，特别是对由于时间的不同而发生的变动更是如此［比如西蒙（H. Simon）的“有界理性”说即持该种观点］；而理性预期假说恰恰与这种观点相反——动态经济模型对合理性的假定做得还很不够充分。穆斯又将理性预期观点具体化为三点：①信息是稀缺的，且经济系统一般不会浪费它；②预期的形成方式特别依赖于与可描述系统相关的经济系统的结构；③公共预测以及“欺骗性”的政府政策将对经济系统的运行没有实质性的影响（除非这种预测使用了外在的信息）。

实际上，穆斯此文所基于的前提与一般经济分析所基于的前提一样，亦即认为经济主体“尽其所能干得最好”；他的着眼点正是经济分析中所着眼的“合乎理性的人”——利用一切机会（包括一切信息）来寻求最大利益的人，亦即预期与现实行为的结果是一致的。穆斯认为，信息应视为经济主体用于最优配置的一项重要资源，效用（行为）最大化的经济主体自然会使用其可获得的一切信息来形成其预期。由于与任何经济系统行为相关的信息实际上构成了该系统的基础结构，故理性的经济当事人一般是利用其关于经济结构的所有知识去形成其预期。

8. 理性预期形成机制

关于理性预期的形成机制，仍可用前面所探讨的蛛网模型来说明。这里，仅需在蛛网模型的供给函数中再添加一个随机项 $\{U_t\}$：

$$Q_t^d = \alpha + \beta P_t$$

$$Q_t^s = \gamma + \delta P_t^* + U_t$$

$$Q_t^d = Q_t^s = Q_t$$

式中，随机变量 u_t 表示诸如因气候变化等因素所造成的产量的变化。因而，此时供给量依赖于两个因素：一是取决于预期价格的种植量，二是已知种植条件下的实际产量（用随机变量 u_t 表示）。

联立求解这三个方程式，得

$$P_t = (\alpha - \gamma)/\beta - (\delta/\beta)P_t^* - U_t/\beta$$

此式说明，任一时期的实际价格决定于该期的预期价格与产量。若不考虑随机项 U_t，则此方程式与静态预期下蛛网模型中价格决定方程式相同，在那里需给出关于 P_t^* 的表达式。在穆斯看来，这里的 P_t^* 应为模型的内在变量，它由模型本身产生；市场上的经济主体被假定为了解这里的模型结构并且使用这些信息来形成其预期。因而，为公式化的方便，我们可假定，在任一时期的预期价格等于已知前期可能有的信息 Ω_{t-1} 条件下的条件数学期望值：

$$P_t^* = E(P_t/\Omega_{t-1}) \stackrel{\Delta}{=} E_{t-1}(P_t)$$

这里所指的信息即模型的精确结构。将上式代入该式，并令 $\overline{P} = (\alpha - \gamma)/(\beta + \delta)$，得到

$$P_t^* = \overline{P} - E_{t-1}[U_t]/(\beta + \delta)$$

由此可见，$\overline{P}$ 等于市场上的均衡价格。所以，在任一时期的预期价格等于均衡价格加上供给方面的数学期望值的常数倍。该式中的期望值为已知 $t-1$ 期信息 Ω_{t-1} 条件下的条件数学期望值，其大小取决于随机变量 U_t 的概率分布。

在这里，$\{U_t\}$ 构成了一个随机过程，对这一过程，我们进行两种情形的讨论：

（1）$\{U_t\}$ 不相关。此时，每一随机变量是完全不可预测的，且对于每一时期其条件期望值 $E_{t-1}[u_t]$ 为零。换言之，u_t 的过去值中不含有任何可用于预测未来值的信息。于是，上一方程式变为

$$P_t^* = \overline{P}$$

即每一时期价格的理性预期值为均衡价格。由于假定市场主的每一经济主体均了解模型所表示的市场结构，故他们可计算出均衡价格。

（2）$\{U_t\}$ 序列相关。无疑，这更符合实际，因为它表示的是气候等因素对作物产量的影响。此时，由有关的数学知识可知，序列的过去数值中包含有与预测其未来值相关的信息，这种信息决策者在 $t-1$ 时期可得到。于是，根据理性预期假设，这种信息将被经济主体用于形成其预期。若假设它是线性随机变量，则过程 $\{U_t\}$ 可用均值为零之独立随机变量的级数和来表示。

$$u_t = \sum_{i=0}^{\infty} w_i \varepsilon_{t-i}$$

由于 $E[\varepsilon_t]=0$，且 $E(\varepsilon_{t-i}) = \varepsilon_{t-I}(i>0)$，所以：

$$E[u_t] = \sum_{i=1}^{\infty} w_i \varepsilon_{t-i}$$

3.2.3 理性预期理论

1. 理性预期的概念

前面我们讨论了三种不同的预期形成机制：静态的、外插的以及适应性的。虽然它们各有特点，但它们却有一个共同的缺点：它们基本上只是凭借过去的经验对未来作出判断，从而把当前的一切可供利用的信息以及它们对政府政策效应的知识统统排斥在预期形成机制之外，以至于连续地犯系统性的错误而使自己蒙受经济上的损失。而作为经济学考察的基本对象应当是“合乎理性的人”的经济行为；相反，如果是不合乎理性的行为，则应排除在经济分析的范围之外。因此，就经济学（不论是宏观经济学还是微观经济学）所应讨论的预期形成机制来说，它应当符合经济的基本原理，应当统一于经

济学的基本分析方法；亦即，经济当事人为了避免损失或谋取最大收益，他们总是要设法利用一切可以获得的信息（包括过去的和现在的）来对所关心的经济变量（如通货膨胀率、实际收入水平）在未来的变动状况作出尽可能准确的预计——只有这种预期才是合乎理性的，经济学应当探讨的正是这种预期。正是基于这样的考虑，导致了“理性预期”概念的提出。

“理性预期”概念的提出者是前面我们所述及的穆斯。这说明，此处所有的预期均在 $t-1$ 期得出。

再将该式代入方程 $P_t^* = \bar{P} - E_{t-1}[u_t]/(\beta+\delta)$，得

$$P_t^* = \bar{P} - 1/\beta + \delta \sum_{i=1}^{\infty} w_i \varepsilon_{t-i}$$

将此式代入方程 $P_t = (\alpha-\gamma)/\beta - (\delta/\beta)P_t^* - U_t/\beta$，得

$$P_t = \bar{P} + \sum_{i=0}^{\infty} V_i \varepsilon_{t-i}$$

式中，V_i 为需求与供给函数中参数 α、β、γ、δ 的函数。若假定权重 V_i 满足一定的数学条件，则该式可等价地写作：

$$P_t = \bar{P} + \sum_{i=1}^{\infty} V'_i(P_{t-i} - \bar{P}) + V_0 \varepsilon_t$$

对此式取期望值。我们即可得到用 P_t 的过去值表示的 P_t^*：

$$P_t^* = \bar{P} + \sum_{i=1}^{\infty} V'_i(P_{t-i} - \bar{P})$$

式中，V_i 仍为需求与供给函数种参数的函数。

这一方程式表面上来看很像适应性预期的分布延迟公式，而实际上两者存在重要差别：在适应性预期分布延迟公式中由特定的几何衰退级数决定的权重，在这里却由模型内的供给与需求函数的系数决定。这表明，在理性预期模型中，预期的产生机理直接决定于模型的结构；也正是在这一意义上，理性预期模型中的预期是内生的。

无可否认，这里穆斯给出的例子比较简化和特殊。后来，又有学者对一般情形进行了探讨，即在需求函数中同时加入随机变量进行讨论。结果表明，P_t 的理性预期不仅由过去价格的分布延迟决定，对它的决定还须同时考虑数量序列在历史上包含的信息。

从上述理性预期形成模型及其统计性质来看，理性预期形成机制实际上描述的是经济当事人对经济前景的主观估计与客观的经济变动间存在的联系，并且说明实现这一联系的机制就是形成预期所依据的信息。对之，我们可得到三点推论：第一，理性形成的经济变量的预期值个别地看会有误差，但它们的均值一般说来必将趋近于或等于客观的实际值。因此，平均说来，理性预期是长期中最准确的预期。第二，理性预期的形成，并不要求经济当事人具有完全的信息，但需要他们充分地利用可以得到的信息。因此，理性预期是信息有效利用的预期。第三，可以利用的信息包括有关的经济理论与模型。这意味着，理性形成的预期值应该等于使用相应理论和模型计算所得的同一变量的数

值。因此，理性预期是与相应的经济理论和模型相一致的预期。

2. 关于理性预期形成机制的争议

由于理性预期形成理论对传统经济理论与政策见解的许多方面的合理性提出了质疑并形成了挑战，因而它一经提出，即在经济学界引起轩然大波，批评者有之，拥护者有之，持谨慎态度者亦有之。对于理性预期形成的机制问题，人们的争议主要集中在四个方面：

第一，理性预期命题关于“经济主体在形成预期时使用了一切有关的、可以获得的信息，并且对这些信息进行了理智的整理”的假设是不现实的。因为，一方面人们在现实中并不按这种设想能理智地处理信息；另一方面，经济主体在形成预期时也不可能使用了一切有关信息。

第二，理性预期假设所内含的信息假定过于极端，它实际上完全忽略了专门信息的存在，以及这种专门信息对于经济系统运行特点的重要意义。譬如，它未对商界中的“新手”与“老手”进行区分，正是这种区别决定了他们各自处理信息的水平。事实上，老手之所以是老手，就是因为他们经历过了各种环境．积累了渊博的知识，并且能随时地几乎直接地加以利用。由此，批评者得出两点结论：其一，每个人实际上不可能具有同样的信息，理性预期实际上只说明了个人为什么应该，而没有说明个人如何去了解信息；其二，由于理性预期分析所基于的近乎完备的信息假设要求和通常经济事件中信息的零散、不充分不相一致，故而该理论实际上只适用于资产市场与外汇市场的行为分析，因为，只有在这些市场上，各参与者才可能都是专家，他们的信息差异也可能最小。

第三，理性预期范畴实际上是基于主观概率分布的期望值应与客观概率分布的期望值一致来定义的。然而，现实中经济主体却经常性地一错再错，故理性预期假设是否具备现实意义是值得怀疑的。

第四，人们并不是有理性的，他们往往按照自己的个性行事，而且往往追求经济以外的目的，所以，理性预期假设无多大的实际应用价值。

对于上述四个方面的怀疑和否定意见，理性预期论的拥护者——理性预期学派从多种角度进行了反驳。

首先，对于第一种批评意见，理性预期学派的反对观点有：麦克拉姆（B. T. Mc Callum）认为该种意见的第二点理由并不构成对理性预期假说的批驳，而只是反对在运用这一假说时，为简单起见而把信息成本问题撇开。实际上这同理性预期假说的内在思想是完全一致的，即在预期活动的边际成本与边际收益相等时所形成的预期是最优的。第一点理由的确构成了批驳，但这一批驳的论据并不充分。因为就对现实作出一种极其简单的描述而言，所有的理论或模型都是“不现实”的；问题仅仅在于，为了理论研究的目的，简化是必要的。坎特（V. C. Canto）则为穆斯诠释道，穆斯的文章并不是说经济当事人或经济学家是无所不知的，其见解只是：信息是成本高昂的，而且是可被有效利用的；在一个竞争的世界里，有利可图的现有信息的利用机会是不会被错过的；理性预期是使利润最大化的预期，如果过去的经验被证实为对指导将来是非常不完善的，则理论和实际都是不准确的。小卢卡斯（Jr. R. Lucas）则强调，虽然并不是每个人都有效地利用了自己掌握的情况，但通常是能够做到的；理性预期提供的是一种近似值……我们的思想在理论上并不是很漂亮的，不过，一种能够加以精练的粗糙理论，比看起来漂亮但不符合客观实际的模型更能接近真理。

其次，对于上述第二种批评意见，理性预期学派实际上是承认的。不过，在他们看来，作为一种新生的理论，有许多方面尚待深入研究是不足为怪的，并且也正是这些值得研究的方面，决定了该理论是有前途的，此其一；其二，理性预期分析法对有关人们能够知道些什么，和实际上知道些什么，以及他们如何运用自己的知识这类问题，提供了逻辑上的一致以及可从经验上加以验证的答案，这恰是其他理论难以做到的。

对于上述第三种怀疑意见，理性预期论者则认为是完全不必要的。穆斯曾说，鸟儿并不懂空气动力学，但它们照样飞得很好。虽然经济主体会犯错误，且可能经常犯错误，但这只是局部观察的结果。在总体上，成千上万的预期错误的平均值，刚好保证了主观概率分布期望值与客观概率分布期望值的一致性。他还从另一角度论证道，如果企业总是按照错误的预期行事，就会在市场上不断吃败仗，最终必然被淘汰掉；因而，留存下来的企业必定是能够进行正确预期的企业。

对于最后一种看法，卢卡斯指出，不合理的行为是无法预测的。正因为不合理，才无法为其设计模型。然而，好模型却不能不假设人们能合理地行事。比如对香烟进行增税，合理的结果是人们抽烟少了；然而，却又不能排斥有人可能因之抽得更多——我们只能说在一般情况下，人们抽烟少了。对此，萨金特（T. Sargant）补充说，经济学家总是不得不希望神经质的或不合理的行为不要主宰市场。若这样的行为主宰了市场，经济学家只能无能为力；而我们需要牢记的是，在竞争性市场上，不理智的人是无法生存下去的。

3. 理性预期假说与新古典宏观经济学

虽然理性预期形成机制一经提出招致多方的非议，而这丝毫不影响它对人们的吸引力，更不影响它对经济学尤其是宏观经济学的发展所提供的理论价值。如前所述，基于不确定预期和适应性预期的宏观经济理论，总难避免与微观经济理论相脱节的弊病，总难克服政府政策的“欺骗”性质与经济行为人的“理性”性质之间的悖论；而理性预期分析法则为解决这一问题提供了突破口。70 年代以来，以卢卡斯、萨金特、巴罗（R. Barro）等为首的一大批经济学家，正是基于理性预期假说，对宏观经济学几乎所有的领域都进行了重新思考和探索，进而掀起了重构宏观经济学说的研究热潮——有学者将这一热潮称之为“理性预期革命”或经济学说史上的“第六次革命”。这场“革命”的直接结果是新古典宏观经济学的诞生——宏观经济理论实现了与微观经济理论的高度统一；而伴随着新古典宏观经济学的诞生，凯恩斯主义宏观经济理论及其政策主张受到了空前严峻的挑战，甚至连货币主义的见解也受到了极强冲击。

限于篇幅与本章目的，我们不可能在这里对新古典宏观经济学内容作出系统表述，而仅仅结合卢卜斯等人的“政策无效说”（这是新古典宏观经济学的基本结论）来阐述理性预期分析所形成的影响。

如前所述，基于不确定预期的宏观经济分析（凯恩斯主义）要求政府制订“逆经济风向”的“相机抉择”的经济政策对经济实施干预，而基于适应性预期的宏观经济分析（货币主义）则得出了政府政策在短期内有效而在长期内无效的政策见解。然而在这方面，理性预期分析的结论却是：政府政策不仅在长期内无效，而且也在短期内无效。在理性预期学派看来，政府在经济领域内是无能为力的，它在财政与金融上所采用的欺骗性政策，只有在完全出乎公众意料之外的情况下才可能影响经济。不过，当人们认识到真理时，即不会再犯同样的错误；亦即当他们作出理性预期时，即会相应作出对策，这实际上就取消了政府政策所期望达到的效果。对之，理性预期论者曾引用林肯的话说：“你在一段时期内可以欺骗所有的人，或在长时期内欺骗一部分人，但绝不可能在长时期内欺骗所有的人。”这句话实际上表达了理性预期假设的真正含义：理性预期假设并不要求每一经济主体都有完善的预见，它允许人们犯错误，但这只能是随机性的预测错误，而不可能是重复发生的、有规律性的错误。

基于实例，卢卡斯等人指出，一方面，由于参与市场活动的人们在进入市场之前已经充分了解了以前市场上的变化情况，亦即他们在思想上是有所准备的；另一方面，虽然这些人对市场的了解只是部分的，但是一旦他们进入市场，其信息也会逐渐完善，由此，过去信息与当前信息相结合，即会使他们菲利普斯曲线所表达的通货膨胀与失业的反向交替关系即便在短期内也不能存在。亦即，由于理性预期的结果，政府政策对人们经济行为的影响将是微弱的，甚至是无效的。更具体说来，如果预期是理性的且能立即影响经济决策，则即使在短期内，菲利普斯曲线也是垂直的，从而政府的需求管理政策的结果只能是通货膨胀的上升，而不可能是失业率的下降。换言之，在市场中，理性预期把调节从长期缩短为一瞬，从而使依赖延时才有效应的政策失效。

总而言之，把预期这一心理因素引入经济分析尤其是宏观经济分析，无疑促进了经济学的发展；而对预期形成机制的揭示，则赋予心理学概念在经济分折中的可操作性，进而实现两者的有机统一。至于不同的预期假设或不同的预期形成理论，导致了不同经济学理论及政策见解的产生与冲突，我们认为，经济理论正是在差异与冲突中才有可能获得发展和走向成熟。

3.3 不确定性与风险理论及其在经济心理与行为中的应用

3.3.1 不确定性与风险的普遍性与重要性

1. 研究不确定性与风险的意义

在现实经济生活中，不确定性（uncertainty）是一基本事实。对于消费者来说，在其各类经济行为发生之初和发生之后，在其作出储蓄决策或就业选择以及通常的消费选择与购买决策时，几乎无时无刻不受到不确定性问题的影响。譬如，当消费者的就业前景不能确定时，其收入水平能否获取或提高不能确定，至于如何将收入在现期与远期间进行跨时配置也就更加不能确定了。当消费者在一定的收入水平下进行储蓄决策时，又通常会遇到各种储蓄形式的报酬率以及未来的通货膨胀率等具有不确定性的问题。即使消费者在各种不同的商品或劳务中进行支出决策这类简单问题中，也会遇到不确定性问题，如：这些商品或劳务能否顺利买到，亦即消费者能否找到合适的卖者？即便消费者能够购买这些商品或劳务，但在其实际购买行为发生之前，商品或劳务的价格是否已发生变化？即便价格不发生变化，但消费者所购得的商品或劳务的质量如何却又未必总能得到确定。生活中的其他方面，如疾病、火灾、地震等，摆在消费者面前，都是不确定性问题。对于生产厂商来说，同样也面临着不确定性问题。如消费者对厂商的需求无论是在现在还是在将来，厂商所面临的要素市场、厂商在目前所赖以生存的技术垄断优势能否在将来得到维持等，无不带有不确定性。因此，生产者的决策，亦受不确定性问题的影响。

由于不确定性的普遍性和极度重要性，它愈益受到经济学家们的重视，日渐成为现代经济学尤其是现代微观经济学领域中的一个研究热点。同时，不确定性问题也已受到经济心理学家们的高度重视，不少学者在对不确定情形下微观主体的选择决策心理研究方面作出了可贵的尝试。就目前来说，经济心理学这门新生学科尚处在建设阶段，其理论构架尚未最终完成，但无论如何，“不确定性与选择心理”研究已成为该学科理论体系中不可或缺的内容之一。

2. 不确定性与风险的概念

“不确定性”通常是与“风险”以及“概率”联系在一起的。按照弗兰克·奈特（Frank H. Knight）的说法，所谓“风险”状态，是指那些每种可能发生的结果均有一个可知的发生概率的事件；所谓“不确定”状态，是指那些每个结果的发生概率尚为不知的事件。如“掷币事件”是一风险状态，而明年是否发生核事故则是不确定的。现代西方学者通常把“不确定性”定义为：指发生结果尚为不知的所有情形，它是由于人们缺乏信息，或者（并且）缺乏处理信息的能力而产生的。

3.3.2 圣·彼得堡悖论与赌博的风险偏好

1. 公平赌博的概念与数学期望值

最早对不确定性问题进行探讨的是数学家，最早将不确定性问题引进经济学的也是数学家。早在18世纪，一些著名的数学家，如帕斯卡（Blaise Pascal）和费尔玛（Piere de Fermat）就探讨过不确定性问题。帕斯卡和费尔玛假设，一场以 P_1 的概率提供报酬 X_1，以 P_2 的概率提供报酬 X_2，……以 P_n 的概率提供报酬 X_n 的公平赌博的吸引力，是由这场赌博的期望值（expected value）$X=\sum_{i=1}^{n}X_iP_i$ 所决定的。所谓公平赌博即指赌博双方或各方的输赢金额和机会均等的赌博。例如，同是猜一枚硬币正反面的赌博，若猜对得2元，猜错则输2元，当硬币本身没有问题时，即为一场公平的赌博，也即这场赌博的数学期望值为零$\left[\frac{1}{2}\times 2+\frac{1}{2}\times(-2)=0\right]$。如果在某场赌博中，某一局中所赢钱的数学期望值大于零，那么此人应先交出等于期望值的钱来，才可使这场赌博变得公平。

2. 圣·彼得堡悖论的概念

但是，帕斯卡和费尔玛的假设却受到由另一位数学家尼古拉·伯努利（Nicholaus Bernoulli）于1728年所提出的一个问题，即著名的"圣·彼得堡悖论"的严峻挑战。圣·彼得堡悖论涉及的也是一场猜硬币直到出现正面的赌博。设将一枚均匀硬币抛起，若某人第一次猜对出现正面，可得2元；第1次没猜对，第二次猜对，可得4元；前两次没猜对，第3次猜对，可得8元；……；一般情形下，若前 $n-1$ 次没猜对，第 n 次猜对，可得 2^n 元。现在的问题是，为使一个赌徒有权参加这样的赌博，他应先交出多少钱才能使这场赌博变得公平？

显然，按照帕斯卡和费尔玛的假设，赌徒应先交出等同于这场赌博的数学期望的钱来。对于"圣·彼得堡悖论"来说，问题的关键是硬币抛起后出现正面的概率。我们知道，若硬币是均匀的，参赌者第一次猜中的概率是1/2，第1次没猜中第2次猜中的概率是1/4……，一般前 $n-1$ 次没猜中，第 n 次猜中的概率为 $1/2^n$。这样，参赌者可能赢的钱的数学期望为

$$2\times 1/2+4\times 1/4+\cdots+2^n\times 1/2^n+\cdots=\infty$$

也即，参赌者不论交出多少钱，这场赌博对他都是有利的。然而，没有几个人愿放弃超过一定数目的钱，来参加这场赌博。于是就产生了一个"悖论"，为什么一场理论上是"公平"的赌博，实际上只有傻瓜才会愿出任意高价而参加？

直到1738年，"圣·彼得堡悖论"的答案才分别由加布利尔·克拉姆（Gabriel Cramer）和尼古拉·伯努利的堂弟丹尼尔·伯努利（Daniel Bernoulli）提出。丹尼尔·伯努利认为，人不是根据其可获得的钱的数学期望来行动的，而是根据其"道德期望"（moral expectation）来行动的。换言之，人们并不认为10000元的收益在价值上必然是1000元收益的10倍，"道德期望"并不与得利多少成正比，而与原来有多少钱有关。在此基础上，丹尼尔·伯努利假设人们拥有一个财富的效用函数 $U(x)$，当人们衡量参与一场赌博或博彩的价值时，他们是以期望效用值 $U=\sum U(X_i)P_i$ 而不是以期望值 $\overline{X}=\sum X_iP_i$ 作为基础的（这里 X_i 是第 i 个事件出现的概率）。如果用效用函数以财富的对数形式即 $U(x)=al_n(x)$，则原先变为无穷大的数学期望值将替代为

$$1/2al_n2+1/2^2al_n2^2+1/2^nal_n2^n+\cdots$$

$$= al_n 2 \sum_{i=1}^{\infty} 1/2^i = 2al_n 2 = 1.39a$$

这是一个有限值，丹尼尔·伯努利认为它是人们对这场赌博愿意支付的值，其中 a 可通过经验方法来确定。

3. 圣·彼得堡悖论的意义

表面上看来，上述问题似乎仅是一无聊的赌博问题。然而，隐藏在“圣·彼得堡悖论”之后的经济学的和心理学的含义却十分深刻。由于参加赌博实际上是面临风险或不确定性，因而人们在“圣·彼得堡悖论”中采取的行动就是人们在风险或不确定性情形下采取的行动，人们对它的态度也就是对风险的态度，对它的认识也就是对行为动机的认识。因为如此，西方学者认为，对于“圣·彼得堡悖论”的解答，事实上构成了风险或不确定情形下现代决策理论的基石。

然而，长期以来，丹尼尔·伯努利的“道德期望”却未得到人们的理解。直到边际效用学派的奠基人门格尔（Karl Menger）的儿子，数学家 C. 门格尔（Carl Menger）把它和效用函数联系起来，特别是经过拉姆齐（Frank Ramsey，1926），冯·诺伊曼 & 摩根斯坦（Von Neuman Oskar Morgenstern，1944），以及萨维奇（Leonard Savage，1954）对它进行严格的公理化论述后，才得到人们的普遍重视。当然，在此之前，古典经济学并非没有讨论过不确定性问题。如马歇尔在其《经济学原理》中探讨“价值与效用”时，就指出，“即使在完全公正和平等的条件下进行的赌博，也会有经济上的损失……对风险的理论上是公平的保险，常有经济上的利益。”马歇尔以后的不少经济学家如费雪（Irving Fisher）、奈特、凯恩斯（John M. Keynes）、希克斯（John Hicks）、卡莱茨基（M. Kalecki）等都对不确定性问题有过专门的论述。其中特别值得一提的是奈特，他发表过一部名闻遐迩的著作《风险、不确定性与利润》，系统地探讨了风险与不确定性理论，并首次将该理论用于分析厂商的经济行为。还值得一提的是凯恩斯，他首次将不确定性条件下的心理预期用于分析国民收入决定问题，创造性地提出了“三大心理规律”，并由此创立了宏观经济学的理论体系，进而产生划时代的影响。

3.3.3 期望效用模型

如果消费者对于不同环境下的消费具有合理的偏好，那么我们就能运用效用函数来描述这些偏好。然而，在考虑不确定性条件下的选择时，则应对选择问题添加一个特殊的结构。因为，当人们在不确定的环境下进行选择时，其选择的目标并非是能够得到的最终结果（如不同的财富水平），而是这些结果的概率分布。一般来说，消费者如何比较和评价不同状态中的消费，将取决于所述状态实际发生的概率。换言之，某君愿意用雨天的消费替代晴天的消费的那个比率，在相当程度上同他所认为的下雨的可能性大小有关。对不同自然状态中的消费的偏好，将取决于个人对于这些状态出现的可能性的大小的看法。因此，描述不确定情形下偏好的效用函数不仅取决于最终的选择结果，而且也取决于它们的概率。这一特征的效用函数即现代经济学中的“期望效用”（expected utility，又称“预期效用”）函数。期望效用模型最早渊源于上节所述的丹尼尔·伯努利的观点，而最终形成则主要归功于冯·诺伊曼和摩根斯坦等人作出的公理化努力，因而期望效用函数有时也被称之为冯·诺伊曼—摩根斯坦效用函数（Von Neumann - Morgenstern utility function）。

期望效用模型的一般形式是

$$\sum_{i=1}^{n} F = (P_i)V(\underline{X}_i)$$

这里，n 代表可能出现的结果的个数；P_i 表示一种结果出现的客观概率（$\sum_{i=1}^{n} P_i = 1$）；$\underline{X}_i$ 表示一种可能出现的结果；函数 $V(\cdot)$ 表示对一种可能结果的评估值，即效用函数；函数 $F(\cdot)$ 是对客观概率的加权。下面我们仅讨论期望效用函数的最简单形式，即只有两种可能结果的不确定性问题，因此 $n=2$。

这里，有必要对风险与不确定性再作一次界定。风险是指概率已知或至少能够知道的情况下的决策，而不确定性则是概率未知甚至不能获知的情况下的决策。因此，期望效用模型中的主观概率 $F(P_i)$ 即指观察风险或估计概率。

还是以“掷币游戏”为例。设定掷一枚均匀硬币，若出现正面，收益为1元；若出现反面，损失为1元。无疑，两种结果的客观概率都是0.5，游戏者的期望值 $Ev=0$。因此，对于游戏者来说，参加游戏并没有什么意义。即便加大筹码，将收益和损失都设定为10000元，Ev 仍然是0。由此可看出，Ev 模型无法揭示人们对赌博的偏好。不过，Ev 模型却隐含着一种情形，即一种结果的收益大于另一种结果的损失。当硬币出现正面时，收益为2元；而出现反面时，损失为1元。此时，人们是否会乐于参与这项游戏呢？在理论上。答案似乎是肯定的。然而，丹尼尔·伯努利在解决“圣·彼得堡悖论”时，却发现了一个边际递减的效用函数，即对最终结果进行估价的价值增量并不与客观结果的价值增量成正比。看来，问题的解决远非想象的那么简单。

期望效用模型假定，最终结果的效用水平是通过对各种可能出现的结果的加权估价后获得的。假设两种可能结果分别是 x 和 Y（x 代表收益，Y 代表损失），P 是 x 发生的概率，则价值函数就可表达为 $PV(x)+(1-P)V(Y)$。但由于效用函数 V 通常被视为凹函数，因而 $V\{PV(x)+(1-P)V(Y)\}>(PV(x)+(1-P)V(Y))$。如图3-8所示。这一不等式的经济含义是，人们并不以为玩这种游戏所得的收益能高于不玩这种游戏的收益（收益为0）。所以，人们仍不偏好掷币游戏。相对于期望价值理论来说。期望效用理论更适合于不确定情境下的期望评估。这恰是期望效用函数所以产生的基本点。

效用函数的凹性（上凸性）表明：人们对确定性情境下（预期）的效用评估大大高于对不确定情境下的效用评估。其凹性即所谓的“风险厌恶”（risk aversion）。当然，也存在下凸的效用函数，如图3-9所示。这是一种例外，它表明：人们对确定性情境下的效用评估低于不确定情境下的效用评估。其凸性（上凹性）即所谓的“风险爱好”

(risk loving)。显然，效用函数的凹性与凸性是与决策主体对风险的态度相联系的。还有一种例外情况，即效用函数为一线性函数，既是凸的，又是凹的，但又不是严格凸的或严格凹的。此时，决策主体对风险持中立态度，即所谓的“风险中立”。

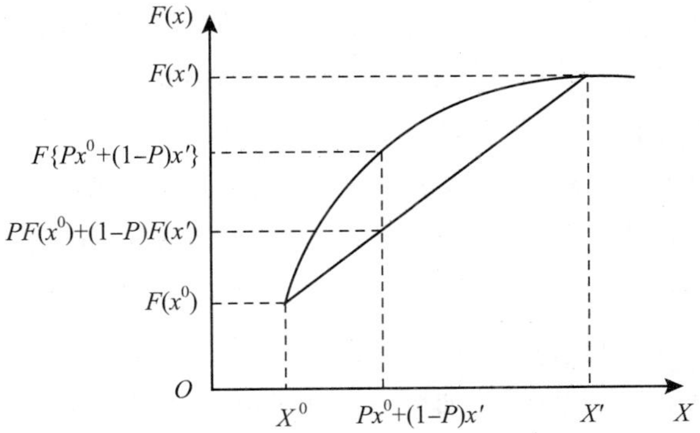

图 3-8　一个变量的凹函数

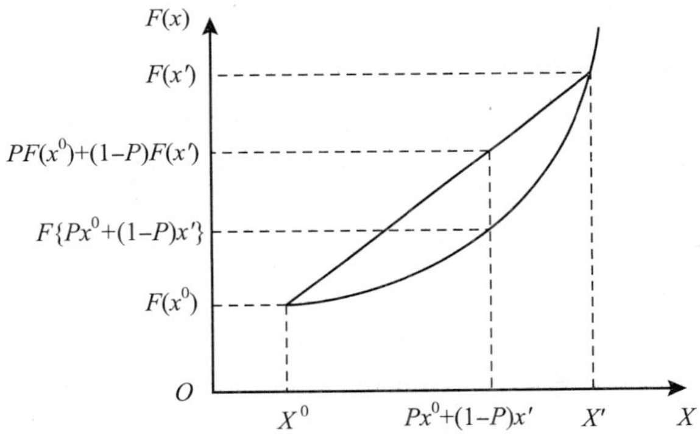

图 3-9　一个变量的凸函数

一般地，设 W_1、W_2 为两种可能的收入，决策者得到 W_1 的概率为 P，而得到 W_2 的概率为 $(1-P)$，则这一决策的期望效用为 $PV(W_1)+(1-P)V(W_2)$，而期望值的效用为 $V\{PW_1+(1-P)W_2\}$。若期望效用小于期望值的效用，即 $PV(W_1)+(1-P)V(W_2)<V\{PW_1+(1-P)W_2\}$，则该决策者为“风险厌恶者”，其效用函数为凹函数，即 $d^2v/dw^2<0$；若期望效用大于期望值效用，即 $PV(W_1)+(1-P)V(W_2)>V\{PW_1+(1-P)W_2\}$，则该决策者为“风险爱好者”，其效用函数为凸函数，即 $d^2v/dw^2>0$；若期望效用等于期望值的效用，即 $PV(W_1)+(1-P)V(W_2)=V\{PW_1+(1-P)W_2\}$，则该决策者为“风险中立者”，其效用函数为线性函数，即 $d^2v/dw^2=0$。

正由于期望效用模型能够用来说明人们对于不确定性的态度，能够说明为什么有的人“胆大包天”，而有的人却“胆小如鼠”，也由于它能够用来解释个人在不确定性环境中的行为动机，如为什么有的人在购买保险的同时却又参与“博彩”活动，等等。

它得到了众多经济学者的推崇，几乎被普遍视为“不确定经济学”的理论基石。

然而，尽管期望效用模型在解释不确定情形下的决策问题方面获得了极大的成功，但它本身却存在严重的缺陷。因为该模型假设在不确定性下的选择中，各种结果之间存在着一种“不相关性”。换言之，对各种结果的选择必定是分别进行的——人们在一种自然状态中计划作出的选择，将独立于他们在另一种自然状态中所作出的选择。这就是期望效用模型的所谓“独立性假定”（independence assumption）。该假定实际上是表明，意味消费的效用函数所取的是非常特殊的结构，即不同的意外消费未必是全部可加的。因此，若称某一消费者的偏好可以用期望效用函数来表示，或称该消费者的偏好具有期望效用函数性质，则是指可以选择一个具有可加性的效用函数描述这一偏好。例如，C_1、C_2 和 C_3 是不同自然状态下的消费，P_1、P_2 和 P_3 是这三种自然状态实现的概率，如果要满足独立性假定，则效用函数必须采取的形式是 $V(C_1, C_2, C_3)=P_1V(C_1)+P_2V(C_2)+P_3V(C_3)$。该形式的函数即期望效用函数。注意，期望效用函数的确要满足这样一个性质：两种商品之间的边际替代率（MRS）与第三种商品的数量无关。

3.3.4　阿莱悖论与不确定性选择

法国著名经济学家，1988 年诺贝尔经济学奖获得者莫里斯 · 阿莱（Maurice Allais），曾于 1952 年对期望效用模型的独立性假定提出非议。他构造出一个例子，并用该例对独立性假定进行经验验证。该例是：假设有两组可供决策者选择的结果，第一组记为 L_1，第二组记为 L_2（见表 3－3）。

表 3－3　　两组的选择结果

L_1	$A_1=$	肯定得到 100 万法郎
	$A_2=$	以 10% 的概率得到 500 万法郎
		以 89% 的概率得到 100 万法郎
		以 1% 的概率不得利
L_2	$A_3=$	以 10% 的概率得到 500 万法郎
		以 90% 的概率不得利
	$A_4=$	以 11% 的概率得到 100 万法郎
		以 89% 的概率不得利

对于一般人来说，在 A_1 和 A_2 之间总会选择 A_1，而在 A_3 和 A_4 之间总会选择 A_3。在阿莱对上百个了解概率的人所做的调查中，绝大多数的人包括我们前面提到过的，以研究主观概率论著称、对期望效用模型的建立作出过贡献的萨维奇，都作出了这样的选择。然而，这样的选择恰恰是与期望效用的独立性假设和期望效用最大化假设相违背的。因为在第一组中，若决策者认为 A_1 比 A_2 的期望效用大，即

$V(100) > 0.1V(500) + 0.89V(100) + 0.1V(0)$ 该不等式经过变换成为

$0.11V(100) + 0.89V(0) > 0.1V(500) + 0.9V(0)$

从中，我们立即可以发现，不等式左边正是 A_4 的期望效用，而不等式右边则是 A_3 的期望效用。按照独立性假设，$A_1 > A_2$，意味着 $A_4 > A_3$，决策者在第二种情形下，应选择 A_4 而不是 A_3。但实际情形恰好相反，即人们选择了 A_3，而未选择 A_4。这就是著名的“阿莱悖论”（Allias paradox）。

显然，期望效用理论受到了“阿莱悖论”的严峻挑战。“阿莱悖论”实质上是要揭示，许多建立在独立性假设上的期望效用，尤其是建立在追求期望效用最大化基础上的模型，都忽略了人的心理因素对概率分布的影响，因而不切实际。因此，在“阿莱悖论”提出后，许多学者包括经济学家和心理学家均尝试着对不确定性下的选择行为进行进一步探索，力图揭示其中的心理因素与心理机制。

在这方面，较为著名的是心理学家卡涅曼（Kahneman）和特维斯基（Tyersky）展开的研究。他们于 1979 年提出了“展望理论”（prospect theory），试图以之解释期望效用模型所不能解释的几种效应。其主要内容有：如何确定与赌博有关的主观概率（确定性效应），人们如何对待有可能带来损失的风险（反射效应），以及选择不同参照点如何影响人们对结果的选择（组织效应）等等。这些问题将涉及人们的态度、偏好等心理因素对不确定情形下决策的影响。

3.3.5 风险展望理论

在一系列利用摸彩、抽奖进行偏好选择的实验中，卡涅曼和特维斯基于 1979 年对经济学中的期望效用理论的实用性提出了质疑。以下是他们开展的研究。

1. 确定性效应

“确定性效应”（certainty effect）是指加重被认为是确定性结果的倾向或趋势（这里的确定性结果仅仅是相对于不确定性或可能性结果而言的）。设（X，P）表示结果 X 以概率 P 发生的预期，预期则定义为对一个确定的结果 X 发生的展望。

向许多被试提出以下问题．要求他们描述对预期 A 和 B 的偏好情况。

问题 1：

	X　　P	回答
A	（4000，0.80）	20%
B	（3000，1.0）	80%

虽然展望 A 的期望值超过了 B，但大部分被试还是偏好 B（确定展望）。这可能是因为受到“风险厌恶”的影响。为进一步突出之，改变一下展望发生的概率，再考察问题 2。

问题2：

	X	P	回答
C	（4000，0.20）		65%
D	（3000，0.25）		35%

C 和 D 皆为不确定展望，都隐含一定的风险。根据期望效用理论，对问题1的回答符合不等式 $V(3000)/V(4000)>0.80$，因为 $V(3000)\times1>V(4000)\times0.80$。但对问题2的回答则恰好相反。亦即 $V(3000)\times0.25<V(4000)\times0.20$。问题1和问题2的区别仅在于概率发生了变化，而结果值并未发生变化。B 和 D 的概率变化是由1.0～0.25，A 和 C 的概率变化是由0.80～0.20；虽然同样是减少了获胜的可能性，但前者所受的影响更大。卡涅曼和特维斯基认为，这是由“确定性效应”而导致的。

为进一步解释这一与期望效用模型明显不一致的情况，他们在1982年从一系列博彩问题中归纳出一种概率评价函数。对于上述问题，用概率评价函数可作这样的解释：$F(0.20)/F(0.25)>F(0.80)/F(1.0)$；假定 $F(0.0)=0$，$F(1.0)=1$，则从概率评价函数图示中可看出，在两个极点（末点）处，函数的变化十分显著，这些变化归因于确定性效应，如图3－10所示。

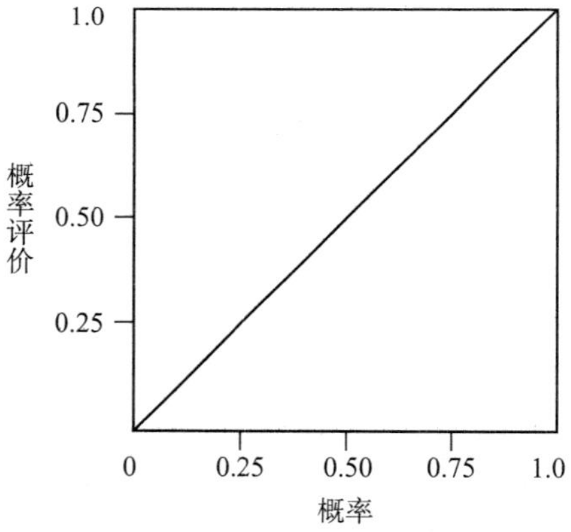

图3－10　一个概率的主观评价函数

那么，在没有确定结果时，概率评价函数是否还能适用？再来考察问题3和问题4。

问题3：

	X	P	回答
A	（6000，0.45）		14%
B	（3000，0.90）		86%

问题4：

	X	P	回答
C	（6000，0.001）		73%
D	（3000，0.002）		27%

问题 3 表明，虽然 B 不是一个确定结果，但仍为大多数人所偏好。从问题 3 到问题 4，虽然两个展望的概率比不变，但偏好却发生了变化。因为在问题 4 中，D 获胜的可能性在被试看来并不显著地超出 C（两者的发生概率都很小）：换言之。因为 C 的发生同样是可能的而非不可能的，大多数人必定要选择收益更大的结果。由此可见，即使在没有确定结果时，确定性效应仍然存在，概率评价函数仍能适用。

卡涅曼和特维斯基的上述观点在 1984 年得到了凡·斯戴德（Van de Stadt）等人的验证。他们设计了一项调查，向 400 名承担家庭主要经济责任的荷兰人提出如下问题（平均报告收益列示在"答案"一栏中）：

"有人向你建议参加一种赌博，取胜和失败的机会均等，如果你输了，你的家庭纯收入将减少 5%，如果你赢了，你的家庭纯收入将增加。如果你愿意参加这种赌博，那么你认为你的收入增加量应当是多少呢?"

把类似情况列示在一起，有：

问题	答案
5% 的损失	3% 的收益
10% 的损失	23% 的收益
20% 的损失	37% 的收益
30% 的损失	53% 的收益

利用收入福利函数，可得出这几种状态下的收入效用（这些都是期望效用模型中的"最终状态"）。从调查可以看出，人们并不关心当前的确定收入 Y，以及赌博形式 $\{(1-q)Y, 0.5; (1+r)\underline{Y}, 0.5\}$，（$q$，$r$ 分别是"问题"和"答案"中的百分数）。每个展望的效用可由期望效用模型的一般形式给出。在赌博和确定展望间是无差别的：

$$F(0.5)V\{(1-q_i)\underline{Y}\}+F(0.5)V\{(1+r_i)\underline{Y}\}=V(\underline{Y})$$

式中，j 代表问题。由四个问题的无差别性，可得到每个人的 $F(0.5)$ ——概率评估值；面对收入效用函数的对数正态化，可得平均估计值为 0.472（标准差为 0.001）和 0.477（标准差为 0.002），（这里假定对数线性效用函数形成成立）。由此可得出的结论是，对应于概率为 0.5 的概率评价函数值显著小于该值。这无疑与图 3－10 中的概率评价函数的斜率相吻合。

总的来讲，确定效应可通过概率评价函数进行解释。一般情况下，对小概率的评价值高于它们的目标值，对中等概率的评价值低于它们的目标值，利用收入估计的经验福利函数可对该理论进行验证。

2. 反射效应

上文讨论的都是没有损失的展望，即正展望。在问题1、问题2、问题3、问题4中，结果都是收益。若改变结果形式，如展望变为（$-X$，P），即以损失作为结果，则偏好情况如何呢？表3－4给出了正展望与负展望间偏好的对比情况，从表3－4中可以看出，对于每一个问题来说，负展望的偏好顺序恰好同正展望相反，就如同正展望偏好情况的镜面图像。因此，卡涅曼和特维斯基将这种现象称为“反射效应”（reflection effect）。

表3－4　正展望与负展望间的偏好对比

正展望		负展望	
问题	回答	问题	回答
1.（4000，0.80）	20%	（－4000，0.80）	92%
（3000）	80%	（－3000）	8%
2.（4000，0.20）	65%	（－4000，0.20）	42%
（3000，0.25）	35%	（－3000，0.25）	58%
3.（3000，0.90）	86%	（－3000，0.90）	8%
（6000，0.45）	14%	（－6000，0.45）	92%
4.（3000，0.002）	27%	（－3000，0.002）	70%
（6000，0.001）	73%	（－6000，0.001）	30%

在表3－4所列示的各个问题中，反射效应将原来正展望中的“风险厌恶”改变为负展望中的“风险探求”（risk seaking）。在赌博活动中，相对于确定的损失而言，人们一般偏好于不确定的损失，即便其期望值超过前者。拿问题1来说，正展望的确定效应是明显的，负展望的确定效应也是明显的。在负展望中，确定效应导致了人们对损失的“风险探求”偏好，该偏好使得损失小于确定的损失。因此可以说，收益范围中的“风险厌恶”和损失范围中的“风险探求”，实际上是遵循同一心理规律的。

用数学语言来描述，在卡涅曼和特维斯基的反射效应中，决策者的损失价值函数具有凸性，该凸性决定了决策者在负展望范围内的“风险探求”态度。还是以期望效用模型中的掷币游戏为例。在掷币游戏中，我们可以看到，随着赌资的增加，人们对这种游戏的厌恶感也在增加。若 $x>Y\geqslant 0$，则（Y，0.50，$-Y$，0.50）好于（x，0.50，$-x$，0.50）。设 $V(\cdot)$ 表示一个特殊结果的函数值，它满足

$$V(Y)+V(-Y)>V(x)+V(-x)$$

或

$$V(-Y)-V(-x)>V(x)-V(Y)$$

令 $Y=0$，则 $V(x)<-V(-x)$。因此，收益值即小于在同等条件下的损失值。让 $Y\to x$，则上述不等式又可写成：$V'(x)<V'(-x)$。式中，V' 是 V 的一阶偏导。这表明，

损失的价值函数呈凸性，且其斜率比收益价值函数斜率更大。

总之，卡涅曼和特维斯基的反射效应可借助于价值函数进行解释。收益价值函数具有凹性，而损失价值函数具有凸性。因而，“风险厌恶”适用于收益范围，而“风险探求”适用于损失范围。此外，对于确定展望而言，损失价值函数的斜率大于收益价值函数的斜率。

3. 组织效应

前面的讨论是相对于人们当前的财富状况即收益和损失问题进行的。然而，在现实生活中，对结果的解释并非总是那么简单。在很大程度上，它有赖于我们对参照点的选择。譬如，每半年支付一次家用电话费时，一些意想不到的收费（如意外的税款）是当作损失来考虑，还是当作减少的收益来对待，即为参照点的选择。选择一定的参照点，对于我们确定是收益还是损失十分重要。卡涅曼和特维斯基认为，当同样的选择在不同的参照点上进行评价时，便会产生“组织效应”（framing effect）。所谓组织效应，即指通过改变对结果的描述来改变参照点，继而影响人们的偏好选择的情形。而所谓参照点，实质上是评价一种展望的主观标准。

关于组织效应的著名例子是所谓的“亚洲病”问题。1984 年，卡涅曼和特维斯基曾分别向两组被试提出下述问题：

问题 5：“想象美国正在发生一场罕见的‘亚洲病’，将有 600 人死去。对付这种疾病有两种供选方案，假使对每种方案的实施结果我们都能作出准确的和科学的估计，则有：如果采取方案 A，将救活 200 人；如果采取方 B，1/3 的概率是 600 人都得救，2/3 的概率是 600 人都不能得救，那么，你选择哪一种方案？”

对之，有 72% 的被试选择方案 A。这种结果，可由“风险厌恶”得到说明。接着，卡涅曼和特维斯基又就同一问题向第二组被试进行提问，但改变了问题的表述形式：

问题 6：“如果选择方案 C，400 人死亡；如果选择方案 D，1/3 的概率是没人死亡，2/3 的概率是 600 人全部死亡，那么，你选择哪一种方案？”

对之，第二组中 72% 的被试选择方案 D。这种结果，可由“风险探求”得到说明。比较一下问题 5 和问题 6，虽然表达方式不同，但描述的是同一结果。在问题 5 中，600 人的死亡是正常参照点，因而以收益（救活）来评价；而在问题 6 中，没有人死亡是正常参照点，因而以损失（死去）来评价。如图 3 – 11 所示。因此，两种不同的组织形式导致了两种不同的偏好。

对于组织效应的理论争议，主要针对是否具备有效性和稳定性。事实上，一种效应能否成立，在很大程度上即取决于这两点。组织效应的有效性也称一般性，即它能否在较为广泛的范围内存在。若以其他事例来替代“亚洲病”问题，组织效应还会发生吗？1990 年，曾有学者以大量现实生活中的问题来检验之，如在核泄漏或化学废物排泄事故中的死亡人数，在枯燥乏味的会议中或交通堵塞中的时间损失，甚至包括每天奶牛和海豹的损失等等。总的说来，结果显示了组织效应的存在。不过，在有关日常生活的事例（如时间浪费）中，未能证实负范围内的“风险探求”倾向。

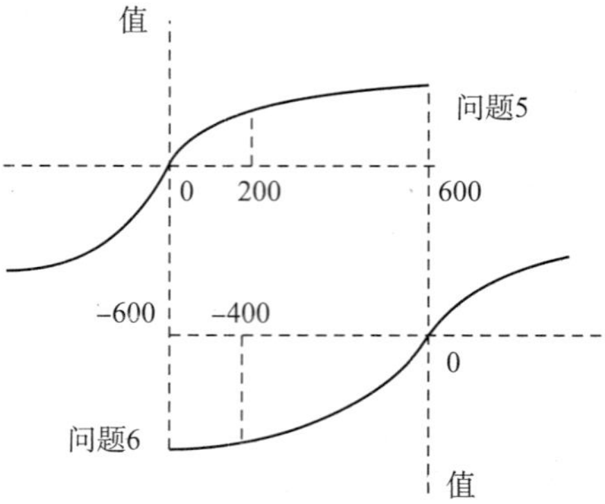

图 3－11　“亚洲病”问题中参照点的移动

这里，对问题的感觉——它是否重要，事实上影响着人们对于风险的态度。例如，在选取牧场牧民作为两组样本的一项调查中，一组是有保险金的（即奶牛死后牧民可获得保险公司的赔偿金），而另一组没有保险金；结果发现，在有保险金的情况下，牧民们对确定损失的选择占 53%，而没有保险金的一组的选择仅为 38%。可见，是否有保险金影响了问题的重要性，进而影响了选择过程中牧民对风险的态度。又如，在以大学生作为两组样本的一项调查中，要求一组回答核反应事故中的死亡人数问题，另一组回答传染病蔓延时海豹的损失问题，结果是分别有 22% 和 47% 的选择偏好于确定损失（51% 和 7% 的选择偏好于确定收益）。很显然，对人生命的重要性的感觉要超过对海豹生命重要性的感觉。

因此，不论问题是如何构成的，若问题涉及的内容不太重要，人们一般倾向于“风险探求”；而当问题涉及的内容比较重要时，回答则倾向于“风险厌恶”，这表明，不同的值域有不同的函数值。

从不同样本的实验研究中，我们看到组织效应的存在。但若针对同一样本，组织效应还会存在吗？这就是组织效应的稳定性问题。1987 年，勒温（Lewin）等人为之进行了一项研究。他们将同一样本作为被试，要求 60 名学生描述他们对于“投资 20 美元，以 15% 的机会赢得 150 美元”这一展望的偏好情况（是/否）。表 3－5 列示了该问题的三种组织形式。

表 3－5　　同一赌博的三种不同组织形式

正	负	混合
15% 的机会赢 150 美元，投资 20 美元	赢 150 美元的可能性等于 85% 的机会失去 20 美元的投资	15% 的机会赢 150 美元，85% 的机会失去 20 美元的投资

勒温等人通过改变投资数目（10 美元和 20 美元），获胜概率（5%、10%、15%）以及获胜收益（100 美元、150 美元和 200 美元），总共模拟了 18 种情况的赌博，分别以正组织形式首先向 1/3 的被试提问，以负组织形式首先向另外 1/3 的被试提问，以混合组织形式首先向其余 1/3 的被试提问；之后，又分别运用其余两种组织形式让三组被试接着回答（每轮回答均包括 18 次赌博模拟）。

结果发现，从三组被试的首轮回答情况的比较中，可明显看出组织效应的存在；而从同一组被试的三轮回答情况的比较中，可看出对正展望的平均偏好明显接近于对负展望的平均偏好。后一种发现表明了组织效应的坚固性和持续性，即以特殊的组织形式提供了信息，将很难通过改变提问方式来转变人们对于同一问题的偏好选择。

3.3.6 风险选择中的简化方式

虽然参照点等心理因素对偏好具有强有力的影响。但这种影响并不总是成立的。因为，人们在某些时候，可能会对不确定性问题的选择进行简化。下面讨论几种常见的简化方式。

1. 孤离效应

1979 年，卡涅曼和特维斯基在研究中发现，人们对特殊赌博形式的认知简化，将改变对结果的偏好和选择。考察问题 7。

问题 7：

第一步：75% 的可能性是在赌博结束时没有任何收益，25% 的可能性是开始第二步。

第二步：

X P	回答
（4000，0.80）	22%
（3000）	78%

从对问题 7 的回答中可看出，对最终结果的选择相当类似于仅有第二步赌博的问题 1。表面上看来，似乎人们忽略了问题的第一步。而事实上，正是赌博的第一步将第二步的期望结果降到了 25%，故最终结果应为（3000，0.25）和（4000，0.20）。这恰好等同于问题 2。因此可以认为，人们在真实的选择过程中，是把第一步从第二步中分离出来的，事件“不赢 3000”的效应包含在事件“不赢 4000”之中，这就是所谓的“孤离效应”（isolation effect）。对于参加这种赌博的人来说，第一步是风险投资，如果冒险失败，那么投资也将失去；如果冒险成功，一个人就能在确定收益和不确定收益间进行选择（第二步赌博）。孤离效应预示着，确定收益的选择率较高。

说明孤离效应的另一例子由问题 8 与问题 9 构成。

问题8：除了你已拥有的财富外，再给你1000美元，你现在要在A和B之间进行选择：

	X	P	回答
A	（1000，0.5）		16%
B	（500）		84%

问题9：除了你已拥有的财富外，再给你2000美元，你现在要在C和D之间进行选择：

	X	P	回答
C	（-1000，0.5）		69%
D	（-500）		31%

由此可见，对A、B和C、D的选择似乎独立于赌博开始前附加的奖金，人们对带有奖金的展望问题的评价等同于最终期望结果：$A=C=(1000,\ 0.5)$，$B=D=(1500)$。但斯戴特曼（Statman）和卡德韦尔（Caldwell）在1987年提出，在附带损失问题的展望中，可能不发生孤离效应。如在问题8中，将展望前提改变为1000元的损失，则被试很可能偏好A，因为A提供了避免损失的机会。斯戴特曼和卡德韦尔认为，这种情形在许多公司的计划项目损失中是明显存在的。当这些项目最终完成后，公司的利润水平常常显示出大幅上升。至于股票投资者常常长时间保存其账面损失的股票，也与这种情况类似。

2. 渴望水平

在某种意义上，参照点的选择又是与渴望水平密不可分的。如在投资行为的风险决策中，渴望水平可能是期望目标利润水平。在这种情形下，没有达到这一目标利润水平就是损失；同样，利润的实现也联系着一定的概率和可能结果，如果目标概率结果发生，则利润就是收益。

3. 信息加工模式

信息加工（information processing）过程中所使用的一些具体模式也影响着人们对于不确定结果的偏好和选择，并且常常导致问题的简化。

如我们在介绍态度模式时，曾探讨过费希勃恩（Fishbein）的态度模式。该模式包含着关于一个客体的所有特征的可能认知信念，其中对特征的重要性评价类似于不确定性下事件发生的概率，因而它实际是一种假定了所有特征的期望效用模型。对于客体特征的认识，不同的态度模式具有不同的结构。费希勃恩模式认为选择建立在所有特征相互替代的基础上，而其他一些非替代性的模式则分别强调了不同概率特征对选择的影响。如分离模式强调任何一个负展望的概率不得超出某一临界水平，否则便被拒绝接受；编辑模式则强调对各个展望的概率比较，通过筛选来选择最终结果，等等。

因此，我们所习惯使用的信息加工方式可以被视为人们在进行不确定性选择时对概率的依赖，它常常直接决定了选择结果。换言之，不确定性下的选择问题可通过只考虑不同展望的概率而忽略其结果得到简化。

3.4 博弈论及其在经济心理与行为中的应用

3.4.1 博弈论的一般概念

“博弈论”（game theory），又译“对策论”或“游戏论”。顾名思义，它是一种关于游戏中参加者各自所选策略的理论；精确地说，它是一门研究机智和理性的决策主体之间冲突及合作的现代学科。博弈论的最初思想，由美国数学家冯·诺伊曼（Von Neumann）和摩根斯坦（Oskar Morgenstein）在其1944年出版的《经济行为与博弈论》一书中提出。1950～1954年，美国数学家和经济学家纳什（John Nash）接连发表多篇关于博弈论的经典文章，奠定了现代博弈论学科体系的基础。他深入研究了非合作游戏，并提出了著名的“纳什均衡”（Nash equilibrium）问题。在此后的几十年中，大批学者围绕博弈论里的游戏结构、纳什均衡问题，以及博弈论实际应用的可能性问题等，进行了大量深入细致的研究工作，将这门学科的研究水平发展到相当高的层次，同时也将它提高到相当热门的地位。从今天来看，博弈论的研究与应用范围日显广泛，涉及经济学、政治学、社会学、心理学乃至哲学等众多社会科学领域，也涉及生物学、工程控制论等自然科学领域。

无可置疑，博弈论在当代经济科学领域中的地位是令人瞩目的。它对经济学尤其是微观经济学的发展乃至重建，有着十分重要的意义。从瑞典皇家科学院把1994年度诺贝尔经济学奖的桂冠授予纳什等三位在博弈论研究领域作出重要贡献的经济学家的决定来看，足可体会到这一点。而从近年来博弈论发展的一些最新动向来看，将心理学的研究方法与分析技术，尤其是将实验手段引入博弈论在经济理论及应用方面的研究，取得了引人注目的成效。在利益冲突的决策主体的策略选择过程中，心理变量及心理活动机制，无疑具有关键性影响并有待于我们去分析和探究。因此可以断言，如果博弈论将在21世纪经济学教科书中占据极大篇幅的话，那么有关对策心理的研究是必需的也是无可替代的。

3.4.2 博弈论的标准型和展开型

博弈论是研究利益冲突的决策主体策略选择问题的一种现代数学方法。在经典经济理论中，最能说明决策主体间策略相互影响问题的例子，当推市场结构理论中的寡头垄断模型。首先让我们来考察一下寡头垄断中的选择策略问题。

1. 寡头市场中的策略选择

寡头市场（oligopoly market）是介于垄断竞争和完全垄断之间的一种市场模型，它是由少数几家大型厂商控制某种商品的绝大部分乃至整个市场的一种市场结构。在现实经济中，寡头控制是一种较为普遍的现象。例如，美国的汽车市场基本上控制在通用、福特和克莱斯勒三大汽车公司手中。由于这种市场结构中的厂商为数不多，故每家厂商都意识到自己的行为将会影响到其他竞争者的行为，同时，也都意识到其他厂商的行为，会对自身的行为选择构成影响。这样，在相互影响、相互制约的寡头行为决策过程中，也就产生了选择策略问题。

为便于分析，我们假定一个“卖方双寡”（dupoly）市场，即假定市场上仅有两家厂商，这两家厂商生产同样的产品。由此，有4个重要变量存在：每家厂商索要的价格和每家厂商的产品数量。首先，当一家厂商对其选择什么价格和产量作出决策时，可能已经知道另一家在这两方面所作出的选择。如果一家厂商比另一家厂商先行决定其价格，则前者为价格领导者，后者为价格追随者；同样，如果一家厂商比另一家厂商先行决定其产量，则前者为产量领导者，后者为产量追随者［熟悉微观经济学理论的读者会知道该种情况为“斯塔克尔伯克模型”（Stackelberg model）］。在这两种情况下，策略的相互影响形成了所谓的“连续对策”（sequential）。另一方面，在一家厂商作出其选择时，它也可能并不知道另一家厂商所作的选择。在这种情况下，为使自己能作出合理的决策，它必须猜测另一家厂商的选择。这时，也就产生了联合定价和联合定产的模式，［即“古诺模型”（Cournot model）和“伯特兰模型”（Bertrant model）］。在这两种情况下，策略的相互影响即形成了所谓的“联合对策”（joint game）。此外，还可能存在一种情形，即所谓的“卡特尔”（cartel）：厂商之间进行“串谋”相互勾结，共同商定使它们利润实现最大化的产量和价格。这种串谋即所谓的“合作对策”（cooperation game）（这里，我们假定读者熟知微观经济学，故对这几种模式不作具体介绍，而仅仅揭示出各类策略选择问题及其性质）。

上述各种类型的寡头市场，描述的是厂商之间策略相互影响的经典经济理论。然而，传统理论虽揭示出各种类型下策略选择的具体影响，并形成了多种关于寡头市场的理论模型，但对问题的分析并不深入，更未形成一个一般的寡头市场理论。而博弈论的诞生，则可谓独辟蹊径，为研究寡头市场厂商行为模式提供了一种全新思路。正如博弈论最有影响的倡导者之一马丁·苏比克所认为的，发展一般寡头理论的唯一希望只能寄托于博弈论。

2. “囚徒困境”——博弈论的标准型

一个简单的游戏，至少需要三个部分：一是参加者，博弈论假设所有参加者都是机智和理性的。二是行动空间，游戏参加者必须知道他自己及别人的战略选择范围，以及各种战略间可能的因果关系。用博弈论的术语，即为行动空间或战略空间。三是有可评价的结果。在博弈论中，可以用数值表示各人在各种结果上各有获益多少。该数值即为“支付”。这三部分组成了游戏结构，或称游戏规则。

西方学者通常用一个著名的游戏来表达简单的博弈问题，该游戏即所谓的“囚徒困境”（Prisoner's Dilemma，又译“囚犯难题”“囚犯两难”）。其内容是：假想参与一桩犯罪活动的两个囚犯被隔离在两间屋里分别接受审讯。每一囚犯既都有坦白交代这一选择（从而把另一囚犯牵连在内），也都有抗拒即不交待这一选择。如果只有一个囚犯坦白，那么这个囚犯就可以得到免予刑事惩罚的宽大处理、当局将把惩罚全部加于另一囚犯身上，作出将他在狱中关押 6 个月的严厉判处。如果两个囚犯都不交待，那么根据法规他们俩都将被关押 1 个月。如果两个囚犯都交待，那么他们俩都将受到关押 3 个月的处罚。这样，两个囚犯都面临一定的策略选择问题。

图 3－12 是用支付矩阵即博弈论的标准型来表达这一游戏。

		局中人B 交代	局中人B 不交代
局中人A	交代	−3，−3	0，−6
局中人A	不交代	−6，0	−1，−1

图 3－12 “囚徒困境”的标准型

假设游戏参加者为二人，即局中人 A 和局中人 B。A 面临的抉择，术语上称为策略选择，分别是上行——交代和下行——不交代；B 的策略选择分别是左列——交代和右列——不交代。四个方格代表不同的策略组合。方格中左边的数值代表 A 所获的支付，右边的数值代表 B 所获的支付。为简便起见，我们取其监禁期长度的负值作为支付值，如图 3－12 所示。

现在逐一考察四种可能的策略组合：①A 不交代——B 不交代（即右下方格），此时，二人所获支付值均为 －1。但这一策略组合处于不稳定状态，因为若 A 选择“不交代”，B 就有偷换策略的诱惑。当 B 偷换策略至左列“交代”时，参加左下方格，他所获支付值，即从原来的 －1 上升至 0。②A 不交代——B 交代（即左下方格）。此时，B 所获支付值为 0，而 A 所获支付值为 －6。这一策略组合也是非稳定状态，因为若 A 想转移策略至“交代”，他所获支付值，即可由 －6 改进到 －3。③A 交代——B 不交代（即右上方格），此时，A 所获支付值为 0，而 B 所获支付值为 －6。同样，这一策略组合也属不稳定状态，因为 B 亦有偷换策略的动机。④A 交代——B 交代（即左上方格），此时，二人所获支付值均为 －3。在这一策略组合下，无论 A 还是 B 都不会单方面转移策略，因为这样的话，其所获支付值必将从 －3 降至 －6。因此，这一“交代——交代”的策略组合是自我稳定的。在博弈论里，这一状态称之为“纳什均衡”。其定义是：假使其他参加者不变换策略，任何单个参加者不能以单方面变换策略来提高其所获支付。

3. “囚徒困境”——博弈论的展开型

这一游戏也可用博弈论的展开型来表示，如图3－13所示。

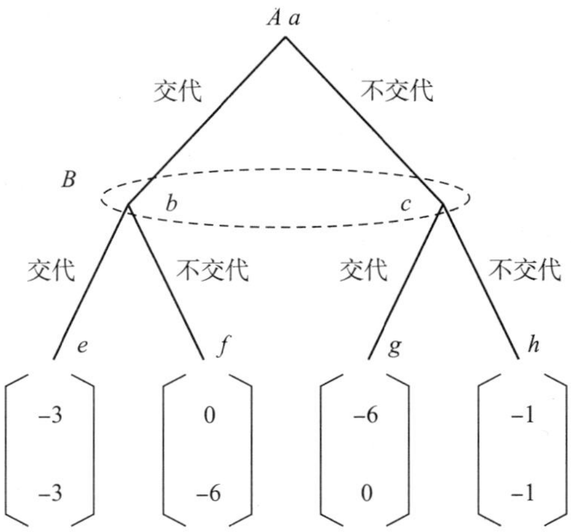

图3－13 “囚徒困境”的展开型

A 从 *a* 点出发，选择“交代”到 *b* 点或选择“不交代”到 *c* 点。*b* 点和 *c* 点用虚线连在一起。这一虚线形成的块称作（*B* 的）“信息集”（information set）。*b* 和 *c* 在一个信息集里，表示 *B* 主观上不知道 *A* 事实上选择的是“交代”还是“不交代”，即 *B* 主观上不能区分 *A* 到达的是 *b* 点还是 *c* 点，即便 *B* 可以对此作出猜测。然后轮到 *B* 选择，即选择“交代”还是“不交代”。最后他们各自所获支付决定于他们事实上选择的策略组合。在这个游戏结构中，我们看到双方决策时，并不知道对方采取了什么策略。这实际上等于双方同时选择策略。所以，这一展开型游戏和前面的标准型游戏双方决策过程一致。运用前述道理，对于任何一方来说，最为安全的选择是“交代”，而这里的 *e* 点，则是纳什均衡点。

3.4.3 优势策略与混合策略

从另一角度也可证实“囚徒困境”中双方倾向于选择“交代”。假使 *B* 的策略是“交代”，*A* 的反应为“交代”比较有利；假使 *B* 的策略是“不交代”，*A* 选取“交代”则更为有利。由此可见，不论 *B* 采取什么策略，*A* 的最佳策略是同一策略即“交代”。在博弈论上，称“交代”为 *A* 的“优势策略”（dominant strategy）。所谓优势策略，即不论其他局中人怎样选择，某一局中人都能获取最佳水平支付的一种策略。同样可证明，“交代”也是 *B* 的优势策略。这里，由于双方都倾向于优势策略的选择，必然导致“交代——交代”的纳什均衡的出现。

然而，有的游戏并不能照此而找到纳什均衡点，如图 3－14。在这一游戏中，没有纳什均衡点。现在想象甲和乙无限重复玩这个游戏。甲随机采取“上”和“下”的策略，但 3/4 的次数采取“上”，1/4 的次数采取“下”。乙也随机使用“左”和“右”的策略，但 1/3 的次数选择“左”，2/3 的次数选择“右”。

		乙 左	乙 右
甲	上	2，1	0，0
甲	下	4，0	－1，3

图 3－14　混合策略与纳什均衡

可以证明，这是一个纳什均衡点。在甲 3/4 采取“上”，1/4 采取“下”的情况下，若乙采取“左”的策略，乙的预期支付是 3/4(1)＋1/4(0)＝3/4；若乙采取“右”的策略，乙的预期支付是 3/4(0)＋1/4(3)＝3/4。不论乙如何随机采取策略，其预期支付总是 3/4。故乙没有动机去变换其 1/3 是“左”，2/3 是“右”的策略。类似的推理也适用于甲。在博弈论里，这种按一定规律随机变换于几个单纯策略之间的策略叫作“混合策略”（mixed strategy），它是相对于简单的单纯策略而言的；由混合策略形成的纳什均衡点称为“混合策略纳什均衡点”，以别于“囚徒困境”中的（单纯策略）纳什均衡点。数学上可以证明，在相当一般的条件下，混合策略纳什均衡点必然存在。

3.4.4　“囚徒困境”与帕累托效率

“囚徒困境”中有一值得注意的现象。若双方均选择“不交代”的话，各人所获支付均为－1（前提是他俩都能确信另一方会拒不交代，且他俩都能应允自己也拒不交代），这种策略组合比其余任何一种策略组合都要好。显然，这一策略组合实现了“帕累托效率”（Pareto efficient）——没有其他策略选择能使这两个局中人的境况会比在这一选择下更好；而这一游戏中的纳什均衡，却是帕累托无效的策略选择，因为此时局中人所获支付仅为－3，低于－1。

然而，问题在于这一理想状态不易产生或维持，因为这两个囚犯无法协调双方的行动，相反他们都具有背叛（不合作）意识。因此，形成帕累托效率的策略组合有其内在的不稳性。所谓“囚犯的两难”，正在于此。

这一原理在经济和政治现象中皆有广泛应用。例如，可以以此考察军备控制问题。设想囚犯 *A* 是国家 *A*，囚犯 *B* 是国家 *B*；把“交代”策略解释为“部署导弹系统”，把“不交代”策略解释为“不部署导弹系统”，上述支付仍然适用。无疑，对双方都有利（最好的选择）的结果是双方都“不部署导弹系统”。但问题在于这一状态是不稳定的，双方皆有不合作倾向，因此，在没有办法达成有约束力的协定的情况下，双方都会“部署导弹系统”。

另一适用的经济学例子是本节开头所述及的“卡特尔”问题。现在设想囚犯是垄断厂商，把“交代”解释为“超过产量限额的生产”，把“不交代”解释为“坚持最初达成的限额”。这里，厂商之间原本是串谋，即合作对策。然而，此时如果其中一家厂商单方面私下增加其产量，即能获取更高利润水平。当厂商 A 超过限额生产时，厂商 B 也会超过限额生产；当厂商 A 坚持限额生产时，厂商 B 也可能超过限额生产。由于双方皆有不合作倾向，卡特尔的利润水平难以维持。

3.4.5 “囚徒困境”与纳什均衡状态

“囚徒困境”的稳定状态即纳什均衡状态，源于两个参与者各自的超优策略。但是，这一均衡状态并非帕累托有效状态，因为对双方而言还有一个更好的状态。这一更好的状态即帕累托有效状态，取决于双方的合作态度（共同抗拒）。因此，“囚徒困境”的基本特征在于，对于单个参与者而言，不合作选择（背叛选择）的所获支付高于合作选择，而均衡状态（纳什均衡）下的所获支付高于合作选择，而均衡状态（纳什均衡）下的所获支付要低于共同合作的选择。

1. “公地的悲剧”

若把“囚徒困境”进行扩展，同时将其一般化，则我们极易联想到“公共的悲剧”或“公地的悲剧”（tragedy of the commons）问题。早在 1740 年，大卫·休谟（David Hummer）就发现过所谓“公共的悲剧”问题。而在 1968 年，哈丁（R. Hardin）则对这一现象进行了十分详细的考察。所谓“公地的悲剧”，即如果牧地为私人所有，则所选择的奶牛放养头数将取决于奶牛的边际产量等于一头奶牛的成本，这样，牧地不会过度放牧；而如果牧地是公共物品（public goods），即每个个人的消费并不导致任何其他个人对该物品消费的减少的活，则放牧的奶牛头数就会一直增至使利润下降到零为止，因此，牧地就会过度放牧乃至被完全破坏。不难想象，“公地的悲剧”也是一种两难情形，它同“囚徒困境”在本质上是一致的。区别仅在于，“公地的悲剧”在游戏结构上，是 N 个“囚犯”参与的两难情形。

2. 一项 N 个“囚犯”的游戏

设想这样一个游戏：某公寓大楼的居民们准备在大楼的入口处添装安全设备，他们决定共同出资。假设安全装置所需资金为 120 元，大楼中共有 20 户居民，某户居民询问其余居民是否准备投资（该居民也陷入了短暂的两难情形，因为假如无人牵头的话，就筹不到款，故牵头可被视为合作行为）。如果所有居民都合作的话，每户将出资 6 元。对每户居民来说，从这套装置中的得益至少为 120 元，故相当于净得益 114 元。如果无人合作的话，装置无法安装，亦即每户居民都失去了由合作带来的净得益的机会。如果只有 10 户出资，则这 10 户的投资额都将翻倍，此时各户的净得益产生了差别：每个合作户的净得益为 120 - 12 = 108 元，而每个背叛（不合作）户的净得益是 120 元（因为其投资额为 0）。如果只有 1 户愿投资，则其净得益为 0。表 3 - 6 显示了不同情形下投资者的成本和净得益。表中的数字可绘成曲线，如图 3 - 15 所示。$C(n)$ 为投资者得益，$D(n)$ 为背叛者得益。如果至少有 1 人投资，则背叛者的得益为一常数。随着投资者总数的增加，投资者的得益也增加，但增幅递减。在这种情形下，投资公共利益是相对可能的，因为随着投资者数目的增加，背叛者的得益与投资者得益的差距将减小。但根据博弈论，那些不投资公共利益者，即“搭便车者”（free rider 又译“无票乘车者”）的背叛选择是优超的，因为其得益总是高于投资者的得益。不过，出现背叛选择的概率将随着投资者数目的增加而趋于下降。

表 3 - 6　对一项固定公共利益进行投资的净得益

投资者数目	每一投资者的成本	每一投资者的净得益
20	6. 00	114. 00
19	6. 32	113. 68
15	8. 00	112. 00
10	12. 00	108. 00
5	24. 00	96. 00
1	120. 00	0. 00
0	0. 00	0. 00

随着游戏支付结构的变化，游戏参加者的得益（所获支付）曲线的形状也会发生变化。在上述例子中，如果让投资者的投资金额固定，比如 10 元，那么不同的投资总额将购得不同价格的安全装置。在 10 ~ 200 元的范围内，每多出 10 元，就可购得更好的装置。再将投资者的得益情况列示在表 3 - 7 中。每个人的得益将随投资者的增加而增加（注意，这同样运用于“搭便车者”）。如图 3 - 15 所示，每户居民的净得益随投资者数目的增加而线性递增，背叛者的得益总比投资者高出固定的数额（10 元）。在这种情况下，背叛选择的概率很可能不依赖于投资者的数目。不过，根据博弈论，背叛选择也是优超策略。

表 3 - 7　对一项可变公共利益进行投资的净得益

投资者数目	每一投资者的成本	每一投资者的净得益
20	10	190
19	10	180

续表

投资者数目	每一投资者的成本	每一投资者的净得益
15	10	140
10	10	90
5	10	40
1	10	0
0	0	0

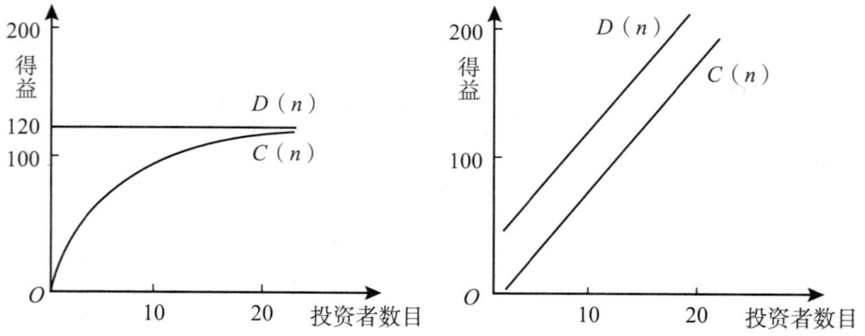

图 3-15　某一固定公共利益与可变公共利益的个体收益

在现实生活中，关于 N 个“囚犯”游戏的具体事例比比皆是，如纳税问题、军备竞赛问题、过度捕鱼问题、广告问题，等等。

3. “拿一些”与“给一些”的游戏

N 个“囚犯”的游戏常常被用于实验研究。道斯（Dawes）分别就“拿一些”和“给一些”的游戏结构进行了实验研究。在“拿一些”游戏中，三个参加者同时举起一根红色或蓝色的筷子（该游戏极易推广至更多的人参加）。每一举起红色筷子的参加者可获得 3 元，但所有参加者都得被罚款 1 元；每一举起蓝色筷子的参加者获得 1 元，但无罚款。表 3-8 是这一游戏的支付状况。通过举起红色筷子，某一参加者的所获支付是 2 元，恰等于其他两个参加者罚款的和。在这个游戏中，个体可从其他人那里“拿一些”。有些实际上是对“公地的悲剧”问题的模拟。

表 3-8　“拿一些”游戏的支付状况

合作者数目	背叛者盈利	合作者盈利
3	—	1
2	2	0
1	1	-1
0	0	—

在“给一些”的游戏中，5 个参加者（当然，参加人数并不受限制）可从实验者那里得到 8 元或通过实验者把 3 元给另外的每一参加者。若所有参加者都给的话，则每人可获 12 元（4×3）；如果都不给，每人可获 8 元。表 3－9 是这一游戏支付状况。该游戏实际上是对上述为每一公共利益捐款问题的模拟。“拿一些”和“给一些”的游戏都可用曲线来表达其支付状况。$D(n)$ 曲线出于 $C(n)$ 曲线上方，都与之平行。

表 3－9　　“给一些”游戏的支付状况

合作者数目	背叛者盈利	合作者盈利
5	—	12
4	20	9
3	17	6
2	14	3
1	11	0
0	8	—

3.4.6　心理变量对策略选择的影响

在有关“囚徒困境”的实验研究中，许多心理学家观测到了大量显著偏离博弈论上的优超策略的现象。并且，我们亦可从实际经验中获知，人们往往能够自觉地为公共利益作出奉献，往往能够达成协议而避免“公地的悲剧”。这类现象又将作何种解释呢？

可通过认为支付需由效用获得评价来解释这种“不合理”的行为。若效用函数仅仅是以支付来定义，这一解释即可运用第一节的对策理论。这里，仅仅需要把支付转化为效用，对游戏的分析依旧不变；甚至“囚徒困境”游戏的结果也会改变，因为，单调递增的效用函数的变形并不导致“囚徒困境”本质特征的改变。

然而，正如本书前面章节所探讨的，一些变量会影响行为结果的效用。支付效用替代将导致心理变量有可能进入效用函数，改变游戏的本质特征。这里，我们来讨论一下几个重要的心理变量。通过对这些心理变量的分析和讨论，我们将会发现，“囚徒困境”游戏中的有关行为（策略选择）可得到如下新的解释：

1. 利他主义

在一般情况下，大多数人可能不难否认这样一个事实：“我们宁愿自己得到 498 元，而不愿在朋友一无所得时自己得到 500 元。”这表明人们并非总是“贪得无厌”，而是常常作出“利他”的行为。利他行为的产生可能出于个体间有相互合作的倾向，也可能出于“机变”的原因。后者暗示了这样的情况，即由于某人的行为选择，其他人感到不得不采取合作行为。当然，在大多数较大规模的社会两难情形（如“公地的悲剧”）中，社会交流一般受到限制，故机变的利他主义不能被视为行为的决定因素。

许多学者认为，利他主义有其“社会生物学”（social biology）理由：在自然基因（社会的）选择过程中，由于自私的结果较少成功，故自私行为不大可能生存下来（所谓“物竞天择，适者生存”）；而相应的，发生了指向利他和合作的道德标准的社会进化。因此，从这一思路看，利他行为可能被“游戏者”有选择地用于保持相互间良好关系的社会群体中，如亲戚、朋友、俱乐部、民族等。而其结果则是影响了发生于群体内部或外部的两难情形的策略选择类型。当然，从贝克尔（Gary Becker）的模型来看，利他主义可能处于“坏孩子定律”（the kid's law），亦即从属于理性的“经济人”（homo-economicus）的行为法则。但不论怎样，利他主义本身的确可作为一项重要的心理变量，而对游戏中的策略选择行为构成影响。

2. 良心和标准

良心和标准也通常会影响到支付的效用。如有关资源分配的标准不同，即对分配结果的具体效用产生影响；而不同学习类型的结果之一即是背叛选择可能导致负罪感。

3. 交流

在“给一些”的游戏中，若参加者之间允许交流，即可观测到较高的合作率（高达94%）。道斯曾于1977年提出了一个有关交流与合作的进行步骤：首先，被试开始把其他人视作“人”（赋予“人性”）；其次，他们开始讨论所面临的两难情境（讨论）；最后，他们有机会对各自的行为作出承诺，并企图从其他人那里获得同样的承诺。这三个环节的内在关联是，承诺必须由讨论而来，而讨论则由人性化而来。

道斯还比较了“拿一些”的游戏的四种类型，即：一种根本没有交流，一种允许进行10分钟与游戏无关的交流，再一种允许讨论但无承诺，还有一种要求承诺。这四种情形的游戏分别产生了30%、32%、72%以及71%的合作率。道斯由此得出的结论是：人性化并不增加合作率；讨论显著增加了合作但并不担保合作；强迫的承诺不增加合作（实际上每一被试均答应合作）。

4. 群体大小

一般来说，在两难游戏中，群体大小与合作率呈负相关。奥尔森（Olson）曾于1965年将群体大小效应归因于觉察到的群体成员行为的有效性和显著性。然而在有些实验中，这一效应则被归因为不同的支付结构。具体而言，背叛选择所带来的危害随合作者数目的增加而减弱。如图3-15所描述的游戏，随着合作程度的上升，$D(n)$ 曲线与 $C(n)$ 曲线逐渐靠近。而布纳希克（Bonacich）则比较了具有相同斜率的 $D(n)$ 和 $C(n)$ 的3人组、6人组和9人组的游戏，结果发现合作是下降的。这一结果又表明群体大小效应的存在，而与支付结构无关。

5. 公开性

研究发现，公开透露身份的选择相对于匿名选择提高了合作率。如果其他参与者知道了哪一参与者作出了背叛选择，他们便会采取群体制裁措施，如威胁或敌对行为。道斯曾于1977年列举了诸如，“如果你背叛了我们，你将一辈子打上耻辱的烙印”等对背叛者的种种评论。不过，布坎南（Buchanan）亦提出了公开性可能诱使合作者模仿背叛者行为的观点。

6. 预期

游戏的参加者对其他参加者是否会合作或背叛的预期会影响他自己的策略选择。如果他预期其他参加者将合作，则背叛选择对他的诱惑可能会增强；同样地，如果他预期其他参加者将作出背叛选择，则他可能也通过作出背叛选择来避免吃亏。总的来说，人们发现在对群体合作性预期与某人自己的合作选择之间存在着高度的相关关系，并且，人们还发现背叛者在预测合作率时比合作者更为精确。不过，在一般情况下，被试很难具体预测出谁会合作或背叛。

7. 说教

在道斯1980年发表的一项研究报告中，实验者在被试面前宣读了一段长达938个字的有关群体利益、剥削以及伦理学等方面的训诫。这一训诫产生了较为有效的结果。该项实验所产生的合作率，足可与上述他所作出的包含讨论与承诺的实验所产生的合作率媲美。

3.4.7 动态对策

有没有办法诱使“囚徒困境”中的两个囚犯进行合作，使其选择“不交代——不交代”的策略组合？相应地，在现实中，如何解释某些卡特尔（cartel，如OPEC）的长期存在性？多年来，博弈论学者皆试图解决这一问题。从已有的研究成果来看，答案似乎取决于游戏是一次性的对策还是无限重复性的对策。

1. 动态游戏的行为特征

前面我们探讨的都是一次性对策，即当所有的参与者都完成一次策略选择后，游戏便结束了。现在，我们所要考察的是要进行多次的游戏，即“动态对策”或称之为“重复对策”。由于动态对策可进行多次选择，故它为游戏者提供了学习的机会；同时，游戏者可被假设为力争使其长期支付最大化；与此相应，动态情境下的选择行为将与一步情境下的选择行为有所差异。

首先考察有固定游戏次数的动态对策。在这类游戏中，游戏的最后一轮将与一次性游戏的情况极为相似，因为游戏者只能进行一次策略选择了。而且，即便游戏者知道前面几轮的信息，也无法改变这一事实。因此，在最后一轮中，将出现优超策略选择，即背叛选择。在倒数第二轮中，游戏者可预测到在下一轮（最后一轮），背叛选择将占优势——对于每一游戏者而言，这是公开的秘密。因此，倒数第二轮的选择不能影响最后一轮的选择。显然。倒数第二轮与最后一轮的特征相同，游戏者将选择背叛。这一原理同样适用于倒数第三轮、第四轮等等。因此，在固定次数的动态对策中，每一轮（包括第一轮）都被假设会出现相同类型的策略选择。

如果轮数不是固定的，或不为游戏者所知道，则上述结论不再适用。在这种情况下，冒着被剥削的危险，作出合作选择，将是合理的。此时，由合作选择所产生的长期支付所占权重要大于通过剥削他人的一次性短期行为获得支付的所占权重。在理论上，忽略游戏次数或次数无限多的游戏会产生合作选择。具有大量次数的游戏可被视为无限多次数的游戏。

在实验条件下的多重“囚徒困境”的游戏中，拉普波特（Rapoport）和卡玛（Chammah）观察到，随着时间的延长，合作率是一“U”型函数。起初，合作率下降，但 30～50 次后，合作率又趋于回升。普鲁特（Pruitt）和开麦尔（Kimmel）将这一发现解释为是由游戏者的思维方式由短期向长期转变所至。他们认为，该项游戏可分为两个阶段。在第一阶段，防御和剥削动机占主导地位。这两个动机一般是联系在一起的，通常防御动机（不被别人剥削）被解释为剥削动机。这可能引发不合作行为，反过来，又可被解释为剥削行为。体验过共同的不合作之后，被试可能意识到这种均衡状态是低效的，于是在第二阶段尝试着进行合作。

在不少实验中，起初被试未能合作，后来才开始合作。这种所谓“浪子回头”式的策略被证明是非常有效的。因为被试在体验过不合作选择的低效后，通常会变得非常合作。同样，也能发现当被试观察到另两个人正在进行不合作选择时，比观察到另两个人正在进行合作选择时，更变的合作。普鲁特和开麦尔认为，非合作经历是合作行为的触发因素。

2. 多重策略模型——“TIT FOR TAT”

建立多重策略模型的方式可有多种，例如，根据非合作经历对游戏者的策略影响效应，可作出这样的总体策略：“经过 20 次的叛变选择后，采取合作选择，并看一下有什么情况发生；如果其他参与者在下一轮采取叛变选择，则回到原来的叛变选择”（这一例子太富防卫性，因为它只给其余参与者极少的机会进行合作选择）。显然，这一多重策略的模型极易于由计算机语言表达出来。

在一多重对策中，由于参与者总是有办法影响其对手，故最终结果必然是合作状态。因为，如果对方这次拒绝合作，参与者即可在下次拒绝合作。因此，只要双方都充分关心将来的支付，则来自将来不合作的威胁足可驱使他们采取合作选择。由此。帕累托效率必然实现。

著名博弈论学者，美国密歇根大学的政治学家阿克塞尔罗德（Robert Axerod）曾在一项饶有兴味的实验中，用令人信服的方式证明了这一点。他邀请了几十名博弈论专家（包括经济学家、数学家、心理学家、政治学家以及社会学家等），要求他们为“囚犯的难题”游戏设计出他们认为最能够取胜（即最后获得最高支付）的多重策略模型，并用计算机语言表达出来，然后让它们在计算机上进行模拟真景的相互“竞赛”。每一策略模型都得与其他各个策略模型（包括随机选择策略模型）进行比较，由计算机记录下全部支付。这项游戏共有 200 轮，其支付矩阵如图 3－16 所示。为提高“竞赛”的信度，共进行了 5 个轮次的比赛。

		参与者Ⅱ 合作	参与者Ⅱ 背叛
参与者Ⅰ	合作	3，3	0，5
	背叛	5，0	1，1

图 3－16　多重“囚徒困境”游戏的计算机程序比赛的支付矩阵

比赛的结果是，由拉普波特设计的“TIT FOR TAT”多重策略模型获得了“冠军”——其所获总支付为最高值。该策略模型被称为“针锋相对”的策略模型，即：在第一轮中参与者采取合作（“不交代”）策略，然后在接下去的每一轮次中均采取其对手在上一轮次中的所选策略。换言之，所谓“针锋相对”就是，对手在上一轮次采取合作策略，他就在这一轮次采取合作策略；对手在上一轮次采取背叛策略，他就在这一轮次采取背叛策略。在所有参赛模型中，该模型是最为简单的语言。因此，这一结果无论如何都是令人惊异的。

“TIT FOR TAT”的获胜引发了学者们对于多重策略的决策规则问题的研究。研究发现，该程序的优势在于其同时具备良好性和宽容性。所谓良好性，即某一决策规则若不导致参与者成为第一个背叛者或至少在最后几轮前不成为第一个背叛者，则是好的。比赛中取得前 8 名的程序都是良好的，而其余的都不是良好的。所谓宽容性，即某一决策规则能使参与者在对手背叛之后仍保持与之合作的倾向。“TIT FOR TAT”的宽容性很好，因为它无法记忆一次以上的背叛行为。当对手背叛后。它仅惩罚他一次；而当对手合作时，它立即报以回报的态度。一般情况下，非良好的规则其宽容性也不佳。

但是，多重策略模型程序竞赛的组织者阿克塞尔罗德却否认“TIT FOR TAT”是最佳决策规则。为进一步研究该问题，他又组织了来自 6 个国家的 62 个程序进行了第二次竞赛。但结果依然是“TIT FOR TAT”的平均支付值最高——它再度获得“冠军”。不过，阿克塞尔罗德发现，“TIT FOR TAT”只是在与所有程序比赛时才最优（其平均支付值最高），而未必在单独比赛时能胜过其他较优的程序。由此，他指出，最好的决策规则取决于其余决策规则的数目（样本数）。倘若在第二次比赛中，仅有排名靠前的一半程序参加，则“TIT FOR TAT”只能获得第 4 名，落后于第一次比赛中实际排名第

8、第16和第25的程序。因此，尽管“TIT FOR TAT”在对付大量程序时显得很强，但在小样本情况下却并非最优。

普鲁特和开麦尔则指出，“TIT FOR TAT”（及其变形）在所有被研究的决策规则中，最能有效地引发人类的合作倾向。他们认为之所以会如此，是因为个体意识到“战略家不会容忍受剥削”，而这将导致寻求“次好”结果的企图，即寻求合作。研究也发现，“TIT FOR TAT”所引发的合作次数要比始终如一的合作策略所引发的合作次数多。而且，它也可能使个体产生“战略家将要合作”的期望。科莫利塔（Komorita）和叶塞（Esser）在一项关于谈判的研究报告中亦指出，该程序比每轮谈判都作出让步的战略家引发了更多的让步；而后者的策略反过来则又比从不作让步的策略更为有效。

考察这样一个实例：假如你要卖掉你的房子，一个买主愿出比你报价低但较为公平的价钱，你会降低你的报价吗？如果会，降低多少呢？“TIT FOR TAT”将适当降低卖价，于是引发了买主更大的让步。在买主妥协价基础上再略微提升一点后，卖主就不让步了（表现出强硬姿态，不容忍被剥削），交易遂达成。

3. 分解的“囚徒困境”

在上文所讨论的“囚徒困境”的游戏中，支付是通过每轮游戏的同时选择来表示的。但如果支付是由自己的选择加上他人的选择而获得，则可有无穷多的方法来分解同一个“囚徒困境”的游戏。图3－17列示了该项游戏（Ⅰ）的三种分解形式（游戏Ⅱ、Ⅲ、Ⅳ）。某一个体（这里指“你”）总的支付是由你自己选择所得支付与其他人选择所得支付的和。如果在游戏Ⅲ中，双方都选择了合作，你的支付则为0（自己所得）+12（他人所得）=12。这恰好等于游戏Ⅰ的支付矩阵左上格中的左列数字。

	合作	背叛
合作	12，12	0，18
背叛	18，0	6，6

游戏Ⅰ

	你的支付	他人的支付
合作	6	6
背叛	12	-6

游戏Ⅱ

	你的支付	他人的支付
合作	0	12
背叛	6	0

游戏Ⅲ

	你的支付	他人的支付
合作	-6	18
背叛	0	6

游戏Ⅳ

图3－17　“囚徒困境”游戏的分解

被分解的“囚徒困境”游戏在生活中的一个例子是两个具有一系列机会相互帮助的劳动者。这里的情形是，可能是在参与者 A 行动发生后相当长的一段时间之后，才出现参与者 B 的行动。因此，分解形式的游戏中的行为既区别于短期行为，也区别于长期行为。普鲁特曾用与此相同的分解游戏进行实验，并询问被试合作或背叛选择的动机是什么。

游戏Ⅱ导致了最低的合作选择。在该游戏中，有些被试为了获得一份公平的份额而采取合作行为，而另外一些被试则为获取一个共同背叛的结构而采取背叛行为。显然，后者希望自己能得到一个公平的份额并且是较高的支付。

游戏Ⅲ则导致了最高的合作率。采取合作行为的被试回答其动机在于“使别人也合作”，而采取背叛行为的被试则称其动机是“通过背叛获利”。

游戏Ⅳ开始时有着中等的合作率，此后逐步趋于上升。被试采取合作行为的动机是“使别人也合作”，而采取背叛行为的动机则是“避免由合作选择所带来的负盈利”。

在游戏Ⅲ和Ⅳ中，被试报告采取合作行为的动机，暗示了上一节所提到的“机变”的利他主义。在游戏Ⅱ中，主要原因是为求得一个公平的份额，这暗示了是出于公平的考虑。而游戏中的背叛选择，似乎主要是由贪婪动因引发。

图 3－17 所描述的分解了的游戏，很容易让我们联想到在上一章中所探讨的“组织效应”问题。游戏的结果是相同的，但因表述方式不同而产生了不同的策略选择。而且，有些分解的参照原则是，对自己来说是积极结果，而对他人来说则是消极结果。这是否也类同于上一章中所提出的价值函数的主观评价问题呢？就目前来说，尚未有学者对此作过深入研究。

“商场如战场”，上述“博弈论”的理论、方法与操作技术应用于人类的经济心理与行为中，将是“克敌制胜”的方法之一。当然，在本章中以阐述原理为主，具体应用为辅，这有待于在经济行为的实践中总结出更多的“实例”分析的内容，也许通过实践会使原理、方法有更多的发展。

3.5　福利理论及其在经济心理与行为中的应用

3.5.1　福利的概念

福利概念的内涵可作多种解释。从广义的福利来说，可与生活的各个方面都有联系，但这里应限定在与经济主题相关的经济意义上的福利，如收入、就业、失业等。这就是客观意义上的经济福利。客观经济福利是可以计量的，如不同国家的人均产值（GNP）不同，因而个人的年平均收入也不同。为此，不同国家的客观经济福利水平有很大差别。

狭义的福利是指个体福利，这是个体对生活中的经历、活动、状态和事件的评估结果，因而个体福利带有主观福利性质，在这种情况下福利是指对生活的一种普遍的幸福感。有时，福利与幸福、效用是同义词。显然主观福利的概念是受人的价值观、信仰及其他心理因素影响的。因为不同价值观、信仰的人对幸福、福利的理解与标准是不一样的。

福利概念的外延，可区分为国家水平的福利、家庭与个体水平的福利。

客观与主观意义上的福利，不同水平上的福利是相互区别又是相互联系的。当然，经济学与经济心理学研究福利问题的侧重点是不同的。

3.5.2 福利理论的发展

1. 边沁的功利主义福利观

边沁（J. Bentham）提出了功利主义的福利观，即最大多数人的最大福利原则，进而将福利定义为个人获得的效用或满足，把一个人的福利规定为个人获得的满足的总和，而社会福利规定为个人福利的总和。

个人福利与社会福利的相互关系表现为，社会上较多的人获得了较大程度的满足时，社会福利才会增加，社会福利的最大化就是使社会上最大多数的人获得最大的满足。

边沁将福利与效用概念结合在一起，又指出了社会福利与个人福利的相互关系，应该说是有一定进步意义的。

2. 庇古的经济福利观

庇古（A. C. Pigou，1877～1959）的福利观是以边沁的功利主义福利观为基础的。在此基础上，庇古进一步提出了区分广义与狭义福利两类。

广义福利是指社会福利，而狭义福利是指经济福利。社会福利与经济福利是相互联系的，经济福利对社会福利具有决定性的影响。

经济福利是由效用构成的。效用意味着满足，人们追求最大限度地满足，也就是追求最大限度的效用。由于效用可以用货币来计量，为此，经济福利就可以通过对效用的计量而被计算出来。

进一步，庇古就经济福利提出了下面两个观点：

（1）一国的经济福利可以用国民收入的多少来表示。国民收入是一国的经济福利的同义语。一国的国民收入量越大，则其经济福利越大。经济福利的增加表现为国民收入量的增加。

（2）一国的经济福利是国民中每个人的经济福利的总和，而每个人的经济福利由他所得到的物品的效用构成。

根据边际效用递减定律，货币对不同收入的人有不同的效用，如穷人手上的货币增量比富人的货币增量其效用来得大。如果把富人的一部分货币转移给穷人，就会增加一国的经济福利。因为少数人的福利得到满足，多数人无福利，则社会就不会安定。

3. 帕累托的福利理论

边际效用的个人和主观心理性质

帕累托（D. Pareto，1848～1923）为意大利经济与社会学家。他的福利理论仍以边际效用价值理论为基础，但他认为效用是不可测的，而主张以无差异曲线来分析。他在一篇论文中说道："我曾为快乐和痛苦必须加以测定而烦恼，因为，实际上没有人能够测定快乐。谁能说这个快乐是另一个的两倍？我尝到了喝一杯莱茵酒的快乐，但我确信不能理解这个快乐是另一个的两倍或一半。"与此同时，帕累托提出应该使用"满足欲望的能力"和"基本满足欲望的能力"这两个概念来取代效用和边际效用。所谓"满足欲望的能力"是指某人所占有的新增量物品对他所提供的享乐。所谓"基本满足欲望的能力"是指微小增量物品所提供的享乐。实际上，帕累托改变名词，是为了更明确地强调效用或边际效用概念的个人和主观心理性质，和以往的效用理论并无本质的差异。

4. 帕累托的福利图

帕累托认为，效用不能用基数一、二、三……来表示其大小，只能用序数第一、第二、第三……来表示效用的相对程度。从效用序数论出发，个人福利取决于个人的偏好，而个人偏好可以用消费者的无差异曲线来表示。无差异曲线是指：消费者在一定的嗜好、技术和资源条件下，按照一定的价格和收入，对商品的不同组合进行选择。消费者选择任何一组商品，都能带来相同程度的满意，把这些组合在坐标平面上的点联结成的曲线，称作无差异曲线。同一坐标平面上的不同曲线代表不同的满足水平，亦即意味着福利的不同。

例如，现有面包和布两种商品。如果这两种商品按下述四种方式组合，每个方式都可给消费者带来同等程度的满足。

	A	*B*	*C*	*D*
布……	4	3	2	1
面包……	1.5	2	3	6

根据以上四种组合方式，可以在坐标图中用曲线表示偏好。以纵坐标 Y 代表面包的数量，横坐标 X 代表布的数量，图上的 A、B、C、D 点表示面包和布的组合情况。连接 A、B、C、D 点的曲线 IC_2 就是表示上述满足程度的无差异曲线。与 IC_2 相比，无差异曲线 IC_3 高于 IC_2，它意味着消费者得到了较高水平的满足；IC_1 低于 IC_2，它意味着消费者只能得到较低水平的满足；因此无差异曲线又被称为偏好图或福利图（见图 3－18）。

无差异曲线所表明的并非效用的总和，而是效用序数上的偏好，即消费者为了获得更大的满足而在商品组合之间进行的选择。至于消费者的偏好究竟如何确定，或无差异曲线究竟处于何种水平，则取决于消费者的收入和商品的价格。在一定的收入和价格水平的条件下，消费者可能达到的最大满足程度具体反映于他对商品组合的选择上。

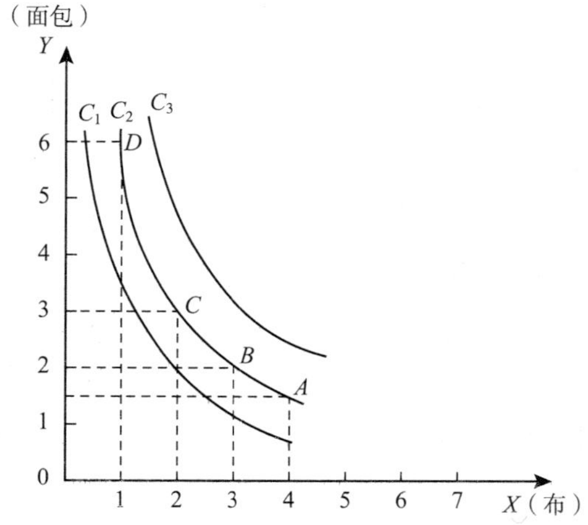

图 3-18　无差异曲线

5. 帕累托最优

帕累托最优（Pareto optimal）是指如果在给定的资源配置条件下，没有替代方法来配置资源，使某些人比原有配置下得到更多的福利，而又不损害其他人的福利，则我们就称这个原有的配置为帕累托有效配置。

帕累托最优又指一种最优状态与最优的行动方案。如果方案有任何变动，就会使一部分人受益，一部分人受损。为此维持这种状况就是帕累托最优状态。例如，一个月挣 1500 元的人，给三位贫困者每人每月 50 元，共 150 元。此人经济上的所失与扶贫在感情上的所得两者相抵，这种状态称为帕累托最优。如果救济大于 150 元，则经济上的损失大于感情上的所得，会使此人受损，为此，维持原方案为帕累托最优方案。

保证市场经济帕累托最优的三个条件为：

（1）生产的有效性。一个生产方式的有效性是指不可能再找到另外一种生产方式使得增加一些商品的产量而又不减少其他商品的产量。

（2）各种产品的生产比例的有效性。生产出来的产品要反映消费者的偏好。

（3）交换的有效性。社会生产出来的所有产品都是以有效的方式进行分配的，即当达到有效的分配后，进一步互利的交换不可能再发生。

6. 福利的补偿原理与社会福利函数论

“补偿原理”和社会福利函数论强调的是，任何经济措施，即使不能实现帕累托最优条件，但能使社会总福利有所增进，则认为是可取的。

从效用分析和边际分析的角度来看，补偿原理和社会福利函数论都否认效用基数论和个人间效用的比较。补偿的前提是承认某项经济措施对社会上不同阶层和集团带来了数量不同的后果，这里所进行的正是福利的数量计算和比较，补偿的结果是否使社会总福利有所增进。

社会福利函数论 $W = F(Z_1, Z_2, \cdots)$ 确是以效用序数和无差异曲线为基础的：公式中的 Z_1、Z_2 代表影响社会福利的各种因素的所有可能的组合。

3.5.3 现代福利理论

现代福利理论归纳后可分为表 3 – 10 所示六类。

表 3 – 10　　现代福利理论（Diener，1984）

客观论	福利由客观环境（如收入）决定
目的论	福利依赖于最终价值的实现
判断标准论	福利依赖于偏好标准（如他人的福利状况、自身过去的福利状态，抱负水平所作的生活状态的比较）
适应论	福利依赖于对生活状态的心理适应
自下而上论	福利来源于积极的经历
自上而下论	在特定的生活领域福利导致积极的评价

现就上述理论分述如下：

1. 客观论

客观论认为，福利是由客观环境（如收入）决定的，具体地说可用个体收入和 GNP（国民生产总值）为指标，以此来说明经济福利的水平。

福利与收入水平之间存在着正相关，即收入水平高的人比收入水平低的更加幸福，福利水平亦高。

1946 ~ 1970 年经济心理学家伊斯特林（Easterlin）进行了一项研究，对英国、德国、泰国、菲律宾、马来西亚、法国、意大利等国的调查结果发现，幸福的人中收入高的比例要比收入低的高，而不幸福的人中收入低的比例比收入高的要高。

同样，堪垂（Catrel）在 1960 年前后对 13 个国家进行福利测量的结果，同样表明较高的社会经济阶层拥有更高水平的福利。但是，在一国内存在的福利与收入之间的正相关，在国与国之间的比较中就不明显了。堪垂采用幸福评定等级量表测量幸福值和 GNP 之间的相关，得到图 3 – 19 所示的结果。

从图 3 – 19 中可见，除美国、印度之外的许多国家（十国），幸福和 GDP 值之间几乎不存在相关。即使美国、印度之间人均 GNP 与幸福之间也只存在较小的正相关。

此外，研究者还发现，幸福与 GNP 之间的相关也是边际递减的。例如，1964 ~ 1970 年间美国的生活水平得到大幅度的提高，而国民的幸福基本上没有变化。

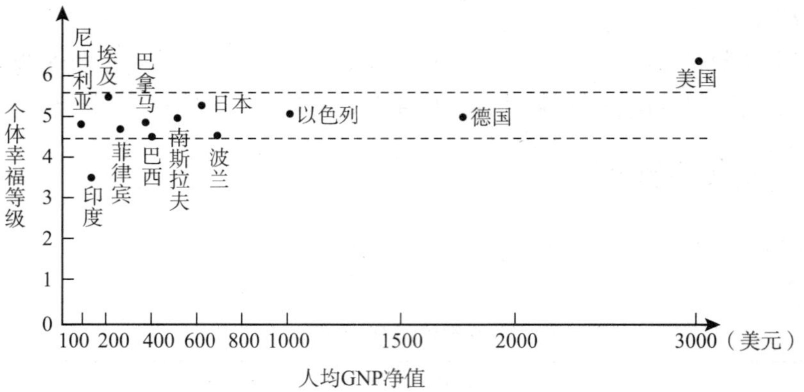

图3－19　不同国家幸福值与GNP之间的相关

为什么随着时间的推移，国内收入增加而福利没有同时显著地增加，这可以用社会比较理论与判断标准理论来解释。因为在一个国家之内，人们很容易将自己的状况和其他人进行比较。如果别人比较富，你就会感到不幸。相反，如果你比别人收入高，你就会感到幸福。在评估福利时，周围的人提供了一个判断标准。

此外，随着时间的推移，判断标准也会改变，福利与抱负水平有关，旧的欲求满足了，新的欲求又产生了，这也在一定程度上阻止了幸福的增长。

2. 目的论

福利目的论认为，生活的满意感来自终极价值的获得。这些价值包括幸福、爱、安全、自由、内部和谐、成就和归属。福利正是和这些目标的获得联系在一起的。

目的理论受到了两方面的影响。一方面是享乐主义，另一方面是禁欲主义。前者推崇需要的满足至上，而且在需要满足之后是不可能获得更大的幸福。但禁欲主义者强调为了最终的幸福需要抑制需求的满足。

此外，幸福不仅来源于目标的达到，而且来源于追求目标的过程。

3. 判断标准论

判断标准论又称为相对福利学说。该理论认为福利不是一个绝对值，它是与个体的判断标准紧密相连的。人们会根据其他人的福利水平或自己过去的福利水平来判断眼前的福利。抱负水平也是一个重要的福利判断标准。例如个体与福利水平较低的人进行比较或者相信还有许多人生活在贫困中便会明显地提高自己的满意感。实际上，个体对收入的满意程度几乎完全由社会上其他人的收入来决定。

福利的判断标准理论（即相对福利学说）的要点归纳起来有如下几点：

（1）“福利”和“快乐”是同义词，“快乐”的客观标准是不存在的，它并不取决于个人收入的多少。它是个人的心理感受，是主观的东西，没有尺度可以衡量。只有个人才能感受到自己是否快乐。由此可以说，“福利”和“快乐”一样，都是相对的，它只存在于与别人相比的感觉中。

(2) 既然福利是相对的，因此随个人的收入增长，自己并不一定会感到比过去快乐，也可能感到更不快乐，关键在于别人的收入是否也增长。

(3) 既然福利是相对的，福利与个人收入水平之间并无直接的关系，那么由此而得出的政策含义之一是，旨在普遍提高国民收入水平的政策措施并不能增加国民的福利。同时，缩小国民之间收入差距的政策措施也不能增加国民的福利，因为除非全体居民的生活水平完全一样。

(4) 即使个人收入增长，个人的欲望也会随之增大。一个欲望刚被满足，另一个新的欲望又现了，任何已被满足的欲望都创造着新的、未被满足的欲望。后者将带来新的烦恼。所以个人收入增长也不会给自己带来快乐。

4. 适应理论

福利的适应理论认为积极的（或消极的）事件所带来的幸福（或不幸）在事件刚发生时强度最大，随着时间的推移，事件的影响将会逐渐减弱，这是因为个体对情景有了适应。例如一个幸运的中彩者过了一段时间并不特别快乐，而四肢瘫痪者并不见得比常人更痛苦。肢残病人在刚刚发生意外时极为痛苦，但对此很快便适应，同时快乐也在增加。一些纵向的研究表明，无业者在失业之后不久便适应了新的社会角色，尽管在失业的头几周里福利大为下降而且这一较低水平会保持半年左右。

5. 自下而上福利理论

自下而上的福利理论认为，福利和情绪有很大的关系。积极的情绪和好的心境往往会使个体对自己的生活作积极的评价，消极的情绪和心境，应激和焦虑对福利产生负的影响。

总之，快乐经验会增加总体的福利水平，以及个体单独的经济福利水平。

6. 自上而下的福利理论

自上而下的福利论认为，在特定的生活领域，福利会导致积极的评价。当然。这种反应也因个体气质、心境、人格的不同而不同。当然，对生活的整体福利感又会导致个体对生活某一部分作积极的评估。

3.5.4 福利的测量

经济学家与经济心理学家提出了许多福利的测量方法。

客观福利的测量方法是以 GNP 或个体收入为指标来表示经济福利的水平。

除此之外，福利还可以通过所发生的事件（如按自己的愿望找到一份工作等），过去或现在的状态（如社会——人口统计状态、经济情况、健康状况等），对生活的期待（如对死亡的预测，得到某工作的可能性）等来描述。

仅仅测量客观福利（经济福利），作为整个福利的指标是不够的，尚需找到一种可行的主观福利的度量方法。

经济心理学家提出了以下的主观福利的测量方法，现介绍其中一些常用量表。

1. 单项量表

单项量表简洁明了，容易操作。堪垂（Cantril，1965）使用了一种叫作“自我奋斗参照量表”的技术来研究福利的决定因素。这种技术要求被试首先提出生活的两个参照点：他们的希望和愿望作为上限，构成了可能的最好生活；他们的担心和恐惧作为下限，形成了可能的最差生活。接着在上限和下限之间（量表值从 10 到 1）标出自己所处的位置。该技术不仅能够测量个体福利水平，还同时查明了人们的愿望和担心。现将被试所报告的愿望进行分类（见表 3－11）。

表 3－11　　在福利测量中所报告的愿望的分类

经济	63%
健康	48%
家庭	47%
个人价值	20%
保持地位	11%
工作环境	10%
国际环境	10%
社会价值	5%
政治	2%

我们发现提到最多的愿望是有关经济因素的（如“相当满意的生活标准”“住房”“闲暇”“生活的高级标准”“现代化设施”）。而且，跨文化的研究表明，该结果具有相当高的一致性。

此外，还可举出以下四种单项量表：

（1）“总的说来，你觉得你的生活怎么样？”

A. 快乐　B. 高兴　C. 基本满意　D. 一般（满意和不满意相等）

E. 基本不满意　F. 不高兴　G. 可怕

（2）“把所有的事加在一起，这些天你感觉怎么样？”

A. 很快乐　B. 较快乐　C. 不太快乐

（3）“总的来说，你通常觉得怎样的幸福或不幸福？”

|___|___|___|___|___|___|___|___|

极度快乐　　　　一般　　　　极度不快乐

（4）“百分之多少的时间里你觉得快乐？百分之多少的时间里你觉得不快乐？百分之多少的时间里你觉得是一般？请注意三个百分比加起来要等于百分之百。”

一般说来，单项量表虽简洁明了，容易操作，但缺点是重测信度不高（0.30～0.50）。第四种单项量表信度要高一些。这一方面是由于测量误差引起的，另一方面也是被试心境变化所造成的。

2. 多项量表

多项量表较好地克服了单维量表的缺点，所以接下来我们将着重介绍多项量表。多项量表由多个项目组成，这些项目涉及生活的不同领域，要求被试对于积极的和消极的事件使用不同的判断标准。

（1）布莱伯恩（Bradburn）量表。该量表将积极事件的积极影响和消极事件的消极影响分开测量：

“在过去的几周里你是否感到______”

A. 特别的兴奋或对某事特别感兴趣？

B. 由于某人对你做的某事加以赞赏而自豪？

C. 完成了某件事而高兴？

D. 在世界的顶端感？

E. 事情按你的愿望而发展？

“在过去的几周里你是否感到______”

A. 如此不安以至于无法安静地坐在一张椅子上？

B. 很孤独或远离人群？

C. 厌烦？

D. 抑郁或非常不高兴？

E. 因为有人批评了你而感到懊丧？

两类得分单独相加，共同表示主观福利的水平。布莱伯恩发现：积极反应的总分和消极反应的总分两者尽管都和福利的总水平显著相关，但它们之间是相互独立的。且被试是通过比较这两反应的得分来判断他们的福利水平的。

布莱伯恩量表的最大不足在于积极反应的得分和消极反应的得分之间缺少相关。根据情绪的基本特性，一个人感觉到的积极情绪越多那么他的消极情绪就会越少，两者不可能同时存在。

解决该量表不足的一个方法是以情绪的频率和强度作为综合指标。因为积极反应和消极反应的频率呈负相关，而强度是正相关。不同情绪的频率和强度是相互独立的，所以综合指标将能更正确地反映福利水平。

（2）拉森（Larsen et al）量表。该量表的特点是将情绪的频率和强度都考虑进去。它将人分为以下几类：

A. 高的积极反应高的强度，主观福利为充满活力的、热情的、活泼的、精神愉快的幸福。

B. 高的积极反应低的强度，三观福利为宁静的、无忧的、安静的满足感。

C. 低的积极反应和低的强度，主观福利水平较低。表现为强度较低的、长期不快的轻微的、但持续的忧郁。

D. 低的积极反应高的强度，主观福利水平较低。为一种强度的抑郁并伴随着一些强烈的消极情绪，如窘迫、罪恶、悲伤或羞耻。

总的说来，多项量表的重测信度和内部一致信度都较高。

（3）三维量表。前面的布莱伯恩量表和拉森量表仍是将生活的满意感作为一个整体来进行测量。安德路（Andrews et al）则对生活的不同领域进行单独研究。如住房、人际关系、健康、经济状况等。调查的形式一般是这样的："您对您以下方面的条件满意程度如何？"

A. 住房

B. 您和您的家庭收入

C. 您的工作

安德路试图将生活的不同领域在三个维度上进行归类。

第一个维度是对生活中关心的事件在心理距离上的远近，该维度的一端，是周围人的工作、邻居、人际关系等，另一端是社会、政府、新闻媒体等。第二个维度为"物质——非物质"维度。该维度的物质端是经济和物理因素，包括住房、收入、生活水准和交通。非物质端包括：人际关系、闲暇和可提供的时间数量。第三个维度比较难以解释，其结构类似于关于描述生活的不同领域的福利的"认知地图"。从结果看，西方九国在该维度上有着相同的结构。

实验结果表明，多维模型是一种相当有效的测量手段，它通过对生活中的某些方面的测量能够解释福利方差的60%～70%。同时该结果在一定程度上支持了自下而上的福利论。

3.5.5 福利理论的应用

福利理论是建立社会保障体系的理论依据。为使我国经济高速、持久地发展，一定要继续推行以效率为中心的体制改革。在这一体制转换的新时期，一方面企业效益提高，但另一方面人员将要减少，裁减冗员以提高效率将是一种发展的趋势。作为社会来说，待岗人员将会逐年增加。

在这改革开放的年代中，人们主观上都希望通过体制转换，会使自己富起来，应该肯定总体上人们的生活水平得到了极大的提高。但是，在市场经济竞争激烈的年代中，由于人的个体差异很大，这包括：生理差异（体力、生理残疾、疾病等）、心理差异（素质、能力）等，因而收入分配上也会出现差别。同时我们老龄化社会已早日来到，在上述种种原因下，社会上出现“大款”的同时，也不容置疑地出现了一个相对贫困层，如果不及时建立与完善对社会贫困层职工与居民的社会保障体系，就会影响社会的安定。改革开放要求安定的社会环境，因而研究对贫困层建立社会保障体系具有更为迫切的实践意义。

上述的福利理论就是建立社会保障体系的理论依据。

下面就讨论贫穷与失业的问题：

1. 贫穷

一般认为贫穷是福利的对立面，因此人们便把低水平的福利作为贫穷来讨论。但首先，我们要确定一个标准，那就是何种程度的贫困才为贫穷？不同的人有不同的贫穷标准：

（1）刚刚能够维持基本生活需要（食物、住宿、衣服等）的水平为贫穷基线。这种定义的不足在于有时很难区分基本需要和其他需要。这一概念为许多援助政策所接受。

（2）贫穷是一个相对概念，它是相对富裕而言，所以它应该是低于平均收入的某一个值，或是以收入分布的百分比为标准，低于这个百分比即为贫穷。该标准为许多管理者或贫穷研究者所采纳。

（3）官方的贫穷线。这是基于对收入的政治性的评价、判断，它反映了一种民主的决定，并且随价格和生活水平的变化而迅速修正。

戈德哈特对贫穷线下了一个主观的定义。他把个体参照他自己的环境，认为收入低到再低就不能生活下去的那个水平作为贫穷线。因为该贫穷线是主观的，所以测量方法也采用了主观量表：

“我们希望你能告诉我们，维持你家庭所需要的最低收入，也就是收入再低就不能维持家庭的那个水平是：”

每周：______英镑

每月：______英镑（请填入适当的数字）

每年：______英镑

表 3－12 是 1976 年对欧共体国家的调查结果。

表 3－12　　一个人、二个人、四个人的家庭最低收入的平均福利水平

类别 / 效用（0～1） / 国家	家庭大小			被试人数
	1	2	4	
荷兰	0.36	0.39	0.41	207
比利时	0.41	0.45	0.48	157

续表

国家 \ 效用（0~1）\ 类别	家庭大小			被试人数
	1	2	4	
卢森堡	0.53	0.52	0.51	15
法国	0.40	0.44	0.48	264
意大利	0.53	0.59	0.64	115
德国	0.38	0.40	0.42	410
丹麦	0.37	0.41	0.46	323
英国	0.47	0.49	0.50	230
爱尔兰	0.49	0.49	0.54	120

以四人家庭为例，在0~1的效用尺度中，与最低收入相连的效用、范围从荷兰的0.41到意大利的0.64。若采用这样的假设：在一个国家中，收入的平均福利函数与收入分配相似。这些数据就意味着在荷兰的一个四人家庭，若其收入低于收入分布的41%水平即为贫穷。而在意大利，低于收入分布的64%水平才是贫穷。通常，家庭人数多，则被认为贫穷的收入分布百分数就大。这与维持大家庭比小家庭经济福利少的观点是一致的。

2. 失业

很显然，失业导致收入水平的下降，从而导致经济福利水平的下降。但是除此之外，失业还会使失业者在心理和行为上发生一系列的变化。

工作的重要性包括显性和隐性两个方面。显性重要性主要是指经济上的收入，而隐性重要性指规则的作息时间、家庭之外的社会接触、团体目标、地位、认同和一定水平的活动。所以从某种意义上讲，工作的隐性重要性的丧失对失业者的影响更大。

有人对此进行了专门的研究，他们调查了250户有失业成员的家庭以便查明失业在隐性重要性方面的具体影响，作为对照组，他们同时调查了250户没有失业成员的家庭。

调查结果表明在工作特征的知觉方面（包括工作是否危险、脏、吵、生理上和心理上的疲倦、管理过严）两组被试没有差异。因素分析的结果揭示生理疲劳和心理疲劳是两个不同的因素，管理过严是一个独特因素。这些因素形成了与工作相连的福利的一个方面。

另一个方面的因素是职业道德，它包括两个方面：职业满意感（按工作是否满意、是否容易受到挫折以及投入程度）和工作的社会责任感（指是否把工作看成是首要的，先于享受的和对社会的一个责任）。调查结果表明，在职业道德的得分上两组也没有显著性差异。

但是，与社会地位紧密相关的个体认同感上，失业者和在业者之间存在着显著性的差异。在对社会的贡献，对他人的贡献，个人发展和个体能力的发挥等四项得分上，失业者显著低于在业者。另外，在与同事（或以前的同事）的社会性接触的频率和满意感上失业者也不如在业者。

为了探明以上因素对失业和在业人员在劳务市场上的行为的不同影响。该调查还包括：要求两组被试说出他们愿意接受一项工作的最低报酬。要求失业者说出其他条件和他一样的在业者的公平收入。要求在业者说出失业者的公平收入。最后，还请失业者汇报他们在该调查前两周的时间内找工作的情况。调查结果与预期的相反，影响找工作的行为主要是经济方面的因素，而不是工作的隐性重要性方面。对于后者只存在个体认同和最低收入水平呈正相关。

3.5.6 要建立中国特色的社会保障体系

福利理论是西方国家建立社会保障体系的理论依据。西方国家从自身的社会、经济、文化、价值观、信仰背景出发，主要选择客观经济福利论作为制定社会保障体系的理论根据。

但是，通过实践表明，这些国家也正在检讨由此而产生的社会弊端，他们自己也承认，这些国家的社会保障体系是“保护和养懒人”的制度。

我国是社会主义国家，有自己的世界观、信仰与价值标准，对幸福、满意感、福利的观点同国外应有很大的区别。为此，我们既要借鉴国外理论，更要立足中国国情与文化背景制定具有中国特色的主客观福利理论及其模式，以指导建立中国特色的社会保障体系。

例如，不同国家，其经济基础、文化社会背景不同，因而确定贫困线的标准是不同的。据了解美国的贫困线标准为年收入在一万余美元以下，这是美国经济、政治、文化背景条件下制定的标准。如果我国国民年收入在万元美元则就不是“贫困”而是“中产”了。为此，要在我国的政治、经济、文化背景下制定符合国情的贫困线标准。

综上所述，我们要从中国的实际出发，建立中国城市贫困层贫困线的标准，并深入研究可操作的社会保障体系的具体内容（诸如住房、医疗、退休保险、福利待遇、生活补贴、社会服务等），从经济心理学的角度还将深入探索职工与居民对各项社会保障体系内容的心理预期，以及在执行过程中可能遇到的心理障碍及其对障碍的心理承受力。

本章提要

效用概念是将心理分析引入经济现象的结果。

效用单位为一心理物理量。边际效用价值论符合心理物理定律。

预期是一种心理现象，预期理论研究内容包括理性预期与非理性预期两大类，以及预期与凯恩斯的三大心理规律——有效需求，心理上的边际消费倾向递减规律，灵活偏好。

不确定性与风险理论中提出了著名的圣·彼得堡悖论、阿莱悖论、风险展望与亚洲疾病问题等。

博弈论中提出了囚徒困境，对策的标准型与展开型、优势策略与混合策略，以及心理变量对策略选择的影响等。

现代福利理论包括客观论、目的论、判断标准论、适应论、自下而上论与自上而下论。这一理论直接应用于贫穷与失业的社会保障体系的研究。

思考与探索

1. 试述效用理论的内涵及其应用。
2. 试述预期理论的概念及其应用。
3. 举例说明不确定性与风险理论的基本内容及其意义。
4. 阐述博弈论的含义及其在经济心理与行为研究中的应用。
5. 试述福利理论的基本分类，并做出评价。

4

宏观经济体制改革中人的经济心理与行为

4.1 宏观经济体制改革中人的心理承受力

4.1.1 经济体制改革的成败取决于人的因素

在我国的经济体制改革过程中，新的体制正逐步建立，以替代过时的旧体制。这种变革会使人所处的内、外环境发生变化。当人们不能应付这种变化着的情景，或感到这种情境是一种威胁，或者对这种情境的认识处于不协调状态时，就会感到有焦虑和压力。在这种状态下，一个人就很难发挥出他所具有的能力，而这对国家的发展是不利的。经济体制改革中最主要的因素是人，人的因素将直接决定我们国家的前途。因此，在目前的形势下，我们有必要从心理学的角度来研究一下在经济体制改革中人的心理承受力。

从人的行为所遵循的下列模式来看：刺激变量→机体变量→反应变量，任何刺激要取得最佳的反应，都要经过机体变量这一中介环节。在现实社会中，任何改革方案的出台都可认为是一种刺激变量的变化，这种刺激能否引起最佳反应，这就要看作为机体变量的人，对此能否认同，有一个正确的态度，能协调反应等。这说明，我国改革的成败最后还是决定于人的因素，其中人对改革压力的心理承受力又起关键性的作用。

4.1.2 经济体制改革中的激励动力模式

经济体制改革的目的是发展生产力、提高效率，促使四个现代化早日到来。怎样才能把人们的力量集中在这个目标上呢？有什么力量能使每个职工朝着这一目标前进呢？这就有个“动力”问题，这个动力包括三个方面：外界压力、内在动力和吸引力。

1. 外界压力

外界压力是指有形或无形地施加于人们身上的一种力量，它迫使人们不得不前进。

适当的压力可以激励人们向目标前进。

在日常生活中，人们经常体验到的压力状态大体有以下几类：①角色压力。是指扮演角色的人与角色的要求、角色规范不能协调时产生的心理压力。②在特殊的生活阶段中出现的压力情境。③长期得不到解决的问题造成的压力。④对一定目标的急切追求伴有时间上的紧迫感所形成的巨大心理压力。⑤某种特殊事件，如生命财产受威胁、人际关系遭破坏产生的心理压力。

压力产生的原因可由两方面因素构成，一方面为紧张刺激因素，也叫“威胁”；另一方面为由个体生理上可以测量的变化与个体的特殊行为组成的反应。两方面因素在一定时间内的结合就构成了压力状态。显然，只有适宜的压力对人才会产生激励作用，促使工作效率的提高。但是过度或不适宜的压力反而会产生消极的去激励作用，导致工作效率的降低，甚至阻碍社会经济发展。

2. 内在动力

正确的内在动力是指，在社会主义制度下人们在正确的世界观、人生观和主人翁精神指导下对经济体制改革的正确认识。有了正确的认识人们才能够士气高昂，干劲十足地搞经济改革，即使遇到暂时困难也会克服困难继续前进。反之，内在动力不正确，打着经济体制改革的旗号，一切为了钱，这就会使经济体制改革走到歧路上去，这种内在动力是不能持久的。

3. 吸引力

目标或可能得到的东西能够引起人们相当的兴趣和爱好时，就会对他产生一定的吸引力。这种力量一旦形成，就会吸引人们不断地向目标推进。同样，经济体制改革只有成为一种吸引人的目标才会激励人们不断地向目标前进，如果不能吸引人们，令人反感，那么就不可能产生激励力量，甚至会产生去激励效应。

总之，以上几种动力同时发挥作用，方向一致地向改革这一目标推进，就能对个体产生最强的激励力量，使企事业单位获得最大的社会与经济效益。

4.1.3 什么是经济体制改革中的压力？

经济体制改革中的压力大致可分为劳动方式变革压力、分配方式变革压力、人际关系变革压力、生活方式变革压力。

1. 劳动方式变革带来的压力

劳动方式变革带来的压力包括：

（1）现代化生产的压力。现代化生产要求高科技性、优质、低耗、安全、高效，有严格的纪律、严格的管理，职工的劳动强度与工作紧张度将比过去增加30%～50%，因而带来了压力。

（2）新职业的不适应性压力。在社会主义初级阶段，由于全民、集体、个体所有制并存，产业结构也发生了变革。为此，有的人将从事新的职业，要改行。这样一来，原行业的技术熟练工会变成新行业的初级工，在原行业中的优越感、成就感和工作满足感将会消失，代之而来的是对新职业的恐惧、自卑、自惭感，使人们在心理上很难忍受。

（3）就业风险压力。改革中推出了一系列的新的用人制度，这些制度的推行，一方面打破了“大锅饭”，但同时也增加了人们的就业风险压力。

（4）权力地位变动压力。由于干部聘任制度的实行，会给某些人带来权力与地位上变动的压力。一方面，新的干部制度提倡能上能下，能官能民，并实行目标任期制，因而权力地位的变动日趋频繁；另一方面，干部权力少的时候，怕工作推不动，因而有压力。现在经招聘而选上的干部权力多了，也会带来决策风险性的压力。

（5）农村劳动现代化对城市职工的压力。由于乡镇企业的兴起。大批农转工、农民企业家、经营能人的涌现，农村日益富裕的现状，使城市职工的优越感减少。提高生产效率、掌握现代技术的紧迫感增强。

2. 分配方式变革带来的压力

分配方式变革带来的压力包括：

（1）收入风险带来的压力。随着分配制度的改革，职工工资浮动部分增大，固定部分减少，收入已由稳定型向半风险型转化，单一收入向多种收入转化，为此，这种收入上的结构性变动，必然会对人们产生压力。

（2）横比反差压力。由于存在三种所有制形式，一些从事个体经营的人员，工作在中外合资等企业的职工，他们的经济收入明显地优于其他社会成员。这样，人与人之间必然会产生横比反差压力。此外，个人之间，企业之间的收入拉开档次，在人们心理上也会产生反差压力。

（3）高收入期望与实现的不可能性所产生的挫折心理。有一个时期，由于物价上涨幅度过大，过早地提倡高消费，因而人们都具有高收入的期望。但实际上，国家的财力有限，工资增长速度不高，因而部分职工有收入相对降低的趋势。这种期望不能实现的失望感，也是一种心理压力。

（4）多元性收入结构的不适应性所带来的压力。收入来源趋向多元化，人们对此在认识上与感情习惯上都不能适应。

3. 人际关系与交往方式变革带来的压力

人际关系与交往方式变革带来的压力包括：

（1）人际认知、感情差距压力。由于竞争机制的引入，人与人之间必然会出现得失不均、受益不均的复杂现象。这就会造成人际认知与感情上的差距压力。

（2）政治生活民主化不适应性的压力。一方面，有的人认为我国民主化进程太慢，但一旦增加了社会透明度，又会产生对实现政治民主化不适应的心理状态。

（3）对大信息量的不适应性导致的压力。尽管现在社会信息量多、新、快，但如何选择、吸收、储存、运用信息也会对人们产生压力。

（4）人际信息交流相对匮乏的压力。随着现代社会中家庭小型化、住宅小单元化、业余生活家内化，亲友、邻里交往日渐减弱，产生人际信息交流相对匮乏的压力。

4. 生活方式变革带来的压力

生活方式变革带来的压力包括：

（1）现代生活快节奏压力。现代生活中的节奏普遍加快。对于懒散惯了的人，无疑是一种心理上的压力。

（2）消费导向的迷惘感所带来的压力。人们有了钱，就有实现消费合理化的问题，这也是一种压力。

（3）生活高质量的期望与现实困难之间的失望感。目前人们一方面对生活有高质量的期望，另一方面又遇到不能实现之间产生强烈的失望感。

（4）闲暇时间增加与支配导向之间的苦闷压力。

4.1.4 对经济体制改革中压力的心理承受力及其特性

1. 心理承受力的等级性与交叉性

心理承受力是衡量人们对外界压力的心理反应的一种指标。心理承受力低表示外界压力对人没有吸引力；承受力高表示外界压力有较强的激励作用。

由于人的心理、行为决定于人的内在需要和周围环境的相互作用，因此，在改革过程中，人们对各类压力的心理承受力就会呈现出等级性和交叉性。所谓等级性是指人们对不同类别的压力的心理承受力的高低程度不同，因而表现为测试结果的等级排列也有明显的差别。所谓交叉性是指人们对改革中不同类别的压力，有的赞成，有的反对，形成了积极与消极心理的交叉状态。

2. 心理承受力的多层次性

人们心理承受力的程度如何可以用问卷性的“改革中人的心理承受力测试量表”进行测试。将测试结果进行统计处理可得到一组各个指标的得分情况，从而就能判断出某个人的心理承受力。

通常，人的需要满足与否既与社会客观条件相联系，又与人们的年龄、职业、性别、文化程度等主观条件的不同而有差别。为此，不同层次的人对改革压力的心理承受力也具有不同的特征。我们对上海的13个单位、2个居委会的1000多人进行了改革心理承受力调查，结果如下：

（1）年龄的差异。用量表测试结果表明，心理承受力与年龄有一定的联系。青年人总的说来比中、老年人承受力强些，但由此并不能得出年龄与承受力受力成反比的结论。

进一步对上述结果进行统计检验的结果表明（见表4-1），青年与老年组之间的得分均值上有所不同，然而经检验却并未发现有什么显著性的差异（$P>0.05$）。但是，经统计检验却发现，青年与中年组之间在对人际关系和生活方式变革所产生的压力的心理承受力是有着显著性差异的（$P<0.05$）。这说明，中年人对人际关系与生活方式变革的心理承受力比青年人低。

表4-1　青年、中年、老年对4类压力的心理承受力

年龄	类别							
	劳动方式压力		分配方式压力		人际关系压力		生活方式压力	
	$\overline{X}$	S	$\overline{X}$	S	$\overline{X}$	S	$\overline{X}$	S
青年	33.75	4.74	32.43	3.78	34.8	3.64	36.85	4.42
中年	33.93	4.35	30.89	3.07	32.39	4.84	33.96	4.71
老年	33.06	3.13	31.73	3.21	33.67	5.01	34.39	4.57

注：$\overline{X}$是平均数，S是标准差。

（2）文化程度的差异。从表4-2中可见，人们文化程度不同，对劳动方式变革的压力的心理承受力也不同。文化程度低者心理承受力低，文化程度高者心理承受力高。统计检验也证明，文化程度差别愈大，则心理承受力的差异越显著。但是，对于分配方式变革的心理承受力，却出现相反情况，初高中生的承受力大，大学生的心理承受力却反而低。这可能与我国知识的价值过低有关。

表4-2　文化程度对心理承受力影响的均数表

文化程度	类别			
	劳动方式压力	分配方式压力	人际关系压力	生活方式压力
初中	30.6	33.5	32.8	34.3
高中	34.4	35.0	34.2	35.4
大学	39.2	32.5	34.3	56.0

此外，在生活方式变革压力面前，不同文化程度者的心理承受力的差别是不明显的。

因此，我们不能简单地认为，文化程度高者对所有类别的压力都有较高的心理承受力。在我国，文化程度高者仅对劳动方式变革有较大的心理承受力，而对分配方式变革的心理承受力却很低。在生活方式变革面前，几乎看不出文化程度对心理承受力有多大影响。这些现象的产生可能与体脑经济收入严重倒挂有关。

（3）职务的差异。进一步对4种类别压力的心理承受力间的差异显著性进行方差分析表明（见表4-3），上海工人与干部对分配方式，人际关系、生活方式变革的压力无显著性差异（$P>0.05$），而对于劳动方式的变革的压力有极其显著性差异（$P<0.01$）。

表4-3　　　　工人与干部对四种类型压力的心理承受力

职务	压力类别							
	生活方式压力		劳动方式压力		人际关系压力		分配方式压力	
	$\overline{X}$	S	$\overline{X}$	S	$\overline{X}$	S	$\overline{X}$	S
工人	30.5	5.76	32.3	4.82	33.3	5.25	32.7	5.24
干部	36.9	4.15	35.0	4.08	34.2	4.64	33.6	4.25

注：$\overline{X}$ 是平均数，S 是标准差。

上述结果表明，上海的干部总的来说比上海工人在心理承受力上略高些，但不明显，唯有对劳动方式的变革，工人的承受力比干部显著地低。这是由于劳动方式的变革更多地涉及工人的利益，由于传统习惯心理作祟与对本身利益的维护，所以工人对这项变革持观望与怀疑态度。而干部则与此相反，这方面的变革对他们的工作与生活并不产生太大的影响，所以他们也就较少有心理的不适应感。

4.1.5　心理承受力与企业效益的相关

前些年，我们曾选择两个同一系统、同一工作性质的单位对职工的心理承受力与企业效益进行了比较研究。结果发现，这两个单位职工的心理承受力的均数有显著性的差异（见图4-1）。

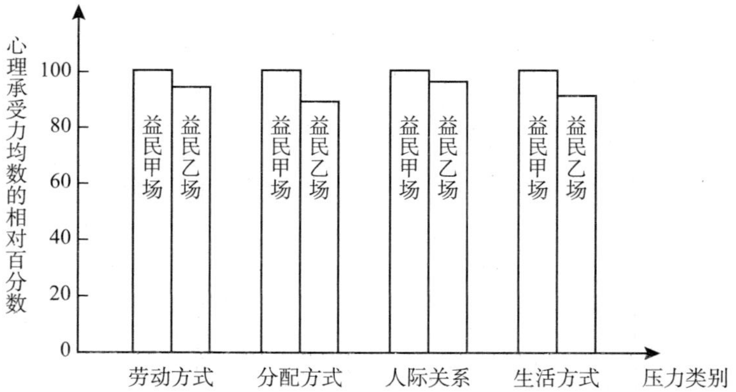

图4-1　两个单位职工心理承受力的差别

从图4-1可知，乙厂的职工在对各类压力的心理承受力方面都比甲厂的职工强。研究其原因，我们发现：甲厂厂区管理混杂，工人情绪不高，工作条件低劣，机器设备陈旧、落后，手上操作较多；四千人食堂用餐人员不足20%，职工抱怨工厂缺乏吸引力，干群关系紧张，绩效差。而乙厂实行岗位责任制指标考核发奖，工人每月可得很多奖金；该厂经济效益在同行业中处于领先地位，职工情绪稳定。

这个比较研究说明，效益好的企业，从总体上看，工人的心理承受力强，对每个工人的激励力量大；效益差的企业，其总体工人的心理承受力低，每个工人的激励力量弱。因此，我们认为，心理承受力的强弱直接影响到职工的个体激励力量，进而影响了企业效益的高低。

4.1.6　提高职工心理承受力的途径

改革的成败不仅取决于改革措施的正确性，还得考虑人的心理适应性。那么。如何有效地按照人的心理适应性的规律来进行改革呢？我们认为，可以从以下几个方面着手。

1. 形成一种共识

为了消除人们对改革的心理阻力，各项改革措施在实施之前要充分考虑群众的心理承受力，做好群众的改革教育工作。一旦对改革达成了共识，群众便会自觉地投身于改革。

2. 做好改革教育工作

根据人的不同层次（职业、年龄、文化、地区等）的不同心理承受力，对症下药地做好改革教育工作。

3. 重视人对压力的心理适应过程

人的心理承受力不是一成不变的，而是在内外条件影响下逐步增强的。心理适应需要时间，为此，改革要稳步前进，不能操之过急。

4. 在改革中加强信息沟通

及时向群众反馈改革中的成绩与存在问题有利于增强人对压力的心理承受力，形成正确的改革意识，消除改革中的心理障碍。

5. 形成归属感

鼓励群众直接参与改革，形成强烈的归属感。让群众直接参与改革方案的制订与措施的执行．激发主人意识与责任感，将个人与企业组织的依存关系挂得更紧，是重要的激励职工参与改革的措施。

6. 给人们以心理上的安全感

要采取各种措施稳定改革者的情绪，创造一种风险与机会配套的环境，要给人们以更多的机会，防止人们产生强烈的不安全感及无退路之忧。

7. 重视社会环境对人的心理承受力的影响

改革教育除着重个人外，也要重视社会环境、社会风气、社会舆论对人的心理承受力的影响，还要从大气候中寻找对改革产生心理阻力的原因。

总之，人们对改革压力的心理承受力是随内外条件的变化而变化的，只要我们能正确地掌握影响人们心理承受力的原因（历史的、社会的、理论的、现实的、教育的、认识的……），从而有针对性的采取相应措施，提高人们对改革压力的心理承受力，无疑将对推进改革、加大开放步伐做出有益的贡献。

4.2 分配制度改革中人的经济心理与行为

分配制度改革是关系国计民生的大问题。改革开放以来，我国收入分配制度经历了对平均主义的修正时期、改革探索时期、全面改革时期、完善巩固时期等几个阶段。坚持以按劳分配为主体、多种分配方式并存的分配制度，实现各利益群体的利益共享，走向共同富裕，是当前我国分配制度改革的基本方向。

那么，究竟分配制度改革的激励功能何在呢？在分配制度改革中会有哪些心理障碍呢？企业领导与职工对分配制度改革的心理承受力如何呢？应该采取什么措施可以提高人们对分配制度改革的心理承受力呢？

4.2.1 分配制度改革的激励功能

人的积极性的高低主要取决于需要的满足程度，人对自身利益的需要与追求是分配制度改革的重要动力机制。经济体制改革无法避免，只能触及这一历来争议不休而事实上又是最敏感的问题——利益关系。利益问题实际上包括正确对待个人利益、社会利益，以及与他人利益的关系问题。社会利益关系格局的变化发展，对人的心理与行为具有重要影响。

分配制度改革的激励功能表现为以下几方面：

1. 物质利益的需求是激励的动力机制

在思想史上曾经有两个对立的派别，即以否认个人利益，倡导自我牺牲和禁欲主义为特点的利他主义；另一方面为否认社会利益和他人利益，倡导功利和享乐为特点的利己主义。前一种思想适合于自然经济和专制政治的需要，是一种宗教与封建道德的反映，后一种思想适合于资本主义商品经济发展的需要，是一种资产阶级道德的反映。这两种思想从形式到内容都不同，但有一个共同的特点，就是将个人利益与社会利益直接对立起来，非此即彼，从而引导出不同的思想。

在我国，通过分配制度的改革，真正发挥工资、奖金对职工的真正激励功能。我们可以用图 4－2 表示。

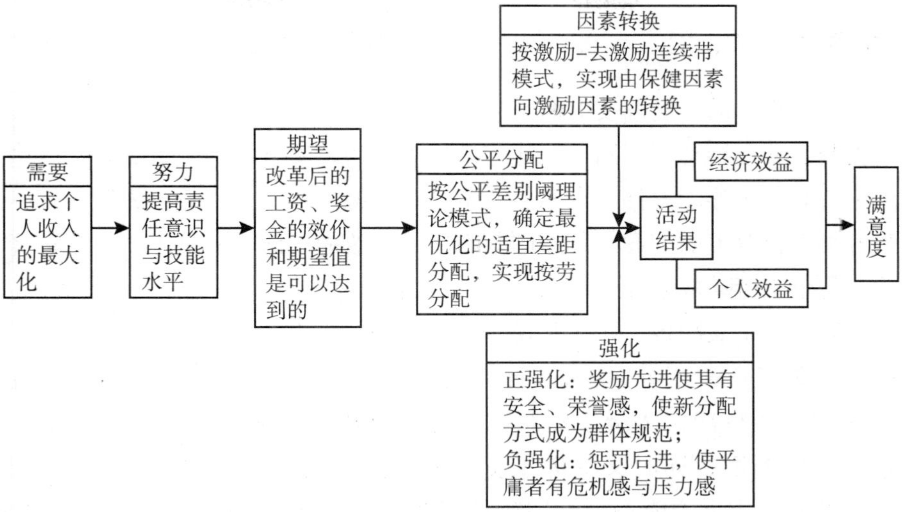

图 4－2　分配制度改革激励模式图

改革传统的分配制度，从根本上说就是由市场来源之一对劳动者进行分配的标准，实行多劳多得、少劳少得、不劳不得的原则，将工资、奖金变成激励因素，而不再是保健因素。具体做法就是要激发职工具有追求个人收入最大化的利益需要的动机，从而诱发职工的责任意识，通过努力达到个人利益与企业经济效益同步增长。这样做实际上可以使个人利益与社会利益完美地统一。

2. 按生产要素分配是激励的重要形式

按生产要素分配，主要是针对公有经济。私营经济和合资企业很早就实行了按生产要素分配。过去公有经济也并不是完全没有按生产要素分配，所不同的是，这种分配很不规范。就拿工资来说，过去实行的是低工资和平均分配，企业交纳的利税是多者多交，少者少交，没有的不交，亏损的甚至国家还要补贴。其结果就造成吃大锅饭、鞭打快牛和苦乐不均，不能做到奖勤罚懒，鼓励先进，鞭策落后，从而不能调动人们的积极性，促进经济的发展，因此要进行改革，实行严格地按生产要素分配。

按生产要素进行分配，实际上是生产要素所有者索取的回报。按生产要素进行分配，依据的是各个生产要素参与生产的数量和质量以及时间的长短来进行分配，是对各经济利益主体主权的承认，它不涉及被分配对象的来源问题。

只有按生产要素进行分配，才能使企业成为市场经济的微观基础，企业才能做到自主经营、自负盈亏，各种经济关系才能建立在等价交换的基础上，使国家与企业的经济关系市场化、规范化、法制化，从而建立起完善的市场经济新秩序。同时，也可以调动劳动者参与企业生产经营的积极性（如果劳动者成为企业的股东）。所以，生产要素激励方式的实施，对我国经济体制改革和市场经济体制的建立具有十分重要的理论意义和实践意义。

3. 发挥责、权、能、利相统一的责任制激励功能

在以往已经进行的工资制度的改革中，种类和名目繁多，计有岗位等级工资制、效益结构工资制、动态结构工资制、职能式结构工资制、复合结构工资制、点因素法分配制、计量工资制、全浮动计件工资制、质量分等计酬法，责任系数分配制等等。

综观各种工资改革的方案，其原则基本上是一致的，即：一是工资与企业经济效益挂钩浮动，与个人劳动成果挂钩浮动；二是按岗位、技能拉开职工分配中的差距，真正实现多劳多得；三是兼顾各类职工利益。

在以上各类工资改革方案中，岗位技能工资制是当前主要形式的工资制度。这一工资的实质是实行岗位等级工资制。实现岗位技能工资制，其实质为体现工资按职务的职务工资制度，同时又发挥了责、权、能、利相统一的责任制的激励功能。"责"就是在职务分析的前提下，明确职务所管辖的范围和承担的责任；"权"为担负责任所应赋予的权力；"能"为要求个人的能力素质与职责相匹配；"利"为按职务定报酬。

一个企业就是一个组织，有个组织就要设立按生产所需要的各种岗位，在不同的岗位上产生各自的责任和责任意识。责任制是一种激励的手段，它强调的是责、权、能、利的结合，责是人的内在的思想、境界、价位的反应，利是一种工资或其他奖励报酬，因而责任制是一种综合型的激励手段，是内激励与外激励的综合应用。

所以工资制度强调了岗位责任制，而岗位责任制中最关键的是责任，人员责任意识与责任水平的高低直接影响着活动的效果。采用岗位技能工资制后，工资及其他形式的报酬对职工不再是一个保健因素，而是一个十足的激励因素。

所谓责任是指个人对他人、对社会应尽的义务。人们在现实的社会中，依据一定的道德原则和规范的要求，认识到自己对他人，对社会负有一定的使命、职责或任务，因而采取应有的行动来履行这些使命、职责或任务。在管理系统中责任总是与个体的职务、岗位相联系的，它是指对完成产品所必须承担的工作所尽的义务。新的岗位技能工资制十分明确地规定了企业效益与个人劳动成果和职工的利益直接挂钩，在这种责、权、能、利直接相联，统一的情况下，唤起了职工为自身利益而奋斗的责任意识，从而也使职工更好地发挥主人翁的精神。

4.2.2 分配制度改革与人的心态

在分配制度改革中人们有各种各样的心理障碍，可归结为以下几种：

1. 失落心理

改革以来确实给职工带来了许多实惠，但当改革进行到分配领域，开始动真格的时

候，人们却会有一种失落心理蔓延开来。由于分配问题涉及人的利益这一最敏感的领域，吃惯了“大锅饭”“太平饭”的人对动真格的改革，心理上不能承受，有强烈的失落感。这主要表现为怕失去或即将失去既得利益，或者怕改革不会给自己带来更多好处。此外，由于改革不可能一步到位，也不可能一下子十全十美，改革的阵痛会使一些斤斤计较、目光短浅的职工产生不满、怀疑、抵触、反对、焦虑等种种不健康的心理，在行为上会表现出发牢骚、骂街、消极怠工等。

2. 两难心理

平均主义、大锅饭带来的是低水平、平稳感，而分配改革会带来高收入的可能，但同时也带来了风险。有相当一部分职工既想有商品经济条件下的高收入，又想有产品经济时代的平稳感和保险性。这说明人们已感到新的分配形式得到的好处虽然比过去多，但风险也会随之增大时，此时往往会自觉或不自觉地一步三回头，想着过去“大锅饭”的“香”。具有两难心理的人，既不想冒风险，又不想低收入，也就是想鱼与熊掌兼得。受这种矛盾心理支配的人，往往瞻前顾后，步履艰难。

3. 依赖心理

长期以来，职工的生活福利都是国家包下来的，并认为这就是社会主义制度的优越性。分配制度的改革使一些职工从自身利益出发感到失去了靠山，例如，企业效益好，职工收入多；反之企业效益差，工资奖金也要减少，一旦破产还得待业领救济金。总之，尽管一方面进行分配制度的改革，但长期来养成的依赖国家解决一切问题的心理没有及时改变，因而对新制度的承受能力很低。

有依赖心理的职工，往往会感到已失去的或将要失去的东西比得到的多，因而会产生心理失衡现象。特别是一些年老体弱的老职工，长期以来依赖心理较重，对于分配要搞活，上不封顶，下不保底，多劳多得顾虑重重，总担心干活做不过青年人，明摆着会吃亏。心理失衡者也容易对分配制度的改革产生抵触情绪，行为上表现为积极性甚低。

4. 攀比心理

随着实惠思想增加，人们的目光变得短浅，急功近利。另一方面由于国家在改革过程中，形势发展快，新情况层出不穷，政策法律不配套，不健全。某些个人不择手段地先富起来，使相当一部分职工感叹生产领域不如流通领域。此外，由于社会上的非劳动收入的大量出现，高收入层的存在为利益攀比提供了新的参照系，诱发了职工对改革过高的期望值，这种心态实际上为改革增加了难度。显然，攀比心理是与分配制度的改革背道而驰的。

5. 嫉妒心理

古人云：行高于众，众必非之，事修而谤兴，德高而毁至。在分配制度的改革中，有嫉妒心理的职工往往对多劳多得者进行讽刺挖苦，造谣中伤，匿名诬告，给先进者制造种种困难，企图迫使其意志消沉，情绪低落，失去上进心，不让他人超过自己。这种行为客观上给分配改革设置了障碍，增加了阻力。

6. 畏难心理

在分配制度改革中，企业的领导干部缺乏开拓精神和创新能力，只想四平八稳，一等上级发布规定具体的红头文件，二等兄弟单位拿出成套做法经验，三等大家都动起来，自己随大流，这样少风险，多点保险因素。有的干部因为怕分配问题涉及面广，情况复杂，思想问题多，工作难度大，弄不好职工闹起来会丢乌纱帽。另一方面，从职工来说，他怕在改革中干部不能以身作则，怕干部以权谋私，任人唯亲，缺乏公平、公正感，因而也有疑虑、畏难心理。

4.2.3 提高人们对分配制度改革的心理承受力

分配制度改革的成败，不仅取决于改革措施的正确性，还得考虑人的心理适应性，也就是每个职工对企业内分配制度改革所能接受的程度。固然，职工的心理承受力的高低取决于职工自身的素质（对改革的认识水平，自身的知识、经验等），企业内部的环境气氛以及整个社会的改革进程等。但是，对于企业领导者而言，社会的大气候如何，他是无法左右的，但在企业内部创造一种利于改革的环境气氛，并影响和提高职工的心理承受能力还是有用武之地的。具体来说，我们可以按照人的心理适应性的规律采取以下的措施来提高对改革的心理承受力。

1. 运用“公平差别阈”建立并实施利益公平分配制度

企业中奖金的激励功能与奖金的数额增减之间，并不存在直接的线性相关，倒是奖金的分配原则（奖金发放是否公平）与奖金的激励效应之间存在明显的线性相关。笔者提出了公平差别阈的理论模式，认为在我国适宜的差别分配才是公平分配，不同的贡献者应该获得适宜的有差别的报酬，这才是真正的社会主义的按劳分配原则。

分配制度的改革就是要体现差别的原则，具体说来，首先，要建立严格的工资等级制度，使职工的收入与企业效益、个人实绩紧密挂钩。在职务面前人人平等，但又适当拉开差距。差距过大或过小，都会丧失“差别”的激励作用。其次，实现由去激励、保健因素向激励因素的转化。笔者提出了激励与去激励连续带模式的见解，根据这一理论模式，工资、奖金可以成为激励因素，但也可以成为保健因素，甚至是去激励因素。分配制度改革的目标就是要使工资、奖金等奖酬措施由去激励、保健因素实现向激励因素的转化。

2. 重视职工对改革压力的心理适应过程

人的心理承受力并不是一成不变的，它会在内、外条件影响下逐步增强，这就需要有一个心理适应时间。因此，我们应该确立适度观念。有效地控制和调节改革的进程，不能操之过急，急于求成，从而使改革的进程与职工心理承受力的变化相适应。

职工的心理承受力要在改革的实践中逐步形成和不断提高。企业内部的分配制度改革应该不断深化和完善，不要因为职工有点意见就不敢改革。同时改革的步子也不宜过大，一步到位比较困难，逐步到位比较现实。这正如笔者所提出的“公平差别阈”的理论模式中所谈到的，当前领导者与一般职工的收入差距应该维持在一个适宜的比值中，如果公平差别阈的比值过大，则职工不能承受，过小则领导者不能接受。当然，人的心理承受力具有很大的可塑性，在分配中收入差距的比值是适宜的时候，职工都能承受或基本承受，进而在正确的心理引导下，职工对分配差距的承受力会随着刺激次数和强度的逐渐增加而逐步提高，也就是产生了心理适应的效果。

显而，在当前新老分配制度转换之机，既要打破平均主义、大锅饭但又不能损害大多数职工目前的既得利益。为此，我们要找到过渡的最佳形式，既要沿着目标前进，又不要引起激烈的震荡。

3. 鼓励职工直接参与改革，形成强烈的归属感

要提高职工对分配制度改革心理承受力，只有吸引职工参与分配制度改革的全过程，它包括改革方案的制订、通过、动员、修改、监督、总结。这样做有利于消除人们对改革的心理阻力。在参与过程中，推进职工原有社会心理机制的转轨变型，激发他们的未来意识、改革意识、参与意识，使他们能将个人与企业的依存关系捆得更紧，自觉地投身于改革。

具体做法可包括干群之间展开平等对话、民主协商，以增加改革的透明度，对话既可以是咨询式的，也可以先请职工出谋划策，供领导参考和选择，也可以听取意见，先拿出方案让职工议论修改。领导者还可以就职工担心的或不清楚的问题采用解答方式，进行必要的解释与阐明。有时可以采用理论研讨会的方式，共同琢磨切磋，互相了解，互相信任。

由于分配改革的方案涉及每个职工的切身利益，为此，方案必须拿到职代会上去讨论，应该让职代会审议通过或否决，这样做对领导者来说似乎增加了改革起步的难度，但又是完全必要的。拿到职代会去通过的方案一定要比较周到全面，既体现改革精神，又要照顾到职工的心理承受力。这一参与过程也是动员职工，向职工宣传，引导职工投身改革的过程，也是干部职工之间相互了解、统一思想认识的过程，这样可以减少制订者的主观随意性，增加科学性、可行性，减少实施过程中的阻力和难度。

4. 思想政治工作、心理引导、教育疏导工作要同步进行

思想政治工作要贯彻改革全过程，始终紧密结合本企业的改革实践同步进行。不要

“慢半拍”“两张皮”，而是要注意舆论引导，通过宣传教育，谈家常话，对话协商，寻找共同点和结合点，创造良好的企业心理环境。尊重人，关心人，爱护人，采取各种措施，满足职工的合理的生活与安全需要。此外，还应该根据不同层次的（年龄、职业、文化等）的不同心理承受力，有的放矢做好改革中的思想教育工作。

要采取正确的心理引导，要使职工逐渐适应收入风险忧虑的压力，多元性收入结构的压力，横比反差压力，学会心理的自我调节、自我约束与自我发展。通过分配制度的改革，使职工形成“工资要随工龄、学识、水平、技能职务晋升提高；工资要随个人的贡献、企业的效益而增长，工资也要随岗位的变化而变化”的新的群体规范。

在教育疏导方而，要及时了解和掌握职工对分配改革的期望，并对期望的效价与期望值作定性与定量的分析。为此，要向职工如实告知企业现状与前景，让职工了解企业的家底和经济实力，把期望值定在恰当的水平上。

4.3 股份制企业改革中人的心理与行为

4.3.1 股份制企业的概念及种类

股份制企业是对有关企业的经济学上的归类，关于股份制企业所包括的系列概念还比较模糊，对此，我们在参考大量资料的基础上对其作如下归类。

1. 股份制、合作制和股份合作制

依据生产要素侧重于资金联合或劳动联合，或两者兼顾的不同特点，可把股份制企业分为股份制、合作制和股份合作制三种类型。

股份制是把各投资主体的生产要素以资本联合形式集中起来，统一使用、合理经营、自负盈亏、按股分红的一种企业组织形式。其基本特征是生产要素的所有权与使用权分离：在资本主义社会，股份制为社会化大生产集中财力、物力，这在一定程度上缓和了资本主义生产的社会化与资本私人占有之间的矛盾。

合作制也是一种股份制经济形式，其思想渊源于空想社会主义。它是劳动者为了摆脱资本家的剥削、改善自己的社会地位而自愿组织起来并实行劳动联合的互助互利的经济组织。其特点是共同劳动，共同监督和管理企业，强调劳动者之间的平等，实行一人一票制。其缺点是监督成本随企业规模的扩大而上升，规模有限。

股份合作制吸收了股份制聚集资金的优点和合作制联合劳动的优点，既适应了入股成员原来占有的生产资料数量不等的实际状况而在分配上有所区别，又在一定范围内共同劳动、共同占有、民主管理。股份合作制与西方国家的职工参股制（employee stock ownership plan，ESOP），即企业根据职工的贡献大小让职工持有企业的股份，使职工也享有企业的股东身份，属同一种经济组织形式。如果要区别我国的股份合作制与西方国家的职工参股制的话，那就是我国的股份合作制更多地侧重于企业在一开始是共同起家创办，而西方则多是从股份制修正而来的，即提取出一些利润让职工参与共有。在我国，股份合作制允许职工参些股，又保留一定的公有股，尤其适合我国的国情。而西方国家的股份制则是为了克服企业的劳资矛盾而提出来的。

在日常用语中，我们多半对股份制、合作制、股份合作制不作细分，仅用“股份制”一词概之。

2. 有限责任公司和无限责任公司

按股东对企业债务所承担的责任不同，股份制企业又可分为有限责任公司和无限责任公司。

有限责任公司，也称有限公司。这种公司不对外公开发行股票，股东以其认定的出资额对公司负责，公司以其全部资产对债务负责。其特点是：有限责任、股东人数有限、设立程序简便等。

无限责任公司一般是指由两个以上股东组成的，对公司债务负无限连带责任的公司。当公司资不抵债时，股东要以个人的资产来抵债，股东对债务负有连苻责任。公司股本可以任意增减，股东有权直接参与公司事务的管理。

而我们日常最常见的“股份有限公司”是由“有限责任公司”转化而来的。当“有限责任公司”的股东人数和注册资本超过限额时，必须转变成“股份有限公司”，其他规定当然也略有不同。

4.3.2 从经济心理学角度研究股份制的优势

1. 经济学研究股份制的缺陷

经济学主要研究人在经济活动中如何最大化地获取有限资源的过程。在对经济现象进行研究时，经济学家主要借助数学工具，在各种假设的基础上，进行大量的线性逻辑推理。仅仅从经济学角度研究股份制，只能将股份制理性化、机械化，只能将股份制规范化、制度化。而无法最有效地激发人们从事股份制经济活动的动力。也就是说，经济学对股份制的研究过度概括，这样就必然在实际意义下显得不足。当然，经济学在研究股份制的宏观发展规律和一般运行倾向上有它不可替代的作用。在股份制的机理，以及它对经济发展的作用上，经济学确实做了许多开拓性的工作。不过，股份制作为一种经济活动、一种资本组织和制度形式，其研究仍然停留在经济学家对股份制的实践总结和逻辑归纳水平上，并带有经济学家的美好愿望成分。作为一种经济和管理制度的股份制，它的到位最终要落实到人，而人的行为无时无刻不受他的意识和潜意识的支配。对此，经济学就显得无能为力。

经济学假设人的行为追求极大化，可现实中人的行为并非都是如此。1998 年诺贝尔经济学奖得主阿玛蒂亚·森（Amartga Sen）对此作出了解释，他的伦理经济学思想主要建立在对传统的“理性行为假说”批判的基础上。他认为，人对自身利益的追求只是许许多多动机中最重要的动机，其他如，人性公正、慈善和集体主义精神等品质也相当重要。如果把私利以外的人类动机都排除在外，我们将无法理解人的理性。理性的人类对别的事情不管不顾是不合实际的。比如，人们可以真心诚意地推动一项事业，而这项事业却并不一定符合他们的福利要求，甚至他们自己也不认为这是其个人利益之所在。阿玛蒂亚·森希望经济学的发展方向能有所调整，只有在经济分析中引入道德、伦理与政治因素，引入人类动机模型的最基本要素，才能更好地解释客观世界，如果经济学对股份制的研究也仅仅从人的行为极大化假设出发，同样也不能很好地理解与解释这种经济现象。只有从多角度出发对股份制进行研究，包括经济学、经济心理学、管理学等学科角度，才能摸清股份制经济这只大象的全貌。

2. 从经济心理学角度研究股份制的优势

通过前面的分析，我们可以看出，从经济学角度研究股份制会遗漏许多现实环节，不能有效地解释股份制运行中的许多现实问题，如股份公司治理结构中代理人道德风险的有效校正问题、“内部人控制”问题、董事会成员的合作问题、股票选择中的冲动问题等。而对于这些问题，可能从经济心理学角度会作出更好的解决。

从经济学角度看，股东、董事、经理和职工都是投资者，股东投入资金，董事受股东的委托对企业经营的重大决策、经理的聘任和监督作通盘考虑，经理和职工既可以投入资金，也可以投入管理才能和劳动技能。他们均承担风险，同时期望回报。在投资过程中，个体的思维习惯、感知特点和对投资结果的期望值都会对投资者的决策过程形成一定的影响。个体在投资过程中的回报预期、对企业经营业绩的满意感和关切度的心理指标、个体人力资源价值的衡量，个体对企业经营风险的承受力、合作者各方的文化心理因素对股份合作制企业的影响、经理人员的报酬激励体系的设计等问题，都是经济心理学研究的优势所在。

4.3.3 股份制的激励功能模式

西方国家实行股份制的主要目的在于集资，我国国有企业改组与改造的目的除了集资外，更在于通过股份制的管理机制，达到产权明晰，从而更好地调动企业职工的工作积极性，充分发挥员工的智慧和创造力。

股份制的激励功能受诸多因素的影响。要想取得良好的经济效益，股份制企业必须有明确的责、权、能、利关系。必须根据职工、股东、董事、经理这四个相关利益群体对企业投入（作用）的大小来衡量他们的收益，同时要考虑人力资本产权在企业发展中的重要作用。股份制的具体激励机制体现在下面的激励功能综合模式图 4 – 3 中。

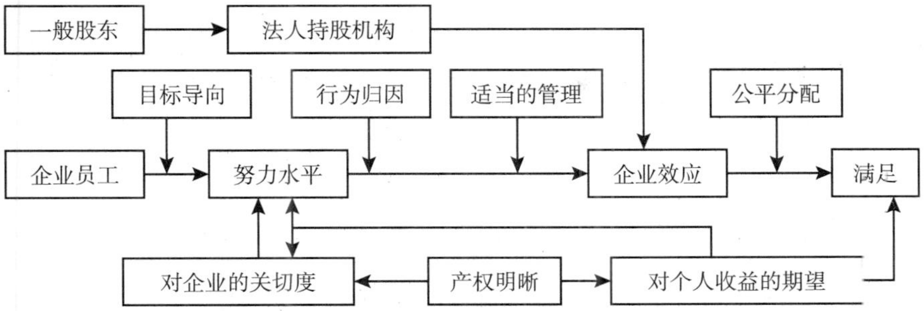

图 4－3 股份制激励功能的综合模式

为了进一步分析，我们可以将综合激励模式分成几个激励模块：

1. 责任制激励模式在股份制中的运行

责任水平降低直接影响管理效能和员工的努力水平。责任在这里指经理人员或员工在完成企业的计划目标中应起的作用和承担的风险。在股份制中，个体的责任总是与个体的职务、岗位、个体持有股份的多少等相联系，这些因素直接影响着个体的责任意识和责任水平。当个体的岗位、股份、作用与企业的目标导向和预期报酬相一致时，就能取得较好的激励效果。

从责任制激励模式图 4－4 中可以看出，企业的目标导向影响员工的责任水平，因此，把企业盈收的总体目标落实为员工个人的岗位目标，实行岗位目标责任制，就可以有效地提高员工的责任水平，从而可以提高员工的工作积极性。另一方面，与责任制相对应的个人预期收益（报酬）对员工的激励则取决于报酬对员工的吸引力、效价、实现的可能性。

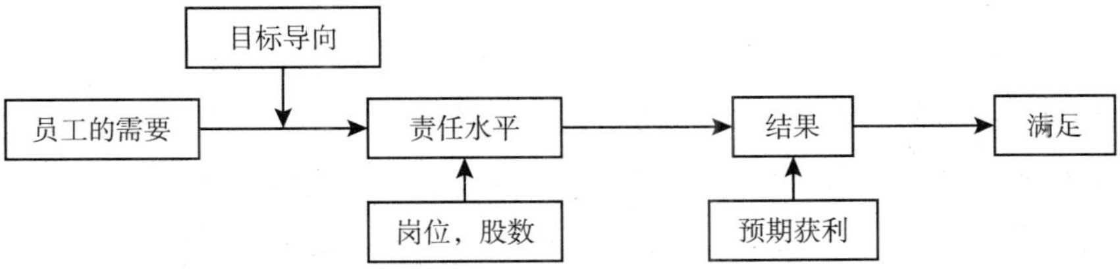

图 4－4 责任制激励模式

2. 利益分配机制激励模式

股份制改革的目的之一是通过产权明晰，使责、权、能、利四者相结合。相对来说，前三者是员工的付出，而“利”才是员工的报酬。如果员工感到自己的投入与报酬相称，并且与其他员工比，投入与报酬的比值合理，员工就会感到公平。另外，这里的公平还涉及到股份制中按资、按劳两种分配方式的合理运用。企业应依据职工、经理、董事三个利益群体的不同作用，划分不同的收入，再依据人力资本的价值核算每位员工的贡献与报酬，这样的利益分配机制才能起到激励的作用（见图 4－5）。

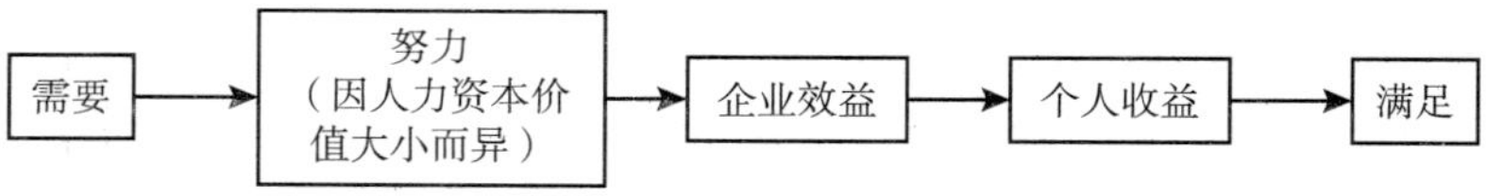

图 4 -5　利益分配机制激励模式

3. 民主领导行为方式、个人与企业依存关系激励模式

股份制与承包制有很大的不同，股份制是与股份制企业利益相关的群体共同投入生产要素，产权按股份份额的多少共同拥有；而承包制企业的产权主体没有改变，仍然是国家或地方政府，因此，如果国家财产让承包者承包，就会出现短期行为、政企不分、上级干预等问题，最终导致国家利益受损。股份制企业组合了产权所有者的不同生产要素，使人们“联股联心”，从而导致个人与企业的依存关系更加紧密，也促使企业领导者采取更加民主的领导方式（见图 4 -6）。

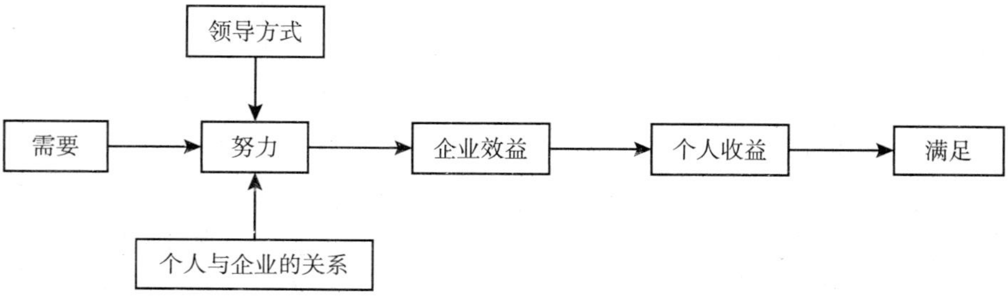

图 4 -6　领导行为、个人与企业依存关系激励模式

4. 产权、关切度激励模式

以往对企业职工的激励主要通过工资来实现，但由于普遍就业与工资刚性，工资的激励效果不佳。推行奖金制，也只能部分地克服平均主义。经济学研究表明，调动劳动者积极性的根本途径在于劳动者与生产资料的直接结合，这种结合越密切，劳动者的积极性就越高。在公有制单一实现形式的国有企业中，员工是国有财产的主人，但由于没有人性化到每一位职工身上，因此，并不能使职工感到自己是企业的真正主人。股份制使员工拥有部分所有权（如劳动股、技术股等），并依个人的股份份额分享企业利润，从而增强了职工对企业的关切度（见图 4 -7）。

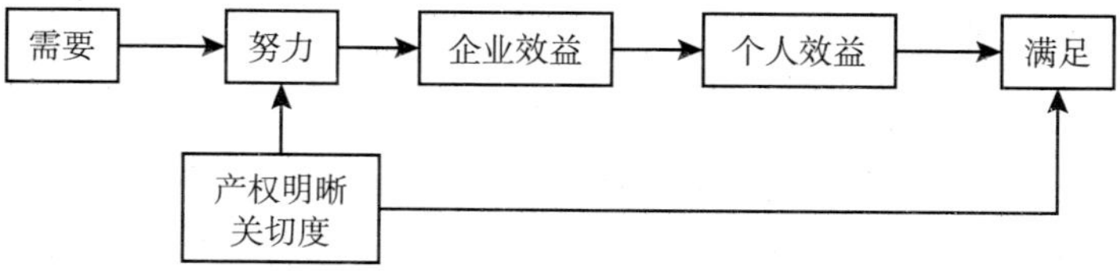

图 4 -7　产权、关切度激励模式

5. 法人投资机构（用脚投票）激励模式

股票市场的行情随股民的“投票”而变化。然而，股民对上市公司信息的了解有限，无法准确判断公司效益的好坏。因此，股民“用脚投票”往往有较大的随意性（投机、跟风），这样容易导致泡沫经济。公司（企业）为了尽快吸引住股民，有时不得不考虑短期效益，而这又会影响企业的长远利益。法人投资机构（如各种基金、信托投资公司等）相对于一般个体股民则是用“用脚投票”。法人投资机构对企业的经营现状及未来发展趋势具有较强的判断力，同时，为了个体委托人的利益，为了自己的生存，必须对上市公司作全面的了解，甚至影响公司的决策和管理，比起个体股民的“用脚投票”来说，更能使公司考虑长远目标，这对公司来说，是一种很大的激励（见图4－8）。

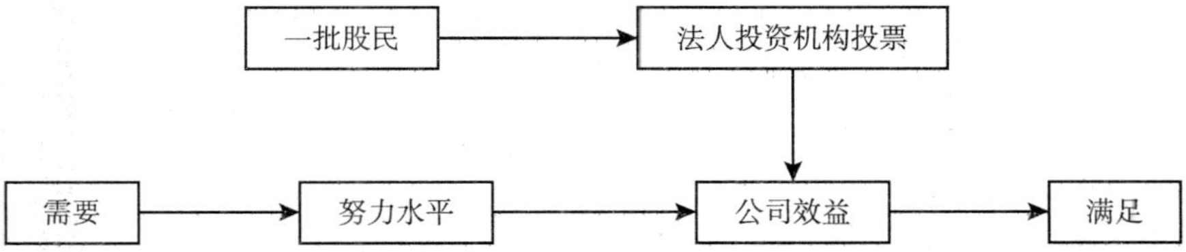

图4－8 法人投资机构激励模式

4.3.4 国有企业股份制改造的文化心理障碍

自从推动国有企业股份制改革以来，一些上市的国有企业股的效益大都不够理想，股份制并不是人们所预期的“灵丹妙药”。之所以如此，其中的经济因素自然很多，但人们大都忽略了中国传统的文化心理因素对企业股份制改革的负面作用。

西方的股份制与中国的传统文化心理在以下三个方面存在着不相容现象。

（1）西方的股份制提倡“资合性”，是一种资本的联合，主张“重资不重人”“认资不认人”，人在股份制企业中的地位和权力完全由他所拥有的股份数量所决定。而中国传统文化的一大特点是平均主义，由此促使国有企业以“人合性”为主要特征，提倡“劳动控制资本”，注重人际关系。于是，众多的国有企业股份制改造以后仍然缺乏激励机制。在股份分配过程中，常常出现大锅饭现象。而且以“人治”为特征的国有企业重人治、轻法治，导致企业规模难以扩大，企业生产成本居高不下，经济效益长期低迷。更重要的是，背负这种平均主义文化包袱的企业，无法顺利实施破产，因为破产无法解决职工的出路，所以导致职工吃企业的大锅饭，企业吃银行的大锅饭，银行吃国家的大锅饭的连锁反应。

（2）西方的股份制不仅注重“股”，而且注重“票”，即所谓的“一股一票”：股份制企业的决策中心是董事会和股东大会，这又与我国传统的家长制、一言堂、厂长经理负责制发生冲突。有些国有企业的股份制改造换汤不换药，国家和政府仍然是企业的最大股东，政企仍然严重不分。董事会的产生无须经过股东大会选举，董事长的确定不是由董事会选举产生，而是由主管部门的官员兼任或主管部门直接任命，甚至总经理的人选也未必由董事会聘任，而是由上级部门委派，股东大会形同虚设，监事会更是无法发挥监督的功能。其后果是产权制度模糊、人事制度专制、决策制度僵化。

（3）西方的股份制提倡公开化、社会化、透明化，因为股份制的命脉是吸引社会大众购买公司上市的股票，但为了成功做到这一点，股份公司必须彻底公开自身的资产、债务、盈亏和人事状况。但是，中国传统文化心理的一大特点是爱面子，注重“家丑不外扬”，流行“黑箱作业”“暗盘运作”；具体表现为，目前我国许多上市公司的资产负债表残缺不全、虚假不实，股票市场则充满内线交易，而且“关系股”大量盛行，以权谋股的现象时有发生。对于这些虚假的违法现象，许多号称独立的证券分析师、会计师也为了面子，不能起到应有的监督作用。由此导致我国一些股份制企业难以成功地在股票市场上进行融资，大量吸引非国有的法人股东和个人股东。

因此，在国有企业股份制改造的过程中，不能简单地以经济方法治理企业，而需要一种综合性、系统性的思维，全面考虑各种非经济因素（如文化、心理因素等）对企业发展的影响，只有这样，才能使国有企业的股份制改造沿着正确的轨道顺利进行。

4.3.5 股份制改革中产权激励与管理激励的结合

激励机制是现代企业制度的重要内容，也是衡量我国企业改革成效的重要标志。作为现代企业制度的一个重要实现形式的股份制，它本身就内含着一定的激励机制，这就是产权激励。产权激励源于产权配置，不同的产权配置，效率也不一样。作为一项激励制度安排的股份制，除了产权激励外，管理激励也是必不可少的。

我们把产权配置所产生的激励称为产权激励，而把管理学、管理心理学中传统的激励理论称为管理激励。那么，这两种激励机制在激励方式上有什么区别呢？弄清这一问题对于促进国有企业股份制的改造，以及股份制企业的健康发展具有一定的意义。

1. 产权激励与管理激励的比较

产权激励与管理激励这两种激励理论在以下几个方面存在着不同。

（1）对人性的假设不同。在经济（心理）学和管理（心理）学的研究中，几乎所有的理论都直接或间接地包含着对人性的假设。产权配置的激励理论对人性的假设有三：其一，人类行为的动机是双重的，一方面追求利益极大化；另一方面，出于道德、伦理、价值观方面的考虑，人可能在某些时候更注重他人利益与社会利益。其二，人只具有有限的理性。由于环境的不确定性和自身能力的限制，人虽然在主观上追求效用最大化，但客观上往往处于理性与非理性之间。其三，人是自利的。个人对自己财产的关心胜过对任何非己财产的关心。这三个人性假设是产权配置激励理论的基础。与经济心理学相比，管理心理学的激励理论对人性的假设则经历了几次变化，美国管理心理学家雪恩将其概括为：“经济人”“社会人”“自我实现人”“复杂人”假设。正是基于这些人性假设，管理心理学提出了一整套灵活多变的激励手段。

(2) 激励对象不同。产权激励重点研究对代理人的激励，如何激励代理人，使之与所有者的目标保持一致，是产权配置研究的根本点。古典企业是委托者与代理者集于一身，无须建立什么激励机制。股份制的出现使得所有权与经营权发生分离，尤其是股权的分散化，弱化了对代理人的激励，而代理人是具有独立人格价值和自我意志的行为主体，有自己的效用函数和目标函数。产权经济学则正是站在所有者的角度，通过巧妙的产权安排，实现代理人目标与组织目标一致的激励。管理激励则更多地站在管理者（代理人）的角度，研究如何实现对员工的激励，提高他们的工作积极性。

(3) 激励机制不同。产权激励是通过让渡股东的部分剩余索取权给代理人，使其在追逐更多剩余的过程中提高努力的程度，减少偷懒和机会主义行为，从而达到激励的效果。管理激励则是遵循人的心理活动规律，通过满足员工的需求，来达到激励的目的。

(4) 激励的动力来源不同。产权激励主要通过两个途径来实现：一是赋予代理人（经理）剩余索取权和剩余控制权；二是建立完备经理人员市场，通过竞争机制来增加经理人员潜在替代的压力。这两种方法都是要增加经理人员偷懒和机会主义的机会成本，只要这种成本大于偷懒的收益，就可以达到激励效果。可见这种激励的动力主要来自外部的压力，而非经理人员的主观愿望，不是代理人不愿偷懒，而是不敢偷懒；管理激励则是在“以人为本”原则的指导下来研究管理，倾向于给员工提供良好的工作环境和工作条件，重在满足员工的心理需求，从而激发其工作热情。动力主要来自于内心深处，是自我的激励——变不敢偷懒为不愿偷懒。

(5) 激励手段不同。产权激励是建立在“经济人”假设的基础之，对代理人激励的手段就是赋予其剩余索取权，它实际上是一种货币收入，是扣除各种支出的余额，是股东资本回报的一部分。通过给经理更多的货币收入，并将货币收入与企业产出相挂钩，来实现股东利益最大化的目标。管理激励的手段比较丰富，根据马斯洛的需要层次理论，对不同的人，不同层次的需求，采取不同的手段，而不是单纯以金钱来激励员工，除物质激励外，还包括口头激励、工作再设计、工作成就感等多种方式。

2. 产权激励与管理激励的缺陷

(1) 产权激励的缺陷表现。产权激励的缺陷主要体现在：一是前提假设的缺陷。产权激励以经济人假设为前提，忽视了社会人和自我实现人的事实，市场交易规则的普遍化和商业文明对人的主体性的充分肯定，使这样一种依赖压抑一方来缓和矛盾的制度安排趋于失灵。人是社会性的，同样也是有人格价值的，自我实现是人的最高追求，人寄身于某个组织，总希望自己在组织中是必要的且是重要的，并通过组织的发展来达到自我价值的实现。尊重人的需要是激励的基本原则，只通过外部的压力和约束（产权激励就是如此）来达到激励的目的是不能完全奏效的。人们在日常生活中并不一定遵循效用最大化这一假设，霍桑试验及莱本斯坦的 X（低）效率理论的分析都很好地说明了这一点。

二是激励方式的缺陷。产权激励是靠委托人与代理人之间权利的安排来实现的，但这种产权配置只是激励的必要条件。人的动力来自于对某种效用满足的期望，而追求效用满足的手段则是各自权利的交换，即利用手中能使对方效用得到满足的权利去换取对方能使自己效用得到最大满足的资源。而产权明晰是实现交换的前提条件，当权利界定明晰时，资源拥有者的动力来源于界定给他的权利（资源）能给他带来的效用，或预期可以交换来的效用。动力的人小取决于其期望的大小和这种资源或可交换来的资源满足其效用的程度。如果其效用大，则权利接受人对其权利倍加关注，时刻关心其资源的保值增值。如果某种权利界定不能使接受人的效用满足或效用很小，这种权利界定是没有意义的，资源没有得到合理使用。因此，激励是资源配置以后的事，产权配置本身并不一定能带来激励。如果没有界定产权或产权界定模糊，行为主体失去了可用来交换的资源，他便会表现出一些消极的行为，如以闲暇代替勤勉，或有意识地给企业利益造成某种损害。产权激励的方式是赋予代理人剩余索取权，激励的效果取决于剩余索取权给他带来的效用，如果闲暇、威望等给代理人带来的效用权数加重，剩余索取权的激励则会弱化。

（2）管理激励的缺陷表现。管理激励的缺陷主要表现在，一是激励的切入点难以把握。管理激励是根据心理需要的规律采取的激励手段，但人的需要是多种多样的，并且是反复变化的，因人而异、因事而异、因时而异、因地而异，要根据不同的需求，采取灵活的激励手段：人的心理需求是内在的，信息的不对称使得经理人员很难认清其内在需求，也就很难找到激励的切入点，激励的手段往往不能对症下药，并且激励持续时间短，缺少恒常性。二是管理激励的资源有稀缺性。就某一时间点而言，人类发现用于激励的资源是有限的，尤其是每一种资源的使用，都会使之蜕变成保健因素，从而丧失了激励的功能。重新激励则必须加大该种资源的使用数量和强度，如采购员需用新的激励资源。又如，奖金随着这种资源的使用，便会从激励因素转化为保健因素，只有当奖金按一定比例提升时才能维持激励效果，当奖金的发放减少时，员工就会产生挫折感，不像产权配置那样具有激励的持久性。

3. 产权激励与管理激励的结合

仔细将两种激励比较分析，可以看出这两种激励是分别从不同角度对不同层面的激励。在现实的管理实践中，更多的是这两种激励共同作用的结果。因此有必要将这两者结合起来，从理论上提出一种新的激励模式。

新的激励模式应当符合这样一种激励安排：将资本的剩余索取权进一步让渡于全体员工；通过经济、技术、组织结构和制度等管理要素，将企业目标内化为员工个人的口标，实现员工个人利益最大化与企业利润最大化的目标相一致，使员工个人在现代企业中充分实现自我的价值。把这两种激励相结合的思维是一种管理创新，它必将给企业激励带来新的突破。

4. 股票期权激励与稳定奖励金的结合

在现代企业制度条件下，采用股票期权激励、稳定奖励金激励等也是一种新的激励模式。股票期权激励是指公司给予被授予人在未来某一特定时期内，以合同规定的价格（行权价格）购买一定数量本公司股票的选择权。持有这种权利的公司人员可以在规定时间内以股票期权的行权价格购买本公司股票。在行权前，股票期权持有人没有任何的现金收益，行权以后，个人收益为行权价与行权日市场价之间的差价。期权持有人可以自行决定在任何时间出售行权所得股票。可见，股票期权激励是一种激励工具而非交易品种，它实际上是设计了一种对异质型人力资本产权的动态定价机制，通过充分利用优秀人才对未来的合理预期，把人才的智慧、才能、努力等内部资源全部调动起来，其本质就是让经理人员拥有一定的剩余索取权并相应承担风险。

此外，稳定奖励金也是一种有效的激励形式。员工股东在增资的时候即确立了股东的地位及将来股票的受益权，该受益权不受是否在职的影响。在稳定奖励金实行期间员工主动离职的，以该年度员工在职时间比例发放该年度稳定奖励金。若员工有严重违纪行为由公司解除劳动合同，员工将无法获得未发放的稳定奖励金。

本章提要

宏观经济体制改革的成败取决于人对改革的心理承受力。改革中的压力分为劳动方式、分配方式、人际关系、生活方式四个方面。

分配制度改革中人的心态有失落心理、两难心理、依赖心理、攀比心理、嫉妒心理与畏难心理。

股份制改革的激励机制涉及责任制、利益分配、领导行为、个人与企业依存关系、产权、关切度等激励模式。

思考与探索

1. 试述经济体制改革中人的心理承受力的特征。
2. 试述人们对分配制度改革的心理承受力及心理障碍。
3. 试述实现股份制改革中的文化心理障碍。

5

市场经济中企业的经济心理与行为

5.1 企业低效率现象分析——X（低）效率理论

5.1.1 什么是低效率理论？

美国经济学家莱本斯坦（H. Leibenstein）于1966年提出X（低）效率的理论。莱本斯坦是在其著作《超越经济人》一书及行为经济学学术年会上初步阐述这一观点的。1988年弗朗茨（R. S. Franz）在其著作《X效率：理论、论据和应用》一书中进一步阐明了这一理论的全貌。

如何使企业取得最大效率？是什么因素影响企业的生产效率实现极大化？这是经济学、经济心理学、行为经济学和企业家们极为关心的核心问题。莱本斯坦与弗朗茨对此提出了X效率理论。这一理论对正统的新古典经济理论的基本假设提出了有力的挑战，并用承认极大化和非极大化行为同时并存的假设取代了传统的极大化行为假设。这一理论指出，企业内部并非完全有效率，不一定达到技术上的最优水平，而是存在来源不明的X低效率。

传统理论认为，稀缺资源经市场已进行了有效的配置，因而企业的目标就是在给定的投入（资金）和技术水平下，实现产量的极大化和单位成本的极小化。因此，这一理论强调，投入与产出的关系是纯技术关系。

但是，事实与经验表明、即使在投入（资金）与技术水平给定的条件下，并不一定能实现效益的极大化。这是因为企业的投入与产出不完全决定于单纯的资金与技术因素，在影响投入与产出的因果关系中，还存在着组织（organization）与动机（motivation）因素。为此，企业内部并不是最有效率的，也就是存在着X（低）效率现象，因而产生企业利润不是极大化，企业并不按边际原理经营，非配置型低效率现象依然存在。

莱本斯坦当时对这种形式的低效率的性质尚不明了，所以称为X低效率，即“在X（低）效率一词中，X代表来源不明的非配置（低）效率。”

5.1.2 效率理论与新古典理论的区别

*X*效率理论与新古典理论除上述的观点不一外，还在以下几方面存在着根本的不同点：

（1）新古典理论认为，企业与家庭是恰当的研究单位。但是*X*效率理论认为有思想和行为的个人才是研究的基本单位。

（2）新古典理论认为，生产者与消费者都是理性经济人，个人行为都是以理性为特征。企业与家庭都在实现极大化的行为：企业追求利润最大化，家庭追求效用最大化。

但是，*X*效率理论认为，个人行为既包含理性因素，又包含非理性因素。人并不总是表现出完全的理性，而是表现为有选择的理性。

（3）新古典理论认为，企业的目标是使利润极大化，因而要求雇员的行为就是使企业主的目标实现极大化。

*X*效率理论认为，应该用极大化、非极大化假设代替极大化假设，因为现实生活中，不排除极大化假设，也必须承认，允许研究非极大化行为。实际情况是企业主与雇员的利益并不总是一致的，因而很难使企业目标实现利润最大化。

（4）新古典理论认为，作为经济人的行为，表现出对环境的变化会做出充分的反应。

*X*效率理论认为，人的行为并不总是对环境变化会做出反应，这是因为人的行为有惰性特性，人经常在“惰性区域”工作。

（5）新古典理论认为，企业主与雇员所订劳动合同是完整的，根据合同雇员的报酬、劳动时间，努力程度都是确定的。

*X*效率理论认为，劳动合同是不完善的，合同中雇佣、购买的是劳动时间，而不是劳动努力。雇员按照合同提供多少某种技能水平上的努力，有相当的自由处置权。

（6）新古典理论认为，人的努力程度是一个既定的常量，而效率理论则认为，个人的努力程度不是一个机械决定的常量，而是任意决定的变量。

5.1.3 *X*（低）效率理论的假设与命题

在区分*X*（低）效率理论与新古典理论差异的基础上，我们将进一步总结与归纳出如下的*X*（低）效率理论的假设与命题：

1. 生产活动的效果不仅决定于技术和资金，还受制于人的心理与生理活动

生产活动作为一种单纯的技术决定关系，可用数学和物理方法精确描述。但是，事实上除此而外，投入与产出不单纯决定于技术力量，尚需考虑决策、努力程度、理性、压力、极大化等因素。这些因素可简称为人的心理与生理因素。

由此，作为经济学家的莱本斯坦等人认为，经济学的研究单位，除企业与家庭之外，更应重视研究最小的行为单位——个人。

2. 人的双重性——人只具有有选择的理性

人的行为有两个方面，一方面为努力追求极大化倾向，追求确定性，坚持标准，注重计算，注意细节等。另一方面人也有不努力追求极大化的倾向，不关心标准，不注意计算，不注重细节等。

经济学家借用心理学中的精神分析理论，假设这两种行为是人的双重人格的表现，前者为人的超我功能（superegofunction）的“理性自我”的表现，后者为本我功能（idfunction）的“非理性自我”的表现。

事实上，完全的理性经济人只能是一种极端的和个别的情况，是某些人在某些时候、某些条件下采取的行为特征，而不是所有的人在所有时候、所有条件下采取的行为特征。由此可得出个人只具有有选择的理性。

个人行为中既包含理性因素，又包含非理性因素。在人的行为决策中，既依赖理性因素（信息、细节、计算、追求极大化等），又依赖非理性因素（习俗、惯例、道德规范、追求非极大化等）。理性成分被认为是连续的而不是有或无的二元变量。任何个人在任何时候表现出来的理性程度都是超我功能与本我功能对个人行为双重影响的结果。两种功能使两者以相互妥协的方式影响每个人，每个人都会形成一种使他在心理上感到“舒适”的妥协。

有选择的理性假说表明，理性是一个受约束的连续变量，完全或充分理性的人，经济人假设等都是一种极端的情形。

3. 个人的努力程度是一个变量

企事业单位与雇员签订的合同中，仅规定了向雇员购买的是劳动时间，但并没有规定雇员要付出多少劳动努力。生产所需要的主要是劳动者的努力，人力资源投入生产的最重要因素是人的直接努力。为此，努力可以成为一种变量，既可以产生理性行为，也可以不产生理性行为，最终可以使成本极小化，利润极大化，产生完全的 X 效率；但也可能不产生成本极小化、利润极大化，从而产生完全的 X 低效率。

X 效率理论认为，个人努力的构成要素为 $APQT$，A 为活动，P 为进度，Q 为质量，T 为时间。每个人都会根据自己的动机与认知系统，对个人努力的诸要素有一定程度的自由选择权。这表现为，个人并不一定按极大化行为模式的动机行事，而是按个人偏好进行选择与调节。这样一来，个人的努力程度就不是一个常量，而是一个变量。

那么怎样才能使个人努力程度达到极大化呢？1983～1985 年莱本斯坦利用了心理学家耶基斯－多德森定律（Yerkes－Dodson law）。莱本斯坦对这个法则改写为要讨论压力与工作绩效的可能关系（见图 5－1）。

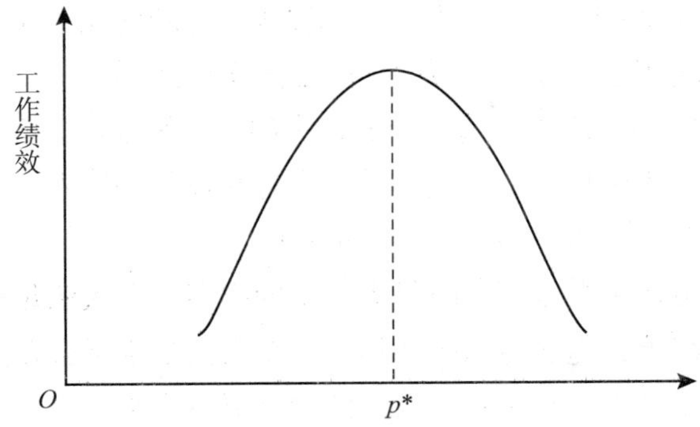

图 5 -1　改写的约克 - 道德逊法则中压力与工作绩效的相关

从图 5 -1 中可见，承受相对较低或相对较高水平压力的个人，是不会尽可能做好工作的，只有在适度压力下个人才会采取极大化行动，才能有最好的绩效。图中压力水平为 P^* 时才会产生最优或极大化行为，从而使 X 低效率达到极小。

这里压力所表达的意思是由个人自身内部机制产生的（如按责任、义务、标准行事），或者由某种外部力量（如竞争、人际关系等）施加在个人身上的因素皆在改变他或她行为的力量。

4. 个人行为具有惰性特征

X 效率理论认为，在个人努力程度与满足程度之间存在以下三种关系（见图 5 -2)。

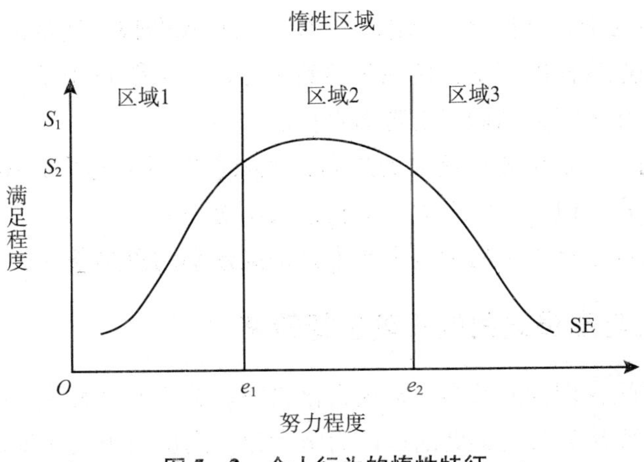

图 5 -2　个人行为的惰性特征

从图 5 -2 中可见：

在区域 1，小于等于 e_1 的努力水平，人的满足程度以递增速率增加。为此，在达到努力水平 e_1 之前，个人宁愿选择较大努力，不选择较小努力。

在区域3，大于e_2的努力水平，人的满足程度以递减的比率减小。为此，在超过努力水平e_2之后，个人宁愿选择较小努力，而不选择较大努力。

在区域2，努力水平e_1和e_2为边界区域，中间有一平顶区。平顶意味着，有一个这样的努力—满足区域，其中每一个努力—满足点与其他每一努力—满足点难以区分。这个难以区分的区域称为“惰性区域”（inent area）。

显然，在惰性区域的下限以下，随努力水平的提高，个人满足程度会以递增速率增加；在这区域的上限以上，随努力水平的提高，个人满足水平会以递减的速率下降。只有在这个区域中的努力水平，才是令人满意的均衡努力水平。

在这一区域中自变量的变动不会导致因变量的相应变动。当个人进入工作的惰性区域时，就会抵制改变其努力水平的各种影响。

个人行为的惰性特征给予管理人员与职工有以下启示：

（1）个人并不总是完全理性的，个人也经常会分析自己努力程度与满足水平的相互关系，即自己的付出（成本）与产出（利益）。

（2）个人宁要努力水平e_1，也不愿要任何更小的努力水平；同样宁愿要努力水平e_2，也不愿要任何更大的努力水平。

（3）个人愿选择惰性区域里的任何努力水平，而不是区域外的努力水平。小于e_1水平的个人将设法增加努力水平，而大于e_2水平的个人将朝向较小努力方向活动。

作为管理人员就应该掌握职工的惰性区域，掌握其边界点，采取相应的激励手段，才能使职工达到极大化的努力水平。

5.1.4 *X*效率依赖于组织全体成员的努力

在组织中领导的压力（监督、奖惩）会使个人更加勤快，变得更加理性。

经理人员要创造这样的氛围：使雇员感到在为自己工作的环境；在工作中是与他人平等的合伙者。这样才能提高职工的努力水平。

在组织中的同事关系也要有这样的压力：大家都在尽职尽力，你也要如此；但是，你可以尽自己的职责，但不可太努力，显得别人不努力。

总之，组织内部全体成员的谐调和努力是提高效率的重要条件。

5.1.5 企业与雇员之间的正确选择策略

企业与雇员之间在理性上都会采取极大化策略。企业的极大化策略表现为：工作条件和工资极小化，而从雇员处得到的东西为极大化。雇员的极大化策略为：尽可能小的付出努力，但依然照拿工资。这样一来，由于企业与雇员都采取极大化的策略，因而双方都会有损失，在成本极小化，尽可能少的支出努力水平下，就会形成低生产率、低报酬、工作条件差的企业。这种情况会使企业与雇员都陷于两难困境。

为了走出两难困境，企业与雇员可以选择如下对策：

企业可以采取其经营完全是为了雇员利益的黄金法则策略。雇员也应该采取为企业最大利益工作的对策。这种对策称为合作解，合作解显然优于非合作解。

5.1.6　X（低）效率理论的评价

作为经济学家的莱本斯坦等提出了X（低）效率的现象是客观存在的，而这一现象的产生原因，并非是资金与技术等经济因素造成的，而是由组织与人的因素造成的，因而探讨X（低）效率现象的规律理所当然地应成为经济学与经济心理学共同的研究对象。探讨X（低）效率现象也是研究企业行为的一个重要方面与内容。

对X（低）效率成因的分析中涉及组织中个体的心理与行为规律：人的有选择的理性；个人努力程度分散性的假定；个人行为具有惰性特征的假定；企业与职工间两难决策的假定等。这些假设是初步的，但也可以成为研究企业中X（低）效率现象的出发点，进一步探索其中的规律，寻求对策将是很重要的研究课题。

我国企业中普遍存在X（低）效率现象。由于长期以来在人事、分配制度中搞平均主义、大锅饭政策，因而职工长期处于惰性区域，出工不出力，个人努力程度降低，企业与职工都追求极大化策略，因而效率下降等等。总之，运用X（低）效率理论中的某些观点、方法，分析我国企事业单位中低效率现象的成因，从而采取相应策略与措施是值得重视的。

当然。鉴于西方国家的经济与文化、政治背景与我国不同，我们不应该照搬这一理论来分析自己国家存在的低效率现象，而是要从实际出发，建立有中国特色的分析X（低）效率现象的理论、模式与实际有效的对策。

5.1.7　我国企事业单位X（低）效率的原因分析

X（低）效率现象在我国企事业单位中普遍存在。人浮于事，办事效率低，这种现象非一朝一夕所形成。即使硬件条件（技术、资金）很好的企业，同样存在使用效率低的现象。对低效率成因的分析，可从外部因素（环境、历史、文化、市场、政策等）与内部因索（组织、人的心理、生理因素、理性与非理性因素、工作行为的特点等）两方面加以考虑，或从两者相结合的角度深入探讨。只有寻找出原因才能制定正确的对策，提高X效率，降低X（低）效率。

从人的两重性而言，人具有有选择的理性，有人追求极大化，有人却追求非极大化。在市场经济条件下，我国企事业单位中的员工有的偏重追求“物质利益”，有个别人甚至“一切向钱看”；有的人却偏重追求“精神文明”，仍然坚持“奉献精神”。一般情况下，对物质利益与精神文明都会有所追求。在我国的文化背景下，提高效率与降低低效率的激励措施，应该既包括物质激励，也包括精神激励，既能满足人对极大化的追求，也能满足人对非极大化的追求。

从理论上分析，个人努力的极大化并不是在任何外界压力的情况下都能实现的。我国员工也有追求适度压力的倾向。例如，一开始人们向往去外企、合资企业赚大钱。但是一旦尝到了这些单位的高强外界压力时，就退缩了，想想还是国有企业好，尽管钱拿得少，但是外界压力的强度是适中的。没有压力与压力超出了人们能接受的范围，都无法使员工实现个人努力的极大化。在员工不能实现个人努力极大化的区域，事实上就产生了工作绩效的低落，因而产生了低效率的现象。作为我国企事业单位的领导，要使员工产生个人努力的极大化，就要掌握外界压力的“度”。根据约克—道德逊定律，只有适度的压力才能使个人的努力极大化，从而产生最佳绩效。

我国企事业单位出现低效率的现象的一个重要原因，就是组织与员工之间都面临着一个两难抉择的问题。我国长期实行低工资制，以此降低成本，使企业获利最大化。在客观上，员工也有获利最大化的倾向（增加工资、福利），但这一方面往往很难得到满足，因而在个人努力方面处于极小化的状态。这样一来，企事业单位实行获利最大化而给予员工利益最小化的后果，所得到的仍是企业的低效率。反之，员工对利益实行极大化对策。而对努力实行极小化对策，其结果是个人的低效率换来企业的低效率，利益最大化的目的也不会得到。我国企事业单位的组织与员工双方都应该采取极大化对策才是上策。组织在考虑本身利益极大化的同时，要千方百计地考虑职工的利益，尽可能地给予员工的利益极大化。反之，员工在考虑个人利益极大化的同时，应在完成组织目标的个人努力中也尽量实现极大化。我国有一种说法，只有锅里有了，碗里才能有。成功企事业单位的经验表明，组织愈关心职工的利益，职工的个人努力愈能达到极大化，组织的 X 效率会提高，X 低效率现象会减少。

由于我国长期实行平均主义、大锅饭的分配政策，因而员工往往会陷入个人行为的惰性区域，有时甚至会表现出集体惰性区。在这一惰性区域内，任何个人都想保持原状，谁也不想再努力了，因为任何努力都不会提高个人的满足程度。冲击惰性区域，使员工实现个人努力的极大化，这需要外界具有针对不同人的不同激励措施。一般来说，在一个固定职位上的人，如果他认为不再有晋升机会时，他就会进入惰性区域，他再也不会增加自己的努力程度，最多是保持原有的努力水平。为此，任何激励措施都必须具有竞争性，并能使人们的满足程度不断提高。

我们将进一步深层次地分析我国企事业单位 X 低效率产生的原因，找到原因才能提出有针对性的对策。

5.2　建立激励机制提高企业效率的对策

尽管在我国的企事业单位中已经建立了劳动合同制，但是这种劳动合同是不完善的。合同中雇佣、购买的是劳动时间，而不是劳动努力。而职工按照合同能提供多少某种技能水平上的努力，有相当的自由处置权。

职工的实际努力程度取决于企事业单位采取什么样的激励机制。激励机制是一种投入，这种机制决定用什么刺激企业内的个人与集体更加努力，更加理性。

通过激励机制，压力影响人的动机，动机影响人的努力程度，努力水平最终影响企业的成本，从而有利于提高 X 效率或降低 X 低效率。

此外，我国的企业改革正进入新的一页，这就是要建立现代企业制度。这一制度的成败标志，就是要看其能否提供内在的激励机制，从而使人们持续地创造性地努力工作，并产生最大的社会与经济效益。

建立有效激励机制的内涵是指，通过改革建立起能最大限度调动企事业单位各层次人员创造性、积极性为对象的运行机制。

笔者经多年理论与实践的探索，特提出下述设想以供理论与实际工作者探讨。

首先，为了达到这一目的就要明确应该用什么理论进行指导，使问题的解决建立在坚实的理论基础上。其次，要制定明确的有效激励制度以及管理层与下同职工群体的个体激励结构。现分述如下：

5.2.1 建立有效激励机制的推拉理论

从个体激励的观点看，激励是在内外诱因的刺激下动机激发的心理过程。动机激发是指使人具有某种欲求，使人对某些事物产生有意识的欲望。同样，在现代企业制度下，我们也要深入研究管理层与不同职工群体行为的动力与源泉是什么，他们的欲求与欲望是什么，通过建立现代企业制度，能否满足他们的欲望，以此提高积极性，使他们处于激励状态中。

当代个体激励的理论体系，简称为动机激励的推拉理论。这一理论认为，人是否能持续地处于激励状态中，积极性一直很高，这需要有内部的推力和外部的拉力，一推一拉的复合才能达到。属于推力的动机激励包括人的内部需要，其中有属于本能性的需要（衣、食、住、行等），也有属于社会性的需要，如社会动机、成就动机等。这种以内部推力形式出现的动力是一种强大的驱力，促使人通过行为达到目的。当前广大职工都有致富的愿望，同时也有实现四化与个人取得成就的动机。人们都想通过实现现代企业制度来实现这些目标，这就是一股强大的推力。

但是，仅有内部推力是不够的，还需设置外部拉力作为诱因，通过诱因诱发动机达到目的。属于拉力的动机激励包括目标设置的理论、期望理论、归因理论、公平理论等。当前，广大职工非常关心企业的前途与方向，企业的分配制度（工资报酬的高低）以及企业的奖励、晋升、培训制度等是否有吸引力。为什么许多职工去外资、合资企业工作，说到底是那里的工资待遇高，奖惩公平，能有去国外培训机会、晋升有望，这些就是强大的拉力。广大职工希望通过建立现代企业制度，最终在有关职工切身利益的各项制度上，能产生强大的吸引力，即拉力。

当前，我们从理论上已知个体激励状态能持续多久，取决于内部推力和外部拉力的力的复合。但是，在现代企业制度中，要建立哪些推力和拉力才能使领导管理层与不同职工群体一直处于激励状态中，这就需要深入探索动机激励的推拉理论如何有效地应用在现代企业制度的激励过程中，由此而建立的激励机制真正能持续不断地调动职工的积极性与创造性。

5.2.2 建立七个有效激励制度是实现现代企业制度内部激励机制的保证

激励机制就是调动人的积极性的运行机制。有效激励机制的主要内容就是要建立有效的激励制度。我们认为，建立以下七个制度有利于从推力和拉力两方面使职工始终保持激励状态，这就是理想目标制度、工作目标制度、分配制度、用工奖惩制度、考评制度、晋升制度、培训制度。

（1）理想目标制度。这是指企业要向职工灌输高层次的理想、信仰、精神需求，这是激励内容的最高层次，其激励效果为使职工有远大的工作理想。当前，理想目标制度通过以下三条途径来实现：思想政治工作激励机制的建立与运行；企业精神与企业文化的建立与运行；职业道德与行为规范的建立与运行。

（2）工作目标制度。从激励的层次看，企业要使职工在实现企业工作目标中体现自我价值，获得自我实现的可能。这一制度的激励效果为使职工工作有奋斗目标，并使企业目标与职工个人工作岗位密切结合起来。当前，工作目标制度通过以下三种方式来实现：企业方针目标体系的建立与运行；企业方针目标的分解、实施、运行；企业方针目标管理的程序、形式的建立与运行。

（3）分配制度。从激励的层次看，企业通过分配制度满足职工的生活需要与成就需要，其激励效果是真正实现了贡献有报酬，按劳分配，多劳多得。当前，企业的有效分配制度包括以下三种改革内容：工资随企业效益浮动，实行岗位等级工资制，实绩与工资挂钩。

（4）用工奖惩制度。从激励的角度看，企业通过用工奖惩制度使职工有忧患、竞争意识，其激励效果为使职工工作既有压力，又能催人上进。当前，企业的有效用工奖惩制度包括实行全员劳动合同制，干部岗位人员聘任制，制订奖惩条例。

（5）考评制度。从激励的层次看，企业通过考评制度，满足职工的成就与自尊需要，其激励效果为使职工赶超有榜样，晋升有依据。当前，企业的有效考评制度应包括层层考评原则，考评方式为层次不同、方式不同。如一线工人考核为评议结合；一般干部为考核、考试、考评三结合；中层以上干部为考核、考评、考查、评议四结合。

（6）晋升制度。从激励的层次看，企业实施晋升制度能使职工得到他人承认和社会地位追求的自尊需要，其激励效果为使职工工作有内在动力。当前企业的有效晋升制度的运行包括建立全员晋升机制、工人考工定级晋升制、干部职务系列、考核晋升制。

（7）培训制度。从激励的层次看，企业实施培训制度能使职工获得重新学习、自我完善、自我发展需要的满足。其激励效果为使职工提高内在素质，发展有方向。当前企业的有效培训制度的内容包括建立全员培训机制，编制培训计划，制定培训管理制度，实现新职工职前培训、岗位培训、出国培训、高校培训等。

表 5 - 1 综述了建立企业有效激励制度的内涵。

表 5－1　　建立企业有效激励制度的内涵

有效激励制度	有效激励机制的内容与运行	激励的层次	激励的效果
理想目标制度	1. 思想政治工作机制的建立与运行 2. 企业精神与企业文化的建立与运行 3. 职业道德与行为规范的建立与运行	高层次的理想、信仰、精神需求	工作有远大理想
有效激励制度	有效激励机制的内容与运行	激励的层次	激励的效果
工作目标制度	1. 公司方针目标体系的建立与运行 2. 公司方针目标的分解、实施和运行 3. 公司方针目标管理的程序、形式的建立与运行	在实现企业工作目标中，自我实现，自我价值体现的需求	工作有奋斗目标，企业目标与员工个人岗位工作结合起来
分配制度	1. 工资随企业效益浮动 2. 实行岗位等级工资制 3. “技薪”“职薪”“实绩与工资”挂钩	实现生活需要、成就需要	按劳分配，贡献有报酬，多劳多得
用功奖惩制度	1. 实行全员劳动合同制 2. 干部岗位人员聘任制 3. 制定奖惩条例	有忧患、竞争需要	工作既有压力，又能催人上进
考评制度	1. 考评原则：层层考评原则 2. 考评方式：层次不同，方式不同 3. 一线工人考核、评议结合；一般干部考核、考试、考评三结合；中层以上干部考核、考评、考查、评议四结合	有成就、自尊需要	赶超有榜样、晋升有依据
晋升制度	1. 建立全员晋升制度 2. 工人考工定级晋升制 3. 建立干部职务系列，考核晋升	得到他人承认和社会地位追求的自尊需要	工作有内在动力
培训制度	1. 建立全员培训机制 2. 新职工职前培训，岗位培训，出国培训，高校培训 3. 编制培训计划，制订培训管理制度	有重新学习、自我完善、自我发展的需要	提高员工内在素质，发展有方向

实践证明，凡是在企业内实行了以上七项有效激励制度的单位其效果是明显的，这主要表现为提高了职工素质，转变了观念，提高了技能，提高了工作效率，发展了生产力。

5.2.3　企事业单位要根据本单位的实际情况权变地实施有效激励制度

管理的灵魂就是要根据本单位的实际情况，因地制宜地实施有特色的内部激励机制中的有关激励制度。

我国某汽车合资公司在实施内部激励机制时，采取以下的内部激励制度（见表 5－2）。

表 5－2　　某汽车合资有限公司内部激励机制

奖励制度	具体内容	实施效果
理想目标制度	1. 思想政治工作与企业精神、企业文化相结合	建立行为规范、道德规范
	2. 高目标、低起点、多层次开展精神文明建设活动（行为规范、道德规范）	高层次的思想、教育深入人心
用工制度	1. 全员劳动合同制	双方自愿选择、优化劳动组合，提高工作效率、调动职工积极性
	2. 内部招聘制，凡有空缺岗位，均首先在企业内公开张榜进行内部招聘，公平竞争	鼓励职工提高业务工作能力，开拓新的专业知识向高一级岗位、高一级工资挑战
	3. 推行“精益生产方式”裁减冗员，精简机构。并为下岗人员提供五种去向	增强岗位竞争意识、危机感，提高人员素质
分配制度	1. 建立工资随企业效益浮动的制度。如上一年企业取得良好经济效益，次年所有岗位均可按一定增资比例提高岗位工资含量	即使不能调往高岗位，也有提高工资的机会，职工利益与企业效益紧密结合
	2. 岗位等级工资制。对全公司各类岗位依据“培训和经验”“体能要求”“工作环境”“工作责任”“工作范围”五个方面打分，确定每个岗位工资等级范围	人事部门对职工的定岗、定级有客观的衡量标准，促使职工根据岗位要求，努力提高自身素质
	3. 对有突出贡献的业务尖子，实行工资不受岗位工资等级限制的特殊政策	调动广大科技人员工作积极性，促进企业技术进步
奖惩制度	1. 评选先进职工和有特殊贡献的职工，授荣誉称号，拍先进事迹录像带。邀先进职工家属参观工厂	增强先进职工荣誉感，在职工中树立榜样
	2. 既有严格要求，又有优厚福利待遇。福利：免费工作餐，上下班接送，带薪休假，生日蛋糕等 违纪处分：书面批评，书面警告，留用察看，辞退，下降 1～3 级工资。厂内严禁吸烟、偷窃，违者重罚	使职工充分体会到企业的温暖，并保证有一个严肃紧张的工作秩序
	3. 鼓励职工积极提出合理化建议和技术改进建议。组成评审委员会，对建议进行评定，并给予奖励（住房、出国考察、晋升等）	激励员工勤于思考，勇于探索，提高职工参与意识与主人翁意识
培训制度	1. 出国培训 2. 国内高等院校培训 3. 公司培训中心进行岗位培训	更新知识，适应企业发展需要

上海某制药公司根据自身的情况，采取了以下的内部激励制度（见表 5－3）。

表 5－3　上海某制药公司内部激励机制

用工制度	全员实行劳动合同制	强化法律意识
分配制度	工资为主，奖金为辅 9∶1 比例按职定酬，职酬相应	
考评制度	完善职务条例，推行绩效考评	责、权、能、利统一
培训制度	上岗前培训——公司精神、质量意识、职工守则、企业概况	
	营销人员培训——营销战略、营销技术、产品常识	
	出国培训——以会代训	
	跟班培训	
	辅导培训——法制、业务培训	

由上可见，建立现代企业制度中的激励制度，不应该只有一个模式，而是应该根据单位的具体情况，建立权变的激励制度的内容。

5.3 企业行为——企业形象的塑造

现代市场竞争已不仅是企业间的产品、质量、技术等方面的竞争，早已发展为多元化、立体式的整体竞争。企业行为的重要内容之一，就是塑造企业自身的整体形象，通过树立企业形象使消费者认同企业和产品，促进企业竞争力和可持续发展。

互联网时代，信息传播速度更为快捷、传播渠道更为多元，加之网络媒体与传统媒体深度融合，企业欲求生存与发展，必须从管理、观念、形象等方面进行调整和更新，制定出长远的发展规划和战略。在此背景下，企业识别系统的建立显得尤为重要。

5.3.1 企业识别系统的内涵及作用

企业识别系统源起于欧洲，随“二战”后经济的发展形成于美国，从 20 世纪中后期开始盛行于欧美及东亚地区。随着企业间竞争的加剧及地域文化的渗入，逐步形成了主要由 MI、BI、VI 构成的完整体系。

1. 企业识别系统的内涵

企业识别系统（corporate identity system，CIS）是指将企业经营理念与精神文化，运用整体化、立体化的复合传达系统，传达给企业内部成员及外界大众，并使受众对企业产生一致的认同感或价值观，从而形成良好的企业形象和促销产品的设计系统。

早期的 CI（corporate identity）即“企业识别”主要指企业的视觉识别。往往是通过对形成企业形象的视觉要素进行统一化、规范化、个性化的设计，使企业形象具有强烈的视觉冲击力，达到企业及其产品为公众识别、接受的目的。

后来，随着经济全球化与信息时代的到来，CI 向系统化、纵深化发展，逐步形成

CIS 系统理论。CIS 系统理论把企业形象作为一个整体进行建设和发展，已不只限于视觉上的识别，而是指企业为了形成良好的企业形象，使企业的各种个性特征易为公众所接受和识别所采取的一种系统、统一的形象手段，是企业对自身的理念、行为方式及视觉形象进行系统革新。

所以，完整的企业识别系统由理念识别（mind identity）、行为识别（behavior identity）、视觉识别（visual identity）三部分构成，通常简称为 MI、BI、VI。如果把企业看作一个人，那么，MI 反映出人的精神理念，即思想力；BI 展现了人的行为模式及习惯，即行动力；而 VI 则直观展现人的外形特征所具有的感染力，即形象力。也就是说 MI 反映出的精神理念主导 BI 体现企业行为模式，然后反映到企业的外部特征，及最终的 VI 视觉体现。

各个子系统的组成要求如图 5－3 所示。

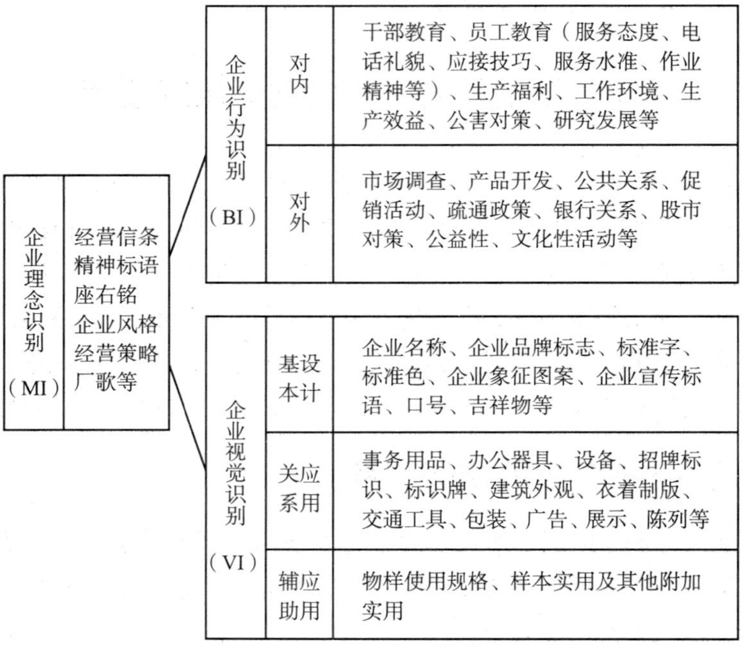

图 5－3　CIS 的系统

2. 企业识别系统的作用

企业识别系统具有重要的战略意义，又被称为 CIS 战略。它是企业文化的形象体现，是企业文化中最具影响力的部分。归纳起来，企业识别系统的作用主要体现在以下两个方面：

（1）对企业来说，CIS 主要有对内和对外两种功能。

从内部功能来说，CIS 的导入实施，对企业内部的运作机能上有极大的正面影响，可以增强企业的凝聚力，提高经营管理水平，建设富有活力的企业文化。现今劳动力市场的流动性愈来愈大，尤其是年青一代的职工，对企业的认同归属感渐渐淡薄，CIS 的导入，在 BI 方面推动时可激励员工的士气及带动对关系企业的共同意识与认同。因为 CIS 是在一定的企业理念、企业精神的基础上发展起来的，是企业理念和企业精神的外化，反过来又帮助企业形成独特的企业文化和企业精神，从而起到凝聚员工共同价值观的作用，这可谓 CIS 最深层的作用。

从外部功能来说，企业导入 CIS，通过一致的信息传播（经营思想）、统一的视觉传达、规范化富有特色的企业行为模式，塑造鲜明独特、充实可信的企业形象，使公众能在众多企业中识别并认同该企业，对该企业的优秀产品建立品牌偏好而重复购买并且对同一品牌或同一企业的其他产品产生信任。企业获得消费者的认同和社会大众、政府的支持，关系企业组织的信任，从而提高产品竞争力，创造一个良好的经营发展环境。

（2）就 CIS 战略来说，每个部分的功能有所不同。具体体现在：

首先，VI 是最直接、最具有视觉传播力和感召力的部分。在 CIS 设计系统中，视觉识别设计（VI）是最直接、最具有视觉传播力和感召力的部分。VI 设计是将企业标志的基本要素，通过科学的方式、艺术化的形式、设计的手段进行系统有效地展开，形成企业固有的视觉形象。VI 透过视觉符号的设计统一化来传达精神与经营理念，有效地推广企业及其产品的知名度和形象的一种手段。因此，企业识别系统是以视觉识别系统为外在表现形式，并将企业识别的基本精神充分地体现出来，使企业产品品牌化，同时对推进产品进入市场起着直接的作用。VI 设计从视觉上表现了企业的经营理念和精神文化，从而形成独特的企业形象，就其本身又具有形象的价值。

VI 设计各视觉要素的组合系统因企业的规模、产品内容而有不同的组合形式。最基本的是企业名称的标准字与标志等要素组成典型单元，以配合各种不同的应用项目。各种视觉设计要素在各应用项目上的组合关系一经确定，就应严格地固定下来，以期达到通过统一性、系统化来加强视觉吸引力的作用。标志及标准组合是 VI 识别系统的视觉基础，因此，需要进行严密的推敲。

VI 的视觉形象也不仅指标志及标准组合，它应是通过视觉元素在人们心中形成的一种深刻的感受和印象。并且这种感受和印象能够让人们产生美好的感觉，形成深刻的记忆。当然，在这种感受和印象当中有标志的运用，但人们最终的记忆不仅仅是标志，还有标志背后的企业及其理念的传达。

其次，MI 是企业的灵魂与宗旨，是企业赖以生存的原动力。MI 处于 CIS 中最核心的位置，统帅和领导着 VI 和 BI。MI 是企业信息传播识别性的内核，MI 不仅是企业员工需遵循的思想准则，也是社会公众认同的识别内容。企业理念识别包括企业存在的目的、经营哲学、企业精神、经营策略等理念性内容。MI 是一个永远开放的体系，融入文化，适应文化。只有做好 MI，才能为 BI、VI 开发做好铺垫。

最后，BI 是企业行为识别系统，直接反映企业理念的个性和特殊性，是企业实践经营理念与创造企业文化的准则。BI 可以通过一系列的实践活动将企业理念的精神实质推展到企业内部的每一个角落，汇集起员工的巨大精神力量。理念识别系统是 BI 的基础和原动力，它规划着企业内部的管理、教育以及企业对社会的一切活动。对内的活动包括：员工教育、工作模式与环境场景设定等项目。BI 是对企业理念识别（MI）的具体实施过程，对外活动包括：市场调查、产品销售、公共关系、广告宣传、促销活动等。

可见，在构成 CIS 的三个因素中，MI 是 CIS 的最高决策层，是 CIS 战略的策略面，是企业的“心”；BI 是 CIS 的动态识别形式，是 CIS 战略的执行面，是企业的“手”；VI 是 CIS 的静态识别符号系统，是 CIS 战略的展开面，是企业的“脸”，三者分别是人的“想法”，对事的“做法”和对物的“看法”。只有发挥 CIS 的整体协调作用，对外才能适应企业的外向发展需求，对内提高企业竞争力。

3. CIS 系统的功能

可见，CIS 的根本作用，即是将企业的经营理念及企业精神，通过有系统的视觉传达设计，渗透到一切经营活动内容与各种视觉要素之中，从而对外建立企业独特的形象识别与社会认同，对内达成意志的统一与归属。

5.3.2 企业形象塑造中的 CIS 系统认知流程规划

CIS 系统的导入，离不开对企业形象构成要素的把握。早在 1907 年，德国的“AEG”全国电器公司的组织设计顾问彼得·贝伦斯，最先尝试在产品、包装、报纸广告，以及展示橱窗等方面形成统一的风格，实现了企业形象的商业价值。从 20 世纪 50 年代开始，欧美等经济发达国家的大型企业纷纷导入 CIS 系统，如 IBM 公司的艾略特·诺伊斯规则，创造出举世无双的企业规模和形象，建立出一套视觉传播系统，即经常“重复不断地出现统一识别符号而获得难以统计的乘数效果”。

1. 企业形象的维度构成

企业形象的构成要素，根据国情、时代、行业等的不同有较大的变化。一般而言，令人感到满意的企业形象往往具有如表 5－4 所示特点。

表 5－4　人们所期望的企业形象

（1）有革新表现
（2）正在成长
（3）现代的
（4）研究、开发方面表现突出
（5）受到顾客的欢迎
（6）盈利多
（7）经营有方
（8）多种经营

续表

（9）满足消费者的需要
（10）有好邻居
（11）与原料供应企业关系良好
（12）竞争光明正大
（13）为改善社会问题尽力
（14）培养出有才能的经理人员
（15）关心吸收、合并问题
（16）坚守独立
（17）没有劳资纠纷
（18）公认为是优秀的雇佣者
（19）资助教育与艺术事业
（20）致力于贸易
（21）在重要的诉讼中取胜
（22）制造出优秀的产品

不同行业的企业形象，其构成要素也有所不同见表5－5。

表5－5　　不同行业企业形象要素构成

企业形象	综合	汽车	零售业	银行	精密机器	钢铁	建设	矿产	航空	出版	服务业
技术精湛	0.737	0.964	0.596	0.921	0.973	0.961	0.941	0.951	0.842	0.523	0.523
热心新产品开发	0.686	0.873	0.724	0.800	0.762	0.923	0.647	0.821	0.821	0.455	0.359
有传统性	0.852	0.886	0.868	0.938	0.881	0.981	0.910	0.816	0.955	0.947	0.694
亲切易于接近	0.627	0.796	0.267	0.363	0.733	0.859	0.848	0.736	0.912	0.806	0.355
宣传广告好	0.765	0.873	0.613	0.680	0.640	0.924	0.577	0.845	0.904	0.722	0.335
信赖性	0.857	0.962	0.909	0.971	0.950	0.980	0.966	0.976	0.922	0.907	0.818
有发展前途	0.776	0.934	0.745	0.936	0.808	0.960	0.922	0.891	0.908	0.871	0.424
稳定性	0.871	0.943	0.950	0.970	0.941	0.985	0.954	0.966	0.960	0.960	0.834
顺应大潮流	0.415	0.813	0.077	0.400	0.695	0.659	0.611	0.703	0.881	0.378	0.173
具有整洁的形象	0.697	0.762	0.869	0.903	0.861	0.792	0.743	0.860	0.822	0.725	0.771
研究、开发力量旺盛	0.705	0.916	0.697	0.761	0.804	0.959	0.891	0.834	0.843	0.452	0.024

续表

企业形象	综合	汽车	零售业	银行	精密机器	钢铁	建设	矿产	航空	出版	服务业
有海外竞争力	0.707	0.877	0.748	0.833	0.930	0.938	0.903	0.833	0.938	0.699	0.587
有积极性	0.753	0.901	0.462	0.660	0.824	0.913	0.892	0.792	0.884	0.679	0.211
公司风气正派	0.743	0.655	0.864	0.898	0.674	0.948	0.873	0.784	0.912	0.860	0.683
有现代感	0.683	0.752	0.608	0.742	0.881	0.896	0.731	0.690	0.952	0.508	0.444
经营管理者优秀	0.782	0.795	0.738	0.916	0.841	0.926	0.887	0.625	0.906	0.921	0.623
对顾客服务周到	0.677	0.792	0.928	0.669	0.881	0.853	0.813	0.871	0.934	0.742	0.765
认真对待消费者提出的问题	0.449	0.660	0.184	0.615	0.826	0.815	0.580	0.788	0.766	0.207	0.194
企业规模大	0.861	0.888	0.855	0.960	0.912	0.971	0.964	0.986	0.954	0.937	0.760
销售网充实	0.793	0.853	0.597	0.853	0.911	0.950	0.800	0.903	0.921	0.921	0.254

企业形象不仅来自商品的顾客的评价，还包括股东、金融界、原料供应企业、竞争企业、工厂所在地的居民、职工、招工对象、行政机关、一般社会公众等广泛阶层的人。笔者及其研究团队实证研究表明，我国企业形象维度构成主要由八个指标构成：

（1）经营形象。主要包括：企业经营业绩突出，效益综合指标与主要指标占全国同行业先进水平；经营战略与营销策略正确有效；依法经营，信誉良好等。

（2）管理形象。积极推广先进管理方法与手段，财务管理制度健全，财务纪律严格；对于工业企业，质量管理实行 ISO 质量管理体系，与国际接轨。

（3）产品形象。产品质量可靠，开发能力强，主导产品品牌信誉良好，售前、售后服务体系完整，顾客满意率高。

（4）外观形象。企业在生产装备、工作用具、厂房建筑、产品包装、员工服装等方面有其统一的标识，能表明该企业的特点；企业环境净化、绿化、美化，达到全国绿化先进标准。

（5）发展形象。按照现代企业制度的要求，建立产权明晰、政企分开的管理科学的体制；企业发展目标明确，重视规划；重视科技进步和技术改造；重视人才培养、开发与使用。

（6）员工形象。员工敬业爱企业，道德良好；业务素质较高；在企业内外文明礼貌，遵纪守法，热心公益。

（7）企业文化形象。企业的经营宗旨与理念以中国特色社会主义理论为指导，党组织发挥政治核心作用，培养具有企业个性的企业精神，激励员工奋发进取；丰富员工文化生活，团结互助，风气良好。

（8）企业家形象。企业领导人具备领导魄力和才能；有较高的知识素养和实践能力，社会知名度较高，人际关系良好，创造思维能力活跃。精力充沛，品德端正，责任意识强。

2. CIS战略涉及的相关企业形象问题

CIS战略其实是企业经营的一个重要组成部分，它所能解决的问题，依企业的性质有所不同，但大致可归纳为如下：

（1）企业名称陈旧老化，易被误队、误解；

（2）随着企业向多角化经营发展，企业形象的一贯性、统一性逐渐丧失；

（3）与其他公司合并后，必须重新塑造企业形象；

（4）企业名称与商品的形象不符；

（5）与同行业竞价的企业比较起来，自身的活动性似乎较差，在形象的竞争力及认知程度上，明显地处于不利的地位；

（6）知名度过低；

（7）企业形象不好，员工士气低落；

（8）企业形象因某种原因受损；

（9）旧企业形象成为打入市场的障碍；

（10）缺少能代表全公司的统一性标志；

（11）企业某种特定商品的形象，成为其他商品的障碍；

（12）企业对人才的吸引力不够；

（13）已上市的股票显示，公司正属于劣势或遇到障碍；

（14）商品和商标形象之间，出现不合理的分歧现象；

（15）企业形象产生低落、陈腐化的倾向；

（16）赶不上国际化形象的潮流；

（17）当前的经营战略与企业形象无法配合。

3. CIS系统认知流程规划

CIS规划关系如图5-4。

VI作为CIS的静态识别符号，是具体化、视觉化的传达形式，项目最多，层面最广，效果最直接，因为根据心理学的理论，人类接受的外界信息，有80%左右是通过视觉器官获得的，而且由视觉器官所归集的信息，在人类记忆库中具有较高的回忆值。

企业识别系统的开发是以视觉化的设计要素为计划的中心，意即塑造企业形象最为快速便捷的方式，便是在“企业传播系统”的SMCR模式中，建立一套完整的独特的符号编码系统，以供社会大众识别、认同（见图5-5）。

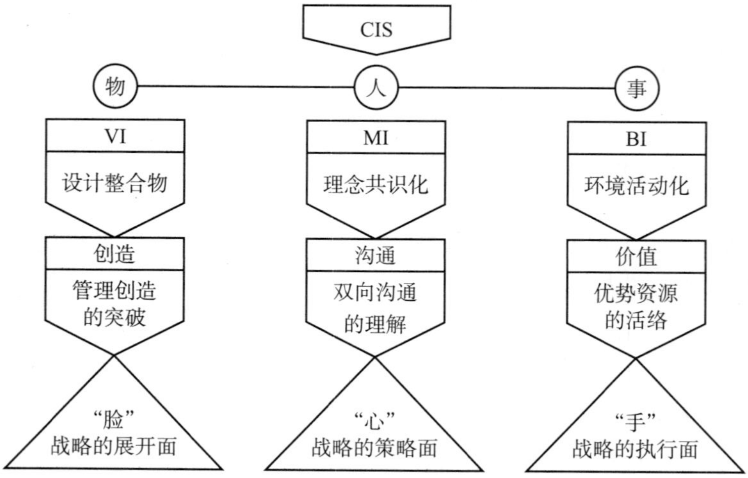

图 5－4　CIS 规划关系

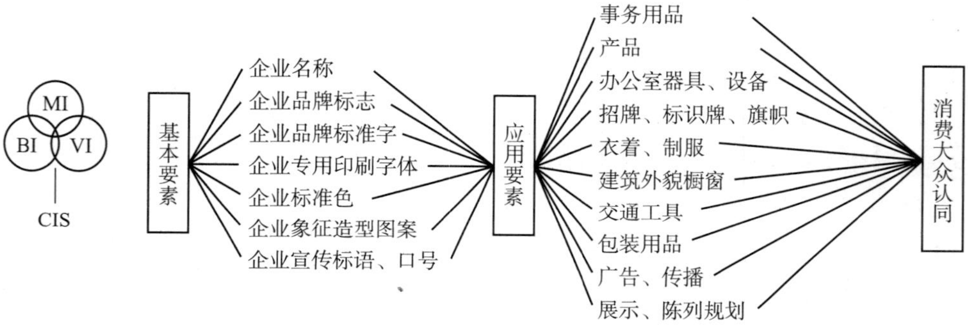

资源（S）——设计符码（C）——传播媒体（M）——接收群（R）

图 5－5　SMCR 传播模式

4. CIS 执行程序

CIS 在企业的导入过程可以分为以下六个步骤：

（1）成立 CIS 委员会。委员会可由企业各阶层单位推荐的优秀人物组成（最好是对工作有使命感的人），人数 7～11 人，而且最好由专业公司（人员）参与协助指导，以免主观性太强，失去客观性评价。

（2）客观的调查作业。调查作业包括四个方面：一是公众要求调查；二是企业知名度和美誉度调查；三是企业形象要素调查；四是企业内部期望形象调查。由于调查结果取决于企业外部公众和内部职工的认定，有可能产生不同于企业实况的认定，因此，企业形象调查的关键是掌握构成企业内外环境的职工和社会公众的认定与企业实况的离合度，以把握企业的真实形象。

（3）探讨导入 CIS 的契机。通常在企业导入作业时，要选准时机，才能收到事半功倍而不是事倍功半的效果，如以下时机就是适合导入 CIS 的契机：新公司设立、合并成企业集团时，这是实施 CIS 的最佳时机；新产品的开发与上市；企业面临经营危机、事业停滞需改善时；提升品牌与企业的共同性或品牌升格为企业商标时等等。

（4）拟定具体的 CIS 作业内容大纲。作业内容大纲应包括实施的预定进度表和所需要的经费。

（5）公司上下信息沟通与认同。CIS 不能只以单向作业，必须依赖全体员工的积极努力，增进认同与共识，如举办对未来发展为主题的征文活动；对内征求企业经营的创新想法；编发 CIS 通讯，运用刊物作媒体来达成相互沟通的桥梁等。

（6）CIS 的实施与发表。在 CIS 导入至成熟阶段，需要有计划地安排对外发布会，展示 CIS 导入的成果，呈现出企业创新的整体新形象，使社会大众对企业的改变产生认同与共识。CIS 的对外发表可选择电视、报纸，网络等。

从认知心理学的角度来考虑，可设计 CSI 计划流程图如图 5－6 所示。

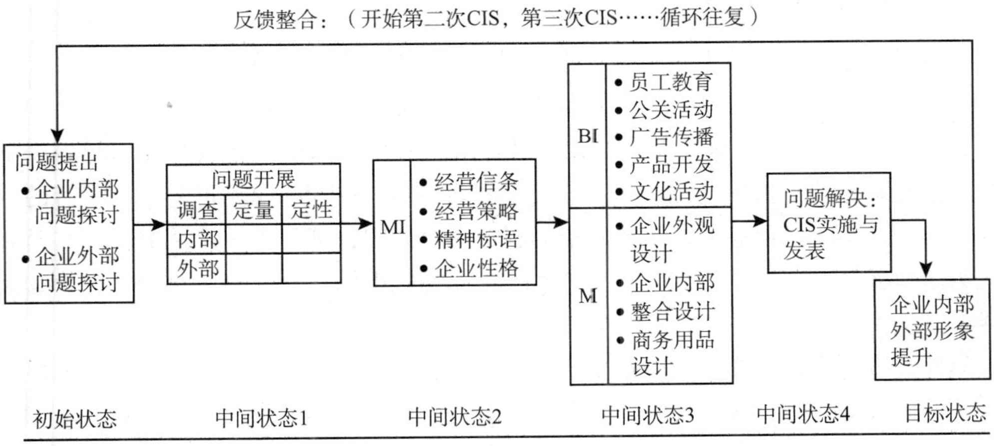

图 5－6　CIS 计划流程图

认知心理学认为，问题解决的过程是人或计算机系统寻找操作系列以达到目标的过程。认为问题有三个状态：初始状态、中间状态和目标状态，解决问题就是在问题空间进行探索，通过探索最后达到目标。CIS 是解决问题的学问，同样地存在着初始状态（目前企业实态）、中间状态（调查分析、验证假说、提出理念识别 MI、围绕 MI 展开 BI、VI、CIS 具体实施等一系列过程）和目标状态（企业整体形象的提升），及在 CIS 整合过程中的反馈，即元认知的过程，以 CIS_1 为基础进行 CIS_2、CIS_3……循环往复，有始无终螺旋式上升，在这种无限循环过程中，企业形象被一次又一次地提升了。

5.3.3　构建中国特色企业形象识别系统

导入 CIS 是一项系统工程。在实施过程中。企业要全面审视企业的理念、经营战略、公共关系、组织管理和企业外部的视觉形象，并要积极创造条件，不断完善和提高自身形象。根据我国现实情况，企业要真正引入与有效实施 CIS，必须要有不断创新的理念和正确的方法。

1. 中国特色企业形象塑造应有的创新理念

第一，中国化、本土化特色。我国有不同于国外的独特的传统文化、民族性格以及社会发展的现状，各个企业之间也有着不完全相同的客观环境，这就要求我们不能完全照搬国外的一套 CIS，而必然要走民族化的道路，在“中国文化”这块基石上进行分析和改建，使之在各个方面适合我国的国情，既国际化又本土化。

第二，形象投资意识。企业要导入 CIS，必须认识到建立企业形象所花费的金钱，不是“开支”，而是“投资”。企业形象是种文化，是无形资产，是一笔看不见的巨大财富。提高企业形象，目的是使顾客满意，对企业产生信任，购买其产品，使企业获取更高的利润。这笔投资不仅不会亏本，反而会产生“增值”。要实施 CIS，就必须投入足够资金。由于投资大，且实施效果具有不确定性，风险较大，难以预测，因此许多企业不愿或无能力花费巨额资金进行投资。如果一开始就不敢投资，导入 CIS 自然就无法进行；或者为了节省经费而删除某些步骤则会更有损于企业形象。

最后，CIS 的设计和导入是一项长期战略。企业形象设计是长期的检讨、修正、监督、测定、反馈的过程，是螺旋式上升的无限循环，在 CIS1 基础上进行 CIS_2、CIS_3……不断提高改进更新企业形象的过程，是一项长期战略，不是一朝一夕就可完成的。有的企业认为实施一次 CIS 就足够了，而把后期的服务束之高阁，满足于一次性交易。甚至有的企业为了节省开支、急功近利，只实施 CIS 中的视觉识别统一（VI）部分，以为即大功告成，其实都是没有真正理解 CIS 的实质。

第四，选择合适的媒介至关重要。网络时代，要想宣传好、维护好企业的形象，在审慎选择内容的同时，还必须审慎选择推介宣传的媒介，并根据媒介、受众的不同确定宣传制品的不同形式，以文字、图表、微视频、微故事、流行元素等多种形式，选择合适的时间进行投放，从而达到事半功倍的宣传效果。

2. 互联网条件下塑造企业形象的对策建议

对于企业传播来说，网络媒体的迅速崛起不仅带来传播平台的转移，更是对传统传播理念的颠覆式创新。在注意力被严重稀释的背景下，传统的企业传播效果已经大打折扣，对目标消费者来说，很难“入心”。企业形象宣传内容的选择只有符合互联网的特点，才能增强宣传的时效性。

首先，应注重人性化形象的塑造。将抽象的品牌理念转化为更符合时代性、更符合人本需求的“通俗、易懂、易接受”的形象至关重要。使企业的品牌形象和价值观通过网站在访客心目中趋于完整和清晰，提高“网络品牌构筑”，使公众产生一致的认同感。

其次，应注重个性化的锤炼。个性化的语言设计、故事设计实际上可以将某一企业与其同行区分开来，新奇性、时尚性、简约性的语言、故事可以满足网民个性化的需求，要注重符合企业特点的、专属性的企业语言、故事塑造，如联想的“人类失去联想，世界将会怎样”、海尔的“砸冰箱”故事等，以此吸引更多的网民关注，对企业产生较深的印象。

最后，应注重企业家形象传播。注重情感沟通、互动沟通，通过个性化企业家形象传播塑造企业形象。企业家是企业最好的代言人，是情感传播最好的载体，企业家的形象、性格、故事都可以成为良好的传播素材，他们的言行举止会让消费者对企业产生最直接的联想，刺激消费行为的发生。企业形象通过借力企业家形象，为企业产品及服务确立鲜明性格，使企业形象鲜活起来并达到差异化定位，从而在激烈的市场竞争中赢得一席之地。

总之，由于企业内外环境是不断变化的，企业的经营战略方式、市场定位、组织机构设置等可能会发生较大变化，因此企业的形象也不可能是定格不变的。每个企业的员工素质、经营者水平、业务状况、竞争策略和营销手段都各不相同。在树立企业形象的方式、手段、策略上必然各有差异，所以作为塑造企业形象的 CIS 的设计和导入要结合实际，随企业内外环境的变化来进行。谁能够将优良鲜明的企业形象呈现在公众面前，谁就能在激烈的商场竞争中脱颖而出，稳操胜券。

本章提要

经济学家莱本斯坦提出在企业中存在来源不明的 X（低）效率现象。X（低）效率理论强调人的因素，人的双重性（理性与非理性），个人努力程度是一个变量，个人行为具有惰性特征等。

现代企业制度的有效激励机制是建立一套激励制度：理想目标、工作目标、分配、用工、考评、晋升、培训制度。

我国企业形象设计的维度构成有以下八个：经营、管理、产品、外观、发展、员工、企业文化、企业家形象。

思考与探索

1. 什么是 X（低）效率理论，此理论与新古典理论有何区别？
2. 试述什么是个人行为的惰性特征，这对管理者的管理有何启示？
3. 举例说明建立现代企业的激励机制，应采取哪些对策？
4. 什么是企业识别系统？它有哪些功能？
5. 如何在互联网条件下有效塑造企业形象？

6

市场经济中个体的经济心理与行为

6.1 市场经济中的理性经济人假设与评价

在前面的分析中，我们知道，心理学是一门研究人的心理与行为的科学。它们面对的是人，在此不再赘述。而经济学的产生始于人为了更快更多地获得物质财富的欲望与实践，而这一欲望的实现还要靠人的劳动，所以经济学始于人又终于人。人是生产者，又是购买者；人是投资者，又是交换者。正如经济学家马歇尔所说："政治经济学一方面研究财富，另一方面，也是最重要的方面是研究人。"所以经济学研究的前提条件之一就是如何界定人。

6.1.1 理性经济人假设

古典经济学家认为：人是理性的，总为自己打算的，是受自我利益驱使的，这就是经济人的假设。经济人被看作是一般人的代表，是有人类的一切特性，但这种一般性仅仅是就经济意义上说的，他的一切特性都是经济上的，只是受经济理性驱策的人的概念，古典经济学家的理论，就是以人的这种一般概念为基础。

关于"经济人"的假设，有人认为是亚当·斯密最早提出的，实际上，是早于斯密的一些重商主义者提出来的。如英国的重商主义者约翰·海尔斯1549年所著的《关于英格兰王国公共财富的讨论》一书中，就已提出了"人是追求最大利润"的看法。此外，孟德尔于1723年发表的《蜜蜂寓言》中也对人作出了类似的说明，他们都早于斯密，但斯密关于"经济人"的界定更为完善。

斯密关于"经济人"思路的要点是：①每个人天然地是他自己利益的判断者，如果不受干扰，他的行为可以使他达到自己的目的（最大利益）；②每个人在追求自己的私利时，又不得不考虑他人的私利，否则就难以实现自己的利益，正是这一点构成了交易的通则；③当每个人都能自由地选择某种方式追求自己的最大利益时，"一只无形的手"会将他们对私利的追求引导到能够为公共利益作出最大贡献的途径上去。这只"无形的手"，就是分工基础上的市场和竞争。

仅仅从这几点看，似乎可以得出一个隐含的前提，即人性是自私的，人的经济行为受利己心的支配。但是，斯密在其著作中还有论及人性的其他论点。他认为人有各种动机，“自爱，追求自由的欲望，正义感，劳动习惯和交换”，但他的时代赋予他的使命，却是要求他着重阐明怎样才能建立市场秩序，积累财富。他适应时代的使命着重思索和发挥“追求私人利益”和“无形的手”的思路。

斯密的思路影响了以后几代的古典经济学者。后来，几位经济学家对“经济人”提出更严格抽象的概念。1844 年，约翰·斯图亚特·穆勒在他的《论政治经济学的若干未决问题》一书中认为，应当把人的各种活动的经济方面抽象出来并作为定义。穆勒的论点是：政治经济学并不论述社会中人类的一切行为，“它所关注于人的仅仅是：作为一个人，他有占有财富的愿望，而且他赋有达到这种目的的各种可能性的能力。”“它将其他每一种人类情欲或动机完全抽象化……政治经济学认为人类把全部精力用于取得和消耗财富……”穆勒提出了将“经济人”抽象的必要性和内含，指出了政治经济学探索的是“经济人”的行为，但并未明白地提出“经济人”这一概念。

而丹尼尔·莫尔说，“经济人”概念是由帕累托最先引进经济学的概念。莫尔认为，帕累托提出的“经济人”的概念，是吸收了“边际革命”的结果。人被认为是完全理性的人，能计量苦乐的人，始终处于深思熟虑权衡和比较他的边际成本——效益的持续过程的人。如果莫尔对帕累托的“经济人”含义作的概括确切的活，那么，较之穆勒、帕累托的抽象要更严格了。

自从“经济人”引进经济分析后，受到了来自各方面的批评，有人认为只有马克思主义学者才批判“经济人”，实则不然，不但历史学派对此持批判态度，甚至主流学派内部也有批判者。

马克思主义者的批评主要论点是：“经济人”概念是超乎一定历史发展阶段的。然而人的本性，主要指人的社会性，是由他所处的一定的社会关系及其地位决定的。因此，应从一定的历史发展阶段来分析。

法国历史学派的先驱者李斯特是欧洲大陆较早对斯密的思想发难的人。他认为，这是一种“将国家与政权一笔抹杀，将个人利己性格提高到一切效力的创造者的论调。”但另一方面，他又说出：“正是斯密才使政治经济学成为一门科学有了可能。”

主流经济学派内部也有批评者，批评的主要论据是，人不仅是“经济人”，同时也是“社会人”。人的本质主要是人的社会性。在现实生活中，人除了追求利润和其他经济利益之外还追求安全、独立、友情、爱等非经济利益的目的。人不仅有利己心，还有利他心。马歇尔的《经济学原理》一书，是以“经济人”的思想展开其经济研究的，但同时又申明说：“经济学是一门研究财富的学问，同时也是一门研究人的学问。”他认为“经济活动不全是利己的”，即使是人有金钱欲望，但这“也许是出于高尚的动机”。他说：“共同活动的动机，对于经济学家有巨大的和日益增长的重要性。”马歇尔还指责了边沁的所谓“各个人追求的幸福，便可达到社会的最大幸福”的观点。

当代西方经济学者，一部分或属于制度学派，或属于社会学的研究者，大多从伦理标准和社会现实对“经济人”这一假设提出批评，而西蒙从实证角度提出的批评开辟了另一途径。在1976年出版的《行政管理行为》一书中，他一方面指出“经济人”所包含的“充分理性”不现实，另一方面提出了“有限理性”的观点。

西蒙认为，“经济人赋有一套完全而又始终如一的偏好，使他经常挑选他面前可供选择的东西；他也十分清楚，这些可供选择的东西是什么。为了决定哪一种选择更好，他作了无穷无尽的复杂运算。对于他，算出概率既不可怕，也不神秘。”——这种评价，是把“经济人”概念推到极端。理性是完全而又完全。

西蒙依据他的企业调查和实证分析，认为有限理性比完全理性更接近于现实。与此相应的是，追求令人满意的利润（satisfactory profits）要比追求最大限度的利润（maximum profits）更接近于现实。由此就出现了用“次优”来代替“最优”的种种说法。

应该说西蒙对“经济人”并非否定，而是一个补充。但在以后的管理理论的发展中，有一些学者认为“次优”未必经得住实证检验。

这里，我们想再提一下1992年诺贝尔经济学奖获得者，芝加哥学派著名的经济学者格雷·S. 贝克尔，又推广“经济人”所包含的追求最大的理性行为。他认为，不仅个人是为利润最大化而行动，而且这种经济方法论还可适用于人类行为的更广泛范围，包括了通常认为不属于经济范畴的犯罪和婚姻。

贝克尔在其《从经济上探讨人类行为》一书中，认为追求最大化在经济学中不只是一个论题，而是一种方法。他说：“我已认识到经济方法是适用于人的一切行为的，很广泛的方法。包括不论是货币价格，还是增加的虚幻价格；是重复决定，还是偶然决定，是感情上的目的，还是机械目的；是富人还是穷人，是商人还是政治家；是教师还是学生。”与贝克尔持类似观点的一些经济学家也论证了“最大化”行为和稳定偏好不仅仅是基本假设，而是从适应性进化行为的天然选择中引申出来的。同时，他们将这一方法运用到许多领域，如大家已知的“公共选择理论”运用于政治学上的分析，我们看到了“经济人”假设在经济分析中得到如此广泛的运用。应该讲，在人们的经济行为方面，“经济人”的假设是不能完全否定的，是可以运用的。当然，是要有限度地运用。

通过以上分析，我们可以作如下述评：

第一，有条件地追求最大利益，在条件限制下追求可满意的利益，实际上含义是一致的，也是我们平时说的“让一部分人先富起来”，这是绝大多数人的现实的经济行为，不是脱离实际的假定。

第二，对于复杂的经济过程，“经济人”的假设是有利于抽象分析的，不在一定的程度上作出或利用这个假定，很难设想怎样在理论上建立经济法则。当然，这里的“人”也有“个体”的含义。

第三，“经济人”只是一个抽象概念，换言之，其中撤掉了人的其他一些社会特征。它既不意味着人的任何行为都是而且只是追求个人利益，也不意味着经济主体的其他任何行为都是为了追求个体利益。

不管肯定也好，否定也好，经济学无法回避对人的分析与假定，也似乎，人不仅仅是“经济人”，正如一部分主流经济学家认为人不仅是“经济人”也是“社会人”，人的本性主要是人的社会性，即对人的另一个界定：“社会人”。

6.1.2 现代理性经济人概念

理性意味着每个人、每个企业都会在给定的约束条件下争取自身的最大利益，这些条件包括法律、政策条令、预算约束、生产技术条件、价格等。理性选择人是自利的。自利行为就是用自己有限的收入最大限度地满足个人的欲望；对于企业而言，自利行为就是在给定的生产技术条件下，选择最佳投入产出组合，以取得最大的利润或经济效益。如果人不是“自利”的就根本不存在经济学。

“自利”是经济发展、社会前进的动力。人的自利，是不可回避的现实，承认它是解决人类社会问题的一种现实的、负责的态度。无视人的自利性，把人的“利他性”假定为“普遍存在”的态度，说得好是过分理想，说得不好是不负责任。如“农民”首先关心自己富起来，然后才会去关心国家。“自利”不是损人，理性经济人的自利行为要遵守社会规范，以此作为必要的约束条件。市场机制能较好地解决激励问题，给企业提供激励的是利润，给消费者提供激励的是满足需求。市场机制使自利的个人与人们之间的互利统一起来，称之为激励相容（incentive compatibility），主观为自己，客观为社会。

1. 理性经济人与经济机制设计理论

对于任意给定的一个社会目标，在自由选择、自愿交换的分散化决策条件下，能否设计一个经济机制（法则、政策条令、资源配置等规则）来达到既定的社会目标。机制的激励性在于：在所定机制条件下，每人追求个人目标、客观效果达到社会所要实现目标。每个经济模型实质上就是一个机制，所以激励机制的设计要求所给出的模型应是激励相容的（追求个人利益时，社会也达到既定目标）。

我国过去未将激励问题制度化，以至于个人与社会目标不协调。如过去农民种田交粮，一方面交“爱国粮”，另一方面希望增加收入，结果农民增加收入的希望落空后，种田的积极性下降，纷纷进城打工，造成一些社会问题的出现。

2. 现代理性经济人的特征

现代理性经济人有以下五个方面的特征：

（1）追求最大利益，最小损失。

（2）拥有信息。

（3）最大效用评价能力。

（4）偏好序列评价能力。

（5）受市场调节，而不受任何人支配的独立自由人。

3. 中国古代的义利观与理性经济人假设

理性经济人假设强调的是“利”，但利的另一面是义，如何正确对待利与义的关系呢？中国古代的义利观是值得推崇的。孔子的义利观在千年以前就提出了“见利思义”的观点。孔子的义利观，首先肯定所有的人都有追求富贵的欲望。他说：“富而可求，虽执鞭之士，吾亦为之。”（《论语·述而》）这就是说，追求富贵是人们的正当欲求，因而，施惠于人民，使人民的生活温饱以至于富裕，应当成为统治者的基本国策。但在另一方面，孔子更加强调以“礼义”制约“利”的重要性。“见利思义，见危授命，要不忘平生之言，亦可以成人矣。”（《论语·宪问》）“义然后取，人不厌其取。”（同上）当然，这种“礼义”必须符合封建统治者所规定的礼义精神。

孔子将“义”作为人们对“利”的取舍标准，是非常可贵的。即使在当代仍要处理好物质需求与精神文明需求之间的关系。见利忘义会带来严重的社会后果。我们主张先义后利，重义轻利，以义制利的思想需积极地倡导。我们并不简单地评价理性经济人假设的积极与消极意义，而是强调要正确地对待义与利的相互关系。

6.1.3 个人行为的多元目标

作为微观经济主体之一的个人，总是在满足某种需要、追求某种利益的动力支配下发生种种经济行为的。这一动力构成个人的行为目标。个人目标是决定个人行为的重要动力，离开了个人目标就不能说明个人为什么采取这种经济行为而不采取那种经济行为，不能说明为什么不同的个人有不同的经济行为。图 6-1 是一个人类行为的基本模式图。

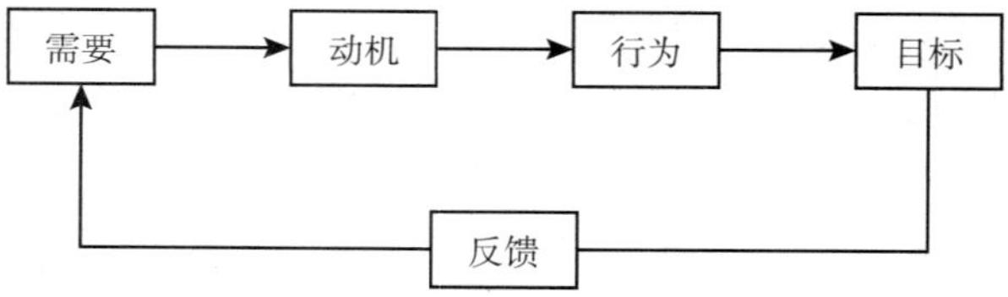

图 6-1 人类行为基本模式

毫无疑问，个人的行为目标首先而且在很大程度上是追求物质利益，这在社会主义制度下也不例外。这里所说的物质利益是指个人通过提供生产要素，从事各种生产、经营、服务活动而得到的物质收入，以及把收入用之于消费，满足人们自身生存、享受和发展的诸种物质需要。

但是，正如我们前面分析的，在现实生活中的人不仅是“经济人”，还是“社会人”。他的利益比单纯的物质利益或经济利益更广泛。这里要特别指出的是，物质利益的边际效用呈递减趋势。如果个人的目标或者说动力仅仅是物质利益的，那么随着物质利益得到满足，那岂非动力也要随之递减，目标也会随之渐趋真空了吗？

其实，利益并非只有物质利益的单一内容，它还包含非物质利益，追求非物质利益也可以成为个人主体的行为目标。非物质利益包括发展人际交往、同某一群体取得认同和归属、受人尊重、职务升迁、承担社会责任、发展个人才能，实现理想抱负等。这种非物质利益有的是通过参加社会经济活动直接得到的，如职位升迁、授予劳动模范称号等；有的需要通过物质收入转化，例如个人捐款“希望工程”可以流芳于世，当然这更表现为一种社会责任。

对物质利益和非物质利益的追求和预期，是决定个人经济行为取舍的两类目标。个人的行为目标不止于上述两类，获得闲暇也可以是个人行为的目标。这是因为：①受生理条件的限制，人们不能整天劳动。劳动能力的再生产既需要消费也需要休息。休息就要占用和“消耗”闲暇。②参加经济活动以外的其他社会活动以及为了人的全面发展和满足精神方面的其他需求，也需要闲暇。③进行物质生活消费也同样需要闲暇。闲暇是保证人们物质利益和非物质利益得以实现的必要条件，它本身也是个人利益的一个独立的存在要素。因此，取某一时点上人的利益的横截面来看，它是由物质利益、非物质利益和闲暇三个变量构成的。相应地，支配个人经济行为的目标也不是一元的，而是三元的。同样可以理解，在三元目标之间，存在着互相替代、互相转化、互相补偿的关系。

综上所述，个人主体的行为目标是多元的，它们相互之间可以互相替代. 在任何一种社会制度或经济体制下面，个人对于行为目标都有程度不同的选择自由，每个人都为追求利益最大化而做出种种选择，在建立社会主义市场经济中，我们要正视、承认、尊重、引导个人对利益的追求。当然，这种追求与选择还取决于个人主观的价值观和客观的社会因素制约。

6.2 个体经济行为的特征

6.2.1 行为与经济行为

行为（behaviour）一词在心理学中常被赋予不同的含义：①以华生为代表的行为主义心理学家，把人与动物对刺激所作的一切反应都称之为行为，这里的行为指一切遗传的与习得的外在行为，也包括一切遗传与习得的内隐行为。人的思维被视为一种内隐行为。因此，它无限扩大了行为的概念，并否定心理现象对行为的影响和支配。②格式塔学派心理学家 K. 勒温认为，人的行为是由人与环境（心理的生活空间）的相互关系决定的。这里对行为的理解是指受心理支配的外部活动。③现代心理学认为，行为是指在主客观因素影响之下产生的外部活动。既包括有意识的行为，也包括无意识的行为，在正常情况下，人的行为一般也都是有意识的，这个定义被大多数人所接受。

对经济学来说，行为都是一个因欲望产生动机，因欲望满足而终止的过程，经济学重视心理动机和欲望满足是行为产生的原因。经济学分析的规范形式，也是从分析消费、生产这种人类行为的特定方式开始的。因此经济价值、价格、需求、供给、工资、利润等经济学研究的中心概念，完全可以从对个人行为的分析入手，从逻辑上推导出来。在这个意义上说，行为理论也是经济学分析的理论基础。

所谓经济行为是指人类在资源配置之间进行决策和选择，以达到满意利用的决策行为与选择行为。简单地讲，经济行为指人们在经济方面的行为。如经营者的经营行为、生产者在生产过程中的竞争或互助协作行为、商品买卖交换过程中的交易行为、管理者的管理行为等。这里我们不妨引用法国经济心理学家阿尔布的一个生动说法："经济行为是指经济单位（个人或集团）为了在一个以物质匮乏为特点的背景中，生活、活得好些、更好些，而展开的全部物质的和象征的活动，这不仅是指解释世界，更重要的是指改造世界。"

6.2.2 经济行为的特征与分类

经济行为的主要特征是：

（1）经济行为产生的动因是人们内在的基本生存需求；

（2）它是与人类社会共始终的；

（3）由于经济活动的永久持续性，因此经济行为的目标即满足人们物质和文化生活的需要并不是一次性的，而是滚动式的，不断发展的，永远不会停止在一个水平上；

（4）由于经济活动与人们的基本生存发展需求直接相联系，所以利益对经济行为的支配作用十分明显。

为了更好地理解经济行为，我们需要按不同的标准对其进行分类：

（1）按是否盈利可分为：一类是盈利性的，如生产方面的，流通方面的行为；另一类是非盈利性的，如保护资源活动，经济与社会的管理与协调等。两类活动的最终目标都是为了最大限度地满足人类生存和发展的需要。

（2）根据数量可分为个体行为与集体行为。如在消费方面，个体行为表现为个人消费习惯（如吸烟、喜欢吃甜食），而集体行为可以指一些成为制度的习惯做法或实际做法（如参加宴会，一些少数民族特别节日聚餐等）。

（3）根据质量可分为理性行为与非理性行为，但这往往牵涉到价值、伦理的判断。如一般认为生活"入不敷出"是非理性行为，而为了扩大投资过节俭生活则是理性行为。

（4）根据性质可分为物质行为（用手势或动作来表现，如使用某种生产工具）、符号行为（如构想一个经济纲领）、混合行为（如策划一个广告并具体实施）。

（5）根据时间长短可分为长期行为（如国家的发展计划，企业生产销售战略）、短期行为（如消费某些产品），显然这种区分是相对的。另外，根据节奏可分为重复行为（习惯行为或定期行为，如按时就餐）、偶然行为（一时心血来潮买双时装鞋）。

（6）根据功能习惯可分为生产行为、投资行为、交换行为、分配行为、消费行为等。这是我们一般采取的分类法。

（7）根据方向可分为瞻前行为与顾后行为。瞻前行为就是对未来进行预测和展望的行为（保护性储蓄、投资等），顾后行为旨在处理好遗留的经济问题（如政府消除赤字、宣布延期付款）。

（8）从组织观点看，可分为有条理行为和狂热行为。有条理行为指根据生产策略或经济计划而采取的相应行为，如购买耐用品，引进一套新的生产流水线；狂热行为则受情感主宰，如闹事、抢劫行为。

（9）根据相容性，可分为补充行为（如某人买进他人卖出的股票）、相容行为（如买进某物并把它储藏起来），不相容行为（想消费某物，却又想把它保存起来）。

（10）从社会检验观点看，可分为正常行为或称合法行为（如节俭）、病态行为或称非法行为（如只攒钱不消费、偷窃）；此外还有义务行为（纳税）、有条件行为（只有富人才交纳个人所得税）、允许行为（如捐赠、慈善行为）、禁止行为（荒年囤积粮食）。

尽管经济心理学家对经济行为的标准问题没有达成一致意见，但为了确定在经济学中的地位，在研究经济行为时最好达成一个共识。因此，我们建议共同构建一个广义行为假定：

（1）经济行为的研究，必须积累有关行为的规律性知识来构建。这些知识包括心理学、社会学、人类学、组织理论、决策科学等。

（2）经济行为理论应集中和能够解释现实中观察到的行为。强调“真实发生”，比从逻辑上进行推理演绎对经济行为的描述更有效。

（3）经济行为理论应该能在它的领域进行实验性或实证性的证明，通过实验室研究和其他微观数据分析技术来证实行为中的假定，这也是实验经济学研究经久不衰，成果丰硕的原因。

6.3 人体经济行为中人的动机和人格的作用

“行为之后必有原因”，这个原因就是人行为的动机。所谓动机就是直接推动个体活动以达到一定目的的内部动力。个人的一切活动都是由一定的动机所引起，并指向一定的目的。动机是个人行为的动力，是引起人们的活动的直接原因，它是一种内部刺激。动机这一概念内包含以下意义：

动机是一种内部刺激，是个人行为的直接原因；

动机为个人行为提出目标；

动机为个人行为提供力量以达到体内平衡；

动机可使个人明确其行为的意义。

分析人们的经济行为时，必须揭示其行为的动机，只有这样，才能判断其行为的出发点，才能预见其行为重复出现的可能性，防止某种个性特点的发生而鼓励和培养另一些个性特点的发展，或者衡量个体行为所造成的后果及其责任的轻重等。

心理学的研究和丰富的实践经验表明，动机是影响个体活动成效的一个重要因素。

个体活动是否取得效果，取得多大效果，从主观上来看，取决于能力与动机两个因素，可用下式表示：

$$活动成效 = 能力 \times 动机$$

上述两个因素对个体从事活动都是缺一不可的，单有能力而缺乏动机（根本不想干）或动机强度不够无法完成活动要求。反过来，个体的内在动力很足而无基本能力同样是不能胜任的，经过努力，个体能力会有提高，但肯定是要慢些，或花费更多的时间和精力。

例如，成就的需要在大脑中体验为追求工作中有成就的愿望，这种愿望就是个体活动的动机。动机推动个体去寻找工作并取得成绩，满足成就需要，而动机就受到个人能力、偏好等的影响。举个例子：小张，一个不想结婚的女子，一心想参加其公司的管理委员会，于是公司安排给她一个更有责任心的职位，因此，她可以接近高层管理。在此，她喜欢这个职位不仅仅是因为有较高的薪水，而且更重要的是能实现她的愿望（抱负），高的成就动机，促成她高的工作绩效。但是，换一个只满足高而稳定的薪水却无抱负的人，如小李得到这样一个责任心强的职位，虽然他可以获得较高的薪水，但由于该职位的高度责任性，反而使他厌倦，并不能得到激励。在这个例子中，由于获得一个高职位的偏好不同，就产生了不同的动机，因而提升的激励效果也不一样，也就表现出不同的行为。

动机和个人能力的关系也是如此，人的能力不一样，在经济行为中表现的动机也就有了差别，从而产生不同的结果。反过来，动机的不同也影响到才能的发挥。高而强的动机能够促进个体能力的发挥，因而，即使能力相近的人，因为动机不同就会在经济活动中扮演不同的角色，导致不同的甚至相异的经济行为。

动机是人格的一个方面，动机的倾向或需要是个人心理特征的一部分，即人格的一部分。例如，上例中所表现的成就动机，如果不是出于偶然而是一贯长期表现，就可以认为是形成了个人人格的一部分。所以，人格与个人能力、偏好等的关系就如同动机与个人能力、偏好的关系，从而可以理解，人格与经济行为也是密切相关的，个人的经济行为是与其人格特征相适应的。

那么，人格到底是怎么一回事呢？心理学界对此争论颇大，我国比较流行的看法是兼顾个体与环境的关系，强调人格的组织性与系统性及人格的独特性，但又具有多面性与可变性。我国台湾心理学家杨国枢认为：人格是个体与环境交互作用的过程中所形成的一种独特的身心组织，而此变动缓慢的组织使个体适应环境时，在需要、动机、兴趣、态度、价值观念、气质、性向、外形及生理等诸方面，各有其不同于其他个体之处。心理学家潘菽教授等认为，人们的个性品质（人格）主要表现在他们对待客观事物（如对祖国、工作、学习、对人对己等）的态度上和行动方式上，反映着他们在社会中所处的地位及与周围环境的相互关系。个性品质是在社会实践活动中形成的，由于生活环境不同，实践活动不同，会形成不同的个性品质。这些论述对人格做了完备的概括，指出了人格涉及的内容、研究的重点及人格的发展。

人格特点是在人的社会化过程中形成和发展的，反过来又影响人的社会适应性，并以固定的可预见的方式影响其行为。例如利他行为或攻击性行为的产生，对挫折的反应、自身行为的调控及角色知觉等经济行为的表现都体现出个体特有的人格特征。同时，人格对经济行为的影响也依赖于行为特有的连贯性和环境因素，例如，成就的需要是在环境中表现出来的，而不是在游乐场上。

现代心理学以人的机体变量（人格）、环境因素和行为三者交互作用模式来讨论行为，认为人的机体变量和环境因素对理解行为是必要的。人格和环境变量的区别在于引起行为的激励因素的性质：如果个体以特定方式行动是由内在的激励因素引起的（如因个人抱负而接受一个挑战性的工作），则这是人格因素的作用。如果行动是由外在的激励因素引起的（如工作能得到薪水），则这是环境变量的作用。当然两者往往是混合地对行为发生作用。总之，动机是对行动的决心，稳定的动机倾向构成了人格的一部分，并使个体的经济行为具有人格化特征。这里我们选择几种动机和人格加以讨论，如成就动机、控制点、知觉检索和风险态度对经济行为的影响，特别是在企业家行为上的影响。

6.4 个体的成就动机与经济行为

6.4.1 何谓成就动机？

人们经常研究与经济行为相关的一项动机就是成就动机。所谓成就动机，心理学家默里是这样叙述的：“成就动机就是完成某项困难事情的动力，是控制、操纵或组织物理目标、人群或思想，尽可能快地和独立地去做，克服困难和达到一个高水平，从而实现自我、超越别人，通过成功的能力训练来提高自尊。”通俗地讲，成就动机就是指人们愿意去完成自己认为是重要而有价值的工作，并力求达到完美地步的一种内在推动力。长时间地引导着人们的行为方向的强烈的成就动机，有助于在行动中克服一切困难。

关于成就动机的研究，美国哈佛大学心理学家 D. C. 麦克利兰是最有发言权的，他用投射测验法（主题统觉测验 TAT）测定人们的成就动机，发现不同的人，成就动机的强度也不一样。TAT 就是根据呈现的图片的主题，被试凭自己的想象编述故事，所述故事的情节一般应回答下列问题：

——发生了什么事？有哪些人物？

——是什么引起的？即过去发生了什么？

——想到了什么？需要什么？是谁想到和需要？

——将会发生什么？应采取哪些措施？

给被试的指导语是：这种测验是测试他们的想象力。答案没有正误之分，你们可以根据图片尽量将情节描述得生动有趣。每张图片花 4 分钟，即每个问题 1 分钟。常用的一些图片内容是：

——两个发明者正在商店里研制一台机器；

——穿格子衬衣的男孩坐在课桌前，面前推开一本书；

——父与子在田野里观望；

——背景为模糊情景中的男孩。

故事内容由评判人按12个类别记分，代表成就动机的各个方面，有11类如出现在情节中每类记+1分，有1类如在情节中出现则记－1分，因而四张图片总分在－4到+44范围之内变动。表6－1给出记分的详细方法。

表6－1　　主体统觉测验（TAT）的评分说明

评分	说明
－1	对成就目标无意义的无关想象的评分
+1	包含成就目标（某种优秀水平上竞争的成功）的成就想象的评分，如“他正在尽力跑得更快”
+1	故事中有人表示达到成就目标的欲望的评分，如“他想做好”
+1	工具性行为的评分：情节中的行为至少有一个特别暗示所做的事是为了达到成就目标，不管成功与否，如“他一直是每周天天都练习”
+1	情节中期待目标实现的积极状态的评分，如“他正在想如果他做了则有多伟大”
+1	情节中目标期望的受挫/失败的消极状态的评分，如“他在想如果失败了多不好”
+1	情节中目标导向行为进程因个体自身责任而受阻的困难的评分，如“他担心这使他慢多了”
+1	情节中目标导向行为因环境而受阻的困难的评分，如“他母亲认为他花这么多时间跑步是疯了”
+1	积极情感状态的评分，如“他因成功而多高兴”
+1	消极情感状态的评分，如“他因失败而懊丧”
+1	精心辅佐的评分，如果情节中有对他从事的或对有关的行为起辅佐作用的个人努力，如“他的教练就如何改进给了他一些好的指导”
+1	成就主题的评分，如果成就想象被精心制作而成为情节的中心思想或主题

虽然这一测验还不够完善，叙述故事要求被试有一定的表达能力，并且在评分标准上还存在跨文化的差异，但麦克利兰还是认为TAT是唯一的研究个体成就动机的直接方法。因为，直接提问法可能受到被测者做出适合社会需要而作答的影响，从而掩盖了真正的成就动机。

6.4.2　成就动机与工作绩效

美国心理学家J. W. 阿特金森做了一个这样的实验：在实验中要求学生在规定时间内解决尽量多数学题来争取奖金。在两个实验中分别给定不同的奖金数额：1.25美元和2.5美元。在低奖金条件下，高成就动机者比低成就动机者完成得要好，而在高奖金条件下，高成就需要者的成就保持不变，低成就需要者的成绩提高，高低成就需要者的平均成绩差不多相同（见图6－2）。

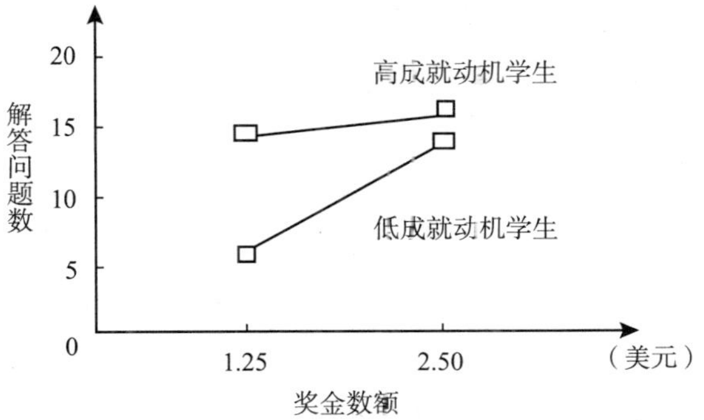

图6－2 不同成就动机条件下资金额同解题数的相关

这说明提供奖金给高成就需要者并不能提高他的干劲，但可以提高低成就需要者的工作热情。这个结果表明：同样的激励方式，对成就需要强度不同的人效果就不一样，对其行为的影响也就产生了差异，多发奖金只能提高低成就需要者的动机水平，却不能提高高成就需要者的动机水平。这在企业管理中具有借鉴意义，根据不同的需要特点，应采取不同的激励方式。

阿特金森还指出人们有追求成功的动机和避免失败的动机。若人们为了获得满足感，其成就动机就具有成功的倾向；若人们为了要减少痛苦，避免失败，其动机就具有避免失败的倾向。也就是说，成就动机高的人希望成功的倾向更强烈，事实上，高成就动机者为自己设立了适当难度的目标，使成就满足感的可能最大化。太容易的目标任何人都可实现而不会有满足感，太难的目标又很可能失败而产生挫折感，这种情况在选择职业上也可以反映出来。研究发现，高成就动机者所做出的选择有81%确信是现实的，而低成就动机者只有52%，他们在选择职业时常不切实际，他们的抱负水平不是太高就是太低。这就为高成就动机者提供了走向成功的机会，因为他们可能求得现实的职业，从而得到良好的教育和锻炼。

安德沃斯在一家大公司对成就动机和高级管理职位的关系作了三年的研究，发现那些具有高成就需要的人，比那些低成就需要的人所获得的提升要多得多，说明高成就动机促进了工作行为的成功。麦克利兰在自然状态下研究了管理人员的成就需要问题，在许多国家包括当时社会主义国家波兰都发现结果的一致性：高成就动机可以促进个人取得巨大的成绩及企业的发展。因而，他通过成就的培训活动提高职员的成就需要强度，从而促进企业的发展和推动经济增长，提高个人的工作绩效。

6.4.3 成就动机与企业家“创新”

麦克利兰研究认为，企业中的高层管理人员（或称之为企业家）往往愿意接受具有一定难度的挑战性的任务。他们常常以旺盛的精力，采用新的方法创造性地完成任务，不愿意墨守成规，采取简单重复的方法去完成工作，因而他们在管理中更具风险性和创造性。

企业家的责任是将成就需要转化为经济发展的动力。国外曾进行过系列的实验，检验企业家的成就需要水平与企业绩效的关系。

施莱奇（Schrage）的一项研究报告指出，高成就需要的企业家，会使企业得到高的利润，而低成就需要的企业家，会使企业得到低的利润。这说明，只有高成就需要才能导致高绩效的行为。

威纳（J. M. Wainer）与鲁宾认为，研究和开发企业家的动机是企业成功的因素。为此，两位作者着重比较了成就需要的强度同企业绩效平均增长率的相关。试验是在美国波士顿地区51个小的技术型公司中进行的，这些公司的业务为计算机软件开发、集成元件、特种计算机应用。试验对象的工龄为4～10年。试验的对象是年龄在36岁左右受过硕士教育的企业家。使用工具为“哈佛大学动机研究小组”的TAT主题统觉测验。试验的结果见表6－2。

表6－2　需要强度与企业绩效的相关

	强度	经济增长率（%）
成就需要	高（≥9）$N=14$	73
	中（$4\leqslant x\leqslant 8$）$N=19$	21
	低（＜3）$N=18$	36

由表6－2可见，成就需要与企业绩效有明显的正相关，它是一种更为内化的需要，是导致国家、企业取得高绩效的主要动力。

经济学家熊彼特从另一个角度研究了企业家的“创新”活动，并作为其经济学说的核心概念，他把“创新”的倡导者称之为企业家。企业家与普通企业经理的不同之处在于，后者只按照习惯的和传统的方式或方法来管理企业，而前者则是富有冒险精神的创造革新者。要指出的是，这里关于企业家的概念更严格，而非我们一般广义上的企业家概念，但是，熊彼特笔下的“企业家”显然是具有高成就动机的人。

熊彼特认为企业家的“创新”活动对企业的发展以至对整个宏观经济都有重要影响。按照他的定义，“创新”是指企业家对生产要素的新的结合，“它包括以下五种情况：①引入一种新的产品或提供一种产品的新质量；②采取一种新的生产方法；③开辟一个新的市场；④获得一种原料或未成品的新的供给来源；⑤实行一种新的企业组织形式，例如建立一种垄断地位或打破一种垄断地位。”因此，在熊彼特的经济理论体系中，“创新”是一个经济概念，是指经济中引入某种“新”东西。它与技术上的新发明也不是一回事。一种新发明，只有当它被应用于经济活动时，才成为“创新”。发明家也不一定是创新者，只有敢于冒险，把新发明引入经济的企业家，才是创新者。

在熊彼特看来，企业家之所以进行“创新”活动，是因为他看到“创新”给他带来盈利的机会。但创新者同时也为其他企业开辟了道路，一旦其他企业纷纷模仿，形成了“创新”浪潮之后，这种盈利机会也就趋于消失。“创新”浪潮的出现，造成了对银行信用和生产资料的扩大需求，引起经济高涨。而当“创新”已经扩展到较多企业，盈利机会趋于消失之后，对银行信用和对生产资料的需求便减少，于是经济就收缩。正是这种“创新”活动的周期性变化，也就导致了宏观经济出现“繁荣”与“萧条”的周期性波动。

熊彼特对此解释说，由“创新”引起的“繁荣”之所以必然继之以危机（或衰退）和萧条，是由于高涨阶段，企业家和消费者都受着过度的乐观心理的支配，企业家高估了社会对产品的需求。因而过度地扩充了投资；消费者则高估了可能的收入，常用抵押贷款方式购买耐用消费品，而消费者的过度购买又反过来促进企业家的过度投资。应该说，熊彼特把心理变量引入经济分析体现了一个经济学家对人们经济心理的重视，所作分析也有可取之处。但是他把危机、衰退和萧条的最后根源归结为人们错误心理所引起的过度投资和过度举债，而回避了资本主义经济周期的本质原因的分析。

熊彼特关于企业家的“创新”概念对我们是很有借鉴意义，表明一个企业家对一个企业的成长乃至国家经济增长的重要意义。在我国建立社会主义市场经济过程中，培养一大批懂经济，会管理，善于创新的企业家是关系到企业改革成功、建立现代企业制度的一个关键因素。显然，在企业家培养过程中，成就动机的培养是必不可少的，而且是很重要的。

6.4.4 成就动机与经济增长

前面，我们论述高成就动机的企业家的创造性和“创新”活动给企业带来了生机，也给经济注入了活力。这是麦克利兰从一个更宏观的角度研究了成就动机与经济增长的关系，认为人们的成就动机有利于社会经济的发展。

为了验证这一假设，麦克利兰采用了档案法，比较 1920 ~ 1929 年与 1946 ~ 1950 年这两个时期中各国成就动机与经济成长的关系。他测量并估计 30 个国家儿童读物的故事内容所表现出来的成就动机的强度，并与通用的经济行为指标如电力的消耗，一个社会中独立手工业者的数量等相联系，发现成就动机这个参数与这些国家 20 年后的经济发展之间存在着显著相关：成就动机增强促进经济的发展，成就动机的衰减引起经济衰退。麦克利兰为此估计出英国在 1925 年经济良好时期，国民成就动机水平排在被调查的 25 个国家中的第 5 位，而在 1950 年英国经济衰退时期，成就动机水平在 39 个国家排在第 27 位。

麦克利兰为进一步深入研究成就动机对社会经济的促进作用，曾从 45 个原始部落的文化中各选出 45 个民间故事，并分析其中的成就动机，这 45 个原始部落的文化又以经济形态来加以划分，结果发现：经济发展水平较高的社会文化区，故事中人物的成就动机都较强烈。这一研究从社会文化方面进一步说明成就动机是能影响经济发展的。

虽然要完全证实麦克利兰的理论尚需更多的资料，但这两者之间存在着相关是毫无疑问的。正如有人评价说，麦克利兰的工作提出了一个经济增长的宏观心理学理论。

更进一步，发展心理学研究认为，成就动机在个人成长时期就受到父母培养方式的影响：一方面，父母本身若具有较高的成就动机，就能对其子女的成就动机给予迅速的奖励；另一方面，父母本身的成就动机既可以为其子女提供样板，又可以为其子女提供一个促进成就动机的家庭气氛。这种气氛能强烈地诱导儿童的成就动机的高度发展。

这个结果支持了韦伯的假说：资本主义并不是新教的发明，但信仰新教的人比罗马天主教信徒更富有精力和创造性（见图6－3）。新教的价值观念支持孩子早期独立训练而产生高成就需要，进而孕育出更积极和富有创造性的下一代，逐步形成资本主义精神。这种发展过程，对其他种类动机和人格特质来说，亦是如此，都是受到生活环境影响而具有可塑性。

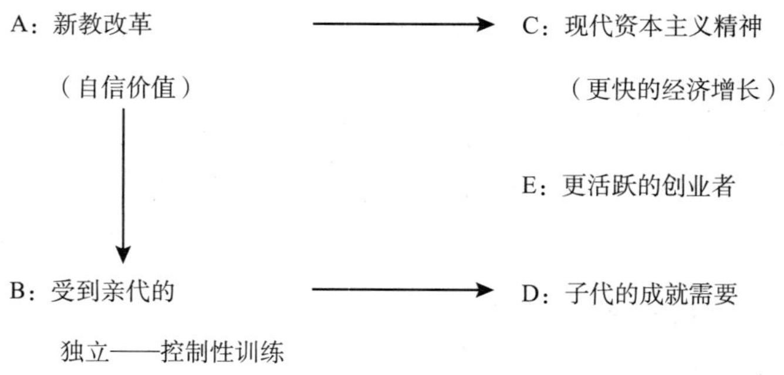

图6－3　韦伯假说：新教改革对成就需要和经济增长的假定影响

6.5　个体的控制点与经济行为

6.5.1　何谓控制点

心理学上称人类对内外环境进行控制的需要为控制点，也就是对自我和环境的认知归因，或称自我对本身行为成功与失败的解释，对环境的控制的需要是人格特质之一。如果将行为的成功或失败归因于外部环境因素，如他人的力量或任务本身难度或不可预测的运气、机遇或命运等，则这种控制点为外控制；如果行为的成功或失败归因为自我能力大小及努力程度等，则这种控制点称为内控制（见图6－4）。

研究表明，成功的企业领导人或创业者都倾向于内控制。他们把努力和能力看成是成功的原因，觉得通过努力可以实现自己的目标，因而其决策行为大胆而主动，追求产品市场的更新，能够承担更大的风险，富有创业精神和开拓意识。

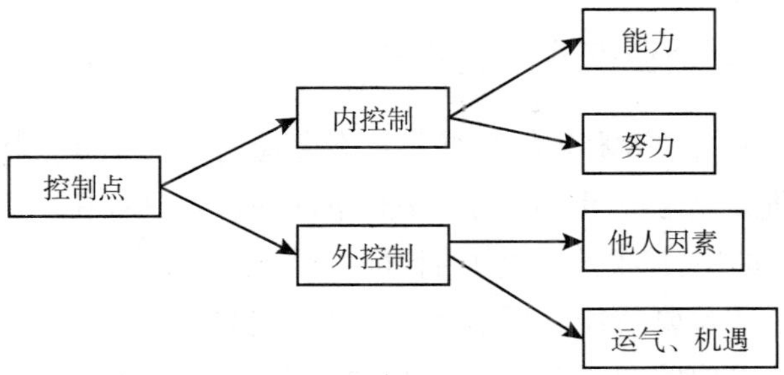

图6－4 控制点的分类

控制点也是一个对行为进行归因的问题，心理学家维纳认为，个体的行为可以归结为许多可能的因素，但都可以把它们归入内在—外在、稳定—不稳定的四个范畴之中。在此基础上研究了人们对成功与失败的归因倾向（见表6－3），我们将把控制点与归因联系起来进行考察。

表6－3　　个体成功行为决定因素分类

稳定性	支配原因	
	内在的	外在的
稳定	能力	工作难度
不稳定	努力	运气

虽然一个人不会对每一次行为都采取同一控制点，时间不同，条件不同，控制点也会改变，但控制点还是具有相对的稳定性，可采取一定方法将人们在内、外控制倾向性上加以区分。这里列举一些内、外控制倾向性量表的句子，被试选择每对句子中符合自己想法的一个，每个选择都给一个分数，总分代表被试的控制点倾向性（见表6－4）。当然测验中应尽量减少那些被试会作出符合社会性选择的题项。

表6－4　　控制点量表句例

①	a 许多人可以说是环境的受害者
	b 别人碰到的事相当程度上是他自己所为
②	a 我遇到的事大多是运气好
	b 我能掌握自己的命运
③	a 这个世界太复杂，我不能解释清楚
	b 世界是复杂的，但我还是有恒心和勤奋一些事情
④	a 可以改变他人态度的想法是愚蠢的
	b 在我正确时，我能说服别人

6.5.2 控制点对企业家成功的影响

控制点对各种行为的绩效和环境的变化都有普遍的影响，并直接影响到人们对成功的期望值和决策活动。因为不同的归因总是和不同的认知联系在一起，不同的认知又会影响人们对未来事件的估计和个人努力的程度。这为人们的经验和大量的实验研究所证实：当一项任务认为是需要技能，而非依赖于运气和机遇时，内控制会发挥更大的作用，这时个体会提高成功的期望并采取一些主动性策略，而外控制对此却没有什么区别。例如，研究发现：内控制病人会获取更多的生理状况的信息和更多地与医护人员配合，有信心战胜病魔等。

另外的研究表明，内控制者把努力和能力因素看作是成功的内在因素，觉得努力程度可以通过自我来控制：与把成功或失败归因于运气或其他不可控因素的外控制者相比，他们有很高的成功期望值，决策行为积极主动而有效，对成功充满信心，在以后的行动中自然就增加了成功的概率。已证实商业领导者和创业者都倾向于内控制，内控制的高级管理者倾向于追求产品市场的更新和突破，愿意承担风险、领导潮流而不是追随竞争者，具有持之以恒、坚忍不拔的毅力，决策时不会因犹豫不决而坐失良机。

内控制者把成功归因于努力，把失败归因于缺乏努力，这样就会促进他们在下次行动中增加努力，不断总结经验教训，从而不断地走向成功。而外控制者将失败归因于缺乏能力，或运气不好，这样就会导致自暴自弃或等待时来运转的机会，最终是丧失成功的机会。有这样一个试验：让被试从事某项智力测验并有意地安排了失败的结局，让他们分析失败的原因后要求以快一点的速度做第二次测验，结果表明完成任务的成绩与失败的归因有密切关系：认为上次失败是由于缺乏努力的被试比归因于低能或任务困难的被试操作成绩有明显提高。

总之，控制点根据个人行为或环境控制的自我知觉归因而区分为内、外控制，这影响到自我保护、信息获取、决策活动及创业者的行为。可以得出的一个重要结论是：和外控制的人相比，内控制的人倾向于信息的更加开放，更富于开拓性，也更有责任感和创造性，在决策中能坚决果断，抓住良机，可谓“机遇偏爱有准备的头脑”。因此一个有良好素质的企业家应该具有内控制人格特征的心理素质，才有可能使他不断开拓事业的高峰。

6.6 个体的感觉寻求和风险态度

6.6.1 何谓感觉寻求？

经济学中认为人是追求效用（满足）最大化，并使得到商品和服务所付的成本（努力）最小化。但经济学没有对人在需要满足后就产生厌倦，并开始寻求各种新异刺激的现象加以解释，只笼统地指出效用的边际递减原则。实际上，许多工作并不完全是为了获取经济利润，而同时是为了谋求工作本身的挑战性和刺激性所带来的体验的满足。也就是说，经济行为的产生，既与经济收益有关，也与心理感受即心理满足有关，下面我们讨论感觉需求问题。

感觉需求也是一个人格特质，指人在通常情况下有寻求刺激，厌恶单调的需要，具体包括四方面的内容：①寻求激动和冒险；②寻求体验；③放纵欲望；④厌恶单调。有研究表明优秀的企业领导者一般具有高或较高的感觉寻求特质，但不是具有这一特点的人就会成为优秀的管理者，优秀的管理者中也有一些人并不具备这一特点。具有高感觉寻求特质的领导者倾向于寻求刺激和冒险，永不满足企业现状，总是寻求更多的投资机会，更大的拓展市场，特别是当企业处于创业阶段或企业改革阶段，需要有高感觉寻求的领导者，以求得企业生存空间和发展突破。

至于厌恶单调在感知觉剥夺实验中得到证实。当一个人因视、听和其他感觉受到阻隔而与环境隔绝，无法得到任何感知觉信息时，首先会变得厌倦，继而焦躁不安，最后便产生幻觉和错觉、无法忍受感知觉剥夺的体验。近年来，有人设计了感觉寻求问卷（SSS）来测量刺激的需要与满足水平，具体内容如表6－5所示。

表6－5　感觉寻求量表（SSS）项目节选

从每个项目中选择最合适你的爱好和情感的一项
（1）a. 我喜欢闹市的喧嚣
b. 我喜欢乡村的宁静与平和
（2）a. 我不喜欢空中飞行的感觉
b. 我喜欢在公园里骑马
（3）a. 我喜欢有很多出差机会的工作
b. 我喜欢在居住区工作
（4）a. 我常希望自己是一名登山运动员
b. 我不能理解冒险登山的人
（5）a. 我讨厌见到同样的老面孔
b. 我喜欢与相互熟悉的日常朋友交往
（6）a. 即使可能迷路，我也希望到不熟悉地方去探险
b. 当我在一个陌生的地方时我需要一个向导
（7）a. 我感到人们反对我比赞同我的观念更有刺激
b. 我不喜欢与和我观念有明显分歧的人争论，因为争论是不能解决问题的
（8）a. 我喜欢用柔和的色彩做装饰
b. 我喜欢用明亮的色彩做装饰
（9）a. 长时间无所事事我会感到烦躁
b. 我常喜欢放松而不想做任何事情

续表

从每个项目中选择最合适你的爱好和情感的一项
（10）a. 多数人在人寿保险上花大量的钱
b. 人寿保险是没有人愿意放弃的
（11）a. 我不喜欢咖啡，它使我兴奋而不能入眠
b. 我喜欢咖啡，因为它使我情绪高昂
（12）a. 最糟的社会品质是粗鲁
b. 最糟的社会品质是变得令人讨厌
（13）a. 最重要的生活目标是尽量过得充实和丰富
b. 最重要的生活目标是找到和平和幸福
（14）a. 我若是推销员，宁愿选择让我有机会赚更多钱的工作，而不愿选择固定薪水的工作
b. 我若是推销员，宁愿选择有稳定薪水的工作，而不愿为了完成任务，而冒可能一事无成的风险
（15）a. 我喜欢辛辣的食品
b. 我喜欢温和的食品
计分方法，按以下的选择每个记 1 分：1a，2b，3a，4a，5a，6a，7a，8b，9a，10a，11b，12b，13a，14a，15a。如果你的得分在 11 分或 15 分以上，你倾向于高感觉寻求；得分为 5 分或更少，则是低感觉寻求者；得分为 6－10 分则是中等水平的感觉寻求者。研究表明，男性感觉寻求明显高于女性，随着年龄的增长，感觉寻求得分下降。以上项目是 SSS 量表的一个简本，只有参考价值。

创业者行为理论认为存在一个对机体最有吸引力的刺激唤醒水平。凡是具有诸如新颖、惊奇、可变、模棱两可、不调和等属性的刺激能够对机体产生唤醒作用。属性的缺乏或过多，如感觉剥夺或接近感觉阈限以及信息超负荷，会引起强的唤醒，但这是不舒适的体验；中等程度的属性产生弱的唤醒，使人产生舒适的体验，因而是最具有吸引力的刺激（见图 6－5）。

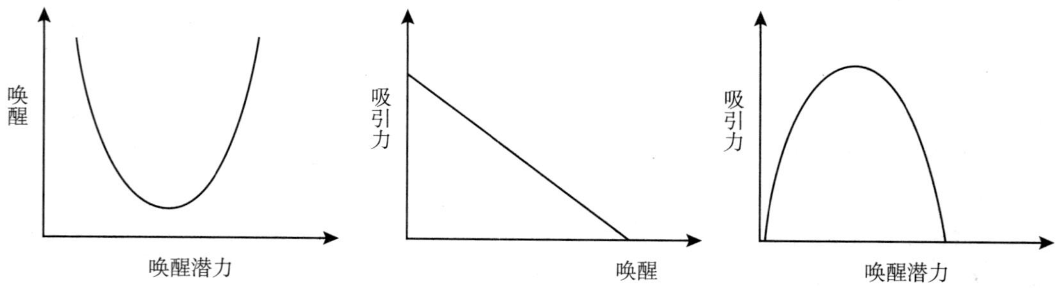

图 6－5　唤醒与吸引力之间的关系

这些研究结果已在假日公园、电影、旅游等市场营销中得到应用，这些服务提供的新奇性项目不太多也不太少，而是通过强调轻松、舒畅等保证弱的唤醒水平，让人感觉赏心悦目。

6.6.2 感觉寻求与职业选择

可以从一个人的SSS得分来推断其采取冒险行为或选择风险性职业的可能性或倾向性；SSS分数越高，表明个体越倾向于寻求刺激和冒险，可以推断他在抽牌游戏中，常把赌注压在高风险的选择上，在跳伞运动中会尽量延迟张伞等。因而，如果一类活动或工作缺乏风险性，他就会感到不够刺激而不感兴趣。因此会更多地选择诸如消防、防暴警察、雪地汽车驾驶、赛车司机等职业，这些都已为实验研究所证实。而SSS分数低的人，更喜欢稳定而风险小的工作，不宜从事高风险甚至冒险的工作。所以，我们可以通过SSS测验来招聘人员，给他们安排合适的工作，以便在经济活动中取得最大效益，同时减少各种损失。

6.6.3 感觉寻求与对待风险的态度

SSS分数与风险态度具有一致性。在确定和不确定性的选择之间，SSS分数高的人，更敢于冒不确定性的风险，更愿承担风险，因此在经济活动中就越容易当机立断，获得更好的成绩和优势。而SSS分数低的人，宁愿取得一点小成绩而选择确定的项目，不愿为取得大的成绩而去冒不确定性风险。这就是在同样的经济条件下，不同的人有不同的行为，从而产生不同的结果。

应该讲，经济行为中具有一定的风险意识是必要和有益的，怕担风险和敢于冒险将导致截然相反的经济行为，产生不同的经济效果，研究表明：感觉寻求特质与投资、创业、逃税避税等经济行为相关，而这些行为都具有一定的风险性。市场经济的一个特征是给人们带来了更多的不确定性，企业的经营决策更具风险性。企业如何在市场中求得生存与发展，这对经营者提出了更高的要求。树立风险意识，提高风险承受能力，敢于承担风险，提高风险决策水平是现代企业领导应注意的问题。同时有意识地选拔高感觉寻求者担任领导职务，将对企业发展有利。

6.6.4 感觉寻求量表对我国个体投资冒险性的测量研究

美国心理学家苏格曼（M. Zuckerman）编制的感觉寻求量表（Sensation Seeking Scale），简称SSS是测定感觉寻求特质的一个最有分辨力的工具。将它运用于现代经济心理学的研究中，已取得一些令人鼓舞的结果。

本书主编俞文钊教授与研究生杨梅等人修订了苏格曼的SSS，在我国经济最发达的上海市进行调查研究，结果表明，我国被试的感觉寻求特质由六个因素组成：F_1 寻求激动和惊险；F_2 不良发泄方式；F_3 厌恶单调；F_4 理智性；F_5 现实性；F_6 激情。其中 F_1 在六个因素中的效力最大。

笔者等人选择了投资活动中两类风险水平明显差异的股民和储户作为研究对象进行调查。结果发现被试的年龄和文化程度均影响着其在感觉寻求特质上的表现；随着年龄的增高，被试在感觉寻求量表上的得分呈下降趋势。还发现个别因素（F_1 和 F_6）虽然随年龄的增长，得分是下降的，但老年组的得分又优于中年组的得分，出现了新高峰，说明我国老年被试由于生活负担的减轻，对外界刺激性事物的兴趣又开始变浓，心态亦不同于中年被试。文化程度越高，感觉寻求特质水平越高。

在组成我国被试的感觉寻求特质的六个因素中，F_1 和 F_4 的作用最为显著，这与我们对冒险倾向性的界定是一致的。高冒险倾向性的个体不仅要具有敢冒险，喜欢探求新异刺激，勇于尝试不同经济的特点，也需具有“理智性”，这能使其的探险行为或活动指向有实际意义的事情，理想的而非盲目冲动的，不计后果的，这对从事股票投资的股民而言，尤为重要。

我们又分别对股民和储户组成的各自群体的内部特征做进一步的分析，发现：自评为风险性强的股民在 F_1（寻求激动和惊险）上的得分和总分上都显著地高于自评为风险性弱的股民，自评为投资绩效好的股民与自评为投资绩效不确定的股民在总分及所有因素得分上都无显著差异。这就是说，冒险性尚不能影响股民投资绩效。而风险性水平不同的储户只在 F_1（寻求激动和惊险）和 F_3（厌恶单调）上有显著差异而在其他各因素及总分均无显著差异。

研究表明感觉寻求特质和冒险倾向性具有一致性。不同投资活动其风险性是不同的，高风险或高不确定性的投资活动要求具有高或较高冒险倾向性（感觉寻求特质）的个体参与，但在实际操作中，也并非具有这一特点的个体就能赢得成功，投资绩效的好坏并不完全取决于冒险倾向性（感觉寻求特质）。

本章提要

理性经济人假设认为，人是理性的，人的行为受自己的利益所驱动。

现代经济人概念强调要在约束条件下（法律、政策等）争取自身的最大利益，要用中国的义利观进行评价，即要见利思义，而不能见利忘义。

个体成就动机的高低直接影响工作绩效、创新程度、经济增长的速度。

个体对内外环境的进行控制的需要称为控制点，其中包括对自我和环境的认知归因，控制点影响着企业家的成败。

我国的感觉寻求特质由六个因素组成：寻求激动和惊险，不良宣泄方式、厌恶单调、理智性、现实性、激情。

思考与探索

1. 试述理性经济人假设的内涵，并对其进行评价。
2. 个体经济行为有哪些特征？
3. 成就动机与企业家的创新活动有何关系？
4. 试述个体感觉寻求与风险态度的概念及其意义。

7 市场经济中家庭的经济心理与行为

7.1 从经济心理与行为观点看家庭的含义

家庭在文学作品中常被描述为“温暖的”“舒适的”“充满生活情趣的”。的确，在常人心里，家庭是一个生活单位，是一个社会的细胞。然而，在经济学家的眼里，家庭是一个生产单位，它具有投入产出的功能。提着篮子到农贸市场转一圈，回来做一顿丰盛的晚餐，投入的是买来的肉、菜和用于烹调的时间，产出的是可口的饭菜。带着娇妻上卡拉OK厅，高歌一曲，柔情如蜜，投入的是钞票换来的门票和茶点，产出的是心情愉快的美好感觉。在这个意义上，家庭犹如一座工厂，投入市场买来的商品和服务以及时间，生产出它所需要的产品，这些产品可以是物质的（如可口的饭菜），也可以是精神的（如美好的感觉）。

用经济学的方法分析家庭行为，首先视家庭为一个经济组织。这个组织运行的前提是拥有一定的家庭资源，运行的特点取决于家庭的规模、组成和结构，运行的目标是追求最大满足。生产产品的过程则是由一系列家庭活动完成，家庭产出产品的深度和广度还为家庭的约束条件所限制。至此，我们将家庭定义为由一个或一群共享资源以追求共同福利的人组成。家庭拥有家庭成员共享的资源，并具有数种不同资源利用的方法来达到家庭的目标。这一定义表达家庭作为经济组织的几个特点：

1. 家庭行为的主要目标是追求最大满足

同其他社会科学家一样，经济学家认为人类行为的大部分是目标导向的，人类企图控制他们的生活以达到他们的目的。人类行为的一个重要特征是目的性。经济学家认为不同的经济单位（利益主体）有不同的目标追求：追求满足的家庭，追求利润的公司，追求社会福利的政府。另外，非营利组织，如基金会、教堂等，也逐渐引起经济学家的重视。

“满足”和“效用”是经济学家描述家庭目标时常用的术语。社会学家和家政学则常用“福利”一词代表同一目标。经济学家强调，虽然创造收入和积累财富是增加福利的手段，家庭财富极大化或收入极大化并不一定代表家庭的最大福利，否则家庭就与公司无甚差别。实际上，对于一个家庭，福利不但包括物质性的东西，而且也包括另外一些很重要的非物质性因素，诸如爱、欢乐、健康等。

2. 家庭是社会的最小组成部分

追求满足的一个单位并不足以构成一个家庭，人们有时为了追求他们相互利益而组成各种组织。因此，家庭的另一特征是社会的最小组成部分，家庭是社会的细胞。从经济学的观点看，每一个经济独立的未婚者也构成一个家庭。

3. 家庭必须拥有家庭成员分享的家庭资源

所谓家庭资源包括两个部分：人力资源（时间、技能、精力等）、物质资源（收入、耐用消费品、房地产等）。很难想象，一个身无分文的人如何在商品经济越来越发达的社会生存。一个家庭若没有资源，这个家庭就会解体。美国最近的一次人口普查发现，贫困家庭的夫妇更容易离婚。有些婚姻咨询专家感慨道：人们在婚姻发生问题时，总想在感情方面找原因，实际上，根本原因常常在家庭财政上。

家庭提供给家庭成员的物品、服务、社会和物质环境是通过非市场交易进行的。所谓“非市场”指家庭成员得到这些东西是免费的。这种交易具有典型的单向性和隐含的物质交换性质。在一定意义上，这是一种互惠行为。家庭成员互相帮助，互惠并不马上兑现，也没有严格的会计制度来结清财务，并且家庭资源被认为是共有财产而共同设置。

4. 家庭应有选择的余地

家庭必须有不同的方法增进福利。如没有选择，一个家庭就不能根据自己的需求来追求自己的目标，就不成其经济意义上的组织。如“文革”时代，要买衣服，只有中山装；要想看小说，只有《艳阳天》。改革为家庭带来了越来越多的选择，家庭面临的决策也越来越繁多和复杂。

当然，家庭为了达到最大“满足”这个目标，要受到诸多条件的约束：经济约束（时间、精力、收入、财产数量等）、技术约束、法律约束、社会文化约束等，由于篇幅限制，这里不展开讨论。

对于家庭经济行为分析，传统经济学对家庭消费、储蓄、工作与闲暇等等进行了深入的研究，并构筑了微观经济学的基础之一。著名经济学家，1992 年诺贝尔经济学奖获得者贝克尔（Beker）对家庭经济行为的分析使这一领域的研究达到一个新的阶段。贝克尔创造性地运用微观经济学的分析方法研究了广泛的家庭行为，诸如家庭的时间使用，家庭成员的就业行为，家务劳动分工，家庭人力资本投资，家庭的生育行为，家庭对儿童的需求，婚姻市场等。他们的研究被称为“新家庭经济学”。这里仅介绍几个有代表性的研究成果，来表述从经济学角度研究曾经是社会学研究的家庭问题，来提供一个审视家庭行为的新的视角。

7.2　人口出生问题的经济心理与行为分析

人口问题是一个世界性问题，当一些发展中国家为增长太快的人口发愁时，发达国家却为人口出生率和生育率的显著下降而忧虑。人们生儿育女遵循什么规律呢？这曾经是社会学家和人口统计学家关注的焦点，现在经济学家也作出了肯定的回答：贝克尔指出，生孩子的决策是严格地按照新古典学派的通行理论来分析的。尤其特别的是，贝克尔提出了这样一个令人错愕和引起争议的观点：孩子在一些重要方面类似于耐用消费品，如汽车、电视、洗衣机等，因此，在分析这些物品时很有效的经济理论，也可以同样地用来分析人的生产。

为了理解家庭的生育行为。我们首先要有三个前提条件：①儿童应为父母带来满足；②父母能够选择是否要小孩，要多少小孩，和什么时候要小孩；③生养小孩是费钱的，将使用稀缺的家庭资源。不论从历史的原因还是当前的情况，孩子为父母带来三种形式的满足：

第一，父母疼爱儿童，儿童热爱父母。这种父母与孩子之间的爱，直接给父母带来满足。

第二，儿童本身可以是家庭生产的资源。农村的孩子可以帮父母干许多农活。城市的孩子也通过干家务而减轻父母的负担。因此，儿童对家庭生产的贡献为父母带来了间接的满足。

第三，儿童当父母年老时为其提供社会的、心理的和经济的保障。在社会福利制度不健全的社会里，如许多不发达的国家，为父母的未来提供的经济保障极为重要。这样，儿童为父母带来间接的满足。

另一方面，生育孩子很花钱。奥尔逊（Olson）估计，在 1980 年，美国一对 25 岁没孩子的夫妇要花费 214956 美元来生育抚养一个男孩到 22 岁。如果要送他上四年制大学，总开支达 226001 美元。这个数字占被调查家庭平均收入的 21% ~24% 。生养一个女孩的费用更高。以上数字还没有计算所费时间的成本。例如，一项 1975 年的调查表明，具有高中文化水平的母亲平均每年花费 487. 1 小时的时间照看 0 ~2. 9 岁的小孩，364. 9 小时照看 3 ~4. 9 岁的小孩，181. 9 小时照看上小学的小孩，110. 1 小时照看 13 ~17. 9 岁的孩子。有人折算出，从小孩出生一直养到 18 岁，母亲照看小孩的花费的时间价值为 17817. 66 美元，父亲的时间价值还没有计算在内。显而易见，抚养小孩要花费父母大量的金钱和时间。

以上分析表明，养育孩子需要父母花费一个净成本。但人们总还是要孩子的，尽管有着有效的避孕方法。这是因为他们可以从中得到足够的效用（满足），以补偿所花费的成本。这种成本中包括一些明显的项目，如食物、衣着和就学等。然而可能更重要的是，还包括父母的时间。从上面可看出，养育孩子的成本很大部分是由父母的时间构成的，这是一种具有替代用处的稀缺物品。的确，如果把这些时间用在劳动市场上，它将会具有一个价值（经济学中称之为“机会成本”）。

这些净成本的存在表明，孩子是某种形式的消费物品，他们在时间上的持续性表明他们是耐用消费品。这样，他们就不得不与其他耐用消费品一起为在家庭预算中占有有限份额而竞争。更多的孩子则意味着更次一些的音响设备或者是一辆更小些的小汽车。那么，下面这个结论是顺理成章的：人们是否要孩子的决策受到这样一些因素的影响，诸如孩子的“价格”（用所放弃的替代效用来表示），家庭预算的大小等。

我们立刻就面对这样一个问题。一般来说，耐用消费品的需求随收入增长而增长。那么根据前面推理，我们应该预期对孩子的需求也会与此类似。但是有很多证据表明：家庭规模是随着收入的增加而缩小的。难道孩子是劣质产品吗?

贝克尔是这样解释的：由于父母的时间有了较高的机会成本，养育孩子的成本是随收入增加而趋于上升的，并受预算的限制，这意味着要求较小的家庭规模。不管什么时候，比较富有的家庭总是希望孩子受到更好的教育，从而能够有更大的收益能力；从长期看，收入的增加总是伴随着收益能力的增加。这个观点可用下图1来表示。在图7－1与图7－2中，收入的增长—通过预算约束线平行向上移动来表示—导致互相竞争的耐用消费品和孩子的“消费”都增长（这里假定这些商品的相对价格保持不变）。在一条新的较高预算约束曲线与一条新的预算约束线的切点上，可以选择更多的孩子（B_2）。

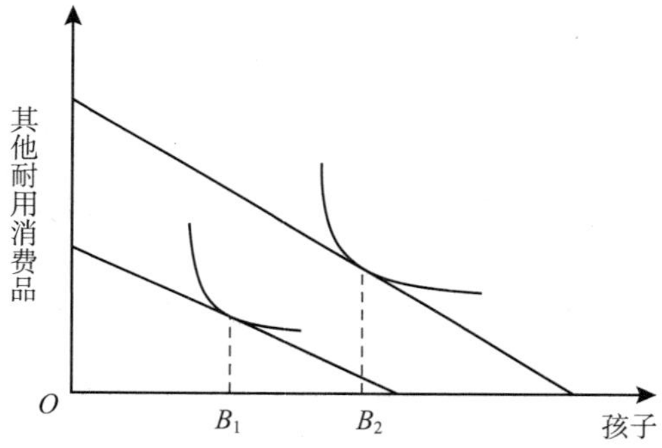

图7－1　孩子的消费预算约束曲线Ⅰ

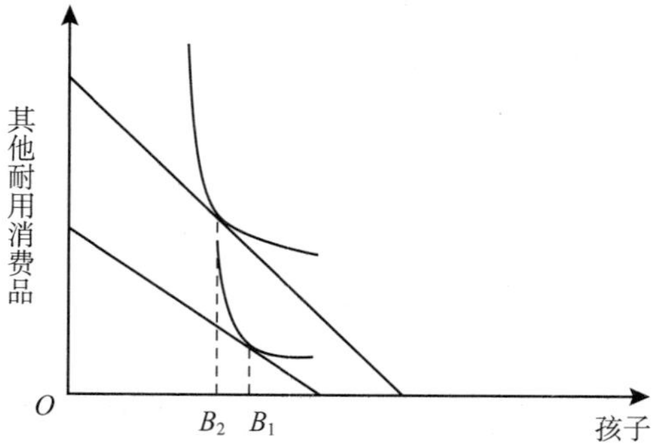

图7－2　孩子的消费预算约束曲线Ⅱ

如果收入的增加主要是家庭成员所得到的较高工资所带来，事实上也确实如此。这将使养育孩子所花费时间的机会成本提高，从而增加了孩子的相对价格。如图 7-2 所示，一个新的孩子和其他耐用消费品的偏好组合与预算线的交点，就会意味着一个较小的家庭规模。

这个解释是令人信服的，特别可以解释妇女工资率提高（妇女的时间价值增加）。妇女将减少生养孩子的时间，参加更多的市场工作或推迟生育时间。明舍（Mincer）采用 1950 年的数据，发现美国 35~44 岁的居住在城市的白种已婚妇女年收入增加 100 美元时，家庭规模将减少 0.19 个孩子。许多其他研究也发现，当影响生育率的其他因素保持不变时，妇女的工资率与完全的家庭规模表现为负相关的关系。还有人发现，儿童数目的工资率弹性为 -0.43。这样，我们可以理解发达国家出生率下降的一个原因。

7.3 家庭的人力资本投资

虽然早自亚当·斯密开始的经济学家，就已经认识到正规教育是人力资本投资的一种形式。只是在近三十年来，经济学家才开始重视家庭如何在人力资本上投资的。人力资本投资是家庭储蓄的一个组成部分。人力资本的概念对于理解家庭行为极为重要。贝克尔是这些研究者中的杰出代表，他在经济学界也是以其关于人力资本的著作最为著称的。

贝克尔在其著作《人力资本》（1961、1975）中，表达了这样的一个观点：人们为自己或为孩子的花费不仅是为目前的满足，同时也考虑将来的满足。将来的满足可以是货币的，也可以不是货币的，但是贝克尔强调的主要是前者。他认为，用于未来满足的支出，通常只有在这种情况下才能被人承受，即：预期收益的现值（按照反映资本的机会成本的利息率打了折扣之后）至少相当于支出的现值，所以我们称人力资本投资是种很重要的储蓄。这些支出包括明显的成本如学费和学习用品等，但是他认为，其主要组成部分是在训练期间所放弃的收入的价值。

人力资本投资的范围不只局限于正规教育，另一种人力资本投资为在职训练和取得经验。由于正规教育是显示市场生产率（工资率）的一个重要标志，家庭极为重视正规教育的投资。对教育投资的程度取决于教育收益率，在职训练是在工作中获得经验，增加人力资本，从而提高生产率的重要方式。这种投资活动既可在家进行，也可以在市场工作中进行。人们在工作中和家中抽出时间专门研究如何提高改进。人们知道训练时的工资会降低，产量会减少，并把这种损失计为投资。在市场工作中，人们把非训练期和训练期的收入之差距看作是以经验的形式储存起来的人力投资。在家庭活动中，人们将训练时丧失的产量作为经验形式储存的人力资本。

人力资本投资的第三种形式是通过花费金钱和时间来维持和保证健康。就如维持汽车、房子的寿命以达到储蓄的目的，人们投资货币和时间来维持和加强他们的身体和心理健康。因此，健美训练班、跑步、看医生、注重营养等是保持健康的各种形式。这种投资的结果是，疾病减少，寿命延长，工作和家庭生活的效率提高。

迁徙为第四种形式的人力资本投资。人们从一个城市、省或国家搬迁到另一个城市、省或国家，寻找更好的工作和不同的生活方式。人们通过放弃一地点的机会来获得另一地点的机会。近年来的“民工潮”“出国潮”，表明许多人在追求这种投资方式。

人力资本投资还有其他形式。用特定的方法生育和抚养小孩，从而为自己的老年提供经济保障，尽管这种形式的投资在发达国家不太重要，但它对于理解不发达国家的生育行为非常重要。婚姻也可作为人力投资的一种形式。例如，旧式父母总想让自己的儿女高攀上达官贵人，通过与富人家联姻，以期获得未来的利益。

按照贝克尔的模式，从长期来看，所有这些人力资本的形成都会达到这样一点，在这一点上，这些活动的边际收入相等于投资的边际成本。换言之，在均衡点上，所有投资活动（包括人力的和非人力的）的收益率都相等。从这一点出发，贝克尔推演出一系列命题，它们对很多经济活动作了新的解释，包括收入分配模型，年龄与收益关系曲线，失业的持续时间和男女教育不平等的存在等，都是运用上述观点来加以阐明的。

7.4 家庭的时间配置

在前面的分析中，我们已看到贝克尔对时间价值的重视。因此他写了一篇重要的文章，从理论上将时间配置问题一般化，同时为制定规范的消费理论提供了基础。

在贝克尔之前，消费理论中对于时间的分析，主要集中在工作和闲暇二者的简单划分及论证相互关系上，即劳动市场上的有酬工作。通过它人们可以得到市场所生产的商品和服务，而这正是经济活动的目的。这里闲暇显然具有一个机会成本，这就是由于不工作而放弃的商品和服务。

但是，贝克尔认为时间不止有这两种用途，时间可以用在有酬的劳动市场上，但它也可以用在各种形式的无酬工作上，如家务劳动，“自己动手”等。此外，所有的“消费”也都要花费时间。因此，他提出不应把闲暇看作一个独立的范畴，所有的“闲暇”都包括某些“消费”，所有的“消费”又包括某些“时间”。因此人们不是在消费物品和“闲暇”之间选择，而是在各种各样的“消费活动”之间选择。这些消费活动采用从市场上出卖劳动时间得到的和把时间花在“家庭生产”（家务劳动）这两者不同形式的组合。另外，在有酬工作和闲暇之间的选择应该被“费时间”活动（如在家庭中预备餐席）和“省时间”活动（如汉堡包的购买与消费）之间的选择所替代，而这种选择最终受到我们拥有的时间数量及其用于不同用途的生产率的限制。

在此基础上，1977 年，葛罗劳（Gronau）对贝克尔的时间设置理论提出一个重要的改进。首次将家庭时间区分为市场工作时间，家务劳动时间和娱乐闲暇时间，并用一条家庭总预算线束表示这些时间的组合。将家庭收入、工资率、家务劳动生产率、消费品购买和时间组合直观地表达出来，并可以得出下面这些令人信服的结论。

工资率的变化将产生三种效应：一是生产替代效应。即由于工资率的上升，表明每一小时的工作可换来更多的市场商品，相对来说，市场生产率比家庭生产率更高，因此，保持总劳动时不变，人们愿意用一些家务劳动时间换取一些市场工作时间。这种市场工作和家务劳动的相互替代称为生产替代效应；二是消费替代效应。即工资率提高时，闲暇相对物品来说更贵，家庭倾向于消费较少的闲暇，较多的物品，为达这个目的，家庭成员将工作更多的时间来获得收入，从而购买和消费更多的商品来替代相对昂贵的闲暇。这种情况称为消费替代效应；三是收入效应。即当家庭的实际收入增加时，家庭对物品和闲暇的需求均有增加，这种情况称为工资率增长的收入效应。很明显，工资率上升时，前两个替代效应将延长工作时间，其收入效应则是减少市场工作时间。同时，由于生产替代效应，家务劳动时间减少，对闲暇的影响取决于消费替代效应和收入效应的相对大小。至于非工资收入的增加将导致家庭成员对闲暇的需求增加。同时，减少工作者的市场工作时间，或非工作者的家务劳动时间。

家庭人口的增长将导致父亲增加市场工作时间，母亲增加家务劳动时间。随着孩子年龄的增长，父亲仍保持甚至增加市场工作时间，母亲逐渐减少家务劳动时间，增加市场工作时间。

配偶工资率的上升导致另一配偶时间使用的变化。变化的方向取决于丈夫或妻子的时间是替代品还是互补。如果是替代品，则丈夫工资率的变化将导致妻子时间的增加。如果丈夫具有市场工作的相对优势，妻子具有家务劳动的相对优势，且丈夫将时间主要用于市场工作，妻子将时间主要用于家务劳动，则能使家庭获得最大福利，这时他们充分利用了婚姻所提供的优势。

从整个家庭生命周期看，人们对工作和闲暇时间的安排取决于时间的相对价值。他们在时间相对昂贵（中壮年）时多工作，在时间相对便宜（年轻或年老）时多享受闲暇或多从事时间密集的活动（如教育）。

最后，对于家务劳动是经济心理学研究的薄弱环节。目前理论家只是认识到家务劳动是一种非正式的经济活动形式，在社会经济总体运行中有着重要作用。尤其在经济萧条时，家务劳动常常可缓解巨大的社会就业压力。计算家务劳动时间的价值也是一个经济学家既感兴趣又感困难的实际问题。如果家务劳动的价值能够估计出来，它可并入国民生产总值，从而使我们更好地了解国家的财富和生产率情况。由于家庭生产的物品和服务来自家务劳动时间，精确计算家务劳动时间的价值将有助于改进全国经济统计数字。

7.5 婚姻的经济心理与行为分析

贝克尔的另一项开创性事业，是他对婚姻经济学理论的发展：婚姻是一种在各种类型的经济中都无例外存在的重要和连绵不断的现象。不管明文规定的法律制度是怎样的，在整个成文史中，大多数成人都是“结婚”了的，人们在相互竞争的潜在配偶中进行选择，以使效用最大化，可谓情场如市场。按照贝克尔的理论，这种效用的衡量，是根据前面所说那种家庭制造的商品的消费来进行的。婚姻的普遍性使贝克尔认为，男女劳动力在某些家庭生产中是互相补充的，特别显著的例证是父母抚养孩子的活动（父亲在市场上挣钱，母亲在家带孩子）。总之，贝克尔认为家庭是一个生产单位，家庭生产的产品可以满足家庭成员的需要。两个人只有在共同所得大于各为单身时分别所得之和的情况下才会结婚。

婚姻的另一经济学理论是曼瑟（Manser）和布朗（Brown）所提出，认为婚姻是两个人合作和谈判的结果。这两个理论均认为，如果双方的期望没有实现，如果结婚的实际所得低于重新变为单身的期望所得，或低于与他人结婚的期望所得时，他们将离婚。结婚与离婚是人们在权衡各种选择的利弊后的合理决策。从这个意义上讲，我们常常不无贬义地谈到择偶标准，如“龙配龙，凤配凤”“上得厅堂，下得厨房”“长得像演员，身体像运动员，做饭像炊事员，买东西像采购员”等，有一定合理性。这些标准强调了结婚所得。

结婚和离婚将影响人们的满足程度和福利，这是容易理解的，同时，结婚和离婚是有成本的。这种成本分为两类：交易成本和机会成本。交易成本指与结婚离婚直接相关的费用，如对于结婚拍照、结婚仪式、律师、法庭的费用等。机会成本为放弃一种状态，追求另一种状态而获得的福利，如结婚的机会成本为：如果保持单身所获得的福利，离婚的机会成本为：如果保持婚姻所获的福利。尽管交易成本有时很大，结婚和离婚的机会成本更大。

另外，由于信息的不完全，人们必须去寻找自己的伴侣，这是花费很大的，因此一个人可能最终会与一个不是最理想的人建立配偶关系，或者他们也许会通过讨价还价来取得补偿性的让步，这种让步可能是一笔钱（如嫁妆等）或行为上的约束（如许诺放弃钓鱼爱好），这就为离婚埋下了伏笔。由于人对结婚的结果不可能了如指掌，实际上，人们在结婚前对婚姻的期望并不等于结婚后的现实。对婚姻的期望和婚姻现实之间的差异是离婚的重要因素。婚姻好比两个人签订一个合同，双方都对婚姻的结果有一定期望。一旦期望的结果没有实现，相当于合同破裂。如果失望足够大，就会导致离婚。

值得指出的是，这里所说的期望值是统计学意义上，指以概率为权重的所得平均值，同日常生活，期望含义有所不同。例如，假如一对男女结婚后，结婚所得为 10000 元的可能性为 30%，所得为 1000 元的可能性为 70%，则他们结婚所得的期望值为：

$10000 \times 30\% + 1000 \times 70\% = 3700$（元）

如果结婚的一方错误地估计了概率，则所得出的期望值为日后的离婚埋下伏笔。例如，假如上例的情况为现实情况，而结婚的一方却估计为，结婚所得为 10000 元的可能性为 70%，所得为 1000 元的可能性为 30%，则其错误的期望值为：

$10000 \times 70\% + 1000 \times 30\% = 7300$（元）

一旦现实世界的结果为 1000 元，他（她）就会十分失望，如果这种失望达到一定程度，这个婚姻就会解体，离婚便在所难免。如前一段我国大量出现的海外婚姻，结果真正幸福美好的只是少数，更多的人在短期内都离了婚。许多人由于信息的缺乏和对外部世界的盲目崇拜，他们不但将结婚所得想成一个巨大的天文数字，并且也认为获得这个所得的可能性为100%，一旦现实给出比想象中的差得太多的话，他们不离婚才怪。

看来，上面的分析还是有些道理的，尽管它不能解释婚姻问题的所有方面。但它至少表明，人类的婚姻行为并不像通常所认为的那样，仅仅与生物学的和制度的因素相联系。总之，用家庭生产的理论作为一种分析手段，看来可能仅仅是经济学家的一个笑话，一种知识游戏，而且它的某些结论也确实显得平淡无奇，但是，它确实做了别的方法和理论所做不出的有趣的解释与预测，这不能不说是贝克尔的成功之处。

贝克尔的理论始终贯穿了新古典经济学的基本原则：效用最大化、市场均衡、稳定的偏好。由于这些原则受到挑战，因此也就有了来自各方面的争论。例如，对于在已婚妇女就业率和受教育程度二者之间存在的正相关关系的解释，贝克尔认为是受教育妇女的时间具有较高市场价值，也有人认为可以是态度的变化。因为，受更多的教育的人更愿意从事市场工作来实现自我价值，而不是在家务劳动上“浪费”时间。总之，在我国建立社会主义市场经济过程中，人们行为的改变是从观念的改变开始的，市场经常深入到生活的各个角落，用市场规律来解释人们的行为，不能不认为是人们观念的一种进步。而关于家庭行为的经济分析正好提供了这么一个视角。

7.6 家庭储蓄的经济心理与行为分析

一部分人说，甘蔗从根儿吃起，每一口都吃最甜的部分。也有人说，甘蔗从梢儿吃，每吃一口，都有更甜的在后面。如果将时间的长河比作一根甘蔗，你是倾向于“人生几何，及时行乐”，还是倾向于“吃苦在前，享受在后”呢？用经济学语言来说，你的时间偏好是什么？是偏向于当前消费，还是倾向于未来消费，而后者就是储蓄。

为了便于展开讨论，我们先定义几个常用的名词：消费、储蓄和反向储蓄（借贷）。

消费是家庭在当前购买商品，从而获得现时满足的活动。今天购买食品并吃掉是消费，那么购买汽车和服装呢？它们可用于今天，也可用于明天，也就是说，它们能在今天产生满足，也能延续到明天产生满足。这恰是储蓄的实质。

储蓄是家庭在当前时区使用资源，在未来时区获得满足的活动。因此购买汽车和服装是同为消费和储蓄活动的例子。纯粹的储蓄可以是在银行存钱，买股票债券，或借钱给他人。实际上，往银行存款就是借钱给银行。

由此可见，消费—储蓄实际上是一个从纯消费到纯储蓄的连续体。现在我们仅研究纯储蓄这一端。一般认为，储蓄量或为零，或为正数。实际上，储蓄也可以为负数，正如许多家庭常做的那样。因此，反向储蓄定义为家庭把将来资源用于当前以增加当前消费的活动。反向储蓄包含借贷，在美国，人们申请贷款买房子、汽车或上学，就是将他们未来指望得到的资源用于当前。

7.6.1 储蓄的需要与动机

人们为什么要储蓄呢？因为有储蓄需要。储蓄需要是人们对货币占有并达到一定数额的一种渴求和欲望，是人们各种需要的间接反映。

储蓄需要主要产生于消费需要，消费需要来源于个体生存和成长的需要。人们为了生存，繁衍后代，就必须进食、穿衣、休息、消费一定的物品。要取得消费品，在商品经济条件下，就要借助于货币来实现。由于消费需要与货币支付能力往往在时间上、数量上存在不一致，或者有消费需要而无支付能力，或支付能力不足，或是有支付能力而暂无消费需要，还有其他种种原因，使消费需要得不到立即满足，这种矛盾的冲突需要外部力量来调节。这时，人们可以选择储蓄，也可以举债，或其他途径，但人们更多是选择了储蓄。当人们选择储蓄方式并认为可行时，就会产生储蓄需要。

当然，人们的储蓄需要还不单是消费需要的反映，还有如安全需要、归属和爱的需要，发展的需要，各种需要往往以纵横交错的复合形式出现。另外，储蓄需要的产生还受到周围环境刺激或诱因的影响，因为人要与周围环境发生关系，并相互作用，从而影响其储蓄需要。

所谓储蓄动机，是推动人们进行储蓄的推动力，是推动人们为达到某种目的进行储蓄的一种意念和想法，或者说是指居民为什么而储蓄，即指居民储蓄的目标或目的，它决定了储蓄行为。

关于储蓄动机，经济学家凯恩斯进行了淋漓尽致的描述。人们储蓄的动机有八种："谨慎、远虑、计算、改善、独立、企业、自豪和贪婪。"凯恩斯将这八种储蓄动机分别解释为：谨慎——建立准备金，以防不测之变；远虑——预防未来用钱；计算——享受利息的增殖；改善——使以后开支可以逐渐增加；独立——享受独立感及有能力感；企业——获得从事投机或发展事业的本钱；自豪——遗留财产给予后人；贪婪——满足纯粹吝啬欲，即尽量遏制消费，节约到不合理程度。

经济学家保罗·A. 萨缪尔森在他的《经济学》中写道："个人企图储蓄的理由是各种各样的。他想为老年的生活或将来的开支（假期旅行或买小汽车）作准备；或者，他可能具有不安全的感觉而未雨绸缪；或者，他是一个年高八十而没有后代的守财奴，为积累而积累；或者保险公司的代理人曾经说服了他，使他签订了一张储蓄的契约；或者，他可能想到较多的财富所带来的权力；或者节约可能仅是一种习惯，几乎是一种条件反射，其根源连他自己也不知道。"

7.6.2 储蓄动机的演变与分类

从前面分析中，我们知道产生储蓄动机必须有两个条件：一是内在条件，即储蓄的内在要求——储蓄需要，这是储蓄动机产生的根源与基础；二是外部条件，只有储蓄需要还不能产生储蓄动机，还必须有储蓄能力，即收入在保证基本（最低）生活消费后有结余，并且有办理业务的机构。

在经济发展的较低阶段，储蓄行为仅仅是消费行为之后的一种"剩余"行为。扣除消费支出，剩下多少就储蓄多少，既不勉为其难，刻意节省，也不大手大脚，过分奢侈；或者纯粹出于一种节约的美德。储蓄本身成为储蓄者的目标，亦即为储蓄而储蓄，这可称之为“消极储蓄”，在这种情况下，居民储蓄不可能有很明确的目标或动机。

随着居民货币收入的提高，在满足消费支出之后的剩余收入越来越多，这对居民来说，已不再是无足轻重的一笔额外收入，它对改善居民以后的生活状况具有重要作用。这时，居民就不再采取消极的态度，而是积极地去筹划这笔钱的用途；同时，居民储蓄行为就不再是消费行为之后的剩余行为，而是储蓄与消费同时进行，意味着储蓄一开始就有明确的目标和计划，这种有计划的储蓄称之为“积极储蓄”。

接下来的问题是，“消极储蓄”转到“积极储蓄”的临界值如何？当消费支出后的剩余收入额达到足以使储蓄者感到重要的程度，消极储蓄便可转化为积极储蓄，但对不同的阶层不同的时期的储蓄者来说，这个转化的临界值是不同的。比如 20 元钱，对一个月收入 500 元的人来说（假设他花掉 480 元，剩 20 元）是微不足道的，而对一个月收入 100 元的人来说（假设他花掉 80 元，剩 20 元），就不再是无足轻重了。同样，现在得 10 元钱与过去的 10 元钱在心理上的感觉也会发生变化，若现在的月收入为过去的 3 倍，对同样的剩余收入额（10 元钱），人们会采取不同的态度。过去是积极储蓄者，而现在可能成为消极储蓄者。

这里，我们可以借用心理学中的韦伯阈限定律：“观察两个对象间的差异时，我们察觉的不是绝对的差别，乃是相对的差别，这是在几种感官内部曾经证实的观察。”意即我们对 30 克和 37 克的重物刚能辨别，其差数是 7，然而对 60 克与 61 克则不能辨别，必须是 62 克才能辨别。他的发现被总结为一个公式，即

$$K=\frac{\Delta I}{I}$$

公式中：K = 常数（单位：韦伯比例或韦伯）；Δ = 刺激强度增加量；I = 强度；ΔI = 刚能引起较强感觉的刺激增加量。

在上例中，我们用一个系数 K = 剩余收入/收入总额来衡量，$K_1=20/500$，$K_2=20/100$，显然，显然 $K_1<K_2$，当然其心理感觉不一样，这又和经济学中的边际储蓄倾向（为储蓄增加额/收入增加额）联系起来了。这说明，不同的收入水平其边际储蓄倾向也不相同。这也表明，居民储蓄动机不完全是主观的，也具有某种程度的客观性，恰当地说，是主观与客观的有机结合。当主观感觉不变时，居民储蓄倾向随着货币收入的增加而提高；当货币收入水平不变时，居民储蓄倾向随其主观感觉的变化而提高或降低。在一定时期，居民的这种主观感觉亦即以消极储蓄转向积极储蓄的临界值，可以运用抽样统计方法得出其概率分布，从而可以在宏观层次上知道居民储蓄倾向的高低，即储蓄动机的强弱。这对制定恰当的储蓄政策是十分重要的。

至此，储蓄动机决定于居民收入水平和储蓄的社会心理。因此，储蓄动机可用下列公式来表示：

$$I=A/B$$

式中，I：储蓄动机系统；A：货币收入增长幅度；B：临界值的提高。

不难看出，储蓄动机是一条与 B 成反比，而与 A 成正比的曲线，见图 7－3。

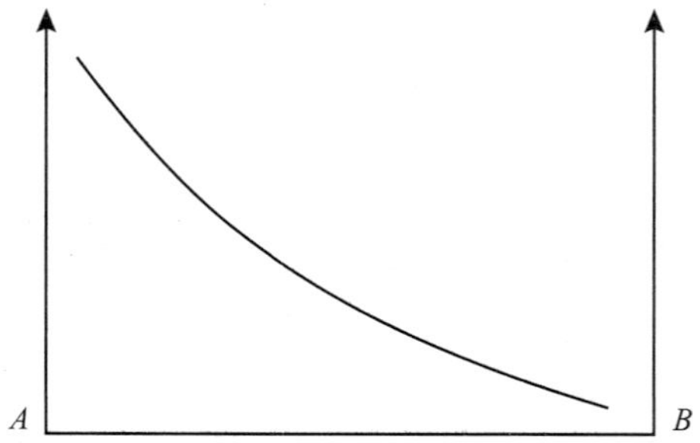

图 7－3　储蓄动机曲线

从具体内容考察，储蓄动机是由低到高的一个发展过程。整个过程可分为六个阶段：

第一阶段，储蓄动机是储蓄本身，没有其他具体目标，可以说，是一种无意储蓄。

第二阶段，是保险动机，这意在应付不可预测的天灾人祸和年老后的生活保障。当事实未发生之前，为此而进行的储蓄一般是不会动用的。也正是由于目标具有不确定性，这类储蓄动机相对较弱，随意性较大，可多可少。

第三阶段，供养子女和赡养老人的动机。这较前阶段更为明确，但供养子女和赡养老人一般不是近几年内的事，事实真正发生的时间较远，从而可以向后推移，这在某种程度上弱化了储蓄的动机。

第四阶段，婚丧嫁娶的动机。此类储蓄一般都有明确的期限，需求迫切，故此类储蓄的动机较强，并且在一家庭里是首先必须解决的问题，往往是全家动员，尽力储蓄（在城镇和乡村的一般家庭特别明显）。

第五阶段，改善生活的动机。一个家庭只有在前面的需求满足之后，储蓄的动机才能进入这个阶段，亦即为此而进行的储蓄才成为可能。这一般是购置耐用消费品，改善住房条件等。一旦达到这个阶段，储蓄动机强度明显增加。

第六阶段，盈利的动机。当居民的剩余收入额除满足前面的各种需要之后，还有剩余，居民储蓄的动机就不再局限于消费，而是把收入资本化，赚取收益，例如，购入债券、股票或存入收益率较高的银行。在我国，仅有少数居民的储蓄动机发展到这一阶段，当然这也得益于我国金融市场（证券市场、外汇市场）的发育与繁荣，人们有更多的资产选择余地。

居民储蓄动机的六个阶段可用图 7－4 表示，一般情况下都不可能越级储蓄。

从单个居民户来考察，我国还有相当一部分居民处于第一阶段和第二阶段，这主要是在西部地区和农村。少数居民已达到第五、六阶段，这主要在沿海经济发达地区。

从整体上考察，我国居民储蓄动机更多处于第三、第四和第五阶段。据统计，城市居民为供养子女或赡养老人而储蓄的占 31.1%；为家庭成员的婚丧嫁娶而储蓄的占 31.0%；为购买高档耐用消费品而储蓄的占 22.1%。三项合计占样本总数的 84.2%（见表 7－1）。

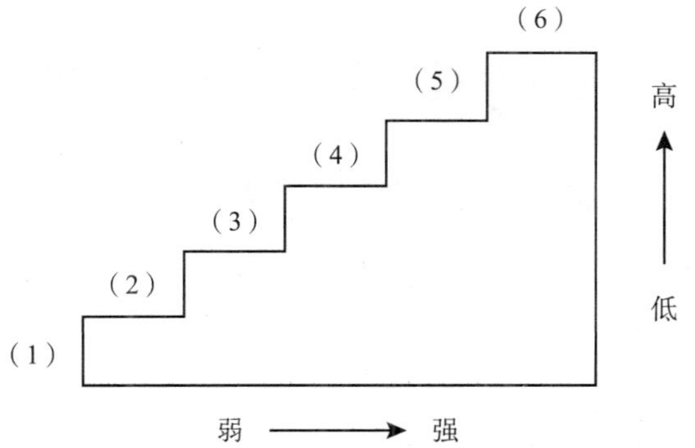

图 7－4　储蓄动机的六个阶段（层次）

表 7－1　　城乡居民储蓄动机分析　　单位：%

储蓄动机	城镇	乡村
（1）无意储蓄	6. 4	1. 4
（2）保险预防	9. 0	3. 3
（3）供养子女或赡养老人	31. 1	24. 1
（4）婚丧嫁娶	31. 0	11. 2
（5）改善生活条件	22. 1	31. 9
a. 购买高档消费品	22. 1	7. 7
b. 购建住房	—	24. 2
（6）赚取利益	0. 5	28. 1
a. 为得利益	0. 5	0. 3
b. 积累资本	—	27. 8

最后，居民在储蓄动机的驱使下，就会产生储蓄行为。储蓄行为是实际储蓄的阶段，在此之前，储蓄需要与储蓄动机只以行为人的观念留存于头脑里，只有到了储蓄行为阶段，才发生质变，由内心观念到外显行为的阶段。一句话，储蓄行为是在储蓄动机支配下，人们实现储蓄的过程。通过前面分析，我们可以得到如图 7－5 所示的储蓄行为模式。

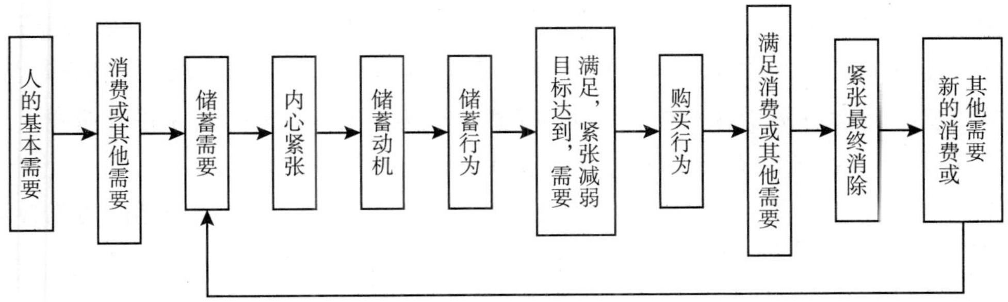

图 7－5　储蓄行为的基本模式

7.7 影响储蓄心理与行为的因素分析

影响储蓄行为的因素有很多，其中收入无疑是一个决定性的因素。其次是诸如市场价格、通货膨胀、利率等，关于这些经济学家已有过论述。这里我们换个角度，从家庭的时间偏好，相对收入水平，消费者的心理账户，储户的个性特点，以及理性预期等经济心理角度进行探讨。

7.7.1 时间选择与主观利息率

经济学上所称时间选择指经济主体选择当前进行消费抑或进行储蓄和投资以便未来能得到更多的消费的一种时间偏好，通俗地讲就是经济主体如何处理积累和消费的关系问题。这是个人、家庭、企业乃至整个国家所面临的基本经济问题，即个人、家庭、企业或国家如何对自己的总资源按时间先后进行分配。下面以家庭为例，看看家庭的时间偏好图（见图 7 -6）。

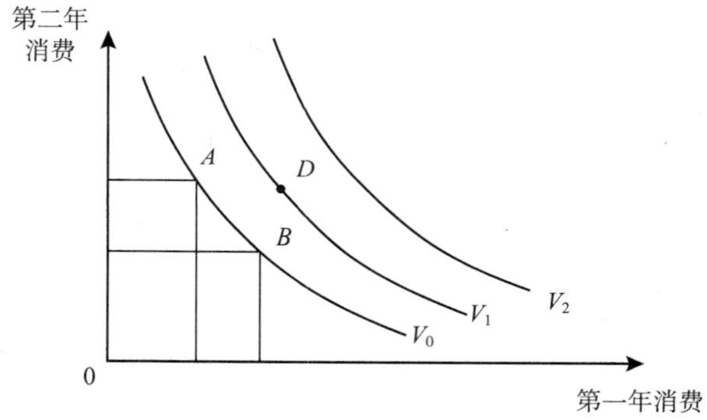

图 7 -6　家庭的时间偏好

说明：V_0，V_1，V_2 皆为无差异曲线，在 V_1 曲线上的任何一点皆可泛指为 D 点，但为让读者形象了解，现用 · 具体表示为 D。

前面我们讨论了一家庭对不同商品的偏好，这里以同样方式讨论家庭对不同时间消费的偏好。图 7 -6 显示了几条关于第一年消费和第二年消费的无差异曲线。这些曲线可用来代表家庭的时间偏好。曲线 V_0 上 A 点表示第一年消费少点，第二年消费多点。B 点情况正相反。家庭对于这两种组合同样喜欢，因为这两点在同一条无差异曲线上。当然，家庭更喜欢 V_1 上的 D 点，因为 D 点表示两年的消费都增加了。

这些曲线的斜率表示第一年消费对第二年消费的边际替代率。同商品的边际替代率一样，这些替代率是随某年消费的减少而递减的。因此，家庭的时间偏好是负斜率；凸向原点的。

时间偏好也可说是家庭储蓄的一个动机，它反映家庭倾向于当前消费或未来消费。

我们定义：家庭若不存不借则为持中型，若借贷则为现时导向型，若储蓄则为未来导向型。现时导向型的家庭倾向于及时行乐。在当前时区消费，为满足现时的消费需要，尽可能将未来时区的资源借来。未来导向型的家庭正相反，尽可能将当前收入储蓄起来为满足未来的消费。持中型的家庭则不借也不存。所以，从时间选择上，储蓄发生在家庭以未来为导向的时候。

研究表明，时间选择与满意延迟心理有关，例如，在实验中观察到，儿童对于稍后的时间里得到更多的奖励（如更多的糖），而推迟当前的奖励（如只有一定数的糖），所感受到的情感体验行为表现也不一样。如果延迟的奖励大到产生足够的吸引力，会使其产生更大的满足感。这时儿童会进行延迟的时间选择。

经济社会中对为了将来得到更多的钱而在当前储蓄的情感测量指标就是主观利息率。例如，年息 7% 意味着人们乐意在当前存 100 元而在一年后得到 107 元. 当然，也许有人不愿以这个年利息率进行储蓄，而是认为一年后应该得到 130 元。那么，这时的年息 30% 就是主观年息率。可以理解，主观利息率越高，就越会选择现时消费，而不愿存钱。在对大件商品消费行为的调查中。主观利息率会有所不同，例如，购买空调估计为 25%，更换洗衣机为 21%。

时间选择的测量方法很多，最突出的是提问测验。问题的类型有：“如果在当前的 100 元和六个月后的 X 元中进行选择，当 X 至少是多少时，你才愿意接受而放弃当前的 100 元?”改变提问方式，包括提出将来现金的数目，询问被试现金的价值，举出两者数目和询问时间周期等，使测量能得到准确的结果。另一些方法如强迫选择法：“假如要你在当前的 100 元现金和一年后的 200 元之间选择，你会选择哪一种?”接下来用阶梯法，如果被试选择 200 元，就问“假如要你在当前的 100 元现金和一年后的 175 元之间选择，你会选哪一种?”等等，直到被试选择 100 元。这样从被试的时间选择中得到其主观利息率标准。通过类似的测试，研究金钱数额，时间跨度，盈余数目等，可观察到主观利息率和社会人口统计变量（性别、职业、年龄等）的关系，并用来预测储蓄与消费行为。

研究还发现，随着金额的增加和时间跨度的延长，主观利息率也随之增长，这个结果与存款额、租贷款期限相关的市场租金行为相反。而且内在利息率在亏损时比赢利时更低，显示出和赢的延迟相比，更情愿亏的延迟，也即表明个体宁愿不赢利，也要尽量把损失减少到最小。这在通货膨胀时期表现最为明显，当通货膨胀率大大超过了存款利息率，居民积累的财富自然蒙受损失，若这种损失已超过了居民的心理承受力，居民会毫不迟疑地减少储蓄或不再增加，以扩大当前消费，从而使损失降低。

通货膨胀使居民在当前消费和未来消费的时间选择中进退维谷，左右为难。至于到底采取什么行动，取决于居民对消费时期的选择偏好和物价上涨产生的心理损耗的对比。若倾向于未来消费，并超出了物价上涨导致的心理损耗，则储蓄率随物价巨涨而提高；反之，储蓄率随物价上涨而降低。这里一个临界点，在临界点两边的情形是截然相反的。

1988 年我国曾一度出现提款风潮，储蓄存款急剧下降。这种变异现象的出现，说明物价上涨产生的心理损耗远远超过对未来的消费偏好。要使临界点移动，使物价上涨产生的损耗小于对未来消费偏好，从而使居民储蓄量不致发生大的变动，较好的办法是提高储蓄存款利率，这也是各国常用的一个宏观经济政策。

7.7.2 收入的主观折旧率与相对收入假设

费雪在1930年提出了收入的时间选择效用，指出在其他条件相同时，低收入能产生高度的耐心，特别是当个体有较强的自我控制能力，认为当时的准备对现在和未来都是很有必要时，收入的时间选择效用更大，或者说更趋向于强的储蓄倾向的未来消费导向。有人认为耐心受到年龄和社会阶层的影响。比如，年轻人还未掌握好自我控制的技巧，在花钱时往往缺乏计划。更有人进行了定量研究，甚至把西方近年储蓄的下降归罪于自我控制的缺乏。

最近，有人提出了用收入的主观折旧率来代替费雪的收入时间选择效用理论。发现收入的主观折旧率随收入的增加而下降，见表7-2。

表7-2　　主观折旧率和收入的关系

收入级别（美元）	主观折旧率（%）
少于6000	89
6000～10000	39
10000～15000	27
15000～25000	17
25000～35000	8.9
35000～50000	5.1

费雪还提出了收入趋势影响耐心的时间曲线。人们用期望将来得到增加的收入来评价现在的额外消费，而不是将来的额外消费，因此导致高的主观折旧率。这与卡托纳关于消费者储蓄行为的研究结果一致：价格下跌时，人们被存款强烈激励以待将来消费，因而净存款额增加；而价格上升时，人们的存款得不到激励而净存款额减少。

同时，根据费雪理论推算，人们当前是否有存款，以及对未来经济形势的预期影响到收入的主观折旧率，见表7-3。

表7-3　　经济预期对储蓄的影响　　单位：%

当前地位	期望地位	
	悲观的	乐观的
存款	9.6	32.4
不存款	27.6	42.0

这个结果与卡托纳的观点也相吻合。卡托纳发现，人们储蓄动机在低收入，经济不景气时更强，储蓄量增加，消费量减少。因为萧条的经济具有紧迫感和威胁性，人们感到前途未卜，迫切需要一个能够暂时抵挡威胁的经济缓冲器——一笔足以保障今后一个时期基本生活需要的储蓄，于是储蓄量增加。而在经济繁荣时，人们倾向于购买耐用消费品、旅游、度假和满足其他享乐性需要，必然导致储蓄量的减少。

前面我们已经提到过应用社会心理学原理，谢弗润（Shefrin）提出了“心理账户”的概念来解释消费和储蓄行为，这里不再赘述，下面我们讨论有关相对收入假设和储蓄行为的关系。

相对收入假设非常社会学化，它的创建者杜生贝利（Duesenberry）认为，人们的消费和储蓄决策不仅决定于他们的总资源（当前和未来预期的），也决定于他们同一社会集团的消费行为。具体说，家庭如果比他们所认为的同类消费得更多，就获得更大满足，否则，就不满足。问题不在于家庭拥有多少资源，或多少比例的资源用于当前的消费，关键是在同一社会阶层中家庭总资源的相对地位，和家庭的消费水平和标准是否与本阶层一致。因此，这就是相对收入假设名称的由来。

根据这一假设，家庭在收入改变时会坚持原先的消费水平。如果收入下降了，家庭仍要保持或超过它原先那一阶层的生活水平。为了做到这一点，家庭会储存较小比例的当前收入。如果收入大幅度下降，或长时期下降，家庭为维持原先的消费水平会陷入深深的债务之中。只有当家庭收入的下降持续了足够长的时间，家庭才按照收入较低的阶层调整它的消费水平。这时，家庭进入一个更低阶层。

相反的情况也是这样，家庭收入上升时，将继续保持它原来的消费水平，以与它认同的同一阶层的家庭的消费相同，因此，它将储蓄较高比例的收入。只有收入的增长持续到一定长的时间，家庭会调整它的消费水平以便与同等收入阶层的家庭看齐。这时，家庭进入更高的一个社会阶层。

总之，收入的变化只要不大，待续时间不长，从而不会导致家庭进入一个新的社会阶层，家庭的消费将不变，但储蓄会变。不过，收入的变化过大，持续时间过长，导致家庭进入另一社会阶层，家庭的消费就会参照新的社会阶层的消费水准而改变。

7.7.3 预期与储蓄行为

家庭在进行储蓄决策时，总是预测未来的趋势和可能，构想未来的蓝图。可以说，所有的储蓄决策都涉及到以现在采取的行动取得未来不确定的报酬，因而储蓄预期在储蓄决策中有十分重要的作用。

预期是人们的一种心理活动，是对目前有关的经济变量的主观判断。换言之，预期就是决策者对他的决策有关的不确定性的经济变量所作的主观判断。储蓄预期就是家庭对影响储蓄存款未来收益变量的一种主观判断，并与物价和储蓄利率密切相关。

受利益动机的支配，当储户看到或估计到影响经济利益的变量即将发生变化时，往往倾向于从自身的利益出发，调整自己的储蓄行为，捍卫自己的未来利益。如主观判断物价还要上涨而储蓄利率相对下降时，往往会放弃银行储蓄而购物保值，反之，则会增加储蓄。

储蓄预期对储蓄决策的影响还表现在预期收入上，影响居民现实储蓄不仅是现实收入，而且和预期收入也有关系。当预期收入高于实际收入时，就会减少储蓄，甚至负储蓄，增加现时消费。反之，当预期收入低于实际收入时，就多储蓄，以补充未来消费。

7.7.4 风险偏好与储蓄行为

经济心理学家达尔巴克（Dahlback，1991）对储蓄和冒险进行了研究。认为存款能够用作对付经济危机的手段，不同的存款方式起的防风险作用是有差别的，因此可以假设个体的风险偏好会影响储蓄。他分析了冒险倾向和储蓄习惯之间的关系，其中冒险倾向是通过不同情况下对被试提问进行评测。结果表明：与不谨慎（倾向风险）的被试比较，谨慎（倾向不冒险）的被试倾向于保持更低的债务并在银行账户上储存更多的钱；被试的冒险倾向同总净资本及应付突然额外支出能力之间不存在显著相关。显然在这项研究中，达尔巴克把冒险作为人格特质的一种，是心理变量，储蓄是一个经济变量，并对两者的关系进行有意义的探索，也为进一步研究提供了思路。

本章提要

从经济心理学看家庭作为经济组织有以下特点：追求最大满足，社会的最小组成部分，家庭成员分享家庭资源，有选择余地等。

家庭的人力资本投资是家庭储蓄的一个组成部分。人力资本投资的形式可以多样化：教育、训练、保证健康、迁徙、生育、婚姻等。

婚姻的经济心理学分析表明，结婚和离婚是有成本的：交易成本和机会成本。

储蓄的经济心理学分析包括储蓄的需要与动机及影响储蓄的诸因素：时间选择、主观利息率、经济预期与风险偏好等。

思考与探索

1. 试述从经济心理学的观点如何理解家庭的含义。
2. 在现代社会中家庭的人力资本投资包括哪些内容和形式？
3. 试从经济心理学角度分析婚姻问题，并作出评价。
4. 我国现阶段居民的储蓄需要与动机有哪些特点？

8

产品市场中消费者的经济心理与行为

消费是人类经济心理与行为的表现形式之一。研究产品市场中的消费心理与行为是经济心理学中较为成熟的研究领域之一，该领域发表的文章、出版的书籍也较多。为了避免重复，本章着重介绍该领域的一些最新的研究成果，而与之相联系的消费心理学基本原理就不多做介绍。

8.1 价格知觉和消费者心理与行为

8.1.1 价格阈限

对于价格来说，似乎并不存在一个绝对阈限的问题。因为不管价格多么低，它和零价格还是有显著的区别。但在营销中，价格阈限是以消费者刚刚愿意购买某一商品的价格水平为指标的。有人对消费者在什么价格水平上购买可能性进行调查，他们询问消费者："如果价格是……你将购买该商品吗?" 如果回答 "是"，则在另一个价格水平上对消费者提类似的问题，以此类推。如果回答 "否"，则询问消费者他们不买是因为价格太贵还是太便宜。通过这种方法，他们发现了商品可接受价格范围的最低和最高界限。其他一些研究者对另一些商品作了同样的研究，并发现了不同商品的价格范围。

通过对消费者差异敏感性研究，研究人员发现：以可接受价格范围的最高界限为参照点，某一商品购买的可能性随价格的增加而增加；以可接受价格范围的最低界线为参照点，购买可能性随价格的下降而下降（见图 8 -1）。图中 $L(P)$ 为价格最低界线，$H(P)$ 为价格最高界线。

8.1.2 价格判断标准

影响价格阈限的上限和下限的因素很多，其中判断标准是一个重要因素。

实际上，判断标准对许多经济变量的知觉都存在影响。例如，在一项对波士顿地区 600 户家庭的调查中，要求个体说出他们每年的收入是多少，并对他们的收入水平做出判断，是贫困、较贫困，还是温饱、较富裕、富裕。结果发现，那些收入较高、学历较高、家庭规模较大的个体所知觉到的贫困水平要比那些收入较低、学历较低、家庭规模较小的个体所知觉的贫困水平要高。在这里，被试者在对收入进行知觉判断时，被试者自己的收入、教育水平、家庭规模大小是影响富裕程度判断的重要因素。

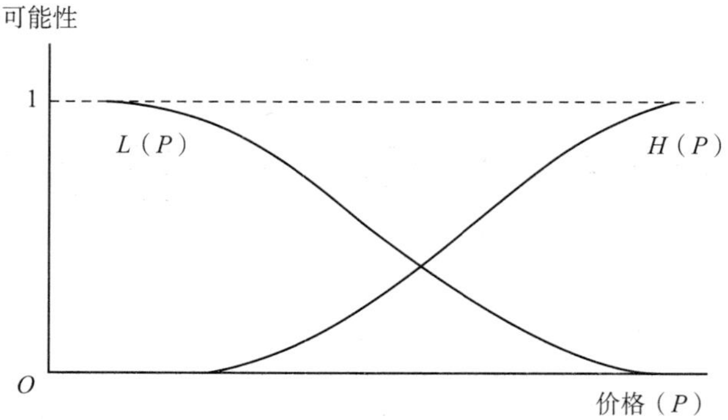

图 8－1　认为商品太便宜或太贵而不买的可能性

价格知觉同样如此，某一商品的价格知觉为高还是低，往往有赖于个体所确定的该商品的公平价格。卡门和托曼（Kamen & Toman，1970）指出，所谓公平价格并不是一个固定值，而是指消费者可接受的价格范围。例如，若某人认为快餐的公平价格为 8～12 元，那么 15 元的实际价格就会超出该消费者的公平价格范围，因而，会引起“不公平感”，产生严重的负反应。这正如恩格尔（J. Engel）所指出的那样：消费者对许多产品往往不注意它们的精确价格，因而，在许多情况下，可能存在一个可接受的价格范围。如果产品价格落在这个范围，价格就能被消费者接受，若价格超出可接受范围的上限或下限，价格变得很重要，并不易为消费者所接受，或对产品本身产生怀疑。

所以，在实际营销中，应特别注意消费者的公平价格标准。那些不常买的耐用品像房屋和厨房用具，消费者的价格标准往往还停留在过去购买时的价格水平。绝大部分情况下，过去的价格与现在的价格不完全一致，所以在这种情况下，销售人员首先应该提供给消费者一个新的当然也是高的价格标准。

8.1.3　价格变化知觉

即使商品的两种价格在客观上不一样，也不能说明消费者实际上知觉的价格也不同。根据韦伯定律，只有当价格差别达到某一定水平时，消费者才能知觉两种价格刺激之间的不同。这就是说价格差异超过最小可觉差时才会引起消费者的知觉变化。例如，人们很容易觉察到 2 分钱一盒的火柴价格的变化，但同样的变化若在一辆汽车的价格上发生，则根本不会被注意。但是也发现同样比例的价格变化，高价商品反倒比低价商品容易被觉察到。如消费者对于同样是价格改变了 15% 的两种商品，55 元的商品要比 15 元的商品更容易被发现其价格的变化。卡门和托曼（1970）注意到一种 42 元和一种 28 元的汽油，在降价 2 元之后，更多的消费者会转用第一种汽油。这虽与韦伯定律不相吻合，但对这一现象仍可用公平价格来解释。在上面的实验中，因为消费者的公平价格较低，所以他们对 40 元的汽油如果价格再上涨会持反对态度，28 元的价格上涨能被容忍，反过来42元的汽油降价2元更容易引起消费者的注意。另外，研究还表明，消费者对价格下降要比上涨更敏感，这可能是由于对涨价习以为常的结果。

有人对价格知觉的研究进行总结，提出了以下有关价格知觉的结论：

（1）一类商品价格知觉与别的商品价格和使用价值有关；

（2）对于每一种类产品、每一可辨质量水平，都存在一个标准价格；

（3）标准价格是判断其他价格的基准；

（4）存在一个标准价格的中性区，在此区内价格变化不引起知觉变化；

（5）标准价格是一些相似产品的平均价格；

（6）购买者并非单一地判断每一价格，而是把每个价格同标准价格或价格系列中的其他价格作比较进行判断的；

（7）标准价格无须同任一实际价格或名牌产品相符。

8.1.4　通货膨胀知觉

通货膨胀知觉是作为价格变化知觉的一个特例。第二次世界大战以后，通货膨胀已成为一种世界性的现象，不论是发达国家，还是发展中国家都不同程度地存在，因而受到经济心理学家的日益重视。

假定对通胀的知觉也是符合心理物理定律，即只有价格上涨到超过最小可觉差才能被知觉到。因为根据韦伯定律和费希纳定律，知觉到的通胀是由若干个最小可觉差组成的，而最小可觉差是独立于通胀水平的。

伯切勒（Batchelor，1986）的工作对于心理物理定律在通胀知觉中的适用性进行了检验。他利用了1974～1982年欧洲共同体每三年一次的调查数据，同时对消费者进行了知觉调查，要求消费者回答：“和12个月以前相比，总的来看现在的价格是：①更低；②差不多；③略高；④较高；⑤很高；⑥不知道”。去掉回答“不知道”那部分资料，假定欧共体八个国家的消费者对通货膨胀的知觉呈正态分布，结果对通货膨胀知觉的分布如图8－2所示。

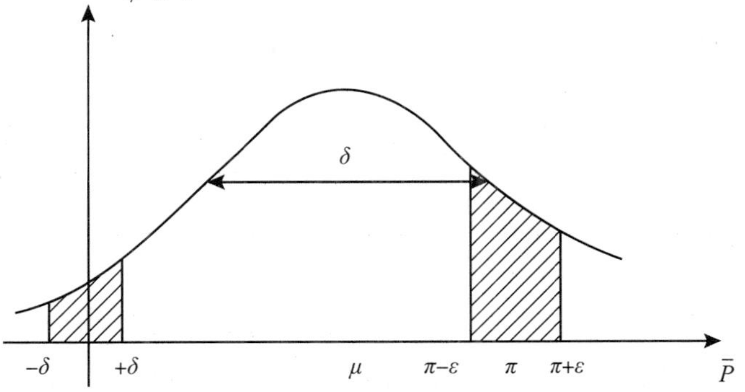

图8－2　通货膨胀知觉分布状况

其中：$\bar{\rho}$——知觉到的通胀平均值；μ——调查样本的知觉到的通胀平均值；σ——调查样本的知觉到的通胀方差；π——适度通胀率；δ——以零为中心的通胀最小可觉差（*j. n. d*）；ε——以π为中心的通胀最小可觉差（*j. n. d*）。

伯切勒假设该分布的中数等于知觉到的通胀的平均值，而且把与去年价格水平相同定义为零水平的通胀。图 8－2 中阴影部分分别是零水平通胀的最小可觉差和适度通胀水平时的最小可觉差。

表 8－1 是 1974～1982 年欧共体八国实际平均通胀率和标准差。表 8－2 是图 8－2 中的参数估计值，其中，v 为把通胀知觉为适度通胀时的最小可觉差个数。

表 8－1　1974～1982 年欧共体 8 国消费价格通胀率的平均值和标准差（括号里是标准差）

国家	通胀率
比利时	8.2（3.4）
丹麦	11.0（2.8）
法国	11.6（2.1）
德国	4.8（1.4）
爱尔兰	16.4（4.5）
意大利	17.2（3.8）
荷兰	7.1（2.1）
英国	15.4（5.1）

表 8－2　知觉到的价格通货膨胀的各估计参数

国家	μ	σ	π	δ	ε	ν
比利时	8.1	3.2	4.4	0.7	1.6	4.8
丹麦	11.0	5.0	10.0	2.7	2.4	4.0
法国	11.7	4.6	7.8	1.3	2.1	5.2
德国	4.8	2.3	5.2	1.0	1.2	4.9
爱尔兰	16.3	6.7	8.8	1.6	1.9	5.4
意大利	17.1	6.7	10.3	1.3	4.1	4.7
新西兰	7.0	2.8	4.5	0.7	1.9	4.5
英国	15.3	7.1	13.8	2.4	4.0	4.6

从中我们可以看到：第一，$\delta<\varepsilon$，也就是说，通货膨胀率为 0 这一物理水平上的最小可觉差（*j. n. d*）的数值要小于一定通货膨胀率的最小可觉差（*j. n. d*）值。以比利时为例，当原先通胀率为 0 时，通胀率达到 0.7 便能被人们觉察到；当通胀率达到 4.4 时，通胀率要再达到 4.4＋1.6＝6.0 时，才能被人们知觉到。第二，$\mu>\delta$，并达到显著

性水平，这表明当通胀率超过了以0水平为中心的最小可觉差δ并达到一个显著水平时，便被人们知觉为适度的通货膨胀。一般来说，从通胀率为0开始通胀率上升达到4～5个最小可觉差（*j. n. d*）时（从表8－2可以看到v的值平均为4～5），被人们知觉为是适度的通货膨胀。

从表中也可以看到差别阈限的估计值ε和δ随国家的不同而不同，这和韦伯定律中差别阈限为一常数有所不符。另外，v值也随国家的不同而不同，这也和费希纳定律中对一个特定的通胀知觉水平，最小可觉差是恒定的这一结论有所不符。出现这一现象也许是韦氏、费氏定律不适用于通胀知觉，也许是该研究是有关被试者作出某一特定反应的比例数的综合信息，所以不一定真实地反映了个体的阈限估计值。

伯切勒的研究说明了这样一个问题：$\delta<\varepsilon$，表明消费者对通胀的敏感性随通胀率的上升而下降，也就是说没有通胀存在时，价格稍微上涨一点消费者就会知觉到，而通胀率处于一定水平之后，价格要上升更多才会被消费者所知觉，这表明消费者对通胀有一定的适应性。通货膨胀时，人们常说“钱不值钱”，这句话的本意是说由于物价上涨，尽管钱的票面价值不变，但实际价值却在下降。

经济心理学家发现这样的有趣现象：当通胀使货币贬值时，人们所知觉到的货币的主观尺寸要比通胀之前所知觉到的主观尺寸小。有人对英国的硬币知觉大小进行研究，英国货币经过十进制转换改革后的10分和5分，分别同以前的2先令和1先令是等值的。表8－3中列出了实验中被试者对这些硬币的平均估计直径。

表8－3　　对应比尺寸大小估计受通货膨胀的影响

硬币种类	旧币	新币
2先令/10分	29.8mm	28.5mm
1先令/5分	23.5mm	21.9mm

这个结果表示通货膨胀和人们对硬币尺寸大小主观估计值之间存在负相关。

其他一些关于探讨人们对纸币的尺寸大小主观值的研究中也得到了类似的结果。在通货膨胀背景下，被试者对旧币的尺寸大小估计总是偏大，而对新纸币的尺寸大小估计总是偏小。

这些研究结果使研究者得出了这样的结论：人们之所以对旧币的尺寸估计比对新币的估计大，是因为人们知觉到了通货膨胀。

但也有研究者在人们对所列钱币尺寸大小主观估计的实验中得到了不同的结果。以色列钱币由于高度的通货膨胀于1980年和1985年更换了两次。但他们的实验结果并不支持因通货膨胀而导致对货币尺寸主观估计偏小的这一假设，即并不能通过人们对货币尺寸主观估计的变化来判断人们是否知觉到通货膨胀。

8.2 情绪和消费者心理与行为

8.2.1 情绪的消费选择模型

蔡戈克（Zajonc，1980）提出情感选择模型来解释情绪对消费选择的影响。他认为对某一物品或品牌的情感往往是通过其他心理过程，包括认知过程发生的。感情选择模型具有以下三个特征：

（1）整体判断。蔡戈克认为情感判断是整体性的而且存在一类特征（偏好）使得知觉开始之后很快就形成情感反应。例如，当一个人经过时，你根据她的打扮风格或闻到她身上的香水味就能很快地形成一个关于这个人的整个印象，你自己就说不清楚是哪个因素起作用。

（2）自我中心。情感判断往往跟自我直接联系在一起。因为判断与其说是描述性的不如说是评估性的，所以自我总是中介的。“我喜欢这辆车”就是一个直接的个人判断，而“这辆车空间很大”就是一个认知判断。情感选择模型认为，消费者在判断一个产品时，常常将自己想象成使用者。比方说，买车时会想象这辆车停在自己家门前会是什么样。

（3）判断的不可解释。情感判断很难用语言描述解释清楚。因为判断是整体性的，没有哪一个偏好是起作用的特征。如果请某个个体解释他为什么喜欢或不喜欢某一产品，他典型的回答是：“看上去这个牌子的产品比较适合我”或“这个牌子对我没有吸引力”。

然而情感判断模型受到了认知理论的挑战。认知理论认为在产生情感之前一定有信息加工过程，最少是无意识的信息加工。米特尔（Mittal，1988）认为情感选择模型和信息加工模型可以分别对商品的表达性以及消费者在购买中的介入程度进行解释。实质上，米特尔只承认物体感知意义上的认知因素，而排除认知过程中的个体特征和操作上的认知倾向。

商品的表达性是指商品在享乐、象征和社会心理的消费目标，而不是商品功能性效用性的目标。例如，一件衣服的表达性是他能满足消费者社会心理的需要，而衣服的保护作用是功能性目标。商品的表达功能被消费者用作构建自身的形象，这一过程是难以用语言表达的、自我中心的以及整体性较强的。米特尔（1980）认为某一商品的表达功能越强，情感选择模型越能解释消费者在购买这一商品时的行为。

介入程度可以看成是个体在信息搜索和信息加工过程中认知努力的指标。个体介入程度越高，表明信息加工的程度越深。

第三种观点是将情感选择模型和信息加工模型加以调和的做法。这种观点认为前者是整体的和无法解释的，它的使用会影响信息加工模型。这三种看法的关系如图 8－3 所示。

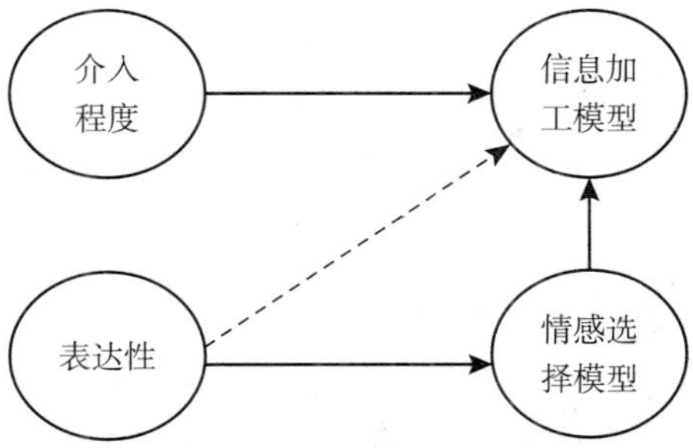

图8-3 两个选择模型，介入程度和表达功能之间的关系

米特尔（1988）用192名大学生和研究生作被试者对这三种观点进行检验，他挑选了11种商品，四种高介入功能性商品（洗衣机、闹钟、香波、照相机），四种高介入表达性商品（手表、衬衣、香水、古龙水）和三种低介入低表达性商品（灯泡、橡皮绳、小刷子）。

让学生们设想他们不得不在一个陌生的城市里住了一年而且不得不买一种牌子的产品，而这种牌子他们不熟悉。每个学生要求通过回答一系列关于产品表达性、购买介入程度、使用的选择模型等问题来谈论他们选择的商品。

产品表达性是以商品的威望、贵重、时髦、感觉引力等的希望水平为指标的。实验结果表明：前面提到所有表达性商品在指标上得分比其他商品高。介入程度以正确选择的重要性、结果的关心等作为指标。高介入性的商品在某些指标上要比其他商品高。

使用情感选择模型的证据是从以下几方面获得的：产品的整体性或明确性的描述，整体性的品牌印象和品牌特征以及将自己想象成一个使用者。而信息加工模型的使用证据是从信息搜索的数量，品牌比较的广泛程度，下决心时所用的时间以及作出的心理努力等方面获得。

实验者发现了表达性的两个维度：一个维度与个人内在享受和产品与个体自我概念的吻合程度有关；另一个与产品使用时所显示的个人公共形象有关。两个维度都像假设的那样支持情感选择模型。但是并没有发现很多支持情感选择模型和信息加工模型协同起作用的证据，也就是说两个选择模型之间存在着排他性。信息加工模型倾向于在高介入情况下使用。实验结果和图8-3所显示的二者关系基本吻合。

信息加工介入程度的作用和佩第等（Petty & Cacioppo，1986）提出的精心构建可能性模型是一致的。该模型是有关探讨信息加工中精心的程度。它认为在缺少动机和信息加工能力的情况下，态度是由一些外围的线索所决定。这些外围线索包括信息源的正负效应、吸引力和权威性、意见的数量等。如说一个对电视机不太熟悉的消费者在购买之前，往往听取周围人或相关技术人员的意见然后决定选择某一品牌。

范·雷爱基（Van Raaij，1988）对上述意见提出了相反的看法。他认为对刺激的情感性反应不仅仅是判断的结果而且也决定于在挑选过程中指导注意力的方向。个体知觉某一客体之后，产生初步的情感反应，该反应决定是否使用认知构建过程。如果情感反应是积极的，那么它会引起低介入状况下的挑选过程或高介入状况下的进一步认知加工。所以说情感反应在早期的所有可能性的挑选过程中起着较重要的作用。我们可以看出范·雷爱基和米特尔不一样，他认为信息加工模型与情感选择模型之间可以相互支持。

另外，情绪在可能性评估和风险抉择中起指导作用。鲍尔和坎汉恩（Bower & Cohen，1982）在实验中使被试者产生幸福的或抑郁的心境。他们发现幸福的被试者有这样的倾向：他们认为积极事件（如到国外度假）要比消极事件（如原子能引起的地球灾难）更有可能出现，而具有抑郁心境的被试者刚好相反。彼特和范·雷爱基（Pieter & Van Raaij）也认为心境好的消费者和投机商会对产品、劳务或股票产生更积极的预期，而且他们要比心境不好的个体愿冒更大的风险去购买它们。范·雷爱基以消费者情感指数作为消费者心境的综合指标，结果发现积极的（乐观的）预期增加了酌量支出而减少了储蓄。此外，还检验了个体消费行为与经济形势看法之间的关系。结果表明对目前经济形势持消极态度的个体在购买时会更多地注意价钱，找便宜货。而这一点无法用收入来解释，因为高收入组这种倾向比低收入组更明显。

8.2.2 情绪与广告

一个好的广告最基本的条件是要让人喜欢，如果广告使人厌恶那就谈不上购买了。所以广告除了传达商品信息之外还应使群众产生愉快的情绪，这样既能为信息加工提供材料，又能激活情感选择模型。正因如此有人说："利益点，不管是通过语言表达还是视觉暗示，它和利益本身是完全不同的。客观地说，利益没有感情而利益点是充满感情的。"

广告创意的一大任务就是找到一种合适的刺激来引起与产品紧密相连的愉快情绪。如果将商品分为信息性商品和转换性商品，那么不同类型的商品需要引发的情绪也不同（见表 8 -4）。

表 8 -4　　不同动机状态下常见的情绪运用方式

动机状态		常用的情绪方式
信息性动机	问题解决	烦恼──→排除烦恼
	问题躲避	害怕──→放松
	不完全满意	失望──→高兴
	趋近 - 逃避冲突	内疚──→心境平静
	正常消耗	轻度不适──→方便
转换性动机	感官满足	单调──→激动人心
	智力刺激	厌烦──→兴奋
	社会赞扬	担心的──→自鸣得意

问题解决通常是先表现某一问题所带来的烦恼，然后向你推荐能够解释这一烦恼的产品（如某强力洗衣粉，声称你能不用费力搓就能洗净衣领的污渍）。问题躲避是让你害怕或出现你反对的问题，然后告诉你使用某产品就轻松多了（如默默无蚊的电蚊香）。解决不完全满意的广告是先指出你正在使用的东西不尽如人意的地方，然后保证你要使用推荐的产品那就会满意多了，如快递服务。趋近——逃避冲突先使你陷入某产品的优缺点矛盾中，因为拒绝该产品同时也拒绝了它的优点，利用它又无法避免它的缺点，然后告诉你说他介绍的商品可以解决这一矛盾（如无脂奶粉）。正常消耗是说某一商品用完之后买起来很麻烦，而他推荐的在你家附近就能买到。

转换性动机既可以通过将表 8 -4 所列的消极动机转变为积极动机达到，也可以通过直接产生积极动机来达到。如感官满足既可以强调激动人心，也可以强调单调→激励人心的转变（如调味品和香草）。智力刺激展示新产品的挑战性和激动人心之处（如个人计算机）。社会赞扬总是以使用后得到其他人的羡慕而结束（如时装、汽车等）。

8.2.3 学习过程与消费行为

阿尔海德（Alhade，1982）利用条件性学习理论来解释消费者的购买行为从而提出了冲突模型。阿尔海德认为尽管对商品的需求遵循最大效用原则并受预算的限制，但建立在“理性人”基础上的经济学不能完全解释消费者的购买行为。例如，经济学就不能很好地解释变化比例强化所带来的影响。因此，阿尔海德用行为之间的内在关系取代了理性和效用这些概念。

阿尔海德认为购买行为是一种典型的操作性反应。因为强化总是发生在行为反应之后。通常，购买行为中的强化是在每次购买商品或消费劳务之后连续给予的。连续性的强化会导致特定水平的行为反应。

经济学常用满足消费者偏好、需要和欲求的商品效用来解释购买行为。在购买行为学习的模型中，将效用理解为强化。在这里强化被定义为增强反应的刺激。反应包括增加某一行为（在正强化下）和躲避某一行为（在负强化情况下）两类。阿尔海德根据强化的不同类型把商品分为：①初级商品，它的功能类似无条件刺激，提供一种积极的正强化，如食物和水。②躲避性商品，它帮助消费者躲避消极的负强化。如阿司匹林（防止头痛），雨伞雨衣（防止被雨淋湿），和空调器（防止过冷或过热的气温）。③次级商品，它的作用如同条件刺激，和正强化物同时出现。例如有象征意义的珠宝和豪华汽车，这些商品的拥有者会获得他人的支持和尊重（无条件刺激）。一些商品因为曾经伴随着较多的无条件刺激出现便成了广泛化的强化物。像衣服既能保暖和保护身体又可成为某一社会阶层的象征，它可以认为是泛化的强化物。利用刺激的泛化作用，许多商品能成为次级强化物，尽管它们本来不具次级商品的条件。

阿尔海德对商品的这种分类与若色特和波希（Rossiter & Percy，1987）的分类有些类似。后者把商品分为转变性商品和信息性商品。转变性商品相当于阿尔海德的初级商品和次级商品。这种商品的作用往往是好上加好，如保健品和化妆品。在广告里，这类商品总是要和一个正强化物一同出现，暗示消费者如果购买了这种商品便会拥有那个强化物。常用的强化物有时尚、气派、美女、幸福的家庭等。信息性商品等同于躲避性商品，它能够使消极的感觉变为中性。它的广告简单多了，只要把功能说清楚便会吸引消费者的购买。

阿尔海德认为，购买行为之后，除了有商品的效用这个积极的强化物之外，还有消极的强化，那就是购买商品时要付出一定的金钱，这种消极强化的结果是加强了对商品的回避行为（使操作性购买行为更不易出现）。

阿尔海德认为，购买行为发生与否是这几种不相容行为（对商品的接近行为和对商品的回避行为）相抗衡的结果。因而他提出的消费者购买行为模型被称为冲突模型。

阿尔海德经过研究发现，对商品的接近行为和回避行为的强度都受到一些变量的综合作用。影响对商品接近行为强度的一些变量有：

（1）主体对初级强化的缺乏水平。主体对初级商品趋近行为的强度，会受到主体对初级强化的缺乏水平的影响。例如，如果人感到十分饥饿，则他接近食物的行为强度就很强，若人感到并不怎么饥饿，则他对食物的接近行为强度就相对弱一些。对于二级商品，则趋近行为的强度依赖于主体对与二级商品相关的初级强化的缺乏水平。例如，某人对出租车的需求产生于到饭店吃饭的需要，那么若他感到很饥饿，则他对二级商品出租车的接近行为强度就会变强；若他感到不大饿，则他对出租车的接近行为强度就相对比较弱。

（2）初级强化的强化方式。主体对商品趋近行为的强度也会受到初级强化方式的影响。在绝大多数的购买行为中，连续性强化方式是较为有效的；然而，在主体购买债券、股票以获取金融性资产，或主体尝试性购买行为（如购买革新性新事物或尝试到新开张的饭馆去吃饭等）中，间断性的强化方式比较起作用。

（3）购买行为发生和强化之间的时间间隔长短。购买行为发生之后延迟强化会影响主体对商品趋近行为的强度。由于绝大多数购买行为发生和强化之间的时间间隔都很短，一般都是及时对购买行为强化，所以，时间间隔长短一般并不被认为是影响趋近行为强度的重要变量。不过在订购行为中，如订购汽车、房屋、家具等，订购行为和收到商品这种强化之间有较长的时间间隔，这也许会在一定程度上削弱消费者对商品的接近行为强度。

（4）购买行为之后强化的数量和质量也是影响主体对商品接近行为强度的重要变量。例如，消费者在购买面包这一操作性行为发生之后，面包的确能够提供给他吃饱和食美的需求，从中消费者得到了较高质量的强化，那么就会增加其下一次对面包的接近性强度；反之，若这一次消费者购买的面包异常难吃，则他下一次购买面包的强度会顿时大减。

阿尔海德认为消费者对商品的接近行为的强度是受到以上变量的综合作用。他认为，消费者对商品的回避行为的强度，本质上也是以上决定趋近行为强度的那些变量的函数。

购买行为中对所购买的商品付出一定的金钱之所以是一种消极的强化，主要有以下三个原因：首先，付出一定的金钱（钱财的减少）会导致父母或朋友的反对；其次，付出一定的金钱之后，在一定的预算下就会阻碍其他积极强化的达成，因为预算固定的情况下，购买了这种商品就没有钱购买另一种商品，那么就得不到另一件商品所带来的强化了。如每月只有 100 元的预算，若已用掉了 50 元，用剩下的 50 元购买了衣服后便不再有钱购买食物了，即不能再得到食物所带来的强化了；最后，由于金钱本身就是最为泛化的强化物，购买行为之后金钱的减少直接导致了积极强化的失去。所以，商品的价格在操作性购买行为的条件学习中是一个消极的强化，它加强了主体对商品的回避性行为。

商品效用作为积极强化所驱使的对商品的趋近行为，和商品价格作为消极强化所驱使的对商品的回避行为，这两个行为强度抵消之后的净反应，即为购买行为发生与否。阿尔海德的这一冲突模型的思想来自布朗（Brown）1948 年的白鼠实验。

布朗在实验中对小鼠指向某一积极强化物的趋近行为强度和逃避某一消极强化物的回避行为强度作了测量。在训练小鼠沿某一通道在通道末端获取食物之后，给小鼠带上一测量装置（测量装置并不影响小鼠的运动），通过测量装置可以测出小鼠在离开食物不同距离处趋向食物的拉力强度。结果发现，在离开食物 30cm 处，小鼠的拉力强度为 56. 5 克，在离开食物 170cm 处，小鼠的拉力强度为 40. 9 克，这说明，随着与积极强化物接近，小鼠的趋近性行为强度逐渐增强。在另一则实验中，布朗把电击作为负强化，对回避性行为强度作了测量。实验结果是：在离开电击 30cm 处，装置上反应的拉力强度是 198. 4 克，在离电击 170cm 处，20 只小鼠中只有 4 只产生了拉力，平均强度为 10 克。这表明，随着与消极强化物的远离，小鼠的回避行为强度逐渐减弱。实验中小鼠趋近或回避行为的强度变化参见图 8 －4。此图反映了积极的趋近行为和消极的回避行为两个冲突行为强度抵消后的净反应强度。

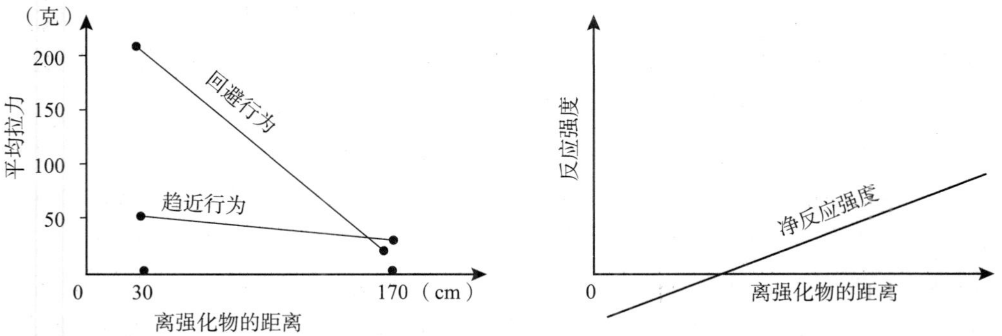

图 8 －4　小鼠趋近和回避行为的强度

阿尔海德从这个实验中得到启发，他认为这些实验中暗示了消费者的购买行为。消费者购买行为中，驱使其对商品接近行为的商品效用是这个实验中用于测量趋近行为的强化物——食物的类似物。实验中用于测量回避行为的电击是消费者购买行为中驱使对商品回避行为的商品价格的类似物。在购买行为中，积极的强化物（商品效用）和消极的强化物（商品价格）集于一体，即商品同时体现了积极和消极强化物的二重功能。实验中，接近行为强度和回避行为强度抵消后的净反应强度决定了购买行为强度。

8.2.4 标志性经济研究

标志性经济是一个封闭系统，在这个系统中，其参加者行为反应的报酬行为是一些标志，一般是金属片、塑料片、邮票、小纸片，或仅仅是一些“√”或一些“0”。这些标志本身是没有价值的，但是参加者可以用它们在系统中交换得到有价值的商品。

标志性经济通常运用和发展于精神病院里，以鼓励精神病人的正常行为的学习，标志性经济也时常运用于课堂环境，鼓励孩子们努力学习以取得良好的成绩。

帮助病人习得正常行为和培养孩子们良好的学习和行为习惯，其实质是训练他们的操作性条件学习过程。在这个过程中，标志的作用相当于条件刺激。虽然标志本身并没有任何价值，但在初级条件性学习中，它总是伴随着一些非条件刺激出现。例如，利用标志可以获得一定的食物；可以获得到操场上去散步、去活动的自由；可以换取到郊外去游玩的权利等。所以，在训练病人正常行为和孩子们良好学习习惯的二级操作性条件学习过程中，标志物起到了二级强化的作用。其作用相当于是一些目标行为，如自我照顾、吃饭、洗衣等的二级强化。

对于训练不同人的不同行为的条件性学习，标志都可以作为鼓励和强化。例如，在教室里培养孩子们良好的学习行为过程中，一个学生可以因其字写得端正而获得一标志，从而对其字写得好这一操作性行为加以强化；另一个学生可以因其体操做得好而得到一标志，从而强化其体操做得好这一行为。

李等人（Lea et al，1987）经过对标志性经济的深入和广泛的研究，他得出了这么一个结论：如同在操作性行为的条件学习过程中一样，对偶然发生的操作性行为给予积极的强化，则便可习得该操作性行为，并且只要强化一直保持，则这种习得的操作性行为也将保留。在标志性经济系统中，一旦运用了标志对目标行为进行强化，则目标行为即会发生较大的变化，并且只要一直运用标志进行强化，目标行为的变化将一直保留。另外，李也发现，运用标志性经济增强了病人与病人之间以及病人与工作人员之间的社会关系。同时，对于那些本身已无治愈希望的、严重的、慢性精神病人，标志性经济已取得了突破性的成功。

李等人（Lea et al，1987）经过研究，还发现了标志性经济系统中的若干经济现象：

（1）如同在实际经济生活领域中，报酬会增加劳动者对其有偿工作的贡献量，在标志性经济系统中，标志性报酬导致了特殊目标行为强度的增强。并且，对某些工作的标志性报酬增加会导致劳动者对这些工作的贡献量也增加。然而，若提高所有工作的标志性报酬，也许会使劳动者工作的贡献总量反而有所下降。

（2）在标志性经济系统中，若提高某件商品的标志性价格，一般会使该商品购买的数量减少。李在一些较为复杂的研究中，假设所有的商品都能够用标志来购买。结果发现，用标志收入购买商品的效果和实际经济生活中的经济期望是较为一致的。当某种商品的行情看涨，则需求数量将会增加；当某种商品的价格下跌，则需求数量将会减少。若商品的价格不变，而消费者预期其收入即将增加，则消费者会增加需求数量；反之若消费者预期经济萧条即将来临，则会减少对商品的需求数量。

（3）在标志性经济系统中，标志的储蓄量随标志收入的增加而增加。可以观察到这么一则现象，在标志性经济系统中，对于一个原先经常欠款的孩子，若赋予标志一定的“利息”，则会鼓励其标志的节约行为。还可以观察到，在一个实行标志经济的幼儿园中，孩子们为了获取“利息”而愿意把标志物暂时借给别人。这和实际生活中的经济行为（储蓄行为）有着相似性。

（4）在标志性经济系统中，如同在现实生活中使用真钱一样，也存在着标志的赌博和标志的分配公平现象。特别是关于标志的分配问题，经研究发现，关于标志物收入不公正性的基尼系数和美国经济中的基尼系数相比十分合理。

（5）虽然在标志性经济系统中，消费者随着有关部门（精神病院、学校等）控制的商品的数量、价格以及标志收入的变动而变动。不过，研究发现，其中还存在着一些如同实际经济生活中一样的宏观经济问题，如经济增长、通货膨胀、收入不平衡等。

李的这些研究结果表明，标志性经济系统中人们的经济行为和实际经济生活中的经济行为有着极大的相似性。

从以上我们可以看到，标志性经济的原则是操作性条件学习。以标志作为二级强化物，不仅对于培养精神病人正常的行为有显著效果，对于培养孩子们良好的行为习惯、学习习惯也有较大作用，而且还便于心理学家进行强化方式效果的研究和便于经济学家们进行收入、价格、利息等方面的研究。

由于在标志性系统中，人的行为（包括经济行为）都是由强化过程所支配，而李的研究中又表明，标志性经济系统中的经济行为和实际经济领域中的经济行为有较大的相似性。这就意味着，如同在标志性经济系统中，在真实的经济生活中，强化模式实质上促进了我们的经济行为，即人们的经济行为可以用强化模式加以解释。

8.3　态度和消费者的心理与行为

8.3.1　以态度预测行为时应注意的问题

我们曾讨论了态度的概念、结构、态度概念发展以及态度和效用之间的关系。实际上我们研究态度，提出不同的态度模型，目的是为了更好地预测消费者的购买行为。但是，我们在用态度预测经济行为时还应特别注意以下几个方面的问题：

（1）规范化。理查德（Richard）于1934年作了一项著名研究，他与一对中国留学生夫妇周游了整个美国，在此期间只有一处汽车旅馆的老板告诉他们说：“我不接纳日本人。”六个月后，理查德给他们曾路过的每一个地方寄去一份关于对待中国人态度的问卷。结果81家饭馆有75家说不愿意接待中国顾客，其余6家说得看情况。必须说明，在三十年代这样的歧视不算非法，而且事实上也很普遍。尽管如此，那对中国夫妇并没有碰到什么麻烦。研究结果看起来很清楚：行为和态度之间几乎没有相关。然而，这一研究立即招来了许多批评，他们一致认为理查德的研究结果是由于特殊环境所致。

为了能使态度和行为趋于一致，阿简和费希宾（Ajzen & Fishbein，1977）建议应对被调查行为的态度表述加以规范化，如向灾区捐款，不应解释为对灾区的态度，而应解释为对灾区捐款的态度。同样帮助他人也应解释为帮助他人的态度。此外，他们还提出了其他一些相关因素，如目标、线索、联系态度的时间和可能行为等。事实上，对相关因素考虑越多，态度行为的一致性也就越高。因此，可以说越是特殊的态度，与行为的一致性越高。

（2）突出点。突出点指在评价可选择客体时其特征的实际效用。它有赖于机体处理信息的方式。在购买行为中，凡能影响消费者实际购买的商品特征，就是突出特征。其他的特征，无论消费者是否满意，只要不影响消费者的购买决策，就是“非突出特征”。

一般客体的特征数为5～9个，突出特征数目在个体间是不同的，还与客体本身、信息的时间、适应性或个体转入整体的程度有关。找出突出特征的方法是让个体对某一客体的所有特征排序，在9个特征顺序中的前5个特征可以被认为是突出特征。在一组个体中，最经常被个体提出的特征也可确定为突出特征。如一项关于储蓄特征研究，向被试者调查提出储蓄的四个特征：a. 钱的安全感；b. 服务人员的态度；c. 利率；d. 储蓄时间。然后观察被调查者的反应。其结果是被调查者的兴趣集中在后两项特征上，这表明利率的高低和时间的长短是突出特征。

值得注意的是，并非消费者认为主要的特征就一定是突出特征。在一项研究中，让消费者评价汽车的诸多特点，如起动速度、舒适、经济、安全及外形等，结果发现消费者常将安全放在最重要的地位。然而，消费者在实际购买时并不主要在比较各品牌在安全性上的差异，在最终的决策中，安全并非影响因素，也不是突出特征。

兰卡斯特（1979）提出了几种排除非突出特征的方法。如果花在商品某一特征上的费用比其他商品低得多，该特征为非突出特征。如电子表的耗电量就是一个非突出特征。因为和其他电器相比，电子表的电耗是非常低的。如果某一特征的内容与其他特征的选择呈负相关，那么这一特征为非突出特征。如某一商品的寿命长短与其价格为负相关，商品的寿命就不是突出特征。另外，在一类商品中保持不变的特征也是非突出特征。如当今普遍采用防腐蚀的保护装置的情况下，该特征便不是选择汽车的突出特征。

（3）注意其他变量。不可否认，态度只是解释行为的一个部分，其他一些因素也影响着人们的行为。例如某人拒绝加入一民权组织，并非因为他不相信黑人的平等权利，而是他对于付租金和供养家庭的态度压倒了帮助黑人取得平等权利的态度。有黑人游行是出于同伴的压力，而许多持偏见的旅馆老板之所以为黑人提供服务是因为他担心歧视而受当局制裁。

系统地总结一下众多的变量，以下几个变量对行为的影响是很显著的。首先是社会准则，包括法律条文和道德、习俗、价值观。第二是一些生理心理因素，如年龄、性别、智力、健康状况、创造能力等。第三是技术因素，如计算机的普及改变了一些传统的行为模式。

这些解释行为的因素和特殊变量应该用来取代阿简和费希宾的态度——行为一致性模式。在上面提到的那个向灾区捐款的例子中，还应加上个体的经济状况、社会准则等对捐款行为的影响，帮助他人的行为也应考虑适当的时间、动机因素的影响。

8.3.2 品牌形象和品牌定位

20 世纪年代日本的啤酒市场主要由麒麟、札幌、朝日三家所瓜分，它们的市场占有率分别为 63.8%、18.4% 和 17.8%。从市场占有率看麒麟啤酒的销售远远高于另外两个品牌，札幌、朝日原以为这一结果是由于它们啤酒的质量低于麒麟的缘故，而绝大多数消费者也觉得麒麟啤酒的口味高雅，的确与众不同。

然而，德国慕尼黑研究所经过质量分析及做闭目试饮测验所得到的结果却与上面完全相反。该研究的报告上是这样写的：

> 朝日麦酒公司生产的啤酒，完美无瑕。它们的啤酒具有高度的发酵，且发酵良好，并没有任何缺点。
>
> 札幌啤酒，纯正、柔和，饮用时有轻微的果实味道。
>
> 麒麟啤酒不是纯正的啤酒。它的味道分离、有收缩性、带有苦味，而这种苦味是令人难受的。这种啤酒不能引起人有再饮的意欲。

而且，三家公司啤酒在日本的味觉试验中投票结果为：札幌：28 票；朝日：20 票；麒麟：16 票。

那么是什么左右消费者的购买及其评价呢？

是品牌形象。所谓品牌形象是指通过品牌的作用及各种促销活动的影响，产品刺激对每个消费者都会具有特殊意义及不同认知。这表现为，公众对客体的多重特征的评价系统或意义网络。在后一种形象观念中，信念——价值的测定仍是了解形象的基本方法。

事实上，这种形象类似个人的思维历程，可以说是一种象征性的作用。更进一步说，正如语言一样，品牌形象包括许多符号，代表着各种产品的属性。消费者经过产品的认识及作用，把个人的需求、价值观、动机等完全转嫁到产品身上，所以个人接收到的产品刺激已经完全变形了。而且我们知道，并非所有的产品都为消费者所察觉。实际上，只有少部分受到注意，每个人注意的方向又大不相同，于是只有某些属性引发我们的知觉，对我们有意义，这些便是品牌形象形成的过程。

梅根（Makens，1965）做过这样的实验，他给被试者吃同一种火鸡肉，有的标以有名的商标，有的则标以无名的商标，尽管肉是一样的，但被试者认为名牌的较好吃。除此之外，有人给顾客看同样新鲜的面条，但包装不同，有的用玻璃纸包，有的用石蜡纸包，结果大部分人认为玻璃纸包装的更为新鲜。

除了产品之外，当今社会中形象扮演了一个重要的角色。一个总统候选人的良好公众形象将会为他赢得更多的选票；一个形象合适的歌星会拥有更多的歌迷；著名公司的企业形象为企业创造的财富更是不容低估的。

市场调查是了解一个公司或企业或商品形象的常用方法。如果想评定一个品牌形象，公司可以通过找一些消费者交谈或询问，常用的方法是语义差异调查。图 8－5 是通过语义差异调查得到的关于麒麟啤酒和朝日啤酒的不同形象。

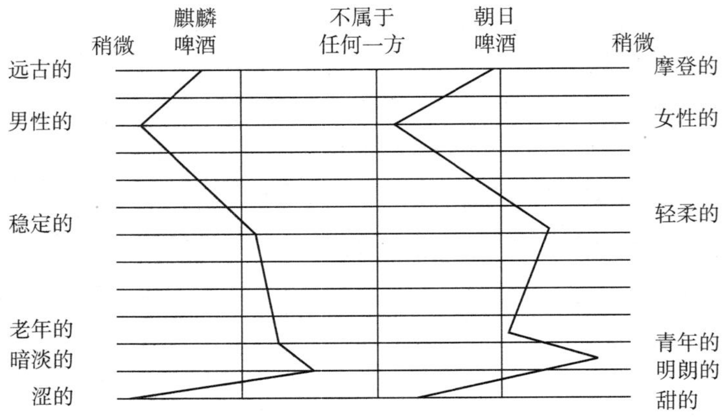

图 8－5　麒麟啤酒和朝日啤酒的形象差

从图 8－5 我们非常清楚地看到，作为男性饮料的啤酒，摩登的、女性的、轻柔的、青年的、明朗的、甜的朝日啤酒怎能是远古的、男性的、稳定的、老年的、暗淡的、涩的麒麟的对手？在没有开战之前就已见高低。

和品牌形象紧密相连的是品牌定位。品牌定位并不是要对产品做什么，而是要对潜在顾客的心理下功夫，也就是把产品定位在未来潜在顾客的心中。定位并不是不牵涉到改变，它确实在改变，但改变的是名称、价格及包装，实际上对产品则完全没有改变。所有的改变，基本上是作修饰而已，其目的是在顾客心中得到有利的地位。

要给产品定位，首先要识别“突破口”，就是识别可以代表一个销售机会的要害点；其次要传播产品的特征、包装、名称、说明书的主题和广告等，给产品画个像，使产品的形象适合这个要害点。定位工作的第一步是找出要害点，是通过各种形式的研究工作和管理部门的判断来完成的；第二步是通过在消费者心目中培养出特定产品印象或形象而实现的。总之，定位是为产品创造一个预定的身份。

品牌定位的心理学基础大体来自两个方面：第一，在信息爆炸的当今社会，消费者是不可能注意到所有的商品信息的，只有易于进入人们的大脑的信息才首先被注意到。你可以问自己几个简单的问题，就会发现这一原理的有效性：世界第一高山是喜马拉雅山，第二高山是哪一座？第一个发现美洲大陆的是哥伦布，第二个是谁？亚美利高（Amerigo），甚至美洲（America）的名字都是因其而来的，可你为什么不知道？第二，认知心理学认为，信息是按语义类别储存于记忆中的。按这种理论，如果你要回忆某件事，你就会按语义向你的记忆提问。实际上，记忆中没有语义符号的“位置”，要回忆某件事，必须通过许多生活片段的回忆才想得出来。在消费者行为的范围中，这些生活片段就是有关购买和使用产品的许多事件。各种产品是为使用于特定场合而选购的，挑选一件产品就是为了一项特定的用途，因此，必须回忆起与某些目的有关的，能引起共鸣的先前所发生的一件事件。

常用的定位方法有：

（1）大小定位。多年来底特律的汽车制造者都强调车身更长、更低。每一年的型号都变得更流线型、更好看。德国大众车既小且短，又丑陋。如果按传统方法去推销大众车会是尽量不提它的缺点而竭力去宣传其各种优点。但大众反其道而行之，以“想想还是小的好”为广告主题把自己定位为小型车从而取得成功。

（2）高低价格定位。像劳斯莱斯、奔驰是高价位汽车的典范。老密尔瓦基（Old MilWaukee）啤酒在低价啤酒中销售遥遥领先于同类产品。

（3）性别定位。世界上销路最大的香水品牌不是爱佩姬（Arpege），也不是沙内尔5号（Chanel No. 5），而是以男性命名的查理（Charlie）。

（4）年龄定位。强生（Jhonsen）是针对儿童市场而成功的较好例证。而“新一代选择”的百事可乐（Pepsi）定位于年轻人。

（5）一天中的时段，也有可能作为定位的潜力。唐格饮料以“醒来请喝唐格饮料”的广告主题一下子就提高了它的销量。

（6）使用量定位。“当你要喝一瓶以上啤酒时，这就是你要喝的啤酒”。施佛（Schaefer）牌啤酒定位在作为喝大量啤酒者的品牌。

除此之外，配销通道、产品颜色、产品名称都能起到定位的效果。如把婴儿用的洗发剂命名为“不要哭”就有定位作用。

如果某一产品在市场已有一种强有力的头号品牌，要想取而代之那将是极其困难的。施乐（Xerox）为复印机的第一品牌，尽管IBM比施乐大得多，并拥有惊人的科技、人力及财力等资源，然而当IBM上市一系列的复印机与施乐竞争时，其结果如何？施乐仍拥有数倍于IBM的复印机市场。里斯（Rise，1972）认为这时应采取其他方法：一种方法为劣势者的方法。艾飞斯（Avis）是美国一家出租车公司，在连续15年赔本之后，主动将自己定位在“老二”的位置——“在出租车业中，艾飞斯不过是第二位，那么为什么还租用我们的车？我们更努力呀！”第一年，营业额为3500万美元，盈利120万美元；第二年盈利将近300万美元；到了第三年，盈利500万元。艾飞斯之所以能够赚到这么大的利润，是因为他们不和第一品牌的赫兹（Hertz）正面冲突。另一种方法是找出公司的品牌具有的优势，能被定位为理所当然的首领的另一方面，也就是在消费者头脑里探求一个还没有被其他人占领的空白领地或空间。七喜（Seven-up）饮料是这方面的典型例子。该饮料在1929年投入市场时，是作为健康饮料（有利于胃）和作为调酒用的饮料。经市场调查证明：67%的人把七喜当作调酒品，这样，七喜就进入不了日益兴旺的清凉饮料市场——人们认为“可口可乐”（Cocacola）是理想的清凉饮料。为了使销售量兴旺起来，七喜绕过了可口可乐把自己定义为非可乐（uncola）。这样当消费者需要种非可乐饮料时，首先就会想到它。

8.3.3 认知失调理论和购买行为

认知失调是人格心理学者费斯廷格（Festinger）发展出来的，说明个人想保持个人意见，或态度的一致性，以使认知平衡；假如个人的意见不一致，或认识不平衡，则个人会处在一种不太舒适的状态下。费斯廷格用平衡及不平衡来表示个人的状态。失调的产生主要是内在的两个元素间互相冲突的缘故。有人做了个这样的实验，分三步进行：第一步要求一组妇女被试者对两个器具的价值作出评估。第二步是当场把两个器具分别包扎起来，然后，要求她们从中选取一个。第三步是一分多钟以后，要求她们对两种器具作出重新评估（那些器具仍被包扎着，没有被打开使用过）。结果发现，妇女们的第二次评估已经完全改变为支持原来所选择的那种器具了。

对于这则实验，认知失调理论是这样解释的。一般消费者对购买行为的满意或不满意是消费者在购买之后产生的，与购买前的期望被证实或否定有关。若消费者在购买之后证实了购买前的期望，则是满意的，否则就会不满意。消费者在购买过程对A、B、C等一系列产品作出选择之后，选择的不确定性依然存在。如A的质量较好，B价格便宜，C款式新颖，那么尽管消费者购买了A，但消费者的期望是拥有一个同时具有A、B、C三者优点的产品，这样消费者即产生了不平衡。而消费者的选择行为是不可更改的，于是认知失调被唤起。为了减少这种失调，消费者继而会通过收集有关对所选商品的肯定信息，形成对被选商品更积极的态度（态度转变、屈从作用产生）来消除或减少这种失调，恢复认知平衡。

总的说来，个人是否产生认知失调，是受到一些变量影响的。第一个变量是认知因素的重要性，第二个变量是个人自由选择机会的大小。假如个体只有一个选择机会时，失调会较小，而当个人有许多选择机会时，一旦个体作出选择，产生的失调较大。此外，诱因大小和认知失调的程度也有关系。当个体产生行为改变的诱因较小时，个人产生的失调较大，故态度改变的倾向也大。因此，假如给个体一块钱，要个体表现出与自己相反的行为，则产生的态度改变比给十块钱要大。第三个变量是个人决策时的状态。当个体在做决策时，有充分的经验，且可供参考的信息充足的话，则个人做选择之后的失调较小；反之则较大。认知失调的因素，购买环境，和失调状况如表8－5所示。

表8－5　认知失调和各种购买情景

影响失调的因素	购买情境	高失调的状况	低失调的状况
1. 放弃了一个不错的方案	大学生申请研究所	三家研究所的条件都不错	只有一家研究所的条件最好

续表

影响失调的因素	购买情境	高失调的状况	低失调的状况
2. 选择的方案有缺点	一个人在两套衣服中择一	衣服的颜色为个人喜欢的，但款式不佳	选择的衣服，不但颜色好，且款式佳
3. 方案的个数	一位老师购买录音机	有八台录音机可供选择	只有两台录音机供选择
4. 认知重叠	家庭主妇购买真空吸尘器	推销员同时拿出两种价格相似，款式相似的吸尘器来	推销员提供的吸尘器式样差异大
5. 认知投入的重要性	小孩子买礼物给姐姐	姐姐特别喜欢某种品牌的音乐带	姐姐无明显的喜好
6. 正性的诱导	父母购买摄影放大器给孩子	孩子喜欢某种仪器而不要摄影放大器	孩子没有真正的嗜好，只要拥有某些物品就心满意足了
7. 负性的行动	一个人购买价格昂贵的手表	个人从来没买过价格高于1500元的手表	价格虽高一点，但是为赠送家人的一项贵重的礼物
8. 可供参考消息的多寡	家庭主妇购买清洁剂	家庭主妇从来没有购买经验，对个人而言，这是新奇的	个人曾听说过这种产品，对产品及制造厂商均深具信心
9. 预期性的失调	一位小男孩购买飞机模型	小男孩预知购买模型可能有麻烦，因为它太贵了	小男孩预知家里应该不会反对
10. 熟识性及知识	一个家庭购买地板磨光器	没有经过深思熟虑就买了	经过精心挑选后才买了磨光器

当失调产生之后，解决的方法大致如下：①重新肯定自己选择的事物及行动是最佳的；②故意贬低没有选择的行动或方案的价值；③强调选择行动所得到的奖励；④采取冷漠的态度，忍受两种方案间的差距；⑤寻找其他的信息，证明自己的选择没有错误；⑥曲解事实；⑦改变自己的意见或放弃以前的行为，如把产品卖掉。表8－6是认知失调的一个例子，说明个体对“吸烟导致癌症”说法的相信程度，随着个体吸烟程度的不同而有所不同。

表8－6　　认为吸烟会导致癌症的意见调查

项目	认为吸烟会导致癌症的人数百分比（%）		
	肯定	否定	没有意见
没有吸烟者（$N=348$）	29	55	16
吸烟量小者（$N=59$）	20	68	12
吸烟量中等者（$N=105$）	16	75	9
吸烟量多者（$N=41$）	7	86	7

认知失调理论认为，由于消费者购买行为中实质上包含了认知失调和态度改变恢复协调的过程，因而广告所要发挥的功能，便是向消费者提供一个支持所选商品的肯定的信息源，使消费者更相信他们所购买的商品恰能满足他们的需求，恰是他们需要的，从而来恢复认知协调。

8.3.4 标准的决策模式

人们是如何认知所获得的信息呢？在态度的研究中，我们关心个体是如何利用客体的各种特征来构建对该客体的态度的。对于这一问题的回答，存在着一些不同的假设结构，主要的假设模式有两类：替代性模式和非替代模式。

在“不确定性条件下选择”的章节里介绍的费希宾模式，“充分——重要”模式都属于替代模式。多重特征模式也是如此。在多重特征模式中，对消极特征的评价常被积极特征的评价所取代，因此称为替代模式。排除那些只能与其他特征相结合才有价值的特殊特征，在这种模式中的特征一般都是独立的。然而在现实生活中，大多数特征都是相互依赖的，如在评估一部汽车的内部空间时，只有在不损失行李空间的情况下，才有意义。因此，汽车的内部空间特征是与行李空间相互依赖的，对此类问题，替代模式无法解决。

非替代模式要求决策者进行一系列的信息加工，来决定对客体的选择。这里介绍几种简化了的信息加工过程的非替代模型：

大多数消费者会考虑几个属性，但对这些属性却作出重要性不同的权数。以计算机为例，假如某消费者对计算机的四个属性的权数分配是：储存能力确定的重要性是40%，图像显示能力是30%，软件适用能力是20%，价格是10%（见表8－7）。为了找到他对每一种计算机所理解的价值，他的权数乘以他对每台计算机的信念，由此得出以下理解值。

表8－7　一位消费者对计算机的品牌信念

计算机型号	属性			
	储存能力	图像显示能力	软件适用性	价格
A	10	8	6	4
B	8	9	8	3
C	6	8	10	5
D	4	3	7	8

计算机 A $=0.4\times10+0.3\times8+0.2\times6+0.1\times4=8.0$

计算机 B $=0.4\times8+0.3\times9+0.2\times8+0.1\times3=7.8$

计算机 C $=0.4\times6+0.3\times8+0.2\times10+0.1\times5=7.3$

计算机 D = 0.4 × 4 + 0.3 × 3 + 0.2 × 7 + 0.1 × 8 = 4.7

这样，我们可以推测该消费者将喜欢 A 牌计算机。

以上称为消费者选择的期望值模式。

以下是一些其他模式。表 8 - 8 是关于微波炉的信息（可能是超载的），表 8 - 9 所示为某一顾客关于微波炉信息的临界点及重要性评价的资料。

表 8 - 8　　关于微波炉的信息资料

特征	品牌							
	A	B	C	D	E	F	G	H
价格	200	325	350	400	450	230	200	300
容量（升）	11	16.5	18	27.5	15	13	17.5	16
能量调节	2	10	4	5	4	5	2	6
额外设备	-	+ +	+	+	+	□	□	+
最大（小）时间	30	100	30	60	100	30	35	30
安全性	+	+ +	+	+	+ +	+	□	+
准备/烹饪	□	□	□	□	□	□	□	□
解冻	-	□	+	-	□	□	-	+
外观	□	□	□	□	+	□	□	□
噪声	-	□	□	□	-	□	□	-
注	- - 非常不好；- 不好；□一般；+ 好；+ + 非常好							

表 8 - 9　　某顾客的临界点和特征重要性排列

特征	临界点	重要性排列
价格	≤800	5
容量（升）	≥15	8
能量调节	≥2	6
额外设备		7
最大（小）时间		9
安全性	+	1
准备/烹饪	□	2
解冻	+	3
外观	□	4
噪音	□	10

联结模式。一些消费者选择某一品牌的标准是根据该品牌是否每一个特征都达到了临界点。显然，只有品牌 C 达到这一要求。值得注意的是，联结评价并不强调属性水平高度如何，只要它超过最低水平即可。某一属性方面的高水准，并不能替代另一种低于最低水平的属性。

重点模式。消费者重视品牌的一个或几个突出特征，在这里，品牌 B 有一些额外的设备且比较安全，因此可以作为这种模式考虑的偏好代表。

编辑模式。消费者以属性重要程度为次序排列品牌，微波炉安全最重要，但品牌 B 和 E 同样安全。第二步，将第二重要的属性（准备/烹饪）进行比较，品牌 B 和 E 仍然相同。第三步，再比较第三重要的解冻功能，品牌 B 和 E 再一次表现出相同。如此进行下去，直到第四步比较中，品牌 E 在外观舒适性优于品牌 B。最后，品牌 E 成为编辑模式的最佳选择。

淘汰模式。消费者选择商品是通过逐步淘汰不能达到临转点的品牌实现的。在最重的特征上 G 被淘汰，剩下的品牌在次重要特征上全部通过。然后，再比较剩下品牌在第三重要性特让（解冻）上是否超过临界点（只有品牌 C 和 H 通过这一检验），又由于 H 更便宜（第五个重要特征），因此它成了淘汰模式的最佳选择。

相比而言，多重特征模式，一般认为是早期的，相对简单的结构，而非替代模式的发展弥补了一些多重特征模式的不足，但也属于简单的信息选择模式。另外，还有一些特殊的模式如特征评估的因素分析模式在这里就不作介绍了。

8.3.5 有限信息的加工模型

上一节所讨论的模型都是标准的，即都规定决策是建立在完全信息基础上。可是不完全信息过程在日常生活中随处可见。

1. 消费种类

是消费还是储蓄，87% 的家庭主管没有一个开支计划，只有 36% 的被调查者能够准确地预测他们的储蓄在 6 个月以后的用途。一般来说，有些商品是和同类附加产品密不可分的，像汽车，需要汽油、修理服务、保险这些附加产品。调查结果同样显示，低于 25% 的人有消费这些专门的消费品的计划并为附加产品开支留下了款项。

从这里可以得出一个一般的结论：大多数的消费者是没有仔细考虑其开支计划和储蓄计划的。

2. 预算分配

对耐用品和服装的消费所进行的一项调查表明：20% ~25% 的消费者的消费支出是冲动性的，并没有预先的计划和考虑。在超级市场、各种商店进行观察，30% –35% 的购买是消费者在进入这些商店之前没有考虑的。因此，一般项目的开支，在很多情况下，消费者是没有认真安排的。

3. 商店选择

有人对商店的顾客惠顾情况进行调查，发现很多消费者在购买耐用消费品时，经常就是看了第一家商店以后就决定下来了。39%的黑白电视机、50%的彩色电视机、22%的家具、27%的地毯、75%～80%的计算机软盘的购买就是属于这种情况的。所以，可以得出结论说，消费者并不是对大量商店进行观察和评价之后才决定购买的。

4. 品牌的选择

即使是在专门的预算开支部门，对特定品牌的选择上，也显示了购买者有限的考虑和计划。有人发现，15%～33%的消费者在购买主要家庭设备时是没有什么信息或仅仅只有从一个信息源得到的信息。在超级市场，38%～72%的人对糖果、洗衣粉没有表现出明显的选择迹象。而且从购买者和营销人员交谈的记录中发现，消费者基本上按营销人员的推荐进行购买的。

由此可见，人们在预算分配、商品选择的决策中只进行了有限的信息搜索、计划和考虑。在这种情况下，标准的描述性的决策模型往往没什么实际意义。当然这并不是说信息加工过程便无法模型化。实际上，通过决策模型，我们能在很大程度上解释人们的经济行为，只不过这里所指的决策模型是满意模型而不是最优模型。

认知心理学把决策模型理解为一个问题解决的过程。布朗斯福特和斯内因（Bransford & Stein，1984）认为问题解决过程由以下五个阶段组成：①识别问题（identifying problems）；②定义和表征问题（defining and representing problems）；③探索可能的解决策略（exploring possible strategies）；④按计划行动（acting on a plan）；⑤反馈和效果评估（looking back and evaluating the effects）。取每一阶段的英文第一字母，他们提出了问题解决的IDEAL模型。

第一阶段，问题识别阶段。这是一个就事论事的相当表面的加工过程。比如在墙上装一盏灯可以被识别为一个需要体力的问题，认识阶段不涉及问题的起因。

第二阶段，问题表征阶段。在这个阶段将发现的问题作进一步分析，用原因和结果对此进行表征。常用的方法有，将问题的原因和问题的症状分开，把问题分成几个子问题等。这些子问题经常作为一个连续的顺序来处理。比方说，公司的盈利就是这样的一个过程，公司必须首先弄清楚投资方向、产品研制和发展、产品销售所存在的问题。

第三个阶段，探索行动的可能方案和实施选择方案的决策原则。例如，某公司对一项产品不满意（问题识别），通过分析是该产品有一个不受欢迎的特征（问题表征）。解决方案有：更换产品，改变消费者的判断标准和提供更好的售后服务。

在探索阶段，往往需要一些创造性的解决方法。梅耶（Maier，1931）举了一个很有名的例子。在一间房子里有两根绳子，要求将这两根绳子系在一起。但是它们之间有一段较长的距离以至于抓住一根便够不着另一根。房子里除了一张桌子和一把老虎钳之外没有其他的东西，而这两样东西看起来又帮不上忙（见图8－6）。

图 8－6　梅耶的两根绳子的问题

通常的解决是将一根绳子系在桌子上然后去抓另一根。最有创造性的解决方法是将老虎钳系在一根绳子的下端做成一个钟摆，将它摇晃起来，这样就可以在抓到另一根绳子的同时抓住这根绳子。

第四阶段即执行决策或按计划行事。第五阶段是反馈和评估。如果问题已解决，行动到此为止，否则行动将会继续或将问题重新表征。最后这两阶段，米勒等人（Miller et al，1960）在 1960 年便以神经心理学定律为基础提出了一个模型，该模型是测试——操作——测试——退出（TOTE）。比如说，检查钉子是否钉进去了便是测试，结果假如是负的，那么便执行操作（将钉子钉进去）再测试。结果如果是正的，那么计划就退出 TOTE 便结束。该模型尽管简单，但非常能说明问题。

在模型的第二、三步中，以广泛地使用启发和信息加工模型。在前面我们讨论了个体是怎样将各种信息联结起来，一个简单的描述联结方法是线性模型。根据线性函数，个体可以将特征判断进行权重。研究表明在很多情况下，线性模型能够很圆满地描述复杂的判断，通过计算机模拟并得到了很好的吻合。

IDEAL 模型用于消费者行为时被修改为问题认知、探索、方案评估、购买和结果，与 IDEAL 模型十分相似。

有人对包括关于工作和住房提供的替代和非替代模型在内的决策模型的偏好进行了调查，发现 75% 的被试至少使用了两个决策模型，通常是一个联结模型和一个替代模型。联结模型主要用在对毫无兴趣部分进行选择上。同时，在选择过程中替代模型之前也会使用联结模型。对于各模型的使用顺序，范·雷基（1986）制作了一个流程图，见图8－7。

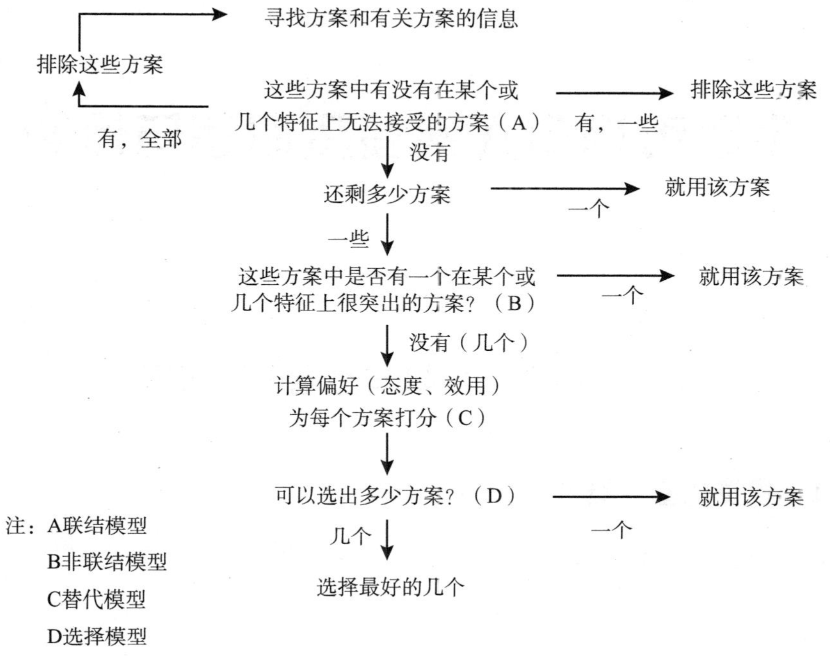

图8－7　各种模型的使用顺序

本章提要

产品市场的特点是生产者和消费者寻求最优价格的理性行为，价格标准是调节参数，价格知觉、情绪启动、转变态度是影响价格的重要手段。

产品市场价格总是在一定范围内波动。影响价格阈限的上限和下限因素很多，其中判断标准最为重要。

消费行为是一个学习和选择的过程，受到情绪、广告等内外部因素的影响。

在产品市场中，企业要注重品牌形象宣传和品牌定位，适时进行消费者态度预测与转变。

思考与探索

1. 什么是价格阈限？影响价格阈限的判断标准是什么？
2. 什么是通货膨胀知觉？我国居民对通货膨胀的知觉发生了怎样的变化？
3. 为什么说消费行为也是一种学习与选择过程？
4. 举例说明心理学家如何进行标志性经济的研究。
5. 如何在广告创意设计中唤起消费者的购买动机？

9

金融市场中人的投资心理与行为

9.1 投资、投机与金融风险意识

9.1.1 投资的基本概念

投资是一种追求未来货币增值的经济行为。它有两方面的含义。

1. 货币增值性

投资的目的是为了货币增值，追求获利最大化。例如，投资者现在支出一笔资金，其目的是想未来实现货币增值。因此，就静态角度而言，投资者是现在垫付一定量的资金；就动态角度而言，投资是为了获得未来最大报酬而采取的经济行为。由于从现在支出资金到未来获取报酬，要经过一定的时间间隔，因而投资是一个行为过程，这个过程越长，未来报酬的获取就越不确定，即风险性越大。

2. 经济行为性

投资是一种有意识的经济行为，投资行为受人们心理意识的调节、控制，这就赋予了投资行为以人类心理的特征。事实上，如投资决策动机、投资收益预期、投资风险规避等问题，其实质就是人们的心理活动在投资中的具体表现。著名经济学家凯恩斯用资本边际效率递减规律来解释人类投资行为，并把投资需求不足归结为心理因素作用的结果，这足以反映经济学界对投资心理的重视。

3. 投资行为的特点分析

投资行为的特点是，投资目的主要是为了获得长期的资本所得，即希望定期地获得投资收益，同时，也希望能在较长时期内通过资产价格的变动而获得差额利润。如股票投资者，一般应选择那些经济实力雄厚、经营管理好的上市公司的股票。同时，投资者在进行投资之前，一般要掌握较充分的信息资料，对所购股票的可能风险和预期收益进行分析，决不可凭空臆测进行投资决策，因为理性的投资决策是投资成功的关键所在。

9.1.2 投资、投机与赌博行为的比较

1. 投机行为的特点分析

投机行为的特点是，以在短期内获得较大的利润为目的，并愿意承担较大的行为风险。投机者从事股票买卖的目的，与投资行为不同，是希望能在短期的股价变动中获得差价。投机者通常不注重对上市公司的经济实力和经营业绩的分析。他们进行投机行为是以了解和猜测某方面的内幕消息为前提，以技术分析为主要手段，据此做出投机决策，因此，其未来投资收益的不确定性很大，但投资者愿意承担较大的风险，也往往会在短期内获得预期的收益，当然，一旦失算，其损失也很大。

投机行为虽然有时会造成股价的猛跌猛升，不利于股市的安定，但它也有利于股票市场的一面：

（1）投机者的交易行为频繁，成交量很大，因而活跃了股票市场。

（2）由于投机者不注重定期稳定的股息收入，而是关注股票价格波动带来的差价收益，一般采用低吸高抛手法，即在股价低位时购买，在股价高位时抛售。这对于调节股市供求与稳定股票市场，起到了积极的作用。

2. 赌博行为的特点分析

赌博行为的特点是，以运气机遇为基础，凭借侥幸心理进行投资，寄希望于在短时期内获取暴利。如在股票市场中，具有赌博行为特征的投资者往往在毫无信息资料分析的情况下，或者听信传言而仅凭点滴内幕消息便作出股票操作的大胆决策。由于赌博行为是盲目冒险的行为，往往只是遭受损失，而很难获取预期收益。

就经济性质而言，赌博是制造一种风险，参与者的风险是由于该赌局的设立而产生，如果赌局不存在，这种风险也随之而消失。所以赌博行为所有的风险是本来不存在的风险。反观投机行为所冒的风险，本身已在市场经济过程中存在，即使投机行为不存在，这种风险依然存在。

就参与方式而言，赌博者存有侥幸心理，胜负完全依赖于博弈概率，具有很大的盲目性。而证券市场的投机者往往是些具有丰富投资经验、熟悉市场规律的专业人员，他们能够较准确地预测股价走势，通过低吸高抛的手法，从中赚取利润。其行为具有主观功能性，胜负概率是依据其预测的准确程度而定。

就社会作用而言，赌博者花费了时间和资源却没有创造新的社会价值，甚至还人为制造了额外风险。投机者是风险的承担者，通过均衡市场风险，对于稳定与繁荣证券市场起了不可或缺的作用。

3. 投资、投机、赌博三种行为之间的特点区分

人们经常将投资与投机进行对比，投资被认为是仅有有限风险、未来收入较稳定而

本金也相对“安全”；投机则具有较高风险性。但是，要将两者明确区分是不容易的。

区分投资与投机的困难首先在于，两者在未来的收入实现和本金归还上都涉及风险性。由于风险程度是个人的一种认知判断，所以不同程度风险之间的界限是难以把握的。若将所有的证券，从政府的短期债券到脆弱的普通股票按风险大小作一排列，投资与投机的这条界限应该画在什么地方？

区分投资与投机的困难其次在于，不同投资具有的风险须用不同的方法来测定。就债券而言，对未来利息和到期本金都能作出准确的估价。但就股票而言，本金一般通过市场换手可以得到补偿，而股息收益是由股份公司的利润分配所决定的。所以，只有通过估计股票市值来测定普通股票的“安全性”，这还不包括对未来可能收益的估价。

据此，我们认为：①投资与投机难以明确区分；②证券市场的投机倾向无法消除；③投机有助于活跃证券市场，有利于吸引风险投资，应该允许适度投机存在，但要加强监管力度；④投资与投机的未来收益都具有不确定性，因而两者都包含着风险因素。

证券交易中的投资行为、投机行为和赌博行为的界限是很难严格区分的，但通过对以上四种行为特点的分析中，还是可以找出其差别，具体表现为以下四个方面：

（1）股票交易的目的不同。在股票交易中，投资行为者的目的在于获取稳定的股息和长期的资本收益；投机行为者的目的是为了在短期内获取资本收益；赌博行为者，与投机行为者的目的一样，只不过前者希望在更短的时间内通过股价发生暴涨或暴跌，从中获取暴利。

（2）承担风险的程度不同。投资行为者关心的是股本金安全，而不期望有极高的收益，所以一般不会投资风险较大的股票；投机行为者倾向于投资那些能获得较高预期收益的股票，因为他们愿意承担较大的投资风险；赌博行为者则不考虑风险与收益之间的关系，他们敢于承担的风险是二者中最大的。

（3）投资决策的依据不同。投资行为者在投资决策前，一般要对上市公司的资料与各方面的市场信息进行认真的分析，详加比较才作出投资决策；投机行为者就不那么注重上市公司的资料而更侧重于市场信息的分析，他们进行投资决策的依据，有时是仅凭内幕消息；赌博行为者的投资决策则是完全凭空臆测和依据侥幸心理盲目地冒险操作。

（4）持股的时间长短不同。一般而言，投资行为者，购入股票后的持股时间在一年以上；而投机行为者，购入股票后的持股时间在几个星期至几个月之间；赌博行为者，购入股票后仅几天甚至隔天就会抛售，因为他们追求的是这期间的差价，当然以持股时间进行划分也不是绝对的，有时持股期在一年内也仅算是投机行为。因此，以时间长短进行划分的同时，还须结合其他方面的因素综合考虑。

以上我们对投资、投机和赌博行为进行了区分，但这种区分只是相对的，在一定条件下，上述三种行为之间可以互相转化，现列表 9 - 1 比较如下。

表 9-1　　投资、投机和赌博行为的比较

项目	投资行为	投机行为	赌博行为
买卖目的	获取稳定的股息和长期资本所得	短期内获得资本所得	希望更短的时期内获取更多的收益
承担风险	较小	较大	最大
决策依据	基本分析为主	技术分析为主	凭臆测与侥幸心理
持有时间	长	较短	最短

总之，风险是一种客观存在，而冒险则是人的主观选择和决定，由于个人行为的介入，会加剧风险发生的可能性，从而促使这种客观存在的可能性转化为现实性。例如，对于某种股票，我们无法确定其价格是否上涨或股份公司是否会倒闭，即无法确定价格下跌或血本无归的风险，但当我们决定购买这种股票时，则公司倒闭或价格下跌的情况完全可能发生，即我们的冒险投资存在无法盈利的危险。

当然，风险与冒险的关系是相当密切的。一方面，风险的存在使人们必须认真考虑选择最合理的行动，以争取最好的结果，因此，风险是人们冒险行为的起因；另一方面，就结果而言，风险和冒险都以可能的负面性结果为特征。在很多情况下，这种结果是通过人们行为的介入而促成的。由于投资是一种风险行为的选择，因此，冒险的概念对投资风险是十分重要的。

总之，在个人投资市场逐步开放的过程中，社会公众将面临许多新的资产选择机会，会遇到许多新的金融投资品种，因而需要努力学习新的知识，树立新的观念，练就新的本领，以在广阔的市场经济舞台上一展身手。

9.1.3　金融风险投资意识

1. 个体投资者金融风险投资意识的觉醒

投资，对于我国居民来说，曾是一个陌生的词汇。在人们心目中，投资似乎只是国家或企业的事情，不是盖工厂，就是修铁路、造桥梁。诚然，这种实物资产的增加确实符合狭义的投资概念，但是在社会主义市场经济发展的过程中，广义的投资概念正进入人们的现实生活。例如，一位持有富余货币的居民可能面临这样的选择：是存入银行储蓄还是购买有价证券？在有价证券中，是购买国库券还是购买股票？存入银行储蓄是为了购买住房还是为了子女教育或自己养老？或者干脆就为了赚取银行利息？面对这些选择，这位居民实际上已具有个人投资的潜意识，并在选择不同的资产持有形式：购买住房是拥有不动产或实物资产，购买有价证券是持有金融资产，在银行储蓄和有价证券之间进行选择是变换金融资产的持有形式。在上述选择中，他要结合自己的收入，计算不同的金融资产成本（如国库券的购买价格）和收益（该种国库券的到期收益率），从而决定持有他认为最有利可图的资产形式。

近期以来，国内金融机制不畅，金融市场受行政干预和资金分配供给制的压抑而迟迟不能发育。经过二十年改革后的今天，中国的金融压抑状态正逐步解除，城乡居民不仅从改革中获取新的利益和致富机会，而且无可避免地要冒新的风险，因为人类行为方式的改变，总是首先从观念的转变开始。所以，当前急需转变传统观念和行为方式，以适应新的挑战，抓住新的机遇。

2. 社会资产选择形式的日益多样化，要求投资者善于合理选择资产持有形式

长期以来，由于职工低工资制度的束缚，我国城镇居民的资产持有形式非常单一，主要是银行储蓄和手持现金。1988 年，在我国居民金融资产存量中，储蓄占 62.6%，手持现金占 28.5%，有价证券占 8%，保险仅占 0.9%。居民的资产结构单一，金融投资意识不强，许多人除了银行储蓄和手持现金以外，不了解有价证券和保险是怎么回事。广大居民的储蓄动机大多偏重于短期消费，尤其热衷于购买高档家用电器。

随着住房、医疗制度的改革，失业保险和养老保险的普及，城镇居民收入中用于购房、子女教育等预期消费支出将大幅增长，而个人交纳公积金、失业与养老保险金也将占去收入的一定份额。我国证券交易所的建立，国库券、金融债券、企业债券和股票等有价证券的扩大发行和陆续上市转让，也吸引了更多的个人去自由认购与买卖，城镇居民面对的资产选择范围正日益拓展。由于决定传统储蓄意向的经济体制环境发生了变化，人们会感到自己过去的金融观念、知识和行为已很不适应迅速变化的形势，必须随之进行相应转变和调整。例如，要增加长期投资份额，以备买房、养老或子女教育之需。这对已经习惯于国家统包福利的城镇居民而言，将是一个痛苦的观念转变和行为调整过程。

3. 个人投资市场的培育需要金融投资意识的强化

目前，我国的个人投资市场虽然还难以同发达资本主义国家相比，但个人投资市场的培育是社会改革和经济发展的迫切需要，它既有利于改善居民资产结构，促使消费基金向积累基金转化，也有利于促进传统金融体制和统包福利制度的改革。个人投资市场的发展，将会日益显示出对我国社会经济发展的必要性和推动作用。为了适应这一时代发展需要，树立以下新的观念是十分重要的。

（1）货币的运动增值观念。

货币只有投入生产和流通的循环周转之中，才能成为创造社会财富的第一推动力，也才能给货币所有者带来高于原有价值的收益。相反，货币沉积于生产和流通之外，于社会不利，于个人也无益。随着金融体制改革的深入，货币将越来越按高效、安全的原则流动起来，谁积极参与这一进程，谁就为社会财富的增长做了一份贡献，同时，也可从中获取货币增值的益处。

（2）资金的时间价值观念。

货币投入生产和流通，在运动中增值，就变成了资金或资本。用资金带来生产经营收益的使用者，必须付得起使用资金的成本，即向资金所有者支付一定利息。由于未来偿还期的本金加利息越滚越大，对使用者而言，这意味着一笔资金将随时间延长而自动贬值，使用期越长，利率越高，他就要用越多的货币来偿还本金与利息。这就会迫使使用者加强投资监管，提高盈利水平，以尽早还本付息、收回投资。对资金所有者而言，他的本金随着时间延长会自动增值，时间越长、利率越高，所有者的本金价值也就越高。上述机制会激励所有者将资金投向最具盈利前景的投资项目。同时，投资期越长，风险也会越大，这又迫使资金所有者审慎选择资金使用者，以确保资金的安全性。

在证券投资市场，资金的时间价值还表现为对于投资时机的判断和选择。可见，居民个人树立起资金的时间价值观念，掌握各种金融资产的收益状况，进而做出正确选择，对于维护正常的投资市场秩序也是极有益的。

（3）投资的风险意识。

投资具有风险性，投资期越长，投资市场中的不确定因素就越多。开拓高新技术领域的投资，一旦成功会有很高的盈利回报，然而未知因素比传统领域要多，因此风险也更大。一项投资决策要估计预期利润和实际成本，也要预计风险成本，即预期利润的可能损失。

9.2 金融投资心理的理论基础

如前所阐述的经济心理学的五大理论基础：效用理论、预期理论、不确定性与风险理论、对策理论、福利理论等同样是投资心理与行为的理论基础。但是，具体到金融投资心理与行为，其理论基础又有其特殊性与独特性。

9.2.1 信心理论与投资行为分析

信心理论认为，影响股价变动的主要因素取决于投资者对于未来股价、盈利与股息变动的认知态度。

市场上若为数众多的投资者对股市前景抱乐观态度时，必争相吸筹建仓，拉高股指。如果投资者过分乐观而引起股票恶炒，则会将股价抬升至不合理的高位。例如，某股票在短短一周内，股价从6元猛涨到9元，乃因市场盛传该上市公司即将进行资产重组并公布新的发展计划，造成该公司的投资前景充满想象空间，于是投资者纷纷进场吸筹，促使股价扶摇直上。

反之，若投资者对于股市前景持悲观态度时，亦会大量抛售股票，致使股指大跌，尤其在过分悲观态度影响下，投资者由于盲目抛售股票而使股价过度缩水，信心理论可以说明当经济状况良好而股价疲软，或是当经济状况欠佳股价反而上涨的原因。与其他投资理论相比，信心理论更重视投资者的认知态度的变化。

9.2.2 情绪周期理论与投资行为分析

由于情绪与态度关系密切，伴随着不同的认知态度，个体会产生不同的情绪体验。而股市的波动不仅表现为股价空间起伏的规则性，也表现为时间循环周期的节律性，个体的情绪对此起了很大的影响。统计研究表明，引发股价周期波动的诸因素中心理情绪因素占20%以上。造成心理情绪周期波动的原因在于：

（1）人类生物节律的周期特性。科学研究发现，个体的生理周期为23天，情绪周期为28天，智力周期为33天，而沪深两地股市的短周期与此十分吻合。

（2）贪婪与恐惧情绪的交替出现。贪婪导致股市超涨时持有者不卖，未介入者则不断追涨，形成超涨；反之，恐惧则促使不断杀跌，使股价由合理下跌转为超跌。股市中两种情绪的不断交替，促成了股市呈周期波动状态。

（3）股民情绪的相互感染与共鸣。股市是由人参与的，由于大多数股民缺乏自制力、自主性以及输赢不计、处变不惊、不以物喜、不以己悲的超脱情怀，因而对股市变化，股民情绪相互感染，引发共鸣实属必然。

可见，随着广大股民情绪的周期性波动，股市的周期波动也就不可避免了。

9.2.3 稳固基础理论与投资行为分析

稳固基础理论认为，每一种投资工具，无论是股票，还是房地产，均有某种“内在价值”的稳固基础，可以通过分析现在的经营状况与未来的投资前景而得出。当市场价格低于（或高于）这一投资工具的内在价值时，就会出现一个买进（或卖出）的机会，因为价格波动最终将被纠正，向其内在价值回归。这样，进行投资就成为将某一投资工具的实际价格与其内在价值进行比较的一种简单易行的操作。

这一理论认为，一种股票的内在价值等于其未来全部股息的“现值”：其现值的计算公式可表示如下：

$$PV=\frac{F_1}{1+r_1}+\frac{F_2}{(1+r_1)(1+r_2)}+\cdots+\frac{F_t}{(1+r_1)(1+r_2)\cdots(1+r_t)}$$

其中，

PV：即现值（present value）。r_1、r_2、…、r_t：各计息期上的利率，显然 r_1 为现期利率，$r_2 \cdots r_t$ 为远期利率。F_1、$F_2 \cdots F_t$：未来收益流量。

稳固基础理论强调股票的内在价值，注重研究上市公司的个体差异。对于如何判定股票的内在价值，该理论提出了以下四点依据。

（1）成长性预期。通过对企业以往的财务报表和有关信息进行分析，并对该行业未来发展前景进行预测，如今后若干年该企业利润增长率高，则该股票成长性好、内在价值高。

（2）投资收益预期。股票投资除差价收益外，上市企业每年分红和送配股等报酬多寡也是投资者考虑的重要因素，如预期收益优，则内在价值高。

（3）风险程度预期。投资也应规避高风险，对各种风险因素的综合分析，是衡量股票内在价值的依据。

（4）利率水平预期。股票市场对利率变化很敏感，利率下调则股价坚挺，反之，股价下挫。把握近期利率变化趋势，也是判别短期内股价是否坚挺的标志。

稳固基础理论强调股票内在价值是进行证券投资的重要依据，提出了衡量股票优劣的四要素，试图从理论上阐明股价形成的内因，为中长期稳健的投资者所推崇。但事实上，股票内在价值和市场价格两者总有差距，运用这一理论进行实际操作时收益也不明显。但当“熊市”来临或准备长期投资时，这一理论的优越性开始显现，因为，成长性好的绩优股票“抗跌性”强，长期投资收益不菲。

9.2.4　股价阻碍反应理论与投资行为分析

证券市场的股价不是由一般意义上的自由竞争所形成，不同的股价只不过是买卖双方可以接受的价格，而非所谓公平价格，这一状况使得股价波动很难预测，那么，该如何把握股价的最佳买入点或是最佳卖出点?

对此，美国斯坦福大学的考塔纳（Pawl Cootner）创立了股价阻碍反应理论。他认为，参与证券交易的投资者一般可以分为专业者和非专业者两大类。由于专业者熟悉股市分析的基本技术并能深刻了解股市的实际情况，他们从可靠的基本咨询研究中获知股票的实际价值，因而可以细心观察并分析股价的变化情况。当股价远离实际价值时，专业者就进入市场，企图从价格与实际价值之差获取收益。相反，非专业性的投资者则缺乏基本的股票分析与研究技能，当其在股票市场因乐观抢购股票或因悲观远离市场从而导致对市场产生阻碍反应时，专业投资者即进入市场引导股价避开阻碍，他们所采取的市场策略就是和非专业者反向操作，因而形成股市阻碍反应理论。

该理论认为，非专业者参与市场交易的股价期望区域是在乐观与悲观之间，因此，股市中的正常投资行为一般与非专业投资者的市场行为相背离。为了获得较高的投资报酬，非专业投资者只能追随专业投资者。目前，广大散户股民追随庄股，与主股共舞现象正是这一理论的生动写照。然而真要追随专业投资者是十分困难的，因为主力庄家的交易行为是隐藏不露的，等你发现时已经太迟了。

9.2.5　空中楼阁理论与投资行为分析

空中楼阁理论认为，股票的价格是难以确定的，由于上市公司和股票市场本身都处于变化之中，因而无法准确判定股票的真正价值。这一理论是著名经济学家凯恩斯于1936年进行投资分析时提出的。他认为，专业投资者一般不愿花费精力估算股票的内在价值，而愿意预测投资人群在将来可能会如何行动。成功的投资者会预期何时公众最宜构建股价的“空中楼阁”，然后抢先成交。凯恩斯在《就业、利息和货币通论》一书中，曾用了一章篇幅以论述股票市场及其投资者预期的重要性。凯恩斯认为，无人能确切地了解未来的收益前景与股息交付，因而“多数人主要关心的不是对一笔投资在其投资期间的可能收益作出准确的长期预测，而是抢在公众之前预见到惯用的估价依据的变化”。换言之，凯恩斯是运用心理学原理，而不是金融手段来研究股票市场。这一理论，又被戏称为“最大笨蛋理论”，即对某物支付其所值的3倍价格是完全可以的，只要以后你能找到某个笨蛋，他愿意支付其所值的高于3倍价格，这只是心理预期的差异而已。为此，这一理论提出了股票投资的两种方法：

1. 心理认知法

投资人群普遍看好的股票其价格就会上扬，凯恩斯更将选购股票喻为“选美”，投资者不应依据自己的偏好行事。由于人气左右市场，所以要仔细研究其他人的投资心理倾向，按多数人的认知共识进行操作，关键是在股价认知上要领先一步。

2. 技术分析法

空中楼阁理论是技术分析法的理论基础。以作图等技术方法寻求最优成交点，判别支撑线和限力位，使股票操作有依据。

空中楼阁理论注重股票的市场属性，研究公众的投资心理，着重对成交量、交投密集区间和短期的高低期望价位进行研究把握。尽管股价走势有时与企业经营状况相背离，但如果通过技术分析法对市场把握较准，短期收益会相当丰厚，当然亦可能竹篮打水一场空，反被深套而损失惨重。

9.2.6 随机移动理论与投资行为分析

这一理论认为股价的市场表现并无规律和秩序可言，乃以一种凌乱的步伐左摇右摆，犹如醉酒者走路，令人难以捉摸、动向难测，这可归之于各种影响股价的社会经济、企业盈利以及政局变化等因素都无法事前预知。该理论认为不可凭借最近的股价变动形态，来预测其未来的变化力意向与幅度。从统计学分析看，股票价格的变动具有独立性，与先前的变动毫不相干，呈现出“股市噪声”的特性。换言之，股票价格虽然在昨天上涨，但并不保证今天仍将上涨。

总之，股价随机理论认为：股市的规律正在于其没有规律性。

9.2.7 有效市场理论与投资行为分析

随机移动理论认为，任何时刻的股价为当时对股票内在价值的评估值，由于新信息的源源而至，致使股价随之波动，使得目前的股价与过去毫无关联。因众多学者对于随机移动理论的推崇，促成了“有效市场理论”的诞生。有效市场假设（effective market hypothesis），在20世纪60年代为美国芝加哥大学教授法玛（Fama）所创，并在其1970年的回顾与评论文章中确定了该假设的定义。

随机移动理论基建于股价变动具有独立性这一前提下，这个假设条件需要有效市场的存在作为先决条件。所谓“有效市场”是指市场中的所有信息均能充分地反映在股价上，市场具有价格调整功能，任何时间都能对广泛的具有投资价值的信息给予正确评价与反映。

在一个有效股票市场中，股价应能即时对任何市场信息（包括企业本身与宏观经济信息，如通胀率、利率、外贸赤字等）作出反映，利好的信息会即时使股价上升，而利空的信息会使股价即时下挫。因此，任何时刻的股价都充分地反映当时所有的信息。正因为一个有效市场对于市场信息高度灵敏，当我们知道有关信息后，再作交易时已为时甚晚，所以，以信息的公开性来界定不同程度的有效市场，可以分为弱势、半弱势与强势有效市场。赞同有效市场假设的人士认为，利用信息在股市中获取额外利润的机会甚微。

总之，有效市场理论认为，股票市场的效率如此之高，当新信息一旦出现，股价变动极为迅速，以致无人始终能迅速地买进或卖出股票以获利。因此，所有关于某公司收益预期的一切信息都将即时反映在该公司股票价格上。

试想，当一个人生活在一个资讯网络十分完善的信息社会里，获取信息的成本低廉，只花费不到一元美金的成本就可买回一份资料甚丰的《华尔街日报》。然而，分析信息却是另一回事，并非每个人都能看懂《华尔街日报》上的金融专业术语。但这不构成严重的影响，因为大部分的资金都是通过专业的机构投资者，例如，共同基金、养老基金或保险基金，转投到股市的。

其实，尽管西方的市场较为成熟，但是他们的股市同样出现过很多异常的现象，至今无法圆满解释，所以西方的市场亦不能视为完全有效市场。

9.2.8　金融市场噪声理论与投资行为分析

金融市场噪声可以表述为：资产价格偏离资产均衡价值的状态。噪声理论就是研究“噪声”产生的原因与表现，常用的分析方法为事件分析法和数量模型分析法。研究这一理论的主要有布莱克（Black）、德朗（Delons）、凯尔（Kyle）等，他们的理论有着共同的基本前提：

（1）噪声交易者是长期存在的。布莱克将噪声交易者定义为：把“噪声”视为真正的信息而交易的人。与之相对的，则是信息相对完全的理性交易者。噪声交易者的存在，增加了市场流动性，由于交易者之间始终存在着的收集信息差异、信息成本差异以及投资理论上的差异，使得噪声交易者始终作为交易者的一部分而存在于金融市场中。

（2）投资者中存在着短期交易者。他们出于消费需求或调整投资组合的需要或者短期行为（如基金管理者）而进行持仓期较短的交易。

在以上两个前提存在的情况下，经济学家从不同角度分析了不同交易者在这一环境下的行为特征以及所带来的价格上的“噪声”。

施利弗（Shleifer）、萨默斯（Summers）、沃尔德曼（Waldman）在1990年发表的题为《金融市场中的噪声交易者风险》的论文中，详细阐述了这一观点。该模型假设存在两种交易者：噪声交易者和理性套利者。对于理性套利者来说，他们所面临的不仅有基础性风险，而且还有噪声交易者自身创造的风险。例如，当噪声交易者今天对某一资产持悲观态度时，则会使其价格下跌，套利者此时进行交易是因为他认为价格在不久就会恢复。如果噪声交易者的看法并未扭转并更加悲观时，对于短期套利者来说，就可能遭受损失。由于噪声交易者收益高，因此可能有部分理性套利者转为噪声交易者。从长期来看，噪声交易者主导了整个市场，从而使市场效率消失。对于专业套利者来说，他们的行为可能受此影响，不再是对基本面的套利，而是对噪声交易者的反映，他们花费资源去检验、预测噪声交易者的行动，从而所获回报可能超过社会平均收益，这一理论能够合理地解释证券、期货、外汇市场中的价格联系。如罗尔（Roll，1984）研究橙汁期货市场，其价格大部分变化并不能归因于影响基础资产的信息（如天气）的变化；坎佩和凯尔（Campell & Kyle，1987）所研究的部分证券市场价格变动不能归因于有关的未来红利与贴现率的信息。

9.2.9 风险理论与投资心理

1. 投资风险的分类

投资风险的类型是根据不同的标准，依据不同的风险内容进行划分，一般将投资风险分为以下几种类型：

（1）主观风险与客观风险。

主观风险和客观风险，是以人们对风险的不同认识为标准划分的。主观风险为个人心理上的一种观念，是个人对客观事物的主观估计，无法用客观尺度予以衡量，因而将风险看成是主观风险。如把“风险”看成是“损失的不确定性”，这种“不确定性”实际是个人主观的估计，具体包括损失发生与否不确定；损失发生时间不确定；损失发生状况不确定；损失发生结果不确定等。主观风险虽然与风险本身有很大不同，但其对认识、评价风险的作用是不可忽视的。客观风险为客观存在的事物，可以用客观的尺度加以衡量，因而将风险看成是客观风险。从本质上说，风险是一种客观存在。

（2）纯粹风险与投机风险。

风险与投机风险，是以损失的性质为标准划分的。纯粹风险指只有损失机会而无获利机会的风险；投机风险指既有损失机会，也有获利可能的风险。由纯粹风险导致的结果有两种：其一为没有损失；其二为损失。例如，火灾、车祸、死亡、疾病等都是纯粹风险。由投机风险导致的结果有三种：其一为损失；其二为没有损失；其三为得利。例如，当股价下降，投资损失；股价不变，没有损失；股价上涨，投资获利。个人如因纯粹风险而蒙受损失，社会也会随之而遭受损失。但投机风险则不一定，某人受损失，他人可能因此而获利，而整个社会则可能没有损失。就企业而言，可能同时面临着两种风险，如火灾一般认为会导致纯粹风险，但一场大火烧毁了弃而不用、准备拆除的建筑物时，实际上为企业带来了益处，因此从这个意义上看，纯粹风险与投机风险并不相互排斥，具有共存性。

（3）静态风险与动态风险。

静态风险与动态风险，是以损失环境为标准划分的。静态风险指一般环境下所发生的风险，是由于自然力的不规则变动，或人们的行为失误引起的。前者如，地震、雷电、洪水、台风、疾病等；后者如，失火、盗窃、呆账、事故等。动态风险指与社会经济环境变动相关的风险，是由消费者需求变化，企业组织结构、技术结构和生产方式变动引起的。例如，投资环境恶劣、市场疲软、经营不当等。静态风险与动态风险也常交织在一起。

（4）特殊风险与基本风险。

特殊风险与基本风险，是以风险的来源为标准划分的。特殊风险来源于特定的个人，损失也只涉及个人，如非正常死亡、伤残、火灾等。基本风险来源于组织系统，损失也影响整个组织系统，与特定个人无关。基本风险包括：①经济系统的不确定性，如劳动力、资本、能源、交通、适宜建筑的土地等都存有一定风险。②社会政治因素的不确定性，如税率、汇率、利率等。③意外的自然破坏力等。随着时代的发展和观念的转变，特殊风险与基本风险的某些界定会有所不同。如失业，过去被认为是特殊风险，只与特定的个人相关，现在则被视作基本风险。

此外，对于风险还有其他分类：如可分为自然风险、社会风险、经济风险和技术风险，也可分为市场风险、生产风险、财务风险等。

2. 投资风险的研究意义

在现实生活中，不确定性（uncertainty）及其引发的风险是一基本事实。当投资者作出投资决策时，无不受到不确定性因素的影响。例如，当投资项目前景不能确定时，其收益水平便不能确定，至于如何将收益在现期与远期之间进行跨时配置也就更不能确定。又如，当投资者进行储蓄决策时，会遇到各种储蓄形式的利息率以及未来的通货膨胀率等不确定性因素困扰。再如，投资者购买商品房产，即便价格不发生变化，投资者所购得的房产质量却未必能即时确定，期房更是如此。其他诸如火灾、地震等自然灾害也都是投资的不确定性因素。

由于不确定性的普遍性和重要性，它正日益受到经济学界的重视，而成为现代经济学领域中的一个研究热点。同时，不确定性问题也受到心理学界的高度重视，不少学者对不确定情形下微观主体的决策心理研究方面进行了可贵的尝试。就目前而言，作为《经济心理学》一个分支的投资心理学这一新兴学科尚处在构建阶段，但“不确定性与投资心理”研究已经成为该学科理论体系中不可或缺的内容之一。

9.2.10 证券组合理论与投资风险分析

在市场经济中，每个经济实体都必须决定怎样安排现有的财富，而证券市场的存在使得这些经济实体可以对已经安排的资产作不断地调整以减少投资的风险。证券组合理论就是用来研究家庭或厂商等对所持不同金融资产的决定问题。该理论最早是由哈里·马尔科维茨于1959年创立的，在其博士论文《论交易的证券组合选择》中，马尔科维茨宣布自己的研究成果：风险较大的股票可以通过组合方式使整个股票组合的风险比其中任何一种股票的风险低。这一发现引起了整个华尔街证券分析人士的极大关注，并很快在实际的投资过程中得到广泛运用。

1. 马尔科维茨的假定和效率曲线

马尔科维茨的理论逻辑是：首先否定将预期收益的最大化作为资产分析的决定准则，即假定人们不喜欢风险；其次确定在资产结构中将风险和预期收益综合考虑的需要，进而详细讨论风险分散化的问题。马尔科维茨提出如下三个假定：①投资者都是反对风险者和追求最大效用者；②投资者都是在期望报酬率及其变动（标准差 σ_p）的基础上选择投资组合；③投资者都具有一个相同的单一持有期。下述假定的含义是指，投资者将在效率曲线下选择其投资组合。效率曲线如图 9－1 所示。

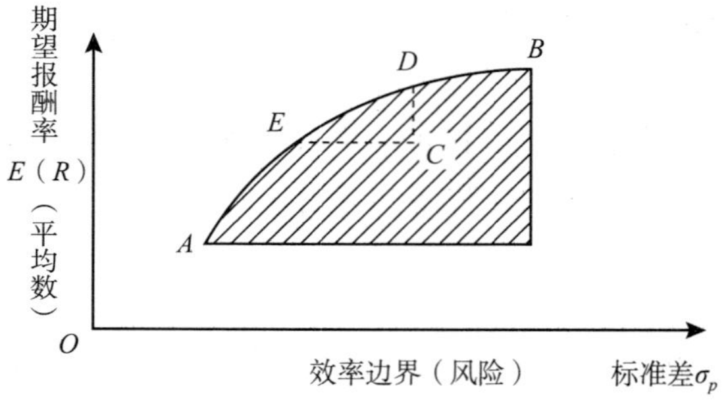

图 9－1　资产期望报酬与效率曲线

纵轴表示期望报酬率，横轴表示以报酬率之标准差衡量的风险，阴影部分表示由给定各种证券所形成的所有可能的不同投资比例的投资组合。因此，只要知道某种投资组合的 $E(R_p)$ 和 σ_p，就能将它表示成图中阴影区中的一点。AB 曲线就是效率曲线，在此曲线上的投资组合要优于曲线以下的投资组合，被称为有效投资组合，因为在此曲线上的各投资组合要么能在相同的风险水平下提供更高的报酬水平，要么能在相同的报酬水平下具有较小的风险水平。图 9－1 中的 E 和 D 要优于 C，因为 E 与 C 相比，报酬水平相同但风险小，D 与 C 相比，风险水平相同但报酬水平高。

可见，理智的投资者都会选择有效投资组合，然而不同投资者由于其风险偏好不同而会选择不同的投资组合。如保守型投资者（即对风险极度厌恶）将会选择较靠近 A 点的有效投资组合，而进取型投资者（即对风险不太厌恶）则会选择较靠近 B 点的有效投资组合。

2. 投资风险及其衡量

投资风险是指投资遭受损失的可能性。在证券市场上，各类主客观的因素错综复杂，它们共同对证券价格发生影响。如果投资者手中的证券价格下跌，使投资者的预期收益不能实现，这时，可以说投资风险变成了现实。

证券投资风险包括两个部分：非系统风险（unsystematic risk）与系统风险（systematic risk）。非系统风险是指由于某家公司或几家公司所特有的一些因素，如公司内部经营不善、重要人事变动等，导致股票价格的波动而遭受损失的风险。系统风险是指各类股票或股票组合对股市总活动的灵敏反应程度，例如，股市崩溃时期，基本上所有的股票价格都将有不同程度的下跌。可用图 9 –2 表示。

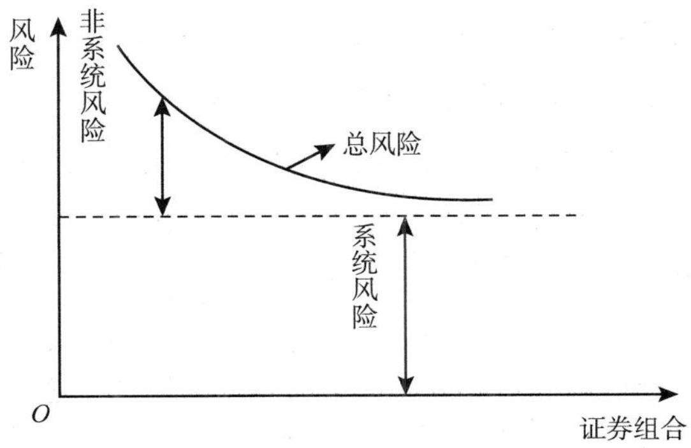

图 9 –2　证券投资的系统与非系统风险

那么，风险究竟如何衡量？一般用收益的标准差（σ_p）来衡量。假设有某种股票，其预期收益状况如表 9 –2 所示。

表 9 –2　股票的发生概率与预期收益率状况

经济情形	发生概率	预期收益率
A_1	a_1	R_1
A_2	a_2	R_2
A_3	a_3	R_3
…	…	…
A_n	a_n	R_n

这种股票的预期收益为

$$E(R) = a_1R_1 + a_2R_2 + a_3R_3 + \cdots + a_RR_R$$

其收益的方差为

$$K = a_1(R - R_1)^2 + a_2(R - R_2)^2 + a_3(R - R_3)^2 + \cdots + a_a(R - R_a)^2$$

该种股票的标准差为

$$\sigma_p = \sqrt{K}$$

$$= \sqrt{a_1(R-R_1)^2 + a_2(R-R_2)^2 + a_3(R-R_3)^2 + \cdots + a_a(R-R_a)^2}$$

上述所求出的标准差即为风险的大小。一种股票或者一种证券组合的标准差越大，其风险也就越大；相反，标准差越小，风险也就越小。证券投资风险的大小随证券种类不同而变化。例如，国库券的风险远比股票要小，如果一位投资者购买了收益率为15%的二年期国库券并一直持有到兑现之时，那么该投资者承受的风险极小，可以稳获其预期的15%收益。倘若其持有的证券为股票，则风险大多了。

3. 组合投资与降低风险

证券组合理论说明投资者如何通过证券组合从而达到减少风险的目的。该理论核心是：通过多样化投资，投资者可以降低其风险。现举一简单例子进行说明，假设有两家上市股份公司，第一家是经营海滩、网球场、高尔夫球场等娱乐设施的旅游公司，第二家是雨伞制造公司，气候影响着这两种行业的盈利。在阳光明媚的季节里，旅游公司生意兴隆而制伞公司则不景气；到了雨季，旅游公司大亏其本，而制伞公司的销售与利润大大增加。

现假设，雨天出现的概率为50%，晴天出现的概率也为这样，将资金全部用于购买制伞公司股票的投资者便会发现：大约有一半的时间他可以获取60%的收益，而在另一半的时间，他却要损失40%的收益，总体而言，他可获取10%的收益。将资金全部用于购买旅游公司股票的投资者的结果同样：大约有一半的时间他可获取60%的收益，而在另一半时间则要损失40%的收益，总体而言，他的总收益率仍为10%。但是，应当看到上述两家公司的任何一家投资风险都相当大。我们可以根据风险衡量公式来计算两家公司的风险程度：

（1）制伞公司的风险值。

$E(R_{伞}) = 0.6 \times 0.5 + (-0.4) \times 0.5 = 0.1$

$K_{伞} = 0.5 \times (0.6 - 0.1)^2 + 0.5 \times (-0.4 - 0.1)^2 = 0.25$

$\sigma_{伞} = 0.5$

（2）旅游公司的风险值。

$E(R_{旅}) = (-0.4) \times 0.5 + 0.6 \times 0.5 = 0.1$

$K_{旅} = 0.5 \times (-0.4 - 0.1)^2 + 0.5 \times (0.6 - 0.1)^2 = 0.25$

$\sigma_{旅} = 0.5$

上述计算表明，制伞公司和旅游公司股票的风险程度均为0.5。

现在假定，投资者并不将自己的资金都投入上述两家公司中的一家，而是将资金的一半用于购买制伞公司的股票，另一半用于购买旅游公司的股票。那么，无论晴雨，投资者都可稳获10%的收益。如在雨天，用于购买制伞公司股票的一半资金会带来60%的收益，而投资于旅游公司的另一半资金则损失40%，投资者的总收益率为10%。而在晴天，旅游公司使投资者受益，制伞公司使其赔本，但投资总收益率依然不变，仍为10%。

收益率 $R' = \frac{1}{2} \times 60\% - \frac{1}{3} \times 40\% = 10\%$

在阳光明媚季节，旅游公司则使投资者受益，雨伞制造公司使其赔本。但投资者总收益率不变，仍为 10%。此时，

$R_{(组合)} = 10\%$

$K_{(组合)} = 0.5 \times (0.1 - 0.1)^2 + 0.5 \times (0.1 - 0.1)^2 = 0$

$\sigma_{(组合)} = \sqrt{K} = 0$

可见，投资者通过同时购入两家公司的股票，在保持收益率不变的情况下，将风险大大降低。

上述例子表达了证券组合理论的核心思想：多样化，可以有效降低投资风险：如图 9－3 所示。

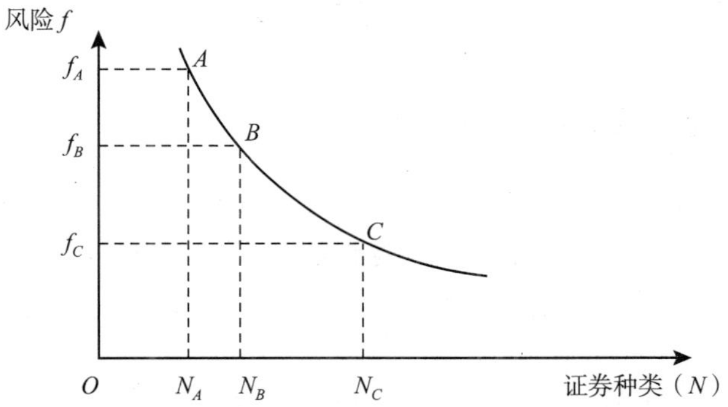

图 9－3 证券投资种类与风险大小

在 A 点，有 N_A 种证券，对应的风险为 f_A；在 B 点，有 N_B 种证券，对应的风险为 f_B；在 C 点，有 N_C 种证券，对应的风险为 f_C。$N_A > N_B > N_C$，而 $F_C < F_B < F_A$，即随着投资者所持证券种类的增多，其风险性也逐步下降。

4. 系统性风险与对策

通过证券组合可以有效降低甚至消除非系统性风险，例如，某公司由于新近发生一起火灾导致其股价暴跌，从而使投资者蒙受损失等。这类非系统性风险是可以通过多样化投资来消除的，因为不可能出现这类情况：手中持有 20 种股票，而这些股票所属的 20 家上市公司同时发生火灾。美国华尔街证券分析人士认为，当手中持有 20 种股票时，非系统性风险大体消除了。但是，系统风险却无法通过多样化来消除。对于系统性风险，最简便的方法是用 β 值来识别，某些股票及证券组合往往对市场动向非常敏感，另一些就比较稳定，这种市场动向的敏感性可以根据以往的纪录做出估计，它通常用希腊字母 β 来表示。通常，我们希望 β 值越小越好，如果有两种投资，其所得报酬几乎不相上下，而 β 值分别为 1.1 和 0.55，则前者风险为后者的一倍，在这种情况下，显然后者更有投资价值。因此，当面对两种表现相当接近的证券，我们应运用上述原则加以判

断，以选择最适合的投资，而不要只注重报酬而忽略了风险。

证券组合多样化能降低风险这一原理同样适用于国际证券市场。有关研究表明：由于他国经济与本国经济运行状况的不一致性，通过将他国证券引入证券组合之中能够更进一步降低系统风险。

总之，证券组合理论认为，在收益率既定的情况下，多样化的资产构成会减少风险，用一句形象的话做比喻："不要把你所有的鸡蛋放在一只篮子里。"可以说，投资多样化是在不确定条件下普遍适用的投资准则，它亦可以说明人们同时持有货币、债券以及其他多种资产现象的原因所在。最后，我们可以把证券组合理论归纳为：每一个经济单位都想追求最大的收益，却面对不确定的未来，为减少因不确定而可能带来的风险，必须分散其资产。可见，未来的不确定性乃是资产管理所面临的基本问题之一。

9.3 投资者的行为模式与心理过程分析

9.3.1 投资者投资行为的一般模式

投资是一种动态的心理与行为，投资行为的心理过程可以表示为：需要引发动机，动机引发行为，行为又指向一定的目标。这说明，人的行为都是由动机支配的，而动机则是由需要引起的，人的行为则是在某种动机的策动下为达到某个目标而进行的有目的的活动。

需要、动机、行为、目标，这四者之间的关系可以用图 9-4 表示。

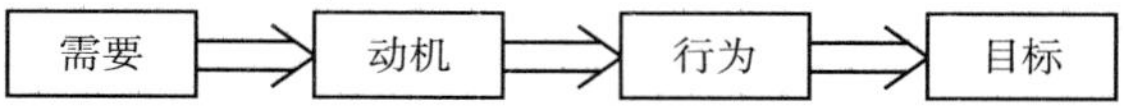

图 9-4　动机激发的心理过程

如果将图 9-4 改为图 9-5 形式，那么这即是典型的人类行为模式图。从心理学角度分析投资过程，实质就是三类变量之间的相互关系，这三类变量是指刺激变量、机体变量和反应变量。

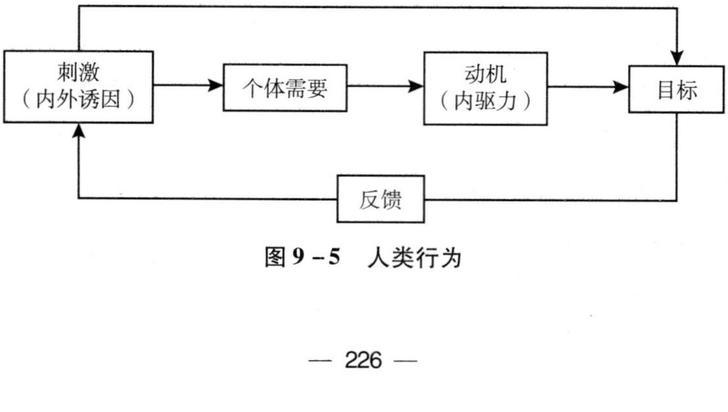

图 9-5　人类行为

刺激变量是指对有机体的反应发生影响的刺激条件，其中包括可以变化与控制的自然与社会环境刺激。投资的刺激变量大多是社会、经济的环境变量。机体变量是指有机体对反应有影响的特性，这些都是有机体本身具有的特性，诸如性格、动机、内驱力强度等。反应变量是指刺激变量和机体变量在行为上引起的变化。

据此分析，图9-5中的需要和动机都属于机体变化，行为属于反应变量，外界的目标则是刺激变量。个体的投资行为过程，实质上就是社会经济的环境刺激变量引起机体变量（需要、动机）产生持续不断的兴奋，从而引起投资行为反应，当投资目标达到后，经反馈又强化了刺激，如此周而复始，延续不断。

上述投资行为模式图在一定程度上反映了人类行为和心理活动的共同规律。因为心理学的研究证实了下述客观规律性：个体的意志行动开始于需要以及由需要而引起的动机。具体而言，个体受到刺激产生了需要，需要不满足时，个体呈焦虑状态，从而激发动机，通过行为实现目标，需要满足后焦虑得到平息，但又产生新的需要，进而激发新的动机，最后又推动新的行为，如此循环往复，以至无穷，使个体的心理水平达到更高的境界。

9.3.2 投资者的心理过程分析

俗话说："股市是一个心理的王国。"在股票市场上，为什么有人做得好，有人却做不好？为什么同样是犯了操作上的错误，有的人一错再错，有的人却因祸得福，反败为胜？为什么有的人越做越大胆，有的人却越做越胆小？……凡此种种，显然不是简单的所谓"运气好"所能解释的。大量的调查表明，投资者所犯的错误中70%是由心理因素引起的，心理因素成为影响我们投资行为的无形之手。

1. 投资者的投资动机分析

动机是指直接推动个体活动以达到一定目的的内部驱动力。个体的一切活动都是由一定的动机所引起，并指向一定的目标。动机是个体行为的动力，是引起人们活动的直接原因，它是一种内部刺激。动机这一概念包含以下含义：①动机是一种内部刺激，是个体行为的直接原因；②动机为个体行为提出目标；③动机为个体行为提供力量以达到其体内平衡；④动机使个体明确其行为的意义。可见，动机具有两方面的作用：①活动性。个体怀有某种动机之后，能对其行为产生推动作用，表现为对个体行为的发动、加强、维持与中止；②选择性。具有某种动机的个体，其行为总是指向某一目的而忽视其他方面，使其行为表现出明显的选择性。

可以说，每个投资者的投资动机是不完全相同的，它依赖于投资者的财务需要以及货币使用的道德观念。例如，有些投资者参与投资活动仅是为了积累财富；有些投资者是为子女的未来教育积累资金；还有些投资者是为退休生活作补充，以及完成其他方面的财务需要。个体投资者和团体投资者的投资动机往往也是不同的：个体投资者一般视投资为增加资产的手段，以便能够为自身增加资金的来源；团体投资者则是积累资金以更好地为其成员服务。

总之，在日趋发达的市场经济中，投资在各类经济活动中占有重要地位。随着市场经济的不断发展，投资的形式更趋多样化，投资的内容更具丰富性，投资的功能进一步多元化。例如，在证券市场中，投资者不但可以通过长期投资获取与其风险相应的收益，而且可以利用市场波动进行短期投资以赚取差价收益。当然，正是由于证券投资的形式多样化、功能多元化，必然使得投资动机也日益复杂化，归纳起来，个体投资者的投资动机主要有以下 10 种。

（1）资本增值动机。人们参与证券投资活动，最基本的动机就是获取股息或利息收入，以实现资本增值。仅持这一动机的行为属于投资行为，不具投机性质。投资者比较注重各种不同股票的股息差别，同时也注重股票的质量，以求稳定地获取较高的股息。

（2）投机动机。持有这种动机的投资者参加投资活动，其主要目的是为了从股票价格波动中获取差价收益，他们很少注重股息，因为在他们看来，股息和差价相比微不足道。这类投资者认为，为获取股息而买进股票，远不如在股票市场上快进快出赚取差价收益好，因此他们极为重视股票市场的供求关系和行情变化，将资金投放在价格波动幅度较大的股票上。他们频繁地买卖股票，愿意承担较大的风险以获取较高的收益。个别投资者甚至推波助澜，故意炒作股价，以牟取暴利。香港美丽华酒店的股票票面价位为每股 7 元港币，1982 年 1 ~ 11 月，该酒店股票每股最高市价 57 港币，为票面价值的 8 倍多；最低价格为 31 元港币，为票面价值的 4 倍多。而国内很多公司股票的价格曾经达到票面价格的几十倍甚至数百倍。可见，在股票面值与市场价格相差悬殊的情况下，名义派息率和实际派息率的偏离扩大，股息一般低于银行存款利率。这样，人们对于股票投资更多的是追求从股价变动中获取收益，而不是单纯追求股息收入。因而，在股票市场上持投机动机的人日益增多，投机已成为证券投资的一种普遍现象。当然，更多的则是两种动机兼备的投资者。

（3）灵活性动机。灵活性是指投资者在尽可能避免损失的条件下，将投资迅速转化为现金的能力。保留现金灵活性最大，但无法实现资本的增值；储蓄投资则收益率太低；房地产投资一般收益率较高，但将其转化成现金的成本太高，而且交易时间也较长，投资灵活性偏低。可见，证券投资能将灵活性与收益性融合起来，它既能迅速转化成现金，又能长期为投资者带来收益。因此，在确保资本增值的前提下，出于灵活性的考虑，投资者可以选择证券投资。

（4）参与决策动机。虽然就国内大投资者而言，参与决策的意识比较薄弱，但是也有少部分投资者确为参与公司的决策而购买其股票。当然，现代股份制经济的特征之一是股权的日趋分散，大企业拥有众多的股东，只有极少数的大股东才有参与实际决策的权力，多数股东无法真正参与决策。因此，我国广大股民参与公司决策的意识不强，而更注重了解“内幕消息”，以获取差价收益，这导致了投资者的角色错位。

（5）避险动机。投资者之所以参与证券投资，还有安全上的考虑，因为购买证券可以防止意外灾害或被盗造成的损失，使资本更有保障。此类投资者也重视投资收益率，他们认为把钱存入银行与购买证券安全程度基本相等。因为证券投资能提供更大收益，所以采取证券投资的方式更为有利。由于他们更注重安全考虑，在投资时多把资金投资于收益稳定的债券品种上。

（6）选择动机。边际效用递减规律在一般商品购买活动中表现为：尽管某种商品可能对消费者具有极大的吸引力，但是他不会把大量现金花费在同一种商品上，因为随着购买数量的增加，商品的效用会递减。同样，在证券购买活动中，边际效用递减规律也起着作用，投资者如果总是购买一种证券会感到乏味，而希望从多种证券的投资收益比较中获得平衡性满足。

（7）自我表现动机。这一动机的核心是自我炫耀，从而获得心理满足。社会上某些巨富以拥有巨额证券资产显示自身的富有和地位；一些自认为能力超群的人通过证券投资收益来显示自己的不凡；部分退休者及家庭妇女则期望通过从事证券投资以获得社会承认；而少数青少年参与证券投资以表明自己的成熟。

（8）好奇与挑战动机。有人从未买卖过证券，目睹他人买卖证券，自己也想体验一下；有人眼见他人炒股赚了钱，出于一种挑战心理，也开始买卖证券，还想比他人赚得更多。具有这种动机的投资者，一般缺乏必要的技术和心理准备，因而投资较具冲动性，并且不够稳定。

（9）习惯动机。这类投资者曾长期从事证券投资活动，已经形成习惯，证券投资成为他们生活中必不可少的内容，可谓“一日不炒股，则坐卧不宁”。这类超出常规的证券投资活动，一般属于不理智投资行为。

（10）避税动机。避税动机是指高税阶层的投资者为逃避收益纳税而选择收益免税的证券进行投资的心理倾向。例如，他们选择利息免税的市政债券进行投资，或者选择能源交通建设方面的证券投资，后者可为投资者提供税收保护。

综上所述，投资者的动机是复杂多变的，而获取收益则是最基本和最主要的动机。

2. 股市中的知觉选择性

在日常生活中，作用于我们感觉器官的客观事物多种多样，但在一定时间内，人总是选择少数事物作为知觉的对象，这就是知觉的选择性。此时，被知觉的对象好似从环境中突显出来，显得格外清晰，其他事物则成为知觉的背景，而对象和背景在一定条件下是可以相互转换的。

在股票市场上，当人们讨论沪深两地股市时，常可听到这样的议论：一说沪股市盈率偏高，上市公司业绩不如深股，因此投资深股风险小；但又说深股盘子太大，不如沪股盘小稳定，因此投资沪股风险小。这就是股民的知觉选择性所引发的视觉双关效应，当投资者选择不同的股票作为观察背景，以不同的因素作为知觉对象，就会得出不同的认知结果。

不同的股票有不同的特征，同一股票又有不同的侧面，当它们同处一个市场，就会产生互为背景、互相映照的效应。高价股衬托出低价股股价低廉，大盘股衬托出小盘股的盘小特点，绩差股衬托出绩优股业绩之优，而绩优股股价的居高不下又使人感到绩差股虽劣，但却价廉，低价吸纳也蛮实惠，如此相互映照的结果使投资者感到各种股票都各有所长，各具题材，都有投资价值。

尽管不同投资者会因自身条件与习惯偏好，选择不同的观察背景和知觉重点，造成认知结果上的差异：新入市者一般以股价为知觉重点，会感到绩优股价高风险，绩差股价低保险，然而，股市老手则更注重股少易炒的小盘股。但是，股民人群的这种知觉选择始终是双向的，有人这样认知，有人则那样认知，这一视觉双关效应，使得个股以他股的“短处”来衬托自身的“长处”，又以自身的“短处”去反衬他股的“长处”，从而使众股的短处都得到了弥补，形成互相帮助、互相支持的局面。因此，知觉选择性所引发的视觉双关效应的存在是股市能否稳定发展、减少震荡的重要条件之一。

正确认识股市中的视觉双关效应，对判断股市状况具有重要的现实意义。因为再盲目的投资者在决定投资方向时，总要依据一定的背景进行观察思考，一旦投资者感到投资没了方向或目标，是因为其股市图像已经紊乱，视觉双关效应丧失所致。

3. 股价错觉

错觉是指个体对于客观事物不正确的知觉，它是客观事物刺激作用下产生的一种对刺激的主观歪曲的知觉。

在股市中，即使是再理性的投资者，也会产生时强时弱的错觉，其中，最明显的莫过于股价错觉。例如，10 元面值的股票卖 200 元与 1 元面值的股票卖 20 元。前者股价似乎更高，这就是股价错觉。这种错觉使得同样已达面值 20 倍的股票，后者有一种虚幻的安全感，而前者却使人望而生畏。

股价错觉的产生与人们日常生活经验息息相关，我们在日常生活中遇到的商品价格总是与某一具体计量单位的多少联系在一起，这种联系经长期强化，就形成了条件反射，股价同样也不例外。上市公司拆股的原因之一正是为了最大限度地降低股价错觉。股价错觉可分为以下三类。

（1）股价绝对值错觉。10 元一股与 20 元一股，哪只股票价格更贵？一般人都认为是后者，这就是对股价绝对值的错觉。只要冷静分析，我们就会发现有的个股虽然 20 元一股甚至更高，但是业绩优，极具上升空间，是绩优股；相反，有的个股虽然 10 元一股，却是绩差股，缺乏市场题材，是垃圾股。所以，注重股票的内在价值比外在价格更为重要。

（2）股价相对值错觉。在下跌行情中，甲股下跌 40%，乙股下跌 20%，哪只股票价格更高？一般人会认为乙股相对值较高，这又是一种价格错觉，即股价相对值错觉。

通常，股价跌幅深浅有其内在规律与原因，跌幅较深的个股往往是原先股价太高，而跌幅较浅的个股则说明原先股价比较合理，该股下挫是大势拖累所致，一旦大势趋稳回升，这样的个股更容易轻松破位，再创新高。可见，股票和商品一样，价格是次要因素，关键要看是否物有所值。

（3）股价动态错觉。当股票处于数元价位时，每上涨1元，都会让人怦然心动。一旦冲破10元价位后，即使股价上涨速度不变，股价绝对值的增长没有减缓，但持股人却往往失去了原有的“心跳感”，而对涨势感觉麻木。

总之，错觉作为一种心理现象是客观存在的，所以对于一般的股价错觉不必太顾及，因为你有，其他人也会有，但是过于强烈的股价错觉则会使我们选错股，需要引起注意。

4. 股市记忆

记忆是指过去经验在人脑中的反映。人脑对感知过的事物、思考过的问题、体验过的情绪与练习过的动作，都可成为记忆的内容。例如，熟读一首诗就能把它背出来，便是通过记忆来实现的。

股市也有记忆，以前的股价走势会令人吃惊地重演，人们据此总结出股价运行模式，建立了一整套预测股价走势的方法和理论，这便是技术分析法。例如，以2015年股灾为例，数据显示，我国股市参与者中，个体投资者占70%的比例，各个年龄阶段的投资者都参与到了杠杆股市的追涨杀跌过程中。不仅如此，中小创股票也投入到股票的投机炒作之中。从2014年6月13日到2015年6月12日，中小板指数上涨152%，创业板指数上涨182%，而上证50指数和16只银行股只上涨了123%和95%；在2015年6月15日至7月8日股指集中下跌期间，中小板指、创业板指、沪深300、上证50、银行股分别下跌38%、39%、31%、22%和11%。此外，此前一年时间内，中小板、创业板股票平均市盈率分别由37倍、60倍猛增到93倍、151倍，异常波动发生后的三周时间内，又迅速降至51倍、83倍。全市场不到3000家上市公司，最严重的一天共有1717家公司跌停，1000多家公司停牌。中小板加创业板市值不足7万亿，占中国股票市场的市值比例为4%，而交易量的比重占到总市值的27%。相反，蓝筹股，即银行股、非银金融股以及中石油、中石化等少数绩优股在整个市场的市值占比为27%，交易量占比仅为4%，中国股市显示出明显的投机特征①。

可见，所谓股市记忆，即是股民记忆。被套割肉的股价会给股民留下深刻难忘的记忆，从而形成心理阻力位。然而，股市记忆具有时间性，随着时间流逝，旧的股市记忆会慢慢消退，取而代之的是新的股市记忆。因此，投资者既要总结过去，更要注重现在、展望未来。

可是，众多投资者虽然知道这一道理，但是事到临头却常沉湎于过去而不能自拔。如发现大势已变，涨势渐成，却无法摆脱熊市记忆；或者明知熊牛转换，大势已去，却跳不出牛市记忆。这固然与投资者的分析能力及其心理素质相关，但也与记忆表象的形象性、可观性与片断性等特点有关。因为人们最容易记住的恰恰是形象鲜明、感触深刻的成功与失败。因此，投资者要摆脱股市记忆的困扰，唯一有效的方法就是勤用手、勤

① http://www.guancha.cn/economy/2017_06_13_413091_1.shtml

动脑，留意分析每一阶段股市行情变化的前因后果，把注意力集中在今天，把目光投向明天。

5. 股市情绪

情绪是人类心理生活的一个重要方面，它是人类对客观事物是否符合自身需要而产生的主观内心体验。

人具有自己的主观世界，当外界事物作用于个体时，个体对待事物就会有一定的态度。个体根据是否符合自身的主观需要可能采取肯定的态度，也可能采取否定的态度。当他采取肯定的态度时，就会产生爱、满意、愉快、尊敬等正面体验；而当他采取否定的态度时，就会产生憎恨、不满、痛苦、忧愁、愤怒、恐惧、羞耻和悔恨等负面体验。无论对客观事物持肯定或否定的态度，都是个体的情绪体验。在股市中，最难控制的是股民自身的情绪。

股市具有自身的周期性特征，即股价指数的起伏波动，低价—高价—低价—高价，如此往复。这种股价指数的有节律波动，反映出投资者的情绪状态，即悲观或是乐观。一旦大多数投资者出现悲观情绪，空方占优，股指下挫，股票市场就进入熊市；反之，当投资者的情绪乐观，多方占优，股票市场就进入牛市（见图9－6）。

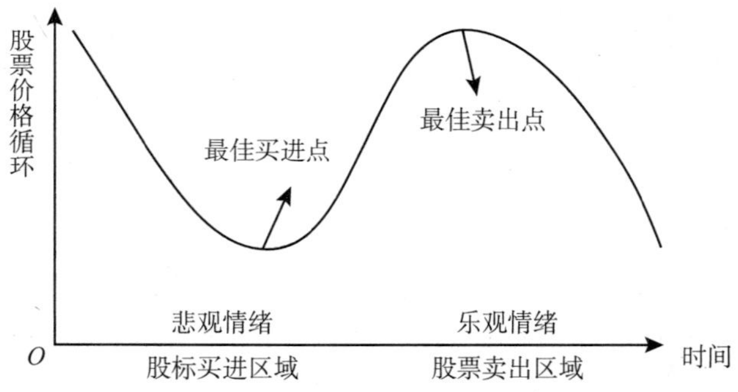

图9－6　股价周期与股民情绪

心理定势是指个体对于某种积极性的准备状态因素（主观需要和客观情境）制约的心理动力状态。在重复情境的条件下，当个体的需要总能得到满足时，由需要所引发的个体行为就会得到巩固，于是便形成心理定势。心理定势作为个体心理活动的一种准备状态，它影响着解决问题时的倾向性，这一倾向性有时有助于问题的解决，有时又会妨碍问题的解决。

在股市中，当投资者刚入市时，既缺乏投资经验，更没有心理定势，因而能随着行情变化作出不同的判断。随着实践的深入，投资经验经反复印证、强化之后，投资者就形成股市心理定势。

股市心理定势在使投资者的思维与行动达到高度自动化的同时，也会使其思维模式固定化、单一化和机械化，因此，它会影响投资者对股市行情的主观判断。例如，有的投资者习惯根据消息来判断股市行情，有的投资者倾向于按成交量来推测涨跌变化等。然而，一旦心理定势失灵之后，就容易造成投资者心态失衡，以至对明明正确的经验也会产生怀疑与动摇，使投资决策者一错再错。

不同的投资者会有不同的股市心理定势，但是在股市长期高走或长期低走之后，投资者总体心理定势就是好了更好，坏了更坏。这一心理定势的存在，使股价不易出现一旦看好就直线飙升、一旦看淡就下跌不止的情况，所以，心态成熟的投资者可以有效地利用它，趁多数人还未认清大势之前，及时调整投资策略。当然，其前提是自己不能为股市心理定势所困，而应经常观察股市变化，积累新的经验，拓展新的认识。

6. 股市情结

情结是指一组与许多因素相联系的复合情绪。著名人格心理学家荣格认为，情结是一种伴随着强烈情绪变化的思想或观念，由于个体情绪的变化，使保持在个体潜意识中的情结会对其行为产生重要影响。股市情结则是投资者不能摆脱过去而沉溺于某种心理体验的产物。在股市中，形形色色的“情结”是不胜枚举的，具体有以下三类。

（1）迟到情结。人们事先没想到要入市，或即使想到，但由于各种主客观原因，而未付诸行动，一旦牛市起来，看到别人赚钱后，就难免产生迟到的悔意。对此，心态健康的个体会做到知错就改，力争亡羊补牢。而另有一些人则沉溺于迟到情结，痛苦不能自拔。股指每升一步，就懊恼一声“晚了”，股指越上涨，悔意就越强烈，以至心结越绕越紧，无法解脱。如果有人劝其入市，他会说：“晚了，现在再搞已经晚了。”迟到情结就是这样，让人不能正确面对，时间就这样分分秒秒地流逝，机会就这样一次又一次失去。其实，参与投资永远不会迟，因为股市中只有被淘汰者而没有迟到者。

（2）错卖情结。投资者因一时不慎而做空踏空，这在股市中本是很正常的，但有些投资者却因此耿耿于怀，形成“错卖情结”，让懊恼绑住自己的手脚。例如，某位投资者在某股票 14.60 元价位时卖出，后来该股不跌反涨，他果断地以 15.80 元的价位补进，有人说他傻，他一笑了之。结果，不出几天该股大涨。显然，该投资者正是由于克服了错卖情结，战胜了人性弱点，才赢得了市场丰厚的回报。

（3）恋股情结。当投资者在某股中盈过利，就会对该股抱有好感，以至于当股性已变，市场中有了更优的股票可供选择时，也往往视而不见，正所谓“情人眼里出西施”；相反，在某股中亏损过，便会对该股抱有成见，即使明知目前购入该股不失为明智之举，也会舍弃不买，可谓“一朝被蛇咬，十年怕井绳”。

总之，股市情结是投资者心理素质不良的表现，一个“情结”就仿佛是一个套子，种种套子便将投资者束缚了。股市中有人越做越顺，是因为他们善于自我解套，而有人越做越背，是因为他们“心有千千结”。俗话说：解铃还得系铃人，战胜自我、超越过去，则是解铃的唯一办法。

9.4　金融投资中的认知与行为偏差

作为普通人的投资者既是理性的，也是非理性的，他们的判断与决策过程不由自主地受到认知过程、情绪过程、意志过程等各种心理因素的影响，以至陷入认知陷阱，从而导致金融市场中较为普遍的认知与行为偏差。投资者的认知与行为偏差大致有以下几种类型。

9.4.1　过度自信的认知偏差

人们往往过于相信自己的判断能力，高估自己成功的机会，把成功归功于自己的能力，而低估运气和机会在其中的作用，这种认知偏差称为“过度自信”（over confidence）。过度自信是投资者典型而普遍存在的认知偏差。过度自信在牛市的顶峰达到它的最高点，而在熊市的底端达到最低点。牛市往往导致了更多的过度自信。

人们在获得收益之后倾向于接受他们以前通常不接受的赌博，而遭受损失之后，他们会拒绝以前通常接受的赌博，这种现象称为“赌场资金效应”（house money effect）。过长的牛市可能会引起赌场资金效应，即获得收益者会提高赌注的愿望。因为巨大收益使投资者有更多的资金进行更大的投资活动，这时变得不再回避风险。

投资者的过度自信对他们正确处理信息有直接与间接两个方面的影响。直接影响是，过度自信时投资者会过分依赖自己收集到的信息而轻视公司会计报表的信息。间接影响是过度自信会使投资者在过滤各种信息时，注重那些能够增强他们自信心的信息而忽视那些伤害他们自信的信息。例如，很多投资者不愿意卖出已经发生亏损的股票，卖出的话等于承认自己决策失误，并伤害自己的自信心。

生活中适度地过度自信是有利的，但证券中的过度自信是危险的。投资者过度自信的特性却较好地解释了证券交易量变化的困惑，这是因为过度自信导致大量盲目性交易的产生。事实上，过度自信在投资中会频繁交易，回报率反而会降低。

9.4.2　信息反应的认知偏差

1. 过度反应与反应不足

股市中对信息存在“过度反应”（over reaction）和“反应不足”（under-reaction）两种现象。如果近期的收益朝相反的方向转变，投资者会错误地相信公司是处于均值回归状态，并且会对近期的消息反应不足。如果投资者得到收益增长的信息，那么他们会倾向于得出结论：公司正处于一种增长的状态，并且会导致过度反应的推理趋势。这些投资者在市场上升时变得过于乐观而在市场下降时变得过于悲观。

过度交易并过度反应会使长期业绩受到损害。投资者对难以处理或难以获取的信息反应不足。总之，过度自信导致投资者夸大自己对股票价值判断的准确性；自我归因偏差则使他们低估关于股票价值的公开信息。对个人信息的过度反应和对公共信息的反应不足都会导致股票回报的短期持续性和长期反转。

2. 动量效应与反转效应

动量效应（momenturn effect）是指在较短时间内表现好的股票将会持续其好的表现，而表现不好的股票也将持续具有不好的表现。

反转效应（reversal effect）是指在一段较长时间内，表现差的股票在其后一段时间内有强烈的趋势经历相当大的逆转，而在给定的一段时间内，最佳股票则倾向于在其后的时间内出现差的表现。

动量效应和反转效应产生的根源仍然在于投资者对于信息的反应不足与过度反应。例如，当公司公布收益上升的消息后，股票价格首先在短期内表现出持续上升的走势，随后在长期又出现反转走势。显然，这是由于前期投资者对新信息反应不足，过于保守，后期是由于投资者对新信息估价过高，出现过度反应。

3. 隔离效应

隔离效应（disjunction effect）是指人们愿意等待直到信息披露再作出决策的倾向，即使信息对决策并不重要，或即使他们在不考虑所披露的信息时也能做出同样的决策。隔离效应可以解释为什么有时在重要的公告发布之前．出现价格窄幅波动和交易量萎缩，而在公告发布之后会出现更大的波动或交易量的上升现象。

9.4.3 损失厌恶的认知与行为偏差

人们在面对收益和损失的决策时表现出不对称性。人们并非厌恶风险，而是厌恶损失，损失总是显得比收获更突出，感受更强烈。

损失厌恶（loss aversion）是指人们面对同样数量的收益和损失时，感到损失令他们产生更大的情绪影响。人们发现同量的损失带来的负效用为同量收益的正效用的2.5倍。

许多决策是在两种方案中选择：维持原状，或者接受一个新的方案。现状为参考水平，因为损失比盈利显得更让人难以忍受，所以决策者偏爱维持原状。

禀赋效应（endowment effect）也叫拥有效应，这是指人们不愿意放弃现状下的资产，因为放弃一项资产的痛苦程度大于得到一项资产的喜悦程度。禀赋效应告诉我们，同样一个东西如果是我们本来就拥有的，那么卖价会较高；如果我们本来就没有，那么我们愿意支付的价钱会较低。

在股票投资中，长期收益可能会周期性地被短期损失所打断，短视的投资者把股票市场视同赌场，过分强调潜在的短期损失。投资者把不愿意承受这种短期损失的现象称之为“短视的损失厌恶”（myopic loss aversion）。

总之，损失厌恶是指决策者倾向于把损失比收益看得要重些，损失带来的受伤害的感受约是收益带来的良好感受的程度的两倍多。短视的损失厌恶表明，即使长期投资的投资者，也要顾虑短期的收益和损失。损失厌恶表明，会有很大一部分投资者放弃股票投资的长期高回报率，而投资于具有稳定回报率的债券。

9.4.4 后悔厌恶

后悔厌恶（regret aversion）是指当人们做出错误的决策时，对自己的行为感到痛苦。为了避免后悔，人们常常做出一些非理性行为。如投资者趋向于等待一定的信息到来后，才做出决策，即便是这些信息对决策来讲并不重要，没有它们也能做出决策。人们对错误决定而自责的情绪就是后悔。后悔比受到损失更加痛苦，要为损失承担责任。

后悔理论认为，投资者通常会避免后悔。人们讨厌自己像个傻瓜，所以他们总是死守赔钱的股票，以拖延面对自己的错误，不愿把损失兑现，因而并不觉得后悔。因为害怕兑现损失就持有亏损股过长的时间，后悔厌恶是人性不可避免的弱点。

9.4.5 心理账户

人们根据资金的来源，资金的所在和资金的用途等因素对资金进行归类，这种现象被称为“心理账户”（mental counting）。心理账户的一个重要特征就是“狭窄框定”（narrow framing），即人们在对待个人赌局时有把它从其他资金分离的趋势。

心理账户可以解释，为什么投资者会同时购买保险和彩票这两种风险和期望收益完全矛盾的资产。对于股利之谜，即股东要求分红的现象，心理账户从投资者对投资收益的“资本账户”和“红利账户”两个局部账户，区别理解资本账户损失和红利账户损失，从而对股利之谜作出了解释。

9.4.6 时间偏好

人们倾向于推迟执行那些需要立即投入而报酬滞后的任务，而马上执行那些能立即带来报酬而投入滞后的事情。人们的时间不一致偏好，在经济各个领域中都有普遍的表现。这样的偏好对于消费和储蓄决策都很重要，因为当消费者的利益是及时可现的，而储蓄所允许增加的未来消费，在时间上是滞后的。人们有较高的现在消费倾向，这种情况下“自我控制”（self control）就显得十分重要。特别是对于习惯性商品的需求来讲更是如此，因为这种习惯性上瘾，意味着今天追求的消费愿望要在将来付出代价。

9.4.7 羊群行为的认知与行为偏差

金融市场中的“羊群行为”（herd behaviors）是一种特殊的非理性行为，它是指投资者在信息环境不确定的情况下，行为受到其他投资者的影响，模仿他人决策，或者过度依赖于舆论，而不考虑自己的信息的行为。

由于羊群行为涉及多个投资主体的相关性行为，对于市场的稳定性，效率有很大影响，也与金融危机有密切的关系。基金经理往往会推断，模仿并追随其他基金的买卖行为，以免自身业绩落后于市场指数或同行。由于在市场上存在羊群行为，许多机构投资者将在同一时间买卖相同股票，买卖压力将超过市场所能提供的流动性，从而导致股价的不连续性和大幅度波动，破坏了市场的稳定运行。

从上可见，投资过程反映投资者的心理过程，由于认知偏差、情绪偏差等各种偏差的存在，最终导致不同资产的定价偏差。这一偏差反过来影响投资者对这种资产的认识与判断，这一过程就是“反馈机制”。这种反馈环是形成整个股市中著名的牛市和熊市的因素。

9.4.8 判断与决策偏差

金融投资判断与决策中的认知偏差分为启发式偏差与框定偏差两大类。现分述如下。

1. 启发式偏差

启发式偏差中又分为代表性启发法、可得性启发法及锚定与调整启发法三种。错误的推理结果以心理偏差的形式表现出来，这就是所谓的启发式偏差（heuristic bias），它是指智力正常、教育良好的人却一贯做着错误的判断与决策。

（1）代表性启发法（representative heuristic）是指人们倾向于根据样本是否代表（或类似）总体来判断其出现的概率。代表性启发法的认识偏差是指，当证据明明是随机的时候，人们仍然倾向于发现其中的规律，并对此感到自信。例如，大多数投资人坚信“好公司”指有名堂的大公司就是“好股票”，这是一种代表启发性。这种认知偏差的产生是由于投资者误把“好公司”误同于“好股票”而忽视了好公司在好股票中所占的比例，即基础比率。一般情况下，代表性是一个有用的启发法，但它可能产生严重的偏差，其可能导致的错误可以分为六大类：对结果的先验概率的不敏感；对样本规模的不敏感；对偶然性的误解；对可预测性的不敏感；有效性幻觉；对均值回归的误解。

（2）可得性启发法是指，人们倾向于根据一个客体或事件在知觉或记忆中的可得性程度来评估其相对频率，容易知觉到的或回想起的被判定为更常出现。

由于依靠可得性启发法预测可能会导致以下偏差：由于例子的可获取性而导致的偏差；由于搜索效率而导致的偏差；意象偏差；虚幻的相互作用偏差。

（3）锚定与调整启发法。在判断过程中，人们最初得到的信息会产生锚定效应（anchoring effect），从而制约对事件的估计。人们通常以一个初始为开端进行估计和调整，以获得问题的解决答案。调整策略是指以最初的信息为参照来调整对事件的估计。调整通常是不充分的，不同的开始点会产生不同的估计，这就易于偏离其初始价值。

锚定导致的偏差可分为不充分调整与对联合和分离事件评估时的偏差。

2. 框定偏差

决策者并不是孤立地知觉和记忆素材，他们是根据过去的经验，以及素材发生的背景来解释新的信息的。背景或者说呈现和描述事物的方式是会影响我们的判断的，这就是“背景依赖”。

由于人们对事物的认知和判断过程中存在着对背景的依赖，那么，事物的表面形式会影响对事物本质的看法，事物的形式被用来描述决策问题时，常称之为框定（frame）。框定独立（framing dependence）指该形式与行为无关。许多框定不是透明的而是隐晦难懂的，当一个人通过不是透明的框定来看问题时，他的决定将在很大程度上决定于他所用的特殊的框定，这就是所谓的框定依赖。“框定偏差”（framing bias），它是指人们的判断与决策依赖于所面临的决策问题的形式，即尽管问题的本质相同，但因形式的不同也会导致人们做出不同的决策。

框定依赖说明了，人们在判断与决策中违背了预期效用理论中的“恒定性”原则。此外，人们偏好一种类型的框定，而不喜欢其他的类型，这种偏好称为乐观框定。

框定对选择的影响是与“损失厌恶”相关的，因为损失比收益更能引起人们的强烈感受。如果一个框定强调和某个选择相联系的损失，这个选择的吸引力就小；反之则大。

9.5 成功投资者的心理素质

9.5.1 心理素质的概念

我们几乎可以在任何一个地方看到“心理素质”，听到“心理素质”，谈到“心理素质”。但当人们细细品味时，似乎又说不出它的全部内涵。

心理素质到底是什么呢？心理素质是指人们应付、承受及调节各种心理压力的能力，并主要表现在人们的情绪及其行为的稳定性方面。它是个性心理特征在个体应付外界压力时的具体体现。

在日常生活中，人们经常承受和应付种种心理压力。现代社会，人们都面临着越来越重的心理负荷，这是人类无法摆脱的共同问题，只不过由于调节和承受力的强弱，所做出的应付表现不同罢了。在投资市场上，由于自身利益的息息相关以及投资市场的巨大的波动性，投资者往往经受着比日常生活中大几倍的压力。

在投资时，投资者的心理素质往往比资金的多少、证券的质地还重要，自信、乐观、开朗、镇定自如、沉着冷静、意存高远正是投资者良好心理素质的体现。

9.5.2 投资专家对心理素质的界定

关于成功的投资者需要具备什么样的心理品质，一些著名的投资专家结合自身的亲身体验，提出了一些很有价值的观点，以下仅列举两位投资专家的看法。

1. 沃伦·巴菲特（Warren Buffett）

沃伦·巴菲特是一个有传奇色彩的人。1956 年他将 100 美元投入股市，40 年间创造了超过了120亿美元的财富。他在投资领域成为无人能比的美国首富，被美国著名的基金管理人彼得·林奇誉为“历史上最优秀的投资者”，使全球各地的股票投资者都热衷于巴菲特的投资方法与投资理念。

就他的个人特点而言，他是一个非常知足的人，他热爱他所做的一切，喜欢与人相处，喜欢阅读大量的年报、季报和各类期刊。作为投资者，他制定了一系列纪律和规章。他有耐性和勇气，对任何事情总是充满了信心。他总是在寻找没有风险或风险很小的投资。他对简单数学计算持久热爱并精通概率。在高风险的保险及再保险行业里的长期经验培养了他超凡的心理承受能力。他列出自己的失败和错误记录，却从不做任何辩解。

他的自学精神和适应环境的能力极强，他曾经去听过卡耐基课程，他自己解释说，不是为了在演说的时候膝盖不发抖，而是要学会当膝盖正在发抖时，还能继续发表演说。

巴菲特认为，成功的投资者具有以下四项心理品质。

（1）在投资过程中，能时刻控制自己的贪婪和狂热。投资者一旦被过度的贪婪所控制，就会损害其投资动机。由于市场是由投资者所组成的，情绪比理性更为强烈，贪婪和惧怕常使股价在公司的实质价值附近震荡起伏。购买股票，不仅需要具备某些会计和数学的技巧，更需要投资者控制自己的情绪波动。

（2）有耐心。他认为，要买的是值得永久持有的公司股票，而不是因为这个股票价格将上扬。买进一家顶尖企业的股票然后长期持有，比起大部分投资者一天到晚在那些不那么样的股票里忙得焦头烂额绝对是容易得多。

（3）有信心。他认为，信心是投资成功的一个起码的条件。投资者的自信来自他的学识，而不是主观期望。巴菲特本人很擅长吸收别人的成功经验。他不仅潜心研究投资理论，而且还阅读大量的书籍，知识面很广，不断扩展自己的学识，常把别人的经验借来，加以创新，融入自己的想法。

（4）勇于承认错误。他认为，投资者不可能每一个预测和决策都很正确，每一个投资者都应该承认，市场中总有些事情是自己所不了解的。每一个成功的投资者都是谦虚、勇于承认自己错误的人。巴菲特本人就从来不会为自己的失误辩解，他会把每一次失误记录下来，以免再犯。

2. 约翰·奈夫

约翰·奈夫，他是“市盈率”的创始人。他经营温莎基金直到1988年，在经营的24年间，温莎基金的复利报酬率为14.3%，而标准普尔指数同期的增长为9.4%。在过去的二十多年里，他也经营着双子星基金，其投资报酬率也是市场的两倍。每年他经营的基金表现几乎都名列所有基金排名的前5%。这充分显示了他的理财能力。

他结合自身成功的经验，指出投资者要想成功，以下一些心理品质必不可少。

（1）信心。他认为，投资者盘算股票之前，应该对股市做出某些决策性的判断。如，自己有必要买股票吗？自己打算从股票投资中得到些什么呢？如果突然发生想象不到的股价暴跌，自己会有什么样的反应？事前就自己要达成的目标有无规划？

实际上，这些判断就是坚定股票投资的信心。如果犹豫不决，缺乏信心，你必将成为股市上的潜在牺牲品。他说："决定投资人命运的既不是股票市场，也不是各公司本身，而是投资人本人。"

（2）耐心。许多新股民投身股市一开好户，总迫不及待地想买进股票；既不考虑股市是否处于高风险，也不问股价是否偏高，等到股票一到手，就一心想着股价天天涨才痛快。如果股价不涨，甚至下跌，就方寸大乱，寝食难安。这样，多会失去耐心，急着卖出，转而追抢那些天天见涨的股票，可是等到自己手上不争气的股票一脱手，却急剧上涨起来，而刚刚换进的热门股又直线下跌。这时，后悔、失望、沮丧、冲动等不良的情绪就会产生。

奈夫告诉那些急功近利的投资者说："投资者投身于股市，最重要的是要有耐心，如果缺乏耐心，最好及时退出股市，否则失败的机会非常高。只要有耐心才能把握住赚钱的机会。"

（3）自制力。他说，见异思迁，这山望着那山高（作者注：其实质是心理学中所说的绿色草坪效应。即指在这个草坪觉得远处的草坪更绿，等到走过去发现原来也差不多），这是人的本性，却不是股市中的操作原则，所以他特别强调投资者要有自制力，要坚守自己的原则。

9.5.3 国外学者对成功者心理素质的探索

关于成功投资者的心理素质，国外的一些学者进行了一定的研究。

格雷厄姆在《聪明的投资者》一书中，首先便强调了投资者必须有"理智"，而他所说的"理智"是"有知识和理解能力"的意思，"所说的理智更多的是指性格上的特点而非脑力上的"。

他说："对于理性投资，精神态度比技巧更重要。""把资金投资于普通股带来严重的并发症和危险。这些不是普通股所固有的性质，而更多的是来自持有者向对股市时的态度和行为。"他还说在投资者的潜意识和性格里，存在着一种投机的冲动，而投资者应加以认识，并自我控制，使自己成为投资者而不是投机者。他还说明了耐心的作用。"在各种不同的时间周期"中，"最后总是证明耐心的持有者是正确的。"他还特别强调自我决断力的作用。他说："他不应盲从他的建议者，而应有自己的判断力。在其他证券操作中这也是必需的。"总之，在格雷厄姆看来，成功的投资者是具有良好的精神态度、强的自我控制力、耐力，强的独立判断力的。

约翰·特里恩（John Train）在《金钱的主人》（*The Money Masters*）一书中，反复强调在市场中获得成功没有什么秘诀，然而，对于成功的投资者来说有个显著的投资态度。他说，成功投资者"在关键的时刻会相当仔细地进行研究，甚至可以说是在显微镜底下进行研究。"他反对将成功投资者的成功归因于运气的做法。他说，某个正确的时机确实可以让一些投资者获利，然而，要长时间的保持这种情形则只能通过努力工作，大量的研究和一致的表现才能获得成功。

然而，努力工作与有效地工作是两码事。查尔斯·加非尔德通过采访几百名在体育、文艺、教育、商业领域内的成功人士，发现只知道活动的工作狂与对结果做出承诺的高手，在六个因素上存在显著差异：对一项职责的承诺、以现实的态度达到目标、自我控制管理、建立群体的作用、修正错误、善于应变。

凡·夏普（Van Tharp）曾对高成就者进行心理测试，以确定他们的成功是否与某些人格特质存在相关。他用同样的方法对一些成功的证券交易员做了研究。他从三个方面着手：决策过程、管理方式和心理特征。结果发现：在决策过程中，成功者对技术因素及市场有一个很好地理解，有能力独立思考并做出无偏见的选择；在管理方式中，控制风险与耐心是两个关键因素。成功的交易者的心理构成包括了：完整的个人生活、积极的人生态度、一种赚钱的动机、很少的内部冲突、敢于承担责任。此外，他还总结了失败的交易员的一些特征：紧张、悲观、内心常常人格冲突、喜欢怪罪他人、很少建立一套必须遵循的规则、纪律性不强。

9.5.4 国内学者对影响投资者成功的个体心理因素的研究

每个投资者都希望成功，但是有很多因素会影响股票投资的成功，那么到底是哪些因素呢？这些因素在多大程度上发生影响呢？对于影响投资成功的因素而言，基本可以从以下三个方面考虑：第一，个人投资主体的一般因素，包括年龄、学历、职业、性别、经济状况等。第二，个人投资者的心理因素，包括投资知识、经验、技巧等以及个性方面的性格、气质等。第三，社会经济环境因素，包括家庭环境、周围投资者的素质、市场环境、企业状况、国家经济状况以及社会心理因素等。

本书作者及其研究生彭星辉等曾对影响上海股票投资者成功的个体心理因素作了调查并做了因素分析，提出了 8 个因子，这 8 个因子对解释投资成功的累积贡献率为 68.2%。这 8 个因素依次为：

因子 1（F1）：才艺性或称股票知识、分析能力。包括股民对股票知识的掌握，能够把握国内外经济状况、政策的能力，同时能对上市公司进行财务分析等方面的能力。

因子 2（F2）：决策的果断性。高分者表现为行为果断、开朗、活泼、快乐、冲动，低分者表现为过于谨慎，优柔寡断，不易下决心，不开朗。成功投资者有高的果断性，表现为在投资过程中有自信心，适应能力强，灵活，决策果断，而不是畏首畏尾，优柔寡断，计较蝇头小利。

因子 3（F3）：性格倾向。它包括思维外向性与社会外向性两个方面。思维外向性高分者表现为不爱沉思默想、无忧无虑、漫不经心，乐观、随和、爱交际、思维深度不够；低分者表现为常把小事放在心上，悲观、爱思考、行动不活泼。股民的思维外向性反映了股民思维的深度、对自己评价的标准，以及投资过程中是否小心谨慎，凭感觉购买股票。社会外向性高分表现为外向、喜欢交往、社交活动多；而低分者表现为不爱交际、喜欢独处、缺乏自信。在股民身上的社会外向性表现为投资中的社会活动状况、风险意识和工作效率等。

因子4（F4）：信息的敏感性。指股民能冷静、客观地判断行情，进行技术分析的能力，对股票行情的变化有敏锐的反应和判断能力。

因子5（F5）：冒险性，或称风险意识。指股民甘冒风险的程度，是追求大利，还是保本，只要赚些钱就行的个性品质。

因子6（F6）：自信心。是指投资者是否盲目跟风，跟大势走，还是独立自主按自己原来的心理价位操作，在流言面前自主力强的股民有识别真伪的能力。理智的投资者具有客观性、周密性和可控性的特点。

因子7（F7）：心理承受力。是指股民在股价暴涨暴跌，或重大经济、政治消息面前的心理适应和反应能力。成功的投资者往往偏向有很强的个人自主力、自信心、乐观、开朗、办事果断，能准确判断股价走势，反应敏锐，有较强的风险意识和成熟的心理承受能力。

因子8（F8）：社会经济环境。社会环境因素包括家庭情况和社会心理谣言的影响。良好的社会环境是创造股民优异绩效的必要条件。投资受益者往往是那些家庭经济情况较好，家人给予支持态度的、并且周围股民又普遍素质较高的人；相反，那些做亏的股民，往往受到社会环境因素的反面影响，并不宽裕的家庭经济条件，家人反对，周围股民素质低下等。

在调查中，股民自己对投资成功或失败的原因分析时，除了自身原因外，83%的股民提到了社会因素的作用。影响股民投资成功的社会因素中，还有单位同事对本人投资的看法、领导的意见（不闻不问或阻止）、亲属对投资绩效的心理期望等。

在社会环境因素中，谣言是一个不可忽视的因素，35.3%的股民把投资失败的原因归结于轻信“小道消息”。他们认为，随着我国股市的发展，股民人数剧增，成分也越来越复杂，谣言的传播网络纵横交错。一些机构、大户常常采取行动，利用谣言有意哄抬或打压股价，以致造成追涨或抛售风潮，给中小散户造成损失。所以在谣言面前，投资者应冷静分析，静观时机，切不可盲目轻信谣言。管理部门也应加强市场管理。

成功者与失败者在这8个因素上的比较见表9－3。

表9－3　成功投资者与失败投资者个性品质等的比较

个性品质	成功者（$n=103$）	失败者（$n=113$）	F值
	均值	均值	
1. 股票知识分析能力	8.82	6.89	9.22**
2. 决策果断性	6.74	6.13	4.23**
3. 性格倾向	6.84	6.21	1.28
4. 信息敏感性	6.57	5.66	4.16*
5. 冒险性	6.67	5.45	4.42*
6. 自信心	8.45	7.53	5.45*

续表

个性品质	成功者（$n=103$）	失败者（$n=113$）	F 值
	均值	均值	
7. 心理承受力	8.72	8.37	3.23
8. 社会经济环境	9.31	8.14	8.76 **

注：* 表示 P 值小于 0.05，** 表示 P 值小于 0.01。

研究的结论是：成功投资者在所有项目上的平均分比失败者都高，两者在性格倾向性和心理承受能力方面没有显著性差异，在股票知识分析能力、决策果断性、信息敏感性、自信心、冒险性等五个方面都存在显著差异，最后，成功投资者比失败投资者有着更好的社会经济环境。

9.5.5 投资者必备的心理素质

在投资市场上，真正的敌人是自己。要战胜自己，就必须不断地培养和锻炼自己的心理素质。在介绍了有关成功投资者心理素质的研究以后，我们可以对一般投资者应具备的一些心理素质做些总结。以便于投资者有意识地去培养和锻炼自己的心理素质，为成功创造条件。一般来说，一般投资者要取得成功，必须具备以下一些心理素质。

1. 独立判断力

心理学原理告诉我们，人们的判断决定了他对事物的认识、情感和意向的行为倾向，而判断能力依赖于人的经验、知识、阅历等因素。在投资市场中，人们往往从各自的利益出发，对投资市场的走势议论纷纷，仁者见仁、智者见智，其中也不乏那些投资大户有意释放的“烟雾弹”。在投资市场上常常吃亏的是那些听信别人的传言，盲目跟进，没有自己的主见的投资者。投资者不要只依赖所谓内行人士的劝告，而应该相信自己的判断。正如格雷厄姆所说的：“理性投资者有必要的资料使自己确信该投资是正确的、有吸引力的；他不应盲从他的建议者，而应有自己的判断力”。

独立的判断力是来源于投资者的自信。自信心对于任何人来讲，都是一笔巨大的财富，它对一个人事业的成功和心理素质的发展有着不可估量的作用。它是多方面心理素质中具有决定性的因素。投资是一项具有高度技巧性的行为，自信对于每一个投资者来说尤为重要。投资者不要被周围环境所左右，要有自己的分析与判断，决不可人云亦云、随波逐流。为此，要做到：

第一，经常给自己打气，要肯定与鼓励自己“你是最值得信赖的人”。证券投资市场的机会是“波动是永恒的真理，把握投资最终要靠自己”。

第二，投资一定要自己判断、研究行情，不可因为未证实的流言而改变决心。可买时买、应卖时卖、须止时止。

第三，不想做委托买卖证券时，应远离市场，每天去投资市场探听行情，容易受市场气氛及谣言的影响而做出错误的决策。

当然，投资者的自信应是建立在一定的投资交易经验和个人能力基础之上的。否则，投资者没有根据的作出判断、决策，并且固执己见，那只意味着蛮力，并不是有自信心的表现。

2. 耐心

不少投资大师都提到耐心对投资者而言非常重要。市场行情的升降起落，并非一朝一夕就能完成的。多头市场的形成如此，空头市场的形成也这样。当市场的主要趋势没有形成之前，投资者不轻举妄动，不能朝三暮四，不应为一点点小利而乱大谋。有人说，忍耐本身就是资本，这一点都不假。投资的收益，很大程度上正是忍耐等待的报酬。在投资中，除非投资者的判断恰到好处，且运气极佳，否则是很少能立刻获利的。因此，不论是持股待涨，还是打算在股价下跌后买进，投资者都必须经历一段忍耐、等待的时间。对于长期投资者而言，要想取得预期收益，更是需要忍耐功夫。

了解自己的需要是保持投资者耐心的一个条件。绝大多数人投资的主要目的是获利，但纯粹以获利为目的的投资者却很难在市场中站稳脚跟。因为纯粹以获利为目的的投资目标极易使人失去理性。在投资界，不乏见利就追的急躁冒进者，他们往往劳神费力，却一无所获，或者陷入市场的陷阱之中而不能自拔。另外有些人则并不因为一时的得失而动摇，看起来轻轻松松，却往往能在市场中获利。

磨炼自己的耐心，主要是要克制自己的情绪冲动。耐心，也意味着情绪不为股票的波动而波动。随着现代通信技术的发展，人们可以十分方便地随时了解股票行情。每时每刻投资者都可以知道自己投资的价值是多少，看到价格上涨，自然高兴，看到价格下跌，又很沮丧，这样持续不断地贴近价格机制常使投资者变得十分情绪化。因而，特别要求投资者能具有大局观，不要为一时的波动所迷惑。投资市场价格变化迅速，它是投资者耐心的实验场。有些经历了短线操作而下定决心要做长期投资的投资者，一旦股价又开始下跌，他的决心便又面临严峻的考验。当熊市真的来临时，投资者担心股票价格会跌得一钱不值，于是决定抛售股票，即使赔本也在所不惜。他们内心里有一个声音，拿回一部分总比输光要好。他们忘掉了自己曾要做一个长期投资者的誓言，成了股市情绪波动的奴隶。事实上，证券投资获胜的秘诀只有一条：买进有能力盈利的企业的股票，在没有极好的理由时不要抛掉。

投资者的耐心是千百次成败得失中修炼出来的，也是理性判断和实战经验的结果。要有耐心必须做到以下几点：心态稳定，不要患得患失；独立判断，相信自己；具有长期大局观，不要贪小利忘大利；了解人性与股性。

长期耐心的投资意味着获利。在美国，你在 1925 年投入 1 美元购买小公司股票，至 1995 年底可获利 3821. 40 元，若购买大公司股票也增值至 113. 92 元。虽然经历了 1929 年的大萧条和 1973 ~ 1974 年的股灾以及 1987 年的股灾，但这些对最终收益并没有影响。“时间在股市中会创造奇迹”，投资大师彼得·林奇建议说，“最好的选择是把尽可能多的钱拿来买股票，然后任凭它在股市里沉浮。在股市跌的日子里你会承受痛苦，但只要你不抛售股票你就不会真正的损失。”“最后，总是证明耐心的持有者是正确的。”

3. 良好的期望心理

心理学中的期望理论认为：期望是指一个人根据以往的经验来确定在一定时期里希望达到的目标的一种心理活动。它是一种事先估计。如果结果小于期望值，人会产生大失所望的心理，信心也会遭到打击。如果结果大于期望值，人会产生出乎意料的心理，自信心也会增强。

在投资中，每个投资者都希望盈利，在投入市场之前，许多人也有自己的一个预期。投资者切忌有过高的不切实际的期望值，否则，往往会使投资者变得贪心、失去理性，若失败了，更会打击投资者的信心。投资者的预期不能过高，也不宜过低。

在投资市场中，有两类投资者：一类是过高预期者。在行情看涨的股市中，他们往往期望在最高价位时抛出；反之，在跌势中，他们又希望在最低价位收进。可是，在涨势回跌中，想抛售已无人问津，而在跌势反弹中，想买已买不进。因此，股市中有一句名言：“空头多头都能赚钱。唯有贪心不能赚钱。”另一类投资者则预期过低。他们往往是经过熊市的打击，由熊市过来的投资者在牛市来临时，心里又特别紧张，生怕熊市再次来临。所以，当股票刚刚涨一些时，就马上抛掉，后来该股票可能涨过当时的几倍，这时投资者又开始懊悔了。信心又变得盲目强大起来，大胆跟进，结果又往往在高位套牢。因此，投资者一定要有适当的期望值。每经历一次熊市或牛市后和进行新的投资时，都应客观地评价自己的期望值。良好的心理预期有利于克服贪婪与恐惧这两大人性弱点。

4. 思路敏捷、行为果断

投资者切忌患得患失、抑郁浮躁。心理学认为：以理智来衡量一切并支配行动，独立思考，不易受干扰，临阵不慌是理智与独立型气质；而患得患失，抑郁浮躁，紧急情况下易慌乱则是抑郁顺从型气质。在证券交易中，前者的心理素质是适宜的，而后者是不适宜的。投资思路敏捷是要对国家的宏观经济有一个清晰的认识，善于捕捉各种细微的动态变化和各种信息；而行为果断则要求卖出时动作要快，买进时不妨多斟酌、多分析，把握良机。这些在很大程度上取决于投资者是否具备两个基本素质：理智和果断。

理智投资是建立在对股票的客观认识上，经过分析比较后再采取行动。理智投资具有客观性、周密性和可控性等特点。在股票投资中绝对不能感情用事。投资者既需要有关股票投资的知识和经验，又必须具有理智和耐心，善于控制自己的情绪，不要过多地受各种传言的影响。应在对各种资料、行情走势的客观认识的基础上，经过细心比较、研究，再决定投资对象并且入市操作。这样既可避开许多不必要的风险，少做一些错误决策，又能增加投资获利的机会。有不少人，在市场发生变动时，受网络报纸、广播以及周围其他投资者的影响，不对各种股票行情涨落因果或趋势进行仔细的分析，只是心血来潮，感情用事，在冲动之下进行投资决策，结果导致本来可以避免的失败。也有一些缺乏经验的投资者，当看到所欲购买的股票价格略有上涨时，就急不可耐，唯恐买不到该种股票，匆匆进行市场价格购进的委托，结果很可能是高价购进该种股票。

果断是相对优柔寡断而言的。由于市场中的机会往往转瞬即逝，投资者如果不能及时抓住时机，等待他的不是懊悔就是亏损。当你发现了投资的好时机时，果断就成了投资成败的关键。看准时机果断入市买卖，成功就属于你；相反，虽然你发现了极佳的买卖时机，却瞻前顾后，就有可能错过入市良机。当然，理智是果断的基础，没有理智的果断是武断，是盲人摸象，对投资有百害而无一利。

5. 精力充沛、性格坚毅

要成为成功的投资者，除了要知道投资既能让人赚钱也能让人蚀本的道理，还要明确并不是所有人都能直接从事投资这一行当的。因为一个人能成为投资专家，需要取决于他是否有足够的精力花在股市分析和技术的提高上以及他是否有坚强的性格。

就证券投资者而言，大量的证券交易都是在正规的证券交易所进行的，而交易所的交易活动是有规定时间的。如果进行长期投资，时间因素看起来似乎不成问题。但如果是进行短期投资，时间因素就十分重要了。职业股票投资者当然有充裕的时间去买卖股票，但大部分投资者，他们有自己的本职工作。想买卖股票时，也许正是工作繁忙之时，因此，在工作时买卖股票，总难一心二用，不可能抓住最恰当的时机进行最佳投资，这就是说兼职的投资于短期股票是很困难的。现在之所以越来越多的家庭妇女和退休者步入股票市场，一个重要原因就是他们有进行股票投资的时间。所以，要想亲自进行股票的买卖，就必须考虑是否有足够的时间花在上面。

光有充裕的时间，而没有必要的证券投资能力，也不足以成为成功的投资者。每个投资者都应当不断培养自己的投资能力，而知识和经验则是投资能力的基础。

掌握证券市场及其投资的知识是从事证券投资的重要条件，没有知识的投资者，必定是盲目的投资者。一个投资者要想全面系统掌握投资市场知识，是要下番苦功夫的。投资知识与技巧的获得无外乎两条途径：一是通过向书本或向别人请教间接经验；二是通过自己的实战获得直接经验。投资经验包括了成功的和失败的经验，两者都很重要。对于初入投资之门的人而言，难免会有失败，关键是要不断总结和积累经验，避免犯同样的错误。

投资者坚持不懈的性格也很重要。坚持不懈不仅是指在日常生活中向自己的目标前进时的坚持不懈，而且也指投资者在投资时一定要执着专一、坚守自己的准则。每一位投资大师都有自己的准则，没有缺乏决断力的、随时或随市场状况经常变化的投资方法。大师们的投资哲学可能是长期逐渐形成的，但他们绝不摇摆不定。这就像职业投球手总是击中同一个门柱一样。他们只练习一个动作，这就像一个棒球投球手只使用一种投球方式一样，球总是沿同一种方式掷出，为了击中球柱，他们所做的只是移动站立的位置和球的运行轨道的出发点。这便是准则，这便是专一集中。

6. 自我管理能力

自我管理能力是指投资者在进行投资活动的过程中，将自己正在进行的投资活动作为意识对象，不断地对其进行积极而自觉的监视、控制和调节的能力，包括制订投资计划的能力、实际控制的能力、检查结果的能力、合理归因的能力、采取补救措施的能力等等。它统摄整个投资过程，辐射以上所述的各种心理品质，是投资者最应培养的一种能力。

“凡事预则立，不预则废。”投资亦是如此。投资者在进行投资前，首先就必须确定自己的投资目标、选择自己的投资理念、确定自己的投资计划。在确定自己的投资目标时，应考虑自己投入市场的目的是什么，是保值还是为了增值。了解自己的目的之后，必须考虑投资工具的流通性、收益性以及成长性。流通性意味着投资者是否可以方便进出；收益性的高低也要依投资者自身的财经需求和其他情况来定；由于成长性与风险相连，投资者还应考虑自己承担风险的能力。确立了投资目标之后，就必须确定自己的投资理念，亦即自己信奉什么样的投资哲学。投资者抱有什么样的投资理念，往往决定了他在市场中将采取的立场以及具体的操作方法。投资者的投资理念和操作方法最好与自己的价值观以及性情相一致，以避免与自己的人格特征冲突。确立一个书面的投资计划，对于投资者来说也很重要。因为它可以扩大客观性，减少投资者的情绪性，能让投资者在变幻莫测的市场中，坚持自己的投资理念，不朝三暮四。另一方面，有了书面的投资计划也有利于自己评价各方面的情况。

在制定好投资计划后，进行实际操作时，一定得注意时机的选择和行为的果断。有些着重技术分析的投资者，要等到技术图表上出现明显的买卖信号时才执行计划，有些注重基本面分析的投资者，则要根据政治经济大势的判定决定执行计划的时机。但是不管如何，只要时机一出现，就应不再犹豫，“该出手时就出手”。在执行计划的过程中，投资者还应进行积极的自我监控，以防自己随意改变计划。

当投资计划实施一段时间以后，这段时间的长短依个人的投资风格而定，投资者就必须对自己的投资行为加以评估，对投资绩效加以检查。评估的目的是确定投资者是否忠实地执行了原计划，以及原计划中哪些需要修正。评估应持一种向前看的想法，不应该自我谴责，如果发现了原来的投资计划需要加以改变，那么要尽快进行。但是要记住这时除非你有很好的理由，否则不应轻易放弃原计划。

在进行投资绩效评价之后，投资者对投资成败的归因对投资者以后的投资行为也有很大的影响。投资者对投资成败有良好的归因对于今后的投资成败有重大意义。有关成败归因对今后个体行为的影响的归因理论众多，在此，只介绍韦纳（B. Weiner）等人的观点。

他们将潜在原因划分成为三个维度：第一个是内部——外部维度，即造成成败的原因有些是内部自身的，有些是外部的；第二个是稳定——不稳定维度，例如，人的能力是稳定的，而运气则是不稳定的；第三个维度则是可控——不可控维度，如，努力、注意力等原因是可控的，而健康原因则是不可控的。对不同原因的归因会导致不同的情绪反应。原因维度与情绪反应的关系见表9－4。

表9－4　原因维度与情绪维度关系

行为结果归因倾向			产生的影响	
			成功	失败
原因源	内部	内在因素：能力、努力、品质、人格、经验等	使人感到满意和自尊	使人感到内疚和无助
	外部	外在因素：任务难度、给予、环境等	使人产生惊奇和感恩心情	使人产生气愤和敌意，变得急躁
	稳定	稳定因素：能力、任务、要求、法律规定等	有助于提高今后的投资热忱	会降低今后的投资热忱
	不稳定	非稳定因素：努力、机遇、多变条件的影响等	以后投资热忱可能提高或降低	可能会提高今后的投资热忱
	可能	可控因素：努力、注意力、跟风、听信传言、精确的分析等	有助于积极的情感	归罪于客观的任务和内疚、羞愧
	不可能	不可控因素：运气、精力、健康	引起惊奇的心情	感到遗憾

投资者在对投资绩效进行归因时，对不同潜在原因的归因不仅对情绪会产生影响，而且会影响今后投资者的预期和自信心。可见，投资者在对投资绩效进行衡量时，必须进行适当的归因。以保持稳定、积极向上的情绪和精神状态。赵云飞等的研究表明我国投资者对于成功的归因往往倾向于内部因素，如努力、能力等。这种人往往下次选择任务时，仍会选择相当难度的任务，并且自信通过自己的努力和能力能取得成功。这种归因对于投资成功非常重要。投资者对于失败的归因往往倾向于外部因素，如运气、外部环境等因素。这种归因者常常会怨天尤人，心态浮躁，不冷静，常会产生冒险行为，从而给投资带来不利影响。赵云飞等还发现我国股民非常重视能力、果断等内在素质及信息、政策等外在条件对投资成败的作用，而相对忽视努力、机构操纵等因素对投资成败的影响。不同文化层次的投资者对归因也存在差异：就成功而言，文化程度越高，越有可能作知识、果断、情绪、独立归因；就失败而言，文化程度越高，越有可能作资金、期望、情绪归因，同时却越不可能作知识、运气、独立归因。他们的研究还发现不同股龄的股民对成败归因也存在差异：就成功而言，股龄越长的股民越多作期望、情绪、独立、信息归因；就失败而言，股龄越长的股民越多作运气归因，同时越少作期望、资金、情绪、果断归因。他们的研究还发现，资金雄厚与否对成败归因也存在差异：就成功而言，大户比散户多作独立、知识、情绪归因，而少作运气归因；就失败而言，大户

比散户多作情绪、信息、果断归因，而少作时间、机构操纵、资金归因等。

对待投资成功与失败的正确的态度应该是冷静分析、总结经验、恰如其分的归因，以利再战。

正是由于投资者一般对成功倾向于归因内部因素，而对失败倾向于归因外部因素，因而那些预期继续取得高绩效的人会继续保持高预期，那些预期水平低的人往往不管他们的实际成绩如何，都继续维持原有水平的预期，从而，成就预期实际上成了一个自我实现的预言（见表 9 - 5）。由此可见，对于成功与失败进行切合实际的归因是多么重要。

表 9 - 5　　成就预期的自我实现语言

最初水平	成就水平	原因归因	最后期待
高	高	能力或其他稳定性内部原因	更高
高	低	运气不好，缺乏努力或其他不稳定因素	高
低	高	好运气，特别是努力或其他不稳定因素	低
低	低	缺乏能力或其他稳定性为部因素	更低

总之，投资者良好的心理素质并非一朝一夕所能形成，它是建立在一定的知识结构、经验积累、金融意识以及文化背景的基础上的，心理素质可以说是这些因素的综合体。因此投资者要不断学习各种证券知识及经济理论，不断积累经验，同时坚持不懈地完善自己的性格、能力。投资者良好的心理素质也是建立在对自己的了解基础上的。只有了解了自己的身心状况，才可能去更好地塑造自己的心理素质，也只有了解自己的经济实力、市场经验、家庭情况、个性特征、投资目的，才可能更好地去投资。所以，了解自己，战胜自己，是投资者成功的首要条件。

本章提要

金融投资者要树立新的投资意识：货币的运动增殖观念、资金的时间价值观念、投资的风险意识观念。

金融投资的理论基础包括风险理论、信心理论、情绪周期理论、稳固基础理论、股价阻碍反应理论、空中楼阁理论、随机移动理论、有效市场理论、金融市场噪声理论等。

金融证券投资者的个体心理过程包括对股市的知觉选择性、股价错觉、股市记忆、股市情绪、股市心理定势、股市情结等。

金融投资者的认知与行为偏差的类型有：过度自信，反应过度与反应不足；动量效应与反转效应；隔离效应；损失厌恶；后悔厌恶；心理账户；时间偏好；羊群行为等。

金融投资判断与决策中的认知偏差分为启发式偏差与框定偏差两类。前者有代表性启发法、可得性启发法、锚定与调整启发法。框定偏差包括框定依赖与框定偏差。

成功投资者的心理素质表现为应付、承受及调节各种心理压力的能力及情绪与行为的稳定性方面。具体可分为独立判断力、耐心、良好的期望心理、思路敏捷、行为果断、精力充沛、性格坚毅、自我管理能力等。

思考与探索

1. 试述投资风险的基本含义及其分类。
2. 试比较投资、投机与赌博行为的异同。
3. 举例分析投资者的投资动机。
4. 金融投资中认知与行为偏差有哪些类型，在实际的投资中有什么意义？
5. 成功投资者应具备哪些良好的心理素质？

10

劳动力市场中人的经济心理与行为

10.1 劳动力市场的一般概念

10.1.1 劳动、劳动力与劳动力市场

劳动是劳动者在各种经济活动和与经济有关的活动中体力和脑力的消耗。而劳动力则是劳动者体力和智力的总和，即劳动力就是具有劳动能力的人。马克思经济理论的一个重要贡献就是建立了劳动价值理论，并且把劳动（或实际劳动）同作为“潜在劳动”的劳动力区别开来。马克思认为，劳动力是劳动者生产使用价值所运用的体力和智力的总和。在资本主义生产关系下，劳动者自己具有人身的自由，劳动力成为商品。劳动力价值则由这些因素决定：劳动力所有者所需要的生活资料；劳动力所有者家庭所必需的生活资料的价值；劳动力的教育或训练费用。劳动力价值的最低限度就是劳动力承担者维持其生命和具有一定的体力和智力所必不可少的生活资料的价值。

劳动作为生产效用而发生的一种人的体力和智力活动，能够提供各种效用来满足人类的各种需要。无论对劳动供给者（个人）还是劳动需求者（企业）来说，劳动都是一种稀缺性资源（劳动时间有限）。对于劳动供给者，劳动是一种谋生的手段，只有转让其劳动使用权，才能获得赖以维生的收入。对劳动需求者来说，劳动则是一种生产要素，只有将它投入到生产过程并与其他要素结合，才能生产产品并从中获得收益。

在任何社会中，稀缺的劳动资源的分配都面临一系列共同的问题，每个劳动供给者和劳动需求者都要做出下列决策：①是否提供劳动（是选择更多的劳动，还是选择更多的闲暇与教育时间）和是否需要进一步增加人手；②劳动供给多少，劳动需求多少；③从哪里获得合意的劳动供给和找到合意的职业种类。劳动供求双方面的上述问题的选择与决定过程，就是劳动资源在社会各部门的分配过程。如何解决这一问题目前有两种方法体系：一是市场机制，另一则是行政分配机制。资本主义国家一般采取市场分配机制，随着我国社会主义市场经济体制的建立和完善，劳动力的配置也会逐步向市场分配机制过渡。毫无疑问，劳动力市场是社会主义市场经济体系中的一个重要和有机组成

部分。

劳动力市场是劳动供求双方进行劳动交换而发生的一系列关系的总和，其深层反映的是劳动供求之间以劳动交换为基础的社会关系的总和。劳动力市场具有以下几个特点：

（1）劳动供需双方的行为是理性的，即以寻求最大利益为其行为的基本动机，并以各自的收益与成本的平衡原则来决定各自的供给与需求。

（2）工资率作为劳动的价格，是一种灵活的"看不见的手"，它在劳动供求之间进行利益分配。同时，通过利益机制引导，劳动力在社会各个部门、各个行业进行劳动资源的分配，以使劳动力资源的配置最优化。

（3）择业竞争是劳动力市场配置劳动力要素的核心机制，从供需双方来看，劳动力市场对劳动力要素的有效配置是通过劳动者与生产者（企业）之间的双向选择实现的。也就是说，企业根据现有生产条件和产品市场变化对生产条件的要求，提出相应的工资和福利条件，以及劳动者的数量和技能水平来选择劳动者。劳动者则根据自己的能力和对报酬及工作条件的预期，选择满意的企业。

（4）劳动力市场的主要调节参数是工资和福利条件，但是由于交换对象是以人为载体的劳动能力，因而受社会因素、心理因素甚至地理因素的影响较大。

（5）劳动合约是劳动供需双方维护各自利益的手段，也是劳动力市场有效运作的最严厉最公正的裁判员。

根据以上特点来看，目前我国的劳动力市场还处于孕育和萌芽阶段，还未形成严格意义上的劳动力市场。随着改革的进一步深入，我国的劳动力市场一定会更加完善。

10.1.2 内部劳动力市场

内部劳动力市场（internal labor market）理论是近20年来西方经济学理论所获得的最新进展之一，并成为劳动经济学最新的组成部分，目前仍然是理论界的一个研究热点。

内部劳动力理论认为，劳动力并不完全是在外部劳动力市场通过工资的竞争进行配置的。事实上有很多劳动力是长期服务于固定的企业，并在企业内部循着工作的阶梯（job ladder）被提升或淘汰。因此，传统理论只关注外部劳动力市场对于劳动力资源的配置作用是不够的，必须研究内部劳动力市场配置劳动资源的方式和效率特征。

传统理论认为，劳动力资源的配置是通过外部劳动力市场上的竞争而实现的，当企业雇用劳动力的边际生产力等于其工资率时，企业达到利润最大化的目标，整个经济也就具有充分的效率。但大量的实证研究却表明，大部分的劳动力资源实际上是在内部劳动力市场上进行配置的。在美国，拥有目前工作已超过25年时间的职工占到全部职工的大约25%。在法国、德国和日本，劳动力拥有稳定工作的倾向更加明显。具体来说，导致内部劳动力市场产生的原因主要有四个方面。

1. 存在劳动力替换的成本

内部劳动力市场理论与失业理论中的“内部人—外部人”理论（insider - outsider theory）一样，认为劳动力替换的成本是影响劳动力市场运作的一个重要因素。在“内部人—外部人”理论中，劳动力替换成本被界定为三个方面：①雇用劳动力和解雇劳动力的成本；②由于内部人不愿与企业新成员合作，而破坏与新成员的关系而引起的成本；③劳动力替换对劳动生产率造成负面影响而隐含的成本。由于存在着这些成本，企业对于劳动力的替换总是抱着谨慎的态度，这样，劳动力在不同企业间的流动性就降低了，从而也促成了企业内部劳动力市场的形成。

2. 岗位的特殊性

在现代经济中，随着分工的深化和各种岗位上人力资本和知识的专用性提高，很多岗位都对从业人员提出了更高的要求。从劳动力自身角度来说，最优的择业选择一般是掌握几项特殊的技能，然后在自己的技能范围内寻找合适的职业。这两方面的原因就使得从事不同职业的劳动力之间没有充分的替代性。这样一来，当企业需要雇用劳动力时，就要耗费一定的成本进行搜寻，这本身就构成了雇佣劳动力的成本之一。其次，企业对于新员工都要进行一定的培训，这种培训也是一种人力资本的投资，如果用外部劳动力市场的劳动力对本企业的老员工进行替换，这就会降低企业人力资本投资的收益，从而构成了企业解雇劳动力的成本之一。反过来说，保持较为稳定的劳动力队伍是企业提高人力资本投资回报的一种手段。

3. 劳动力市场上信息的不对称性

传统理论对于外部劳动力市场的描述实际上还是新古典主义的拍卖机制，在这种机制下，买卖双方信息的对称是非常重要的。但实际上，劳动力市场上的信息往往是不对称的。其中，劳动者对于自身就业后的收益一般都能事先从劳动合同中得到了解，而企业一般总处于信息的劣势，因为具体到某个劳动力的生产效率和劳动态度都是事后才能了解的。因此，企业总是通过一定时间观察后才能对劳动力的生产效率和劳动态度作出评价，并决定劳动者的去留和升降。从这一角度来说，内部劳动力市场的存在，也可以视为企业收集劳动力信息的一种需要。

4. 工会的作用

工会与内部劳动力市场之间的关系非常复杂，但有一点可以肯定，工会即使不是内部劳动力市场的决定因素，至少也是一种促进因素。西方企业中劳资双方谈判合约中的一些规则和程序已正式化、成文化，这些规则和程序对企业内部劳动力市场的形成起重要的作用。

10.2 失业与下岗职工的心理与行为

10.2.1 失业与下岗的一般概念

1. 失业的定义

粗看起来，失业是一个路人皆知的术语，但问题并不如此简单，这里我们首先对失业这一概念作剖析。

西方经济学的解释，对失业的定义各家看法大同小异。例如，萨缪尔森和诺德豪斯在其合著的《经济学》的最新版本（第14版）中给出的定义是："那些未被雇用，但正在主动寻找工作，或正在重返原工作岗位的人"。精确地说，一个人失业是指他或她目前没有工作，而且①在最近4周里，他做了具体努力，去寻找工作；②从一个工作岗位被解雇并在等待被重新雇用；或③已找好了工作，正等待下月去报到。这一定义与美国"当前人口调查"（the current population survey，CPS）的统计标准相一致，与国际劳工组织所颁布的标准也类似，后者把失业定义为：一定年龄以上，参考时间内没有工作，目前可以工作且正在寻找工作的人。

国内的解释。例如，国家统计局规定：失业人员是指在劳动年龄内，有劳动能力，在调查期间内没有工作，并以某种方式寻找工作的人。

2. 下岗职工的定义

研究下岗职工的心理与行为以及再就业问题，首先必须弄清楚一个基本问题，即何为"下岗职工"。我们认为，所谓"下岗职工"是指国有企业在深化改革的过程中，按照市场经济的客观规律进行结构调整、优化组合、落实减人增效、定员定岗制度，已经离开本人的工作岗位，并不在本单位从事其他工作的人员。他们不是企业的一般"富余人员"，而是处于上升时期的中国经济大变革中必然出现的特殊社会群体。对于劳动力市场而言，他们是失业者，但又不同于一般失业者。他们还保留着与企业的劳动关系，还保留着包括下岗津贴、养老和医疗保险等在内的"职工待遇"。我们所要研究的正是这一特殊的社会群体。

10.2.2 我国目前的就业形势分析

随着我国经济由计划经济向市场经济、粗放型经济向集约型经济的转变，我国原本劳动力供大于求的状况更加突出。表10－1是中国统计局公布的2005～2015年我国城镇登记失业率变化情况。

表 10－1　　2005～2015 年我国登记失业率变动情况

项目	2005 年	2006 年	2007 年	2008 年	2009 年	2010 年	2011 年	2012 年	2013 年	2014 年	2015 年
城镇登记失业率（%）	4.2	4.1	4.0	4.2	4.3	4.1	4.1	4.1	4.1	4.1	4.1
城镇登记失业人口（万人）	839.0	847.0	830.0	886.0	921.0	908.0	922.0	917.0	926.0	952.0	966.0

由于我国隐性失业人数较多，另外有些人虽然失业但未进行登记，所以实际失业率还将高于表 10－1 的数值。

同时，国有企业改革和国有经济的战略性改组已进入了实质性的攻坚阶段，国有企业要进行以建立现代企业制度为目标的制度创新，需要走减员增效、下岗分流的路子，这样就必然将大量的冗员逐步裁减下来。除了登记失业率连年上升以外，我国的个体就业人数也呈迅速增加的趋势。中国统计局公布的我国个体户数和个体就业人数就反映了这种变化（见表 10－2）。

表 10－2　　2005 年以来我国个体就业人员变动情况

项目	2015 年	2014 年	2013 年	2012 年	2011 年	2010 年	2009 年	2008 年	2007 年	2006 年	2005 年
个体户数（万户）	5407.9	4984.1	4436.3	4059.2	3756.5	3452.9	3197.4	2917.3	2741.5	2595.6	2463.9
个体就业人数（万人）	11682.2	10584.6	9335.7	8628.3	7945.3	7007.6	6585.4	5776.4	5496.2	5159.7	4900.5

由此可见，相对于需求而言，过高的劳动力供给以及供求的结构性矛盾导致我国失业人口数量较大，失业率较高。

随着企业改革和国有经济结构调整的逐步推进，企业中的冗员会继续被分流出来；科技进步和产业结构升级使得劳动力要素被逐渐替代；全球经济正在进行新一轮的大调整。在一个较长时期内，我国劳动需求的增长会慢于经济的增长，劳动力需求不会有大的增加。同时，我国的相对劳动力供给呈持续增长之势，因此，在今后的一个较长时期内，我国劳动力供大于求的状况将不会有明显改变，就业形势将持续严峻。

10.2.3　我国失业、下岗现象的原因分析

从目前我国宏观经济的发展态势来看，失业问题将取代通货膨胀问题成为当前和今后较长时期内一个亟待解决的问题。它既涉及人们生存的“饭碗”，又直接关系到企业减员增效和结构性调整能否顺利进行，还涉及政治稳定和社会稳定。因此，分析其产生的原因、找到解决的对策显得十分迫切。

分析我国失业、下岗现象的原因，既有与其他国家相同的一面，也有自己独特的性质。劳动力需求不足、劳动就业机制的不完善及较低的劳动生产率使劳动力供给大大超过需求，主要体现在以下几个方面：

1. 总量性原因

即劳动力的总供给大于总需求。我国是个人口大国，尽管每年新增就业人口逐年增长。但是作为发展中国家，中国经济领域难以完全吸纳不断增长的劳动力。在经济增速换挡、劳动年龄人口总量依然庞大的大背景下，全国就业人员总量保持平稳增长。城镇就业人员从2012年末的3.71亿人增加到2016年末的4.14亿人，年均增加1082万人。5年间，城镇新增就业人数年均超过1300万人，累计新增就业超过6500万人。城镇登记失业率保持在4.1%以下的较低水平，2016年年末为4.02%，为2008年金融危机以来的最低点。①

2. 体制性原因

即伴随经济体制改革和企业制度创新而带来的“体制性失业”。在传统计划经济体制下，失业问题以隐蔽形态存在。城镇劳动力由国家统包统分，以劳动力资源的严重浪费和职工低微的劳动报酬为代价，掩盖了严重的失业现象。在向市场经济转轨的过程中，企业要进行相应的制度创新，由原来的行政附属物和社会职能单位转变为独立经营、自负盈亏的经济实体和市场竞争主体，表现在劳动用工制度上就是由追求高就业率向有效率的就业体制转变。国有企业要从过去承担的全员就业压力中解脱出来，需裁减大量的冗员，从而将大量的隐性失业人口显性化。

3. 结构性原因

即国有经济的战略性改组和产业结构升级换代导致的“结构性失业”。当前，为了从根本上改变我国经济领域中“大而全”、“小而全”、重复建设、效率低下的顽疾，国有经济改组已是十分迫切的要求。其基本方向是：国有经济应从一般竞争性领域中逐步退出，将国有资本转移到关系国民经济命脉和经济发展全局的关键行业和关键领域、基础性和公益性领域以及非国有资本不便和不愿介入而又为社会所必需的领域中。此外，科技进步推动了产业结构的升级换代，一些劳动密集型生产正在逐步被技术密集型的生产所代替，粗放型为主的经济增长方式逐步为集约型为主的经济增长方式所代替。不同产业之间的比例关系和规模将要进行相应的调整，表现突出的是纺织、军工、煤炭、机械、森工等行业。与此同时，国家将下决心对小玻璃厂、小水泥厂、小炼油厂、小火电厂、小炼钢厂等“五小”企业进行整顿和关闭。这些改革都会造成一批职工下岗。

---

① http：//finance.ifeng.com/a/20170923/15690405_0.shtml.

4. 周期性原因

经济周期性调整导致的“周期性失业”。经济发展有其自身的规律，经济周期即是其中之一。亚洲金融危机的深化和扩展导致全球经济进入调整期，使得我国经济发展面临的国际环境恶化。在国内，我们面临需求不足和买方市场的形成以供需失衡而引发的经济调整要求等，都使得失业、下岗人员增多。

5. 劳动力市场不完善、功能不健全使得就业和再就业效率不高

作为要素市场之一的我国劳动力市场还处在较低级的发展阶段，表现在劳动力供求信息不畅、机制落后、市场分割、职业介绍机构不足和资金匮乏等，导致“有岗无人做”和“有人无岗位”的现象同时发生，劳动力流动和市场配置的成本较高，劳动力的配置效率较低。目前各地的就业服务中心在国有企业下岗职工再就业工作中已经做出了一定的贡献，但其在人员、资金、信息、管理等方面的不足之处仍有待进一步改善。

6. 配套改革的滞后阻碍了劳动力的流动和再就业

首先是社会保障体系的建设仍显滞后，职工的养老、医疗和失业保险仍未得到很好的落实，加上住房制度的改革和有关福利制度改革的影响，职工产生生活不稳定的心理预期，对下岗之后的再就业前景不乐观。这样，一方面导致他们更加倾向于在原企业内部待业、退养或采取隐性就业的方式，不愿割断与原企业的关系；另一方面导致下岗职工由于对原有福利待遇和非货币化补贴的偏好而使再就业成功率较低。

10.2.4 正确看待失业问题

在我国，由于政府长期实行低工资、广就业的就业政策，失业现象不很普遍，加之传统观念的束缚，似乎劳动力一旦成为商品在市场上流动，就必然丧失主人翁地位，而这又是和社会主义制度所背向，于是失业就变得讳莫如深了。其实，合理的失业率是社会经济的调节剂，关键是我们以何种心态来看待它。例如，我国现阶段的失业就是顺应生产力发展而自觉实现的积极性失业，它和资本主义社会那种强制性的消极失业不同。再就业工程从某种意义上说就是例证。所以，对我国的失业现象应有一个清醒的认识和正确的态度。

1. 失业是一种客观现象，合理的失业率是经济发展的需要

除自愿失业和摩擦性失业以外，周期性失业和结构性失业都是经济发展的必然结果，是一种客观现象，在市场经济条件下和技术进步过程中极难消除。就我国目前的情况而言，企业职工的下岗、失业问题，不过是隐性失业转化为显性失业的结果。实践证明，这种表现形式的改变，对经济发展的作用却是积极的。第一，隐性失业显性化有利于提高劳动生产率。下岗失业的威胁促使劳动者珍惜工作岗位，调动其工作积极性，提

高有效劳动时间在法定工作时间中所占的比重；第二，有利于提高企业整体技术水平。企业通过下岗分流、减少冗员，就可以降低工资成本，把资金用于技术改造和职工培训，从而提高企业整体技术水平；第三，有利于劳动力资源的重新配置。可以促进一、二产业的富余人员向三产转移，使我国的产业结构更趋合理。此外，可以增加在业工人压力，有利于竞争；下岗以后，经过再就业培训，可以进一步提高下岗职工的文化科技素质等。隐性失业显性化是改革发展的必然产物，在自觉的、强有力的政府宏观调控政策配合之下，只要将失业率控制在一个合理的范围之内，调节得当，就一定会限制其消极一面而促进和推动经济的发展。

2. 失业对我国社会经济发展的效应

自20世纪90年代以来出现的大量失业现象，对我国社会经济的发展确实形成了一定的压力，其影响将是深远的。从正面看，其效应在于：①能促进劳动者素质的提高。学历虽不能全面反映劳动者的综合素质，但起码是文化素质的重要指标。这一现实提醒再就业者，要不失业就必须努力提高自身的文化、科技素质和适应社会发展的综合能力。②促进劳动力市场的健全和完善。完善的劳动力市场体系应是一个功能健全的系统，在劳动力资源配置中起重要的作用。现有的劳务市场除体系原因外，功能也仅限于职业介绍、大学生分配就业、专业技术人员的流动和再就业，这些远远不能满足就业者的需要和劳动力市场的需要。但是，随着失业人数的增多，必然会引起社会各方从经济、法律、社会管理等方面来规范劳动力市场，促使其不断规范和完善。③更新观念，优化择业观。由国企主人到失业者，到再就业的艰辛历程必然使再就业者对选择职业更有个性偏好，如相当一部分人已不再注重“铁饭碗”的国有企业，而比较看重事业环境的好坏、收入的多少和工作的前途等。当然，失业的负面效应也不应忽视：①下岗后，由于社会保障体系不完善以及个人劳动力产权损失得不到应有的补偿，使失业者感到生活困难。目前，我国劳动年龄人口仍将保持在9亿人以上，每年在城镇新成长的劳动力超过了1500万人，登记失业人员还有近千万，每年还有300多万的新转移的农村富余劳动力。同时，结构性矛盾更加突出，招工难和就业难并存，劳动者素质与市场需求不匹配，技术技能人才短缺的矛盾日益加剧，低技能劳动者就业更加困难。此外，技术进步、结构调整对就业的挑战也日益地突出。① 在大力推行住房商品化和教育并轨的今天，这部分人感到生存与发展的压力很大。②心理负担沉重。从下岗失业者的分布状况看，再就业困难者主要集中在妇女、学历低和年龄偏大者（一般指40岁以上）。这些人由于历史、社会等种种原因，家庭负担沉重，文化基础差，重塑困难，原单位的贡献相对来说也不小，故失业后心理不平衡，抱怨较多。③影响社会稳定和经济持续发展，比如，因大量失业而导致的购买力下降使疲软的市场更难以启动；人穷志短、道德水准下滑等都严重影响经济和社会的发展。

---

① 尹蔚民：《多举措应对就业挑战》，http：//www. sohu. com/a/199167610_467340。

总之，我国现阶段的失业，是一个复杂的、多重效应交织并存的社会、经济现象，我们只有全面、深刻地透彻分析，才能从多方面采取得当措施，使之成为经济发展的合理因素。

10.2.5 搞好国有企业富余人员下岗分流的心理对策

在国有企业的进一步改革过程中，必须实行“下岗分流、减员增效”，这是我国国有企业改革必须跨越的关键一步。过好这一关，要实现两个目标：一是减员必须增效，也即除了由于富余人员下岗所减少的工资成本外，还要形成一种增效机制；二是必须使下岗分流平稳进行，不能对社会稳定造成大的冲击。但从目前各地的实施情况看，并不尽如人意。由此看来，下岗分流，减员增效不单纯是一个体制问题，它同时也是一个管理问题。在其实施过程中，运用心理学理论促进下岗分流、减员增效这两个目标的实现是十分必要的。

首先，运用心理学的有关激励理论，使减员对在岗职工产生激励效应，在企业中真正形成一种增效机制。

根据美国心理学家、管理学家波特和劳勒提出的激励模式，一个人之所以获得激励，是他过去学习得到了经验，因而产生了对未来的期望。如果人们相信自己的努力会得到预期的结果，而此项结果又会随之得到令人满意的内在或外在的奖励，他们就会受到激励，付出自己的努力。该激励模式可用图 10－1 表示。

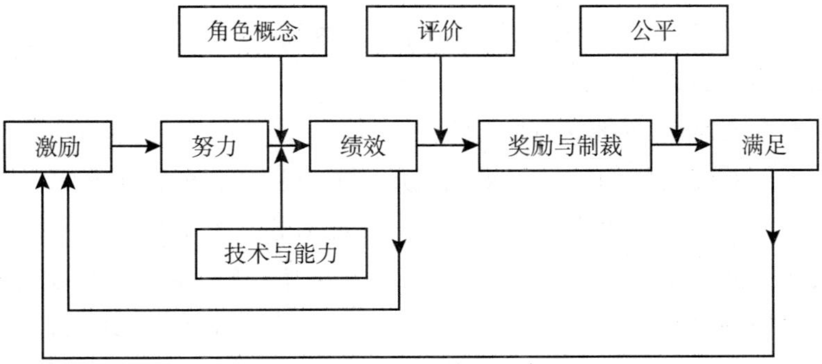

图 10－1 综合激励模式

如图 10－1 所示，要使人们取得好的绩效，第一，要有激励。第二，通过成功的激励，人们焕发出高度的积极性，从而去努力工作。第三，在人们明确自己的角色、责任和具有符合岗位要求的技术与能力的条件下，经过努力而产生良好的绩效。第四，根据绩效的大小，进行奖励和惩罚。第五，奖励与惩罚是否公平合理，这本身又会影响人们的满足程度。人们的满足程度反过来又会变成新的激励，促使人们去努力工作从而产生新的绩效，这样循环往复，以至无穷。

把这一模式应用到目前国有企业下岗分流问题上，在确定谁是富余人员，以及富余人员下岗后，能否对在岗人员形成激励，最关键的是要把握好“努力→绩效”和“奖惩→满足”两个环节。

首先，我们来分析前一个环节。一个人只有努力去工作，才能取得良好的绩效，但并非任何人经过努力都能达到良好的绩效。将努力与绩效连接起来的两个重要因素是“角色概念”和“技术与能力”。所谓角色概念，是指个人应将他的努力用在什么地方的意思。角色概念是否明确，是指一个人是否明确自己的职责和任务。只有角色概念明确，努力才会有正确的方向和目标，因而也就能取得较大的绩效。在角色概念清楚的情况下，个人能力的大小和技术熟练程度，又决定着不同的绩效水平。一个人只有具备了与其所在岗位相适应的技术和能力的前提下，其努力才会取得好的绩效。目前国有企业富余人员的下岗分流，目的是为了提高效率。但减员能否增效，能增多大的效？这取决于分流后留在岗位上的人员是否清楚自己的角色及具备与该角色相适应的技术与能力。或者说，是否真正把具有与所需角色相适应能力和技术的人员留在了岗位上。这就要求企业在确定下岗人员方案之前，根据企业所处市场的供求状况、企业的技术状况和成本要求，以及企业的经营发展战略，科学合理地确定岗位以及每个岗位所需人员的能力和技术要求，在此基础上，再确定人员编制和下岗人员方案。这样的方案在见诸职工之后，一方面会成为企业各方代表和职代会讨论的客观依据，有利于下岗人员名单确定的公正性；另一方面，又必然会对未下岗人员形成有效的激励。因为按这种公开、公正原则所确定的下岗人员方案，有利于使每个未下岗人员清楚自己的角色，以及该角色要求自身提高哪些方面的能力和技术水平。

我们再来分析后一个环节，即“奖惩、满足”环节。这个环节表明：一个人如果工作成绩较好，从而获得了较高的奖励，同时，他又认为这种奖励是公平合理的，那么，这种奖励就会导致他对工作的满足，而这种满足又构成了下一个行为过程的激励。相反，如果人们在心理上感到不满足，就会对下一个行为过程产生消极影响。在这里，公平的体验是人们对奖励的衡量。如果把视角换成有富余人员企业的职工面对上岗还是下岗问题的话，公平的体验也就转换成具有一定能力和技术水平，并在以前的工作中取得较好绩效的人员能否得到公正的评价，并在相应的岗位上继续工作的问题。这是一种比一般的物质或精神奖励更为重要的奖励。如果一个人是由于自己的能力、技术水平和工作绩效，通过竞争获得某个岗位，而不是由于其他方面的原因，他就会获得心理上的满足，并因此受到激励。同时，他也会更加珍视这一岗位，即努力使自己的能力和技术水平不断地保持与所从事的工作岗位相适应。这为企业经济效益的不断提高，提供一个内在的激励机制。

其次，运用心理学的公平理论，促进富余人员下岗分流的平稳进行。

在心理学中，公平理论是由心理学家亚当斯提出来的，它实际是一种社会比较过程的理论。它重点研究当一个人和他人进行比较时，他对自己的待遇感到公平的程度。当一个人感到他所获得的结果与他们的投入的比值同作为比较对象的别人的这项比值相等时，他就有了公平感；如果这个比值不相等，则感到不公平。这个理论可以用下面的方程式表示：

$$O_p/I_p = O_o/I_o$$

其中，O_p 和 O_o 分别代表一个人和作为比较对象的另一个人所获报酬或结果的感觉；I_p 和 I_o 分别代表这个人和作为比较对象的另一个人所做投入的估价。在我们现在所讨论的问题中，如果把上述方程式的含义作一变换，那么作为结果（报酬），就是指一个人的上岗还是下岗；作为投入，就是指某个人的能力和技术水平，以及在此前工作中所取得的绩效。如果能力、技术水平和绩效相同的人，有的下岗有的上岗，那么下岗的人就会感到不公平。当一个人受到不公平的待遇时，通常采取的行为方式有：改变他人状况以求公平；采取相应对策，改变自己的状况以求实际公平；重新选择参照对象，获得主观上的公平；发牢骚、泄怨气，制造人际矛盾，甚至放弃、破坏工作等。

在当前国有企业富余人员下岗分流的实际运行过程中，尤其是在确定下岗人员名单时，也必须严格按照公开、公正的原则进行，也就是要努力使职工不论上岗还是下岗，都能在心理上感到公平。这对于顺利、平稳地完成企业下岗分流、减员增效，渡过国企改革的这一重要难关，是十分必要的。否则，必然增大下岗分流的难度，增加社会的不稳定因素。这就要求在确定下岗人员名单或职工竞争上岗时，一是方案的确定要经过职工或职代会的讨论，使所确定的岗位符合企业生产经营和企业发展的实际需要，使各岗位上岗人员的条件科学、公开、合理。二是下岗人员名单的确定要通过民主的方式，或者是由企业领导班子集体决定，或是由职代会民主讨论确定。这样做，一方面能对上岗职工起到激励作用；另一方面能使下岗职工尽量减少不公平感，以避免由于感到不公平而产生的失控行为。

10.3 下岗职工的心态与对策

10.3.1 下岗职工的社会定位——弱势群体

下岗职工是社会中的一个弱势群体。弱势群体是指在社会性资源分配过程中，具有经济利益的贫困性，生活质量的低层次性和承受力上的脆弱性的社会群体。

贫困性是弱势群体的本质属性。弱势群体就是一个社会中经济贫困、生活质量差、主观承受力弱、发展潜力缺乏的特殊社会群体。所以，弱势群体的四大特征为：经济贫困、生活质量差、心理承受力低、发展潜力小。

弱势群体的现实状况就是基本生活需求质量下降。收入支出倒挂，入不敷出，难以维持基本生活需求；食物消费量少质差；消费水平低，存款和现金少；债务负担沉重；耐受风险程度低等。

弱势群体的另一现实表现为精神生活极为贫乏。在棋牌室中赌牌者多为下岗职工。他（她）们在精神、生活、娱乐、教育、文化上的支出少，比重低，消极态度比较严重。

弱势群体的另一表现为无力进行住房、教育投资。因为生活贫困就买不起房子，无法进行高档消费与旅游。与此同时，对教育投资的能力减弱。很多下岗的子女正好要进行教育投资，但无能力支出。

为此，党和国家、政府与各级组织，特别是专管下岗工人的社会保障组织要给予下岗工人这一弱势群体以社会支持。社会支持是指在社会互动过程中，下岗职工个体从其他个人、群体、社会组织或政府机构中获得的物质、情感、信息、归属等方面的支持。显然，我们给予下岗工人的社会支持是全面的，既有物质支持，又有心理、精神上的支持。物质支持使下岗职工有实惠感，安全感，生活上有保障。情感支持是指给下岗职工以温暖感，问寒问暖，进行家访，这就是感情投资，对于物质条件差的下岗职工尤为重要。信息支持是指要向下岗职工及时提供就业信息，要使他们有就业上的方向感。归属感是唤起下岗职工的信任感，使他们感受到党和政府没有忘记和抛弃他们，尽管已下岗，组织仍然在管着，这会诱发他们对社会，政府、组织的无限信任，并体现出我国社会的优越性。

通过四个方面——物质、情感、信息、归属的社会支持会起到以下的作用：增强下岗职工的社会适应性；提高下岗职工的生活质量；调节下岗职工的情绪状态；促进人们的心理、生理健康。

一个好汉众人帮，作为弱势群体的下岗职工更要得到帮助，这是涉及社会稳定、长治久安的大事。

10.3.2　下岗职工的心态与行为表现

下岗职工的消极心态表现为三方面：挫折心理、焦虑心理、抑郁心理。

1. 下岗职工的挫折心理

（1）挫折的概念。

什么是挫折心理？挫折现象普遍存在。挫折是人们在有目的的活动中，遇到了无法克服或自以为是无法克服的障碍和干扰，其需要和动机不能满足时所产生的消极情绪反应。消极情绪可产生多方面的负面效应。人一旦遭受挫折可能终止正常行为，产生倒退现象，或表现为攻击行为，迁怒他人或物；也可表现为意志消沉，不思进取；也可表现为情绪亢奋，急躁蛮干。

下岗职工下岗后会有以下表现：心理恼火，找领导讨一个说法与他大吵一架，不达目的，决不罢休，否则难解心头之恨；很想大哭一场，找朋友谈心，发泄自己内心怨气、怒气、委屈；丧失自尊心和自信心，在家中男人自尊地位受损；也有人不敢发泄，自认倒霉，一切只能听天由命，人是无法与命运抗争的；等等。

（2）挫折行为类型。

下岗职工受挫折时的行为表现可分为以下类型：

攻击心理与行为。下岗职工受挫折后表现出攻击心理与行为，如直接攻击领导、组织、社会与工作人员，也有的人间接攻击，回家骂老婆，打孩子出气。也有的人采取报复心理：摔东西、耍无赖、吵架、投诉。一些职工夫妻双双下岗更易产生极强的挫折心理，受挫折的频率（次数）高，强度大因而攻击行为也愈强烈。

倒退、回归心理与行为。下岗职工有时采取无理取闹、无理由担心，非理智的小孩幼稚行为。

固执心理与行为。下岗职工心态上总是认为老一套最好。他们留恋计划经济条件下的一套规章制度。他们的心理定势是旧的平均主义大锅饭，不习惯于市场经济条件下的按劳分配，竞争上岗。

妥协心理与行为。下岗职工有时采取合理化、推诿、替代等精神胜利法，自我安慰、自我暗示、自我解释下岗的原因以减轻心理上的压力。

压抑心理与行为。内向型性格的下岗工人易产生压抑心理与行为，表现为闷闷不乐，心情郁闷，不言不语，反应迟钝。压抑心理会导致产生抑郁症疾病。

（3）挫折是一种社会心理现象，是有规律可循的。

挫折是一种普遍存在的社会心理现象，生活在社会中的人们，在满足需要和实现追求理想过程中，要受主观认识问题和解决问题能力的限制。挫折心理是人们在社会实践中产生的社会心理现象，而非本能的表现。

社会外部条件的影响仅给挫折心理的是否产生提供了可能性，但可能性是否变成现实性，还决定于受影响人本身的一些条件：人生观、价值观、心理健康的程度；能否正确归因；合理的期望值；适时的角色转换等。这说明，对同一件事，如下岗是否会产生挫折心理是因人而异的，因而存在着个体差异。为此，要掌握外部影响程度与个人的个性心理特征以预防、预测为主，掌握挫折心理的规律。

（4）克服下岗职工挫折心理的对策——心理疏导。

不能将挫折心理——心理障碍完全当成思想问题处理，这会使思想工作的预见性、针对性和有效性受到限制。

心理疏导是指运用一定的心理诱导的策略和方法，使受挫者在别人引导下发挥内在潜力，达到消除心理障碍，明确前进方向，排除不良情绪和行为的目的。

心理疏导的方法分为三个层面：一为寻找诱发挫折心理的诱因层面（内、外诱因）；二为了解挫折的表面层面，即心理反应层面；三为探寻产生挫折的认知根源层面，即深层原因。

采用心理疏导的原则是优化下岗工人的心理防卫机制。挫折的心理防卫机制是指一种在不利情景中保护自己的反应，其目的是缓解受挫后的消极情绪困扰，面对现实，理清思路，找到解决问题的方法，在挫折面前愈挫愈强。

挫折是一面双刃剑，挫折具有双重性。面对挫折可以产生积极的心理防卫机制，也可以产生消极的心理防卫机制。积极的心理防卫机制是一种正面效应。面对挫折人们从挫折体验和失败中汲取经验教训，调整思路和行为取向，成为激励人们不断奋进的动力。具体表现为，下岗工人要与命运抗争，加倍努力争取早日重新上岗或找到新工作。虽然人已下岗，但是凭自己的才能是大有作为的，是金子总会发光的。消极的心理防卫机制有如前面所述的攻击、倒退、固执、压抑、合理化等。合理化机制（行为）是指给自己的行为找出适当的理由解释。有的下岗职工认为下岗正中下怀，因为自己对目前从事的工作本来就不喜欢，放弃就业可以在其他方面弥补损失。

优化心理防卫机制的具体方法主要是正确排泄不良的情绪，其具体的做法为情境转移法、适度宣泄法、心理对比法与幽默松弛法。

情景转移法是指下岗职工要转移注意力，改变心境，参加愉快活动，避开挫折情景。

适度宣泄法是指下岗职工要敞开心扉，倾诉内心真实感受，减轻心理压力。

心理对比法是指下岗职工要选择适当的参照物以取得心理平衡，如与失业相比待岗者还是强多了，“学问常看胜于我者，则德业日进；境遇常看不如我者，则意气自平。”

幽默松弛法是指下岗职工要进行心理调节的自我暗示法。生存之术的手册中最后一条写道：“切勿绝望。打消失败、绝望念头，要想到别人也会碰到过与你一样的处境。”

2. 下岗职工的焦虑与抑郁心理

焦虑是指个体由于不能达到目标或无法克服障碍，致使自尊心与自信心受挫或使失败感、内疚感增加而形成的一种紧张不安、带有恐惧的情绪状态。

抑郁泛指以心境低落、悲观失望、兴趣丧失、精力减退和行动迟缓为主要表现，并伴随着认知、精神、人际关系与社会功能衰退等整体活动水平改变的一组综合征。焦虑与抑郁症状经常同时出现，都属于情感性障碍或心理障碍类别。

焦虑、抑郁症状与挫折心理有内在的联系。挫折是个体内在动机受阻，而焦虑、抑郁则是个体产生挫折后的一系列生理心理反应。由于失业下岗职工在相当长一段时间内无法找到新的工作出路，从而使之不断地处于一种挫折状态中，最终导致焦虑与抑郁症状产生。

考查下岗职工的焦虑和抑郁程度，可以采用焦虑自评量表（简称 SAS）与抑郁自评量表（简称 CES）进行测评，通过对一定数量的下岗人员进行测评，我们发现，自评生活困难的下岗职工，其心理焦虑与抑郁指标都大大超过正常临界值。然而，已找到新的就业机会的下岗职工，其焦虑与抑郁水平大大降低，这说明，找到新的工作岗位有利于下岗职工摆脱挫折心理状态。

10.3.3 下岗职工要调整认知结构，对下岗要有正确的认知归因

归因是指人们事后对自身目标选择、行为指向和行为结果原因的分析。归因是对心理活动产生原因的探索。归因不当是引起挫折心理的重要原因。下岗职工对下岗的社会归因不当会造成挫折心理，甚至出现反社会人格与行为，如，静坐、示威、游行、砸汽车等。

经实证调查研究（问卷调查）得出下岗职工对下岗原因归结为以下六个因素：①企业效益不景气，生产任务不足导致下岗；②企业生产结构调整，职工富余下岗；③企业领导经营无方，管理不力，企业亏损下岗；④自己生不逢时，运道不济；⑤外来工冲击使岗位减少而下岗；⑥专业不对口而下岗。进一步经聚类分析，下岗归因有四个维度：“企业因素”“领导不力因素”“运气不佳因素”“工作不努力因素”。下岗职工

过多地将下岗原因归因于“企业”“领导”等外部因素，对此充满敌意与气愤，这样就不利于调动自身的积极性，重建生活希望。如果能将下岗原因归于“能力”等因素，寻找自身原因，这样就可以提高自己的积极性，提高自己的抗争能力与主动性。

下岗职工对以下几个问题要有正确的认知归因：

1. 正确看待效率与公平

计划经济时代，我国实行“高就业、低工资”政策，城镇居民就业率高，失业率低，但工资水平普遍较低。这种经济体制保障了劳动者获取收入的广泛性，但却是以牺牲效益为代价来换取公平，严重阻碍了生产力的进一步发展。随着计划经济向市场经济体制的转变，企业成为生产经营的主体，追求效益和利润的最大化已成为企业生产活动的主要目标。为此，企业要裁减人员，降低人力资源的成本以保证获利最大化。但是，下岗工人仍存在平均主义大锅饭思想，缺乏忧患竞争心理，因而产生不公平的心态。总之，这就是下岗职工对效率与公平这一两难抉择产生不正确归因的结果。

2. 正确看待体制性障碍的复杂性与困难性

下岗是传统计划经济体制与社会主义市场经济体制之间存在深刻矛盾的必然反应。由于中国社会在转型中面临着巨大的体制性障碍，弱势群体问题不可能在短期内得到解决。此外，我国的社会保障制度不够健全，收入分配制度还不尽合理。城市弱势群体单凭他们的个人能力是很难使自己的这种弱势地位得到改善的，为此，他们急需得到社会支持与帮助。

正确认识下岗是建立现代企业制度，优化人力资源配置的必然趋势。

现代企业制度要求企业精简机构，定岗定编，优化人力资源，减员增效，按劳取酬。另一方面将启动失业机制，使原来的隐性失业显性化。

现代企业引进竞争机制，一部分企业因种种原因承受不了激烈的竞争而被迫关闭、停产、破产或被兼并，由此使大批职工下岗、失业，收入大幅下降，因而陷入贫困状态。

此外，下岗职工持有陈旧观念，不了解产业结构的调整，如上海市已定位国际大都市，以金融、高科技产业为发展的方向，其他产业已由周边城市替代。下岗职工也应认识到改革就是权力与利益的调整，当前强调知识产权，产权清晰，经济体制（所有制）还将不断改变与完善。下岗职工的陈旧观念已不能适应社会的发展，只有改变观念跟上形势才能对下岗有一个正确的归因，从而消除不公平感。

10.3.4　下岗职工在再就业中的心态与行为

1. 下岗职工的倾斜择业观

下岗职工在再就业时重国有企业，藐视个体心理。他们苦恋“国有”企业金字招牌，认为只有在国营、集体单位才算是就业，对个体与服务行业有偏见。他们具有追求长期合同工、正式工为主要特征的倾斜择业观。

下岗职工缺乏独立判断和自我决策的能力，存有高依赖性、低风险性、弱竞争意识与心理，往往将问题的责任交付组织、社保机构、他人。这些人往往是在他人的指引下采取行动以满足需要。

2. 选择焦虑心理

由于信息缺乏，下岗职工缺乏作出职业抉择所需的职业资料与教育信息。他们往往会遇到各种职业选择上的冲突，因而引发情绪上的焦虑。当然他们期望高工资，但是自己的能力、特长、技能又跟不上。

3. 自我矛盾，心理冲突

上岗者往往表现出自我职业观念不协调，其表现形式为既想做这种工作，又想从事另一项工作。此外，也会发生自我观念与环境产生冲突现象，如个人兴趣与家庭期望不一致。

据调查，上海市再就业人员的择业心态有以下五种：①怕吃苦，只想动口不动手；②对收入的期望值过高；③放不下清高的陈旧观念；④缺少文化知识和就业技能；⑤满足于有低保，事少好管。

4. 下岗职工择业动机应理性化

显然，下岗职工择业面临择业期望值高与现实的不可能之间的心理冲突。同时又面临着要承受社会评价的压力，如清高爱面子，轻视体力劳动等。不愿当保安、保姆、下水道工人等。

为使下岗职工择业动机理性化，应该明确以下三点：①择业是为了谋生，要有生存危机意识；②择业动机中要包含社会责任感；③择业是个人社会地位和价值的体现，任何工作岗位都有自己的人生价值。

5. 比较温州地区择业观的独特性，调整就业心态

温州地区人的择业观与其他地区存在差别。温州地区的失业率很低，几乎为零。这是因为该地区自然经济与私营企业为主，很少有人进国有企业。温州人的择业观是多元化就业思想，“能赚钱的地方，就是就业的地方。”他们从事个体经营，自己当老板，不怕吃苦，不讲面子，有刻苦创业精神，不计较社会地位、角色的转换。

与温州地区择业观相比，由于长期受计划经济影响，其他地区经济文化背景不同，如，安于现状、故步自封，注重生计和前途又注重面子，注重个人社会地位和价值。为此，这些地区的下岗职工不习惯于社会地位与角色的转换。一些政府机关工作人员、教师等不习惯去为老板服务，当伙计。他们不习惯于多元化的就业，消极等待上级分配，

很少主动出击，创造多元化就业途径。总之，他们的择业观是等、靠、要，讲面子，怕吃苦，缺乏创业精神。这些择业观只适应于计划经济条件下的稳定就业，不适应市场经济条件下依据产业结构调整而进行的动态就业。

由上可见，下岗职工必需调整就业心态，知己知彼，把握心态，乐观自信，进退有序，放眼未来，迎接挑战，志存高远，理性择业。

本章提要

劳动力市场的特点是寻求最大利益的理性行为，择业竞争、工资与福利是调节参数，劳动合约是手段和保障。

我国失业、下岗现象是有总量性、体制性、结构性、周期性等原因造成的。

下岗职工在社会中是一个弱势群体，需要得到物质、情感、信息、归属的社会支持。

对待下岗职工的挫折、焦虑、抑郁心态要采取心理疏导的对策。

对待下岗职工要采取排除不良情绪、改变不良认知、认真剖析自我、转变就业观念、调整就业心态等对策。

思考与探索

1. 试述产生内部劳动力市场的原因。
2. 阐明我国失业与下岗现象的原因。
3. 试述下岗分流的心理对策。
4. 试述下岗职工的心理障碍——挫折、焦虑、抑郁心态及其克服的措施。
5. 下岗职工应如何端正自己的择业观与就业心态？

参考文献

俞文钊:《市场经济中人的经济心理与行为》，人民教育出版社 1995 年版

俞文钊:《经济心理学》，东北财经大学出版社 2000 年版

俞文钊:《市场经济中人的投资心理与行为》，人民教育出版社 1997 年版

俞文钊:《投资心理学》，东北财经大学出版社 2000 年版

俞文钊:《在改革中重视提高人的心理承受力》，载《科学杂志》1994 年第 41 卷第 2 期

俞文钊:《实验心理学》，浙江教育出版社 1989 年版

俞文钊:《现代激励理论与应用》（第二版），东北财经大学出版社 2014 年版

俞文钊:《管理心理学》（第三版），上海东方出版社 2000 年版

陈晓云:《就业行为管理》，上海人民出版社 2007 年版

陈晓云:《经济福利的心理保障》，复旦大学出版社 2009 年版